Inhaltsverzeichnis

W0189086

Vorwort

Hiltrud von Spiegel beklagt am Endes dieses Buches, "daß vielen Studentinnen in der Ausbildung noch nicht einmal vermittelt wird, daß Evaluation ebenso zur Sozialen Arbeit gehört wie Supervision". Das ist sicher in den meisten Fällen richtig. Aber man könnte einwenden, Evaluation sei ebenso wie Supervision eine notwendige Folge ausgeübter Beruflichkeit und nicht vorbereitender Ausbildung. Sie könne deshalb erst nach Eintritt in den Beruf und nach dem Erlebnis seiner realen Anforderungen in der Fort- und Weiterbildung angeeignet werden.

Auf der anderen Seite werden pädagogische und sozialpädagogische Autoren nicht müde zu betonen, zum Wesen edukativer Dienstleistungsberufe gehöre ihre selbstreflexive Kompetenz. Wir haben in den vergangenen Jahren sehr viel Energie darauf verwendet, in uns hineinzuhören und herauszufinden, wie wir uns befinden, wie wir uns zu Anderen in Beziehungen setzen und wie wir die damit verbundenen Zumutungen ver-arbeiten. Es scheint mir deshalb an der Zeit zu sein, ergänzend zu der immergrünen Frage, 'wie wir uns befinden', die zusätzliche Frage zu stellen, 'was wir bewirken'. Das hängt nicht nur mit dem Infragestellen des Anspruchs-Charakters sozialstaatlicher Leistungen zusammen, sondern auch mit der Erkenntnis, daß diese Leistungen möglicherweise wirksamer (effektiver) und haushälterischer (effizienter) erbracht werden können, als es uns Tradition und Routine nahezulegen scheinen. Die Erfinder des Steuerungsinstrumentes 'Organisations-Entwicklung' gingen deshalb in den 60er Jahren davon aus, daß engagierte Mitarbeiter in einer, sich selbst erneuernden Organisation zwei extrafunktionale Kompetenzen entwickeln müßten: Ein-Sicht in die Kräfte, die sie bewegten und Um-Sicht auf die Tat-Sachen, die sie bewirkten. Gruppendynamik und Survey-Feedback waren die beiden Säulen selbstgesteuerter Erneuerungsprozesse an Arbeitsplätzen, deren Benutzer sich vom Taylorismus verabschiedet hatten.

Ursprünglich war man davon ausgegangen, daß eine objektive und 'schonungslose' Erforschung der Wirkungen organisierten und arbeitsgeteilten Handelns in Betrieb und Behörde nur von *außenstehenden Wissenschaftlern* geleistet werden könnte. Fragestellungen und Auswertungen betriebssoziologischer und betriebspsychologischer Untersuchungen evaluativen Charakters gingen dabei vom Management aus und führten zum Management zurück. Sie waren Stabs-Angelegenheiten. Für die Mitarbeiter in der Linie stellten sie meistens nichts anderes als ein Ärgernis dar und waren Anlaß für eine Fülle handlungsbremsender Gerüchte.

An dieser Stelle setzte Kurt Lewin mit seiner 'Handlungsforschung' ein und erprobte Möglichkeiten, wie betroffene Mitarbeiter an einem Arbeitsprozeß und Betriebsablauf sich selber die notwendigen Daten und Einsichten beschaffen könnten, die sie zum Studium der Wirkungen ihres beruflichen Handelns und seiner subjektiven wie objektiven Angemessenheit brauchen würden. An dieser Stelle sehen sich auch viele Sozialarbeiterinnen und Sozialpädagogen aufgerufen, sich die 'Meta-Konzepte' methodischen Arbeitens, nämlich Supervision und Evaluation zu erarbeiten und damit die Einschätzung ihres beruflichen Handelns in die eigenen Hände zu nehmen.

Maja Heiner (1988) hat erstmals selbstevaluative Fallbeispiele zur Dokumentation und Reflexion beruflichen Handelns in der Sozialen Arbeit zusammengestellt. Hiltrud von Spiegel legt mit diesem Buch eine umfassende und systematisch geordnete Zusammenschau von Funktionen, Instrumenten und Reichweiten selbstevaluativen beruflichen Handelns vor. Das könnte ein Anstoß sein, um Fragen der Theorie und Praxis von Selbstevaluation zum Gegenstand der Ausbildung an Universitäten und Fachhochschulen zu machen und nicht länger zu warten, bis berufserfahrene (und teilweise auch berufs-frustrierte) Sozialarbeiterinnen und Sozialpädagogen in der Fort- und Weiterbildung nach solchen Möglichkeiten der Ein-Sicht und Um-Sicht in und um ihre professionelle Tätigkeit verlangen.

C. Wolfgang Müller
Technische Universität Berlin
Juni 1993

Einführung

Überlegungen und Vorschläge, das berufliche Handeln zu qualifizieren, begleiten die Soziale Arbeit[1] von Anfang an. Weil die Fachkräfte[2] selbst ein wesentlicher Faktor für die fachliche Qualität der Arbeit sind, ging es immer auch um die Verbesserung ihrer Selbstreflexivität; die Soziale Arbeit ist einer der wenigen Berufe, die ihr Bestreben der permanenten Selbstreflexion institutionalisierten. Im Laufe dieses Jahrhunderts wurde die Verfügung über die berufliche Selbstreflexion und Qualifizierung immer stärker an andere Traditionen[3] abgegeben: Supervision, Organisationsberatung und Evaluation fokussieren unterschiedliche Stationen des beruflichen Handlungsprozesses und ergänzen sich in ihren Funktionen; häufig verfließen die Grenzen zwischen den Konzepten. Gemeinsam ist allen, daß überwiegend die Fachkräfte als Vehikel angestrebter Veränderungen gelten, und daß diese daher in hohem Maße zu Objekten von Qualifizierungsbemühungen werden. Das seit Beginn unseres Jahrhunderts postulierte Arbeitsprinzip der "Hilfe zur Selbsthilfe" wird zwar für die Klientinnen Sozialer Arbeit angestrebt, aber kaum für diejenigen, die "helfen" sollen. Aus- und Fortbildnerinnen, Supervisorinnen, Organisationsberaterinnen, Evaluatorinnen[4] (soweit sie im Bereich der Sozialen Arbeit tätig werden) gründen ihre Professionen auf der "Unmündigkeit" der Fachkräfte.

Ich rücke mit dieser Arbeit näher an die Fachkräfte heran und suche nach Möglichkeiten, die Verfügung über ihre Qualifizierung wieder stärker in ihre eigenen Hände zu legen. Das bisher wenig ausgearbeitete Konzept der *Selbstevaluation* scheint mir für dieses Vorhaben besonders geeignet: Selbstevaluation nimmt m.E. wesentliche Foki der etablierten Qualifizierungstraditionen auf: Wie in der Supervision geht es um Selbstreflexion und darum, fachlich begründetes, situationsentsprechendes, persönlichkeitsadäquates Handeln zu realisieren. Wie in der Evaluation und der Organisationsberatung geht es um die Optimierung der Arbeitsprozesse, um die Einführung von Innovationen und Prozesse der Bewertung. Im Unterschied zu den eingeführten Qualifizierungstraditionen führen die Fachkräfte alle

---

1. Ich benutze in dieser Arbeit den Begriff "Soziale Arbeit" als Oberbegriff für zwei Gegenstandsbereiche (Sozialarbeit und Sozialpädagogik), die historisch und auch systematisch nicht zusammengehören (vgl. C.W. Müller 1985, 11 ff.), und die hauptsächlich in den Jahren 1969 - 1971 bei der Gründung der Fachhochschulen mit dem Begriff "Sozialwesen" willkürlich zusammengebunden wurden. Wie Beispiele im weiteren Verlauf zeigen, tendiere ich zur sozialarbeiterischen Tradition (vgl. Begriffe wie "Methoden", "Interventionen", "Klientensystem"). Ich folge damit der von mir herangezogenen Literatur. Den Begriff der "Sozialpädagogik" benutze ich dann, wenn ich mich ausdrücklich auf sozialpädagogische Arbeitsfelder oder auf Diskussionszusammenhänge beziehe, die aus der philosophischen und methodischen Tradition der Sozialpädagogik stammen. Ich glaube jedoch, daß man die meisten der hier explizierten Gedankengänge in ihren Konsequenzen auch auf den Gegenstandsbereich der Sozialpädagogik beziehen könnte, vorausgesetzt, das Begriffsinventar würde entsprechend "übersetzt", und auch die den Begriffen impliziten Konnotationen würden einer Überprüfung unterzogen.

2. Mit dem Sammelbegriff "Fachkräfte" bezeichne ich in dieser Arbeit hauptsächlich Sozialarbeiterinnen und Sozialpädagoginnen, aber auch Absolventinnen von Universitäten und Fachschulen, die in den Arbeitsfeldern der Sozialen Arbeit tätig sind.

3. Ich verstehe Traditionen als Bündelung miteinander in Beziehung stehender Theorien über Vorgehensweisen, Problemsichten und Methoden. Sie haben in der Regel eine längere Lebensdauer als die ihnen zuzuordnenden einzelnen Theorien oder Konzepte, die je nach Erkenntnisstand weiterentwickelt oder ausgewechselt werden können, ohne daß die Tradition dadurch gravierende Veränderungen erfährt. Mangels eines besseren Begriffes und bezogen auf ihre Funktionen für das methodische Arbeiten in der Sozialen Arbeit bezeichne ich die Traditionen der Supervision, der Organisationsberatung und der Evaluation als "Qualifizierungstraditionen".

4. Soziale Arbeit ist (immer noch) weitgehend ein Frauenberuf; besonders Konzepte methodischen Arbeitens wurden und werden hauptsächlich von Frauen entwickelt. Ich benutze daher in dieser Arbeit durchgehend die weibliche Form, sofern nicht ausschließlich Männer gemeint sind.

Arbeitsgänge selbst durch. Sie und ihre Handlungskompetenz, ihre Erwartungen und Interessen sind Ausgangspunkt und Ziel der Bemühungen. Selbstevaluation kann und soll die etablierten Qualifizierungstraditionen keineswegs ersetzen, aber sie füllt bestimmte Lücken der traditionellen Verfahren.

Maja Heiner und C. Wolfgang Müller führten die Selbstevaluation in die deutsche Fachdiskussion ein, mir sind darüber hinaus nur vereinzelte amerikanische Aufsätze zugänglich. Mein Ziel ist daher, dieses Konzept auf einem anderen Weg zu fundieren: Ich überprüfte die wichtigsten Methoden, Arbeitsformen und Modalitäten der etablierten Qualifizierungstraditionen auf Wissensbestände, Erfahrungen, Methoden und Verfahren und übernahm bzw. modifizierte diejenigen, die für das Vorhaben der Selbstevaluation nützlich sein können[5]. Ich fand bei meiner Recherche wenig fachliche Korrespondenz zwischen Supervision und Evaluation und so gut wie keine zwischen Organisationsberatung und Evaluation, obwohl deren (schreibende) Vertreterinnen teilweise vergleichbare Innovations- und Beratungstätigkeiten ausüben, obwohl sie sich in vieler Hinsicht mit vergleichbaren Problemen (wie Transferstrategien, Umgang mit Widerstand) auseinandersetzen müssen, obwohl sie öfter auf gleiches wissenschaftliches Erklärungswissen[6] zurückgreifen, obwohl sie teilweise ähnliche Methoden verwenden und auch manchmal zu vergleichbaren Schlußfolgerungen kommen. Lediglich zwischen Supervision und Organisationsberatung gibt es einen regen Austausch: Die Teamberatung als Arbeitsform ist ein Beispiel für die Vermischung beider Traditionen.

Im ersten Teil dieser Arbeit zeichne ich neben notwendigen Zuordnungen und Abgrenzungen (Kapitel 1) zunächst (und parallel) wesentliche Entwicklungslinien der klassischen Methoden und der Qualifizierungstraditionen Sozialer Arbeit nach (Kapitel 2). Wie im Verlauf dieser Arbeit deutlich wird, verankere ich Selbstevaluation als Bestandteil des methodischen Arbeitens. Daher folgt - als eine Art Bestandsaufnahme - eine Zusammenstellung von Forschungsergebnissen zur Praxis Sozialer Arbeit, die ich mit Selbstaussagen von Fachkräften über ihre berufliche Praxis kontrastiere (Kapitel 3). Da sich die Selbstevaluation in den USA als eine Form der Evaluationsforschung herausbildete, und da sie in vieler Hinsicht mit dem Vorgehen der Evaluation vergleichbar ist, stelle ich im 4. Kapitel wichtige Theorien, Modelle und Forschungspläne der Evaluation vor und beschreibe entlang eines idealtypisch gedachten Ablaufmodells Arbeitsschritte und Modalitäten dieser Qualifizierungstradition.

Im weiteren Verlauf dieser Arbeit verschaffe ich der Selbstevaluation einen angemessenen Platz im Konzert der etablierten Qualifizierungstraditionen der Sozialen Arbeit. Dazu ziehe ich im 5. Kapitel zunächst verschiedene Erfahrungen aus den etablierten Qualifizierungstraditionen zusammen. Mich interessieren Erfahrungen mit Versuchen, Veränderungen im Feld der Sozialen Arbeit herbeizuführen, mit Bemühungen, diese Veränderungen forschungstechnisch angemessen zu erfassen und die bisher wenig dominante Rolle der Fach-

---

5. Zu jeder der Qualifizierungstraditionen existiert inzwischen ein unüberschaubarer Literaturfundus in Europa und den USA. Da jedoch methodisches Arbeiten, Supervision und Organisationsberatung nach ihrer Rezeption mehr oder weniger eigenständig in Deutschland weiterentwickelt wurden (und um die Literaturrecherche in Grenzen zu halten), beziehe ich mich hier überwiegend auf deutsche bzw. in deutscher Übersetzung vorliegende Literatur. Lediglich für die Evaluation ziehe ich zeitweise amerikanische Literatur hinzu, weil diese Tradition bisher in Deutschland kein eigenständiges Profil gewinnen konnte, und weil daher Evaluatorinnen nach wie vor noch direkt auf amerikanische Veröffentlichungen zurückgreifen. Zusätzlich begrenze ich die Literaturrecherche auf den Gegenstandsbereich der Sozialen Arbeit, obwohl sich die Qualifizierungstraditionen in vieler Hinsicht darüber hinaus bewegen.

6. Zur Erläuterung des Begriffs "Erklärungswissen" vgl. die Grundbegriffe methodischen Arbeitens im Abschnitt 5.5.2.

kräfte bei all diesen Aktivitäten. Dem stelle ich eigene Einschätzungen von Fachkräften zu ihrer Position im Berufsfeld und ihren Kriterien für Erfolg zur Seite. Weil Selbstevaluation im wesentlichen ein Instrument der *Fachkräfte* ist, müssen diese Einschätzungen bei einer Konzipierung berücksichtigt werden. Als Grundlage für eine Definition und Abgrenzung des Konzeptes der Selbstevaluation arbeite ich dann wesentliche Optionen der Qualifizierungstraditionen heraus und vergleiche sie im Hinblick auf ihre Gemeinsamkeiten. Mithilfe dieser Vorarbeiten stelle ich eine Definition von Selbstevaluation zusammen und formuliere in Korrespondenz zu den Optionen der Qualifizierungstraditionen Optionen der Selbstevaluation. Da Selbstevaluation ohne methodisches Arbeiten nicht stattfinden kann, greife ich die Diskussion um Integrationsperspektiven für das methodisches Arbeiten auf und favorisiere ein eklektisches Vorgehen. Ich propagiere kein neues Modell methodischen Arbeitens, sondern stelle einige Grundbegriffe und Basisregeln vor, auf die die Fachkräfte zurückgreifen können. Das 6. Kapitel ist zentralen Tätigkeiten des methodischen Arbeitens gewidmet, die gleichzeitig auch die Basis für eine selbstevaluative Arbeit bilden. Es sind: Analyse der Rahmenbedingungen, Situationsanalyse, Bestimmung von Zielen, Handlungsplanung und methodisches Handeln in Situationen. Hierbei profitiere ich vor allem von verschiedenen Modellen methodischen Arbeitens, jedoch auch von Methoden und Arbeitsformen von Supervision und Organisationsberatung[7]. Ihre Auswahl erfolgt nach ihrer Nützlichkeit für das methodische Arbeiten "an sich" und besonders für die Selbstevaluation. Im 7. Kapitel konzentriere ich mich auf Untersuchungsfragen, die stärker (selbst-)evaluativen Charakter haben. Für jede der zuvor herausgearbeiteten Optionen der Selbstevaluation stelle ich einige ausgewählte Untersuchungspläne vor[8] und unterscheide zwischen den Optionen der Kontrolle, der Aufklärung, der Qualifizierung und der Innovation. Den Abschluß dieser Arbeit (Kapitel 8) bilden Überlegungen zu förderlichen Bedingungen für eine Etablierung von Selbstevaluation. Ich unterteile diese Überlegungen in solche zur Motivierung der Fachkräfte selbst, in Anforderungen an Methoden der Selbstevaluation und ihre wissenschaftliche Begleitung sowie zu förderlichen institutionellen Rahmenbedingungen. Im Ausblick (Kapitel 9) fasse ich wesentliche Erkenntnisse und Argumentationsstränge dieser Arbeit noch einmal zusammen und stelle strategische Überlegungen zur Einführung des Konzeptes der Selbstevaluation in die Praxis der Sozialen Arbeit an. Es wird deutlich, daß dieses Instrument viele Qualifizierungsmöglichkeiten birgt, die bisher weder von den Fachkräften noch von ihren Vorgesetzten gesehen werden.

Viele Hinweise und intensive Diskussionen zum methodischen Arbeiten und zur Selbstevaluation verdanke ich Maja Heiner, Marianne Meinhold und Silvia Staub-Bernasconi. Wolfgang Weigand gab mir manche Anregung zur Supervision. Vor allen danke ich Uta McDonald-Schlichting, die meine Arbeit freundschaftlich begleitete und so manches meiner Manuskripte durchgesehen hat. Mein Sohn Moritz-Maria mußte in seinem ersten Lebensjahr Einbußen bzgl. seines Bedürfnisses nach mütterlicher Zuwendung hinnehmen. Sein Vater und seine Großmutter sorgten dafür, daß er dieses nicht als Verlust erlebte.

---

7. Mit den vielen methodischen Hinweisen in den Fußnoten will ich "Spuren" legen. Sie dienen als Hinweis darauf, daß meine Auswahl punktuell und willkürlich ist, und daß die Lektüre der Arbeitsformen und Methoden der Qualifizierungstraditionen (und anderer Modelle methodischen Arbeitens) einen unerschöpflichen Fundus für methodisches Handeln bieten.

8. Die Arbeitsschritte einer Selbstevaluation könnte man - wie im Evaluationskapitel - analog eines idealtypischen Ablaufplanes darstellen. Ich wählte hier die Form der Optionen, um auch deutlich zu machen, daß es in der Praxis ähnlich wie im methodischen Arbeiten wohl eher um zentrale Tätigkeiten der Selbstevaluation geht. Die im Evaluationskapitel beschriebenen Arbeitsschritte (wie z.B. die Analyse der Arbeitsaufträge, Zielexplikation, Ausarbeitung von Indikatoren für Erfolg und auch Meß- und Auswertungsmethoden) liefern jedoch auch viele Hinweise für die Selbstevaluation.

1. Zuordnungen und Abgrenzungen

Zunächst grenze ich methodisches Arbeiten und seine wichtigsten Qualifizierungstraditionen definitorisch ein, indem ich kurz auf die Begriffsgeschichte, auf aktuelle Verwendungszusammenhänge und Synonyma eingehe. Ich beschreibe jeweils Gegenstand, Ziele, Anwendungs bereiche und Reichweite sowie einige andere Spezifika von methodischem Arbeiten, Supervision, Organisationsberatung und Evaluation. Dabei zeigt sich schon, daß sich die Verfahren in vieler Hinsicht überlappen. Die Abgrenzungen können daher nicht trennscharf sein, sondern sind als akzentuierende zu verstehen. Eine vergleichende Zusammenstellung der Optionen aller hier behandelten Qualifizierungstraditionen erfolgt im Abschnitt 5.3.. Hier geht es zunächst einmal um die Klärung der Begriffe.

1.1 Methoden Sozialer Arbeit und methodisches Arbeiten

In der Sozialen Arbeit ist zwischen zwei Methodenbegriffen zu unterscheiden, dem Begriff der "Methoden", der je nach (deutschem oder amerikanischem) Verständnis unterschiedlich weit gefaßt ist und dem "methodischen Arbeiten"[9]. Diese Begriffssysteme werden immer wieder verwechselt, was einige Verwirrung stiftet: Die sog. klassischen Methoden, nämlich "social case work",[10] "social group work" und "community organization" bzw. "community development" wurden im social work[11] der USA und auf dem sozialkulturellen Hintergrund dieses Gesellschaftssystems entwickelt und überwiegend nach dem zweiten Weltkrieg in Deutschland[12] rezipiert und modifiziert. Tuggener beschreibt die *amerikanische* Methodenauffassung als eine Art "pragmatischen Zirkel", in dem postulierte Ziele nur dann als sinnvoll gelten, wenn sie in der Methode operationalisierbar sind. Eine Methode umfaßt im "social work" immer vier Elemente: "1. eine Deklaration der zugrunde liegenden Werte; 2. die Grundbegriffe im Sinne von Kategorien; 3. leitende Prinzipien (z.B. 'acceptance', 'non judgemental attitude' usw.) und 4. Behandlungstechniken ('treatment procedures', 'techniques', 'skills')" (Tuggener 1971, 148).

---

9.   Einige Autorinnen verwenden auch den Begriff des methodischen Handelns (vgl. Meinhold 1992, Heiner 1992). Ich verstehe diese beiden Bezeichnungen synonym und verwende im weiteren ausschließlich den Begriff "methodisches Arbeiten", sofern ich mich nicht auf Zitate beziehe.

10.   In der Literatur werden die amerikanischen Begriffe unterschiedlich ausgeschrieben - einmal groß, einmal klein, einmal mit Bindestrich, einmal ohne. Der Konsequenz halber beschränke ich mich außerhalb von Zitaten auf eine Kleinschreibung.

11.   Social work bedeutet wörtlich übersetzt "Soziales Wirken" und nicht "Sozialarbeit". Die Soziale Arbeit ist in den USA wesentlich spezialisierter als in Deutschland und wird auch nicht einheitlich bezahlt (vgl. dazu die dezidierten Ausführungen Tuggener's 1971, 11 ff. sowie Federn 1990, 30). Man muß also die Tätigkeiten kennen, die jeweils mit den Begriffen bezeichnet sind, um eine angemessene Übertragung dieser Begriffe zu finden. Um nicht falsche Konnotationen hervorzurufen, benutze ich immer dann, wenn ich mich auf amerikanische Entwicklungen beziehe, die amerikanischen Begriffe. Die beiden klassischen Methoden des social case work und social group work werden in der Literatur manchmal mit dem Zusatz "social" versehen und manchmal ohne diesen Zusatz beschrieben. Ich spreche in dieser Arbeit der Einheitlichkeit halber außerhalb von Zitaten von "case work" bzw. "group work".

12.   Als Konsequenz der deutschen Wiedervereinigung liegt es nahe, den Begriff der "Bundesrepublik Deutschland" fallen zu lassen und einfacher von "Deutschland" zu sprechen. Selbstverständlich beziehe ich mich in meiner Literaturbearbeitung auf den Geltungsbereich der ehemaligen Bundesrepublik Deutschland, da mir diesbezügliche DDR-Literatur nicht bekannt ist, und weil deren Tradition ohnehin gesondert aufgearbeitet werden müßte.

Der *deutsche* Begriff der Methode kommt aus der Schulpädagogik und bezeichnet ein "Instrumentarium überwiegend erlernbarer Fertigkeiten für die pädagogische Praxis" (Karberg 1973, 159). Diese beiden Auffassungen, Methoden als Lehre von den Mitteln ohne Ansehen der Zwecke, Handwerkszeug oder Sozialtechnik (eher deutsches Verständnis) und Koppelung konkreter Verfahren mit spezifischen theoretischen Konzepten (eher amerikanisches Verständnis) kursieren auch in der derzeitigen Diskussion. M.M. ist der Begriffsumfang der klassischen Methoden in dem von Geißler und Hege definierten Begriff der "Konzepte" aufgehoben: Konzepte sind demnach Handlungsmodelle, in denen "die Ziele, die Inhalte, die Methoden und die Verfahren in einen sinnhaften Zusammenhang gebracht sind. Dieser Sinn stellt sich im Ausweis der Begründung und Rechtfertigung dar" (Geißler, Hege 1991, 23). Methoden sind nach diesem Verständnis konstitutive Teilaspekte von Konzepten; Verfahren bzw. Techniken wiederum sind Einzelelemente von Methoden (vgl. Geißler; Hege 1991, 24 ff.). Ich setze im folgenden den Konzeptbegriff nach Geißler und Hege mit dem *klassischen* (amerikanischen) Methodenbegriff synonym. Bei der Bearbeitung der neueren Methodendiskussion differenziere ich ebenfalls nach Geißler und Hege *Konzepte*[13], *Methoden, Verfahren* und/oder *Techniken* und konzediere, daß Methoden zwar "Mittel" oder "Instrumente", aber keinesfalls zielneutral sind. Alle Methoden wurden in einem bestimmten historischen und institutionellen Kontext entwickelt und wirken auch extrafunktional, nämlich durch ihre Struktur (vgl. Albers, Schuch 1982, 13 f.; C.W. Müller 1988 b, 200).

Unabhängig von der Präferenz für bestimmte Konzepte und Methoden war es zu allen Zeiten notwendig, *methodisch* zu arbeiten. Wenn man über Soziale Arbeit spricht, wenn man Fachkräfte ausbildet und die Arbeit plant, durchführt und bewertet, braucht man eine Systematik, mithilfe derer man Ziele, Inhalte, Methoden und Verfahren vorliegender Konzepte in Kenntnis ihrer Reichweite und ihres strukturellen Gehaltes auf den jeweiligen Gegenstand beziehen kann. Neben dieser "fachlichen" Argumentation ist auch unbestritten, daß das berufliche Handeln der Fachkräfte von einer Vielzahl "nicht-fachlicher" Variablen beeinflußt wird[14]. Zielvorgaben, ausgesprochene und unausgesprochene Erwartungen, voraussehbare und unvorhersehbare Handlungen von Vorgesetzten, Kolleginnen, Klientinnen und anderen Beteiligten, materielle und personelle Ressourcen, politische Entscheidungen und gesellschaftliche Bewegungen beeinflussen die Praxis und werden von jeder Fachkraft in persönliche und meist unausgearbeitete Handlungsmodelle und Handlungsregeln integriert.

An der Qualifizierung des methodischen Arbeitens arbeiteten Protagonistinnen wie Alice Salomon schon seit den Anfängen des Berufes. Die Bemühungen, die Grundlagen des Berufes und eine fachlich qualifizierte Arbeit an den Berufsnachwuchs (und als Selbstdarstellung) zu vermitteln, führten zu allen Zeiten zu "Methodenlehren". Beispiele der Vorkriegszeit sind die "Soziale Diagnose" Alice Salomons (1926) oder die "fürsorgerische

---

13. Darüber hinaus wird der Konzeptbegriff für Zusammenhänge unterschiedlicher Provenienz und Reichweite strapaziert: Auch Theorien mittlerer Reichweite aus der Grundlagenforschung wissenschaftlicher Disziplinen (Beispiel: "Theorie der kognitiven Dissonanz") oder Handlungsmodelle der angewandten Forschung (Beispiel: Konzept der "primary task") werden als Konzepte bezeichnet.

14. Die Unterscheidung in "fachliche" und "nicht-fachliche" Anteile des beruflichen Handlungsfeldes ist eigentlich unzulässig, denn "fachlich" ist alles berufliche Handeln. Ich benutze den Begriff der "fachlichen Standards" in dieser Arbeit für ein Set von Bewertungsmaßstäben, die überwiegend an Hochschulen entstanden und von ideal gesetzten Bedürfnissen von Klientinnen abgeleitet sind. Die so entstandenen Kriterien werden in der sich wissenschaftlich gerierenden Literatur fast durchgängig zum Kriterium "guter" Praxis genommen (kritisch dazu äußern sich Lau und Wolff 1982).

Methodenlehre" von Siddy Wronsky (1929). Nach dem zweiten Weltkrieg wurden die klassischen amerikanischen Methoden in Deutschland eingeführt und seit 1954 waren in den Schulen für Soziale Arbeit (den Deutschen Wohlfahrtsschulen) die Methodenfächer als Kernfächer etabliert. In den 70er Jahren belegten die Kritischen Sozialarbeiterinnen die Methoden mit Ideologieverdacht und die Wissenschaftlerinnen an den neu gegründeten Fachhochschulen und in den Diplompädagogik-Studiengängen der Universitäten unterzogen sie einer wissenschaftlich begründeten Kritik. Statt die klassischen Methoden systematisch zu verbessern und weiterzuentwickeln, konzentrierte man sich in der methodischen Ausbildung an den Fachhochschulen auf arbeitsfeldspezische Kenntnisse. Im weiteren widmeten sich die Ausbilderinnen der Vermittlung des methodischen Instrumentariums "berufsfremder", zumeist therapeutischer Konzepte. Die Diskussion über genuine Konzepte Sozialer Arbeit spielte bis weit in die 80er Jahre keine wesentliche Rolle mehr (vgl. C.W. Müller 1988 b, 142; Belardi 1992).

Die Fachkräfte in den Institutionen Sozialer Arbeit setzen heute nach pragmatischen Gesichtspunkten Methoden, Verfahren und Techniken aus den verschiedensten Konzepten ein und arbeiten mithilfe bestimmter Interaktionsrituale; zudem wirkt auch die Institutionsstruktur selbst "methodisch". Dieser "persönliche" Eklektizismus der Fachkräfte wird von wissenschaftlichen Kritikerinnen als rezepthaft und beliebig verurteilt. Gegen diese Beliebigkeit erklingt zwischenzeitlich der Ruf nach einer handlungsleitenden Theorie (vgl. Rauschenbach, Treptow 1984). Andere Autorinnen bringen Methoden, Verfahren und Techniken wieder in den ursprünglichen sinnhaften Zusammenhang ihrer Konzepte und appellieren an die Verantwortung der Fachkräfte Sozialer Arbeit, das Ausmaß ihrer institutionell verankerten Macht und ihre eigene Willkür an begründeten Zielen zu reflektieren und verantwortlich zu kontrollieren (vgl. Geißler, Hege 1991). Und schon seit den 60er Jahren gibt es sog. generische, also methodenübergreifende Handlungskonzepte (vgl. van Beugen 1972; den Sammelband von Vickery und Specht 1980), die wieder eine eigenständige Diskussion über methodisches Arbeiten in der Sozialen Arbeit fördern (vgl. Staub-Bernasconi 1983 u.ö.; Meinhold 1988 u.ö.; Bader 1987; Martin 1989; Heiner 1992; v. Spiegel 1992).

Eine systematische Ausbildung im methodischen Arbeiten erfolgt gegenwärtig (mit Rückgriff auf didaktische Modelle der Sozial*pädagogik*) nur in den *Fach*schulen für Sozialpädagogik. Nach meinem Eindruck beschränkt sich die Fachhochschulausbildung derzeit auf eine unsystematische Vermittlung meist therapeutischer Konzepte[15], während an den Universitäten überwiegend über Theorien mittlerer Reichweite philosophiert wird, die auf den Geltungsbereich Sozialer Arbeit zu beziehen wären[16]. Auf dem unübersichtlichen deutschen Fortbildungsmarkt findet man eine Flut an Angeboten zur Weiterbildung bzgl. beraterischer bzw. therapeutischer Methoden, die angeblich als Methoden der Sozialen

---

15. Ausnahmen bilden einige Methodenlehrerinnen, die sich mit unveröffentlichten Arbeitspapieren und mit im Selbstverlag gedruckten Büchern bemühen, ihre Studentinnen wieder stärker auf die sozialarbeiterische Tradition methodischen Arbeitens zu orientieren (vgl. z.B. Baal 1986). Das gesamte Bemühen um eine neue Fundierung methodischen Arbeitens unterliegt aber von vornherein dem Verdikt der "Unwissenschaftlichkeit" (vgl. Meinhold 1988), was den Ehrgeiz derjenigen, die sich ernsthaft mit diesem Thema beschäftigen, nicht gerade anspornt. Aber auch von der "anderen" Seite, aus vorgeblich "praktischer" Sicht ist methodisches Arbeiten nicht gut beleumdet, nämlich dann, wenn es als "methodisch sauberes" Arbeiten nach Vorschrift einer Methode interpretiert wird, das dann eher der Abschreckung von Kolleginnen, Vorgesetzten und Klientinnen dient (vgl. Hinte 1984; Lau, Wolff 1982 sowie für die Supervision Nellessen 1987, 10).

16. Vgl. die anhaltende Diskussion über die Konzepte der Lebenswelt, der Alltagsorientierung oder den Ansatz der stellvertretenden Deutung sowie die Überlegungen zu Sozialarbeit als Sozialpolitik der "Bielefelder" und der "Tübinger" Schule.

Arbeit einzusetzen sind, aber so gut wie keine Angebote, das methodische Arbeiten zu qualifizieren.

1.2 Supervision

Der englische Begriff "supervision" bedeutet soviel wie "Aufsicht" oder "Überprüfung" und stammt aus der Industrie. Dort bezeichnet er Vorgesetztenfunktionen wie die Erteilung von Aufträgen, die Beaufsichtigung der Arbeit und die Beurteilung der Produktivität der Handelnden. Supervision begleitet die Soziale Arbeit schon seit Beginn des Jahrhunderts. Man verstand sie zunächst als eine Aufgabe von Vorgesetzten, und sie diente dem Einüben, der Verbesserung und der Kontrolle methodengerechten Handelns während der praktischen Ausbildung: "... gerade in der Parallelität von Arbeit und Lernen, also zweier verschiedener Prozesse liegt ihr einmaliger und einzigartiger Charakter" (Siegers 1974, 41).

In Deutschland wurde Supervision in den 50er Jahren als "case work supervision" zusammen mit der sozialen Einzelhilfe rezipiert. Dora v. Caemmerer führte in Übereinstimmung mit den Vertreterinnen der damaligen Fortbildungslehrgänge den Terminus "Praxisberatung" ein auch, um den mit "Supervision" konnotierten Kontrollaspekt zu neutralisieren. Man betonte somit stärker die Ausbildungsfunktion und das partnerschaftliche Verhältnis der Praxisberaterinnen zu selbstverantwortlichen (künftigen) Kolleginnen, zu deren beruflicher Haltung auch das eigene Weiterlernen gehören sollte. Unterschieden wurde zudem zwischen der Praxis*anleitung* ("field instruction") von Berufsanfängerinnen und der Praxis*beratung* ("staff supervision") berufserfahrener Fachkräfte (vgl. bes. Pettes 1971, 59 ff. bzw. 177 ff.), die beide unter dem Oberbegriff Supervision zusammengefaßt wurden. Der Begriff Praxisberatung hat sich aber nicht durchsetzen können. Man redet heute allgemein von Supervision[17] und bringt die Begriffe "Praxisberatung" und "Praxisanleitung" eher mit dem methodischen Arbeiten in Verbindung (vgl. Weigand 1987 b, 154). Ich benutze i.f. durchgehend den Terminus "Supervision", wenn nicht die jeweils zu zitierenden Verfasserinnen den Begriff "Praxisberatung" bevorzugen.

Supervision ist als *berufsbezogener* Lehr- und Lernprozeß (Bode 1983) angelegt. Im Brennpunkt der Reflexion stehen die Handelnden und ihr selbst- und fremdbestimmtes Rollenverständnis, die Institution incl. ihrer gesellschaftlichen Umwelt und die jeweilige Klientel. "Die Interdependenz und die erstrebte Integration dieser vier Faktoren bestimmt die berufliche Interaktion und gleichzeitig konstituieren diese vier Faktoren damit den Gegenstand der Supervision" (Weigand 1987 a, 29). Es geht also um die Reflexion von Problemen beruflichen Handelns im Kontext der individuellen, institutionellen und gesellschaftlichen Bedingungen mit dem Ziel der Erweiterung beruflicher Handlungs-kompetenz (vgl. Wittenberger 1984 a, 1179). Den Ausgangspunkt soll nicht mehr das Gefühl von Unfähigkeit und mangelnder Qualifikation bilden, sondern ein Verständnis von Fortbildung im Sinne eines lebenslangen Lernens (vgl. Bode 1983, 1). Die Reflexion verläuft auf der Grundlage von mündlichen Berichten der Supervisandinnen und meist mit Bezug auf die aktuelle Beziehungsdynamik in der Dyade oder Gruppe. Die Person der Supervisandin steht im Vordergrund des Interesses, und die Probleme ihrer Klientinnen werden nur vermittelt behandelt. Man nimmt an, daß sich der Fall oder die Szene im

---

17. Zur Begriffsgeschichte vgl. ausführlich Belardi (1992, 69 ff.).

Supervisionsprozeß unter anderen Vorzeichen wiederholt, und daß die Supervisandinnen somit die Möglichkeit des Probehandelns haben.

Die Beratungsform der Supervision ist außerordentlich facettenreich. Sozialarbeiterinnen, Pädagoginnen, Soziologinnen, Psychologinnen oder Ärztinnen können Supervision als Zusatzqualifikation (an frei getragenen Fortbildungsinstituten oder (Fach-)Hochschulen) erlernen. Sie können auch ohne besondere Qualifikation praktizieren, denn die Berufsbezeichnung ist nicht geschützt. Supervisorinnen arbeiten in freier Praxis, an Ausbildungsstätten oder sind bei den Trägern Sozialer Arbeit angestellt. Ihre Supervisandinnen kommen aus Arbeitsfeldern weit über die der Sozialen Arbeit hinaus. Meist sind es berufserfahrene Fachkräfte, denn die Supervision ist nicht mehr überwiegend an die Berufsausbildung gekoppelt. Sie nehmen in der Regel freiwillig an der Supervision teil. Vielfach erkämpften sie diese gegen ihre Vorgesetzten; manchmal wird die Supervision auch "verordnet". Je nach Situation suchen sie sich ihre (externen) Supervisorinnen selbst oder sie nehmen die Dienste von institutionsinternen Supervisorinnen in Anspruch. Man trifft sich in der Dienststelle der Supervisandinnen, teilweise privat oder an einem neutralen Ort. Die Sitzungen sind zeitlich begrenzt oder als ständige Praxisbegleitung konzipiert und werden wöchentlich oder als Blockveranstaltung angeboten. Es gibt kaum supervisions-"eigene" Methoden, und die Konzepte, aus denen Supervisorinnen ihre Arbeitsprinzipien und Methoden entlehnen, sind vielfältig und werden "in reiner oder gemischter Form, eklektisch oder methodisch kunstvoll verbunden, mehr oder weniger qualifiziert" angewendet (Weigand 1984, 53).

1.3 Organisationsberatung

Organisationsberatung fußt auf amerikanischen Konzepten der Organisationsentwicklung[18], mithilfe derer man Produktivität und Effektivität von Organisationen steigern und gleichzeitig die Arbeitsbedingungen humanisieren wollte. Eine der wesentlichen Wurzeln ist mit dem Begriff des "planned change" benannt, einer "Methode, die bewußt und experimentell soziale Technologien einsetzt, um zur Lösung der Probleme von Mensch und Gesellschaft beizutragen" (Bennis u.a. 1975, 11). Die Begriffe "*Innovationsagent*" (change agent), "*Klientensystem*" und der "kooperative Versuch zur Anwendung *gesicherter Kenntnisse* auf die Probleme des Klienten" gehören zum Prozeß des "planmäßigen Wandels" (Bennis 1975; 85, Hvh. im Original).

Das Konzept der Organisationsberatung ist abzugrenzen gegen ein anderes Konzept der systematischen Veränderung, nämlich die "Unternehmensforschung" (operations research) bzw. die Managemententwicklung (Sievers 1977, 11). Ein Unterschied zwischen beiden Typologien liegt in der Einschätzung und Beeinflussung derjenigen Variablen, die die Leistungen eines Systems bedingen. *Planned change* legt den Fokus auf menschliche Beziehungen. Stichworte wie die Identifizierung von Auftrag und Werten einer Organisation und ihrer Mitglieder, von Konflikt, Kontrolle und Führung, Widerstand gegen und Anpassung an Veränderungen, die Nutzung menschlicher Ressourcen und Kommunikation

---

18. Obwohl sich Organisationsberatung auf sehr unterschiedliche Konzepte beziehen kann, verstehen sich daher die im Zusammenhang der Sozialen Arbeit schreibenden Organisationsberaterinnen als "Organisationsentwicklerinnen" und setzen die Begriffe der Organisationsberatung und der Organisationsentwicklung weitgegehend synonym. Ich folge im weiteren außerhalb von Zitaten dieser Sprachregelung.

sind kennzeichnend für planned change. Art und Qualität der Beziehung der Menschen in den Organisationen gelten als "Indikatoren des Fortschritts und als valide Ausgangspunkte für Daten und Diagnose". Die change agents entwickeln Programme für Veränderungen und beraten und trainieren leitende Kräfte. *Operations research* stellt dagegen eher ökonomische und technologische Faktoren (wie Bestandsaufnahme, Verteilung, Reihenbildung, Aufstellen einer Zeitfolge, Kennzeichnung des Vorgehens, Ablösung, Wettbewerb, Suchen) in den Vordergrund, die meist mit Profit und Effizienz zusammenhängen (vgl. Bennis 1975, 86 f.). Die Menschen in der Organisation sind eher nebensächlich.

Peter Fürstenau (1970) und Wolfgang Bäuerle (1980) gehörten zu den Pionieren, die diese Qualifizierungstradition in Deutschland unter der Bezeichnung *Institutionsberatung* für den Bereich der Sozialen Arbeit erschlossen. Und 1977 gab Burkhard Sievers einen Sammelband mit amerikanischen Beiträgen zur Organisationsentwicklung heraus. Bäuerle definiert Institutionsberatung als "fachliche Beratung sozialadministrativer oder sozialpädagogischer Institutionen (auch Organisationen) in allen sie berührenden Angelegenheiten. Der Schwerpunkt einer Institutionsberatung kann formal Planungs-, Innovations- oder Konfliktberatung sein, inhaltlich sich mehr mit kommunikativen, pädagogischen, wirtschaftlichen, organisatorischen, juristischen, personalfördernden o.a. Problemen befassen. Aufgabe der Institutionsberatung ist eine Verbesserung der Kompetenz und Effizienz der Institution und der Lebens- und Arbeitsbedingungen in dieser Institution" (Bäuerle 1980, 227).[19]

Trotz dieser "frühen" Beiträge ist Organisationsentwicklung in Deutschland immer noch ein Spezifikum der Wirtschaft. Erst seit den 80er Jahren, als die Institutionen an sich und ihre strukturellen Auswirkungen auf die alltägliche Berufspraxis immer mehr in den Mittelpunkt der Diskussionen um Soziale Arbeit gerieten und die Supervisorinnen über die Teamsupervision zur Teamberatung kamen, wurden Konzepte der Organisationsberatung interessant. Man erkannte, daß Organisationen nicht allein über eine Veränderung der Menschen verändert werden können. Darüber hinaus müssen auch die Strukturen und die "Kultur" einer Organisation in den Prozeß einbezogen werden. "Projekten der Organisationsentwicklung liegt eine doppelte Zielsetzung zugrunde. Sie intendieren eine Steigerung der Effektivität von Organisationen sowie eine qualitative Erweiterung der Selbstverwirklichungs- und Selbstbestimmungsmöglichkeiten ihrer Mitglieder im Arbeitsprozeß" (Sievers 1977, 12).

Organisationsberaterinnen richten ihr Augenmerk auf die *Institution als Ganze*. Die meist externen Beraterinnen arbeiten mit den Fachkräften aller Hierarchieebenen an der Lösung von Konflikten und (Kommunikations-)Problemen, an der Humanisierung der Arbeitsbedingungen und an den Modalitäten des Umgangs untereinander. Sie setzen ihr Organisations-, Fach- und Methodenwissen dazu ein, Strukturen und Dienstleistungen der Organisation den veränderten gesellschaftlichen Anforderungen und denen der Klientel anzupassen und/oder beteiligen sich daran, neue Konzeptionen zu implementieren. Dazu

---

19. Der Begriff der Institutionsberatung ist inzwischen weitgehend dem der Organisationsberatung gewichen. Beide werden im Geltungsbereich der Sozialen Arbeit weitgehend synonym benutzt und lediglich gegenüber Formen der Unternehmensberatung abgegrenzt. (Edding definiert abweichend davon Institutionsberatung wie Unternehmensberatung, nämlich als "Umorganisation aufgrund von Expertenrat", während für sie Organisationsentwicklung die "Befähigung der Organisation und ihrer Angehörigen zur Selbsterneuerung" anzielt, vgl. Edding 1985, 20) Ich benutze im weiteren durchgängig den Terminus Organisationsberatung bzw. Organisationsentwicklung und verwende den Begriff Institutionsberatung nur in Zitaten

benutzen sie einen Großteil des methodischen Arsenals aus der Supervision, aber auch sog. Managementtechniken aus der Unternehmensberatung. Die Beraterinnen entwickeln gemeinsam mit allen Angehörigen der Institution Lösungsstrategien und beziehen die Fachkräfte in den Entscheidungsprozeß ein. Ein Grundprinzip ist, die Betroffenen zu Beteiligten zu machen (vgl. Edding 1985, 21; Krämer 1983, 312). Veränderungen werden sowohl für die Struktur der Institution als auch für die Werthaltungen und Verhaltensweisen der Menschen angestrebt. Die Beraterinnen setzen aber keine Ziele für Organisation und Fachkräfte. Sie beschäftigen sich hauptsächlich mit dem "Wie" der Veränderung (vgl. Raguse 1988, 39; Edding 1985, 21). Mit der Hinwendung zu den Organisationen als Ganze sind auch die Berührungsängste von Beraterinnen innerhalb der Sozialen Arbeit gegenüber denen in der Industrie geschwunden. Häufiger pendeln Supervisorinnen und Organisationsberaterinnen zwischen beiden Bereichen, so daß die einen von den anderen methodisch profitieren können.

1.4 Evaluation

Die Begriffe Evaluation, Evaluierung, Evaluationsforschung, Erfolgskontrolle, Wirkungsanalysen, Begleitforschung, wissenschaftliche Begleitung und auch Praxisforschung[20] werden teilweise synonym gebraucht, teilweise gegeneinander abgegrenzt oder als Spezialisierungen benutzt. Mit Rekurs auf die Wortwurzel kann man den zentralen Aspekt von Evaluation als *Bewertungsprozeß* kennzeichnen: Mithilfe wissenschaftlicher Forschungsmethoden und -techniken werden Daten gesammelt und analysiert, die die Einschätzung des Wertes eines Sachverhaltes ermöglichen. Die Bewertungen geschehen im Hinblick auf Aufwand, Effektivität, Wirksamkeit und Angemessenheit, und sollen eine rationale Grundlage für pädagogische und (sozial-)politische Entscheidungs-, Planungs- und Optimierungsprozesse bilden. In den USA wird Evaluation als Forschung betrachtet; in Deutschland ist das umstritten. Man kann schließlich auch evaluieren, ohne wissenschaftliche Forschungsmethoden anzuwenden. Suchman (1967) unterscheidet daher *Evaluation* als "Prozeß der Beurteilung des Wertes eines Produktes, Prozesses oder Programmes, was nicht notwendigerweise systematische Verfahren oder datengestützte Beweise zur Untermauerung einer Beurteilung erfordert". *Evaluation research* zeichnet sich

---

20. Praxisforschung charakterisiert (nach Filsinger, Hinte 1988) "einen möglichen spezifischen Zugang zu (psycho-)sozialer Praxis und ein spezifisches Verhältnis zwischen Forschung und Praxis. Sie dient der Entwicklung sozialer Arbeit durch die Analyse von Bedingungen, Dynamik, Zusammenhängen und Wirkungen in der beruflichen Praxis und durch die Herstellung eines Kontextes, in dessen Rahmen Feld-Akteure mit den gewonnenen Erkenntnissen arbeiten können. Insofern ist Praxisforschung auf Anwendung hin orientiert; sie ist eine Art von Begleitforschung bzw. praxisbegleitender Forschung und damit auch eine Form der *Intervention in Praxis*. Dieser Anspruch von Praxisforschung legt einen methodischen Zugang nahe, der - unter Nutzung eines breiten Methodenspektrums - sich eng anlehnt an das Konzept qualitativer Sozialforschung. ... Sie ist auf ein konkretes Praxisfeld in einem konkreten lokalen/regionalen Zusammenhang bezogen und will dort das Zusammenspiel verschiedener Faktoren aufklären: etwa zwischen beruflicher Sozialisation und Hilfe-Strategien, zwischen institutionellen Ressourcen und der Qualität und Reichweite sozialer Unterstützung, zwischen der Plazierung einer Einrichtung und der Nutzung durch die Klienten. Dabei untersucht sie vorrangig soziale Handlungsprozesse, insbesondere professionelle Handlungsvollzüge, in ihrem sozialen, strukturellen und institutionellen Kontext. Insofern ist Praxisforschung vorrangig als *Prozeß- und Kontextforschung* zu begreifen" (Filsinger, Hinte 1988, 43 f.; Hvh. im Original). Diese Definition und auch die Definitionen von Heiner (1988 b); C.W. Müller (1988 e) oder Feltes (1988) zeigen, daß man unter den Begriff "Praxisforschung" eine Bandbreite von Forschungsaktivitäten subsummieren kann. Alle Verfasserinnen bezeichnen Evaluationsforschung als eine Variante von Praxisforschung. Da es für meine Zwecke nicht sinnvoll ist, Praxisforschung als eigenständige Qualifizierungsmöglichkeit auszuweisen, und da m.E. vor allem prozeßorientierte Evaluation und Praxisforschung sich weitgehend überlappen, verzichte ich auf eine dezidierte Bestimmung dieser Ausprägung analytischer Sozialforschung.

im Unterschied dazu durch die "explizite Verwendung wissenschaftlicher Forschungsmethoden und -techniken für den Zweck der Durchführung einer Bewertung (aus).
Evaluationsforschung betont die Möglichkeit des Beweises anstelle der reinen Behauptung
bzgl. des Wertes und Nutzens einer bestimmten sozialen Aktivität"[21] (Suchman 1967, zit.n.
Wottawa, Thierau 1989, 9; vgl. auch Wittmann 1990, 8).

Evaluatorinnen folgen einer mehr oder weniger konkreten, aber immer von außen gesetzten
Aufgabenstellung, die auch die Kriterien der Bewertung impliziert. Eine Evaluation wird in
der Regel von einem Finanzier (Träger, Bund, Land) in Auftrag gegeben. Den
"Auftragsforscherinnen" bleibt aber bzgl. der Gestaltung des Forschungsplanes und der
Durchführung und Auswertung der Messungen ein relativ großer Spielraum (vgl. Hofmann,
Fargel 1984, 313). "In ihrer idealen Form wird Evaluierung für einen Klienten
durchgeführt, der Entscheidungen treffen muß und der von der Evaluierung Antworten
erwartet, auf die er seine Entscheidung basieren kann. Der Gebrauch ist oft weniger direkt
und unmittelbar als in diesem Fall, aber er liefert immer den Grund für die Evaluierung. ...
Die Fragen, die die Evaluierung erwägt, sind immer mehr die Fragen des
Entscheidungsträgers als die des Evaluierenden. ... Die übliche Evaluierungshypothese ist,
daß das Programm das leistet, was es leisten soll" (Weiss 1974, 25). Zu diesem Zweck
untersucht man meist die beabsichtigten Wirkungen der Maßnahmen und ihre
unbeabsichtigten Nebenwirkungen. Diese Form wird als "produktorientierte", "summative"
oder auch "Ergebnisevaluation" bezeichnet. Gängiger ist inzwischen, nach den Faktoren
innerhalb eines Prozesses zu suchen, die Veränderung bewirken, um sie dann gezielt als
Instrumente oder Techniken zur Verbesserung von Arbeitsabläufen oder Programmen
einzusetzen. Oft wird auch in Modellversuchen getestet, ob die geplanten Innovationen die
gewünschte Wirkung zeigen, bevor man eine größere Änderung flächendeckend einführt. In
solchen Fällen konzentriert man die Untersuchung auf die Implementation eines Projektes
und seine Prozeßvariablen und arbeitet nach dem Konzept der "prozeßorientierten",
"formativen" oder auch Programmevaluation[22].

Die Untersuchungsstrategien, die zur Anwendung kommen, sind abhängig von
wissenschaftstheoretischen Auseinandersetzungen. Die amerikanischen Evaluatorinnen
orientierten sich in den 60er und frühen 70er Jahren überwiegend am
naturwissenschaftlichen Ideal. Methodisch bevorzugten sie das kontrollierte und
vergleichende (Feld-)Experiment und standardisierte Tests. Sie versuchten, die soziale
Komplexität auf eine überschaubare Anzahl von Variablen zu reduzieren und deren kausalen
Einfluß mit standardisierten Instrumenten zu messen. Die klassische ergebnisorientierte
Evaluation ist als Input-Output-Vergleich angelegt. Man will messen, ob mit den
Programmen die postulierten Ziele wirklich realisiert werden. Die Beschaffenheit des Inputs
(also der Interventionen) interessiert dabei ebenso wenig wie der soziale Kontext, in den
eine Intervention eingebettet ist. In Deutschland gab es zwar ab Mitte der 60er Jahre eine
größere Gruppe von Aktions- bzw. Handlungsforscherinnen, die an alternativen
Forschungsdesigns arbeiteten, sie taten und tun sich aber schwer mit deren methodischer
Umsetzung. Trotz lebhafter und kritischer Diskussion kommen nach wie vor in beiden Län-

---

21. Suchmans Systematisierungsversuch konnte sich nicht durchsetzen. Da ich es auch grundsätzlich schwierig finde, zu beurteilen,
wann eine Evaluierungsmethode "wissenschaftlichen" Kriterien genügt, setze ich im folgenden die Begriffe "Evaluation" und
"Evaluationsforschung" synomym.

22. Ich benutze im folgenden die Begriffe "summative", "produktorientierte" und "ergebnisorientierte" Evaluation ebenso synonym
wie die Termini "formative", "prozeßorientierte" oder "Programmevaluation".

dern überwiegend die traditionellen Strategien (Experiment bzw. Quasi-Experiment in mehr oder weniger geistreichen Variationen) zur Anwendung.

Evaluationsforschung ist eine "Multidisziplin" (vgl. Scriven 1984; Shadish, Reichardt 1987). Evaluatorinnen stützen sich auf psychologische, erziehungswissenschaftliche, ökonomische, soziologische und politikwissenschaftliche Grundlagen. Sie integrieren in ihrer Arbeit Fragestellungen und Erkenntnisse aus wissenschaftlichen Disziplinen, aus der Praxis Sozialer Arbeit und aus der Sozialverwaltung (vgl. C.W. Müller 1980, 145). Ergebnisorientierte Evaluatorinnen verstehen sich als neutrale Forscherinnen, die möglichst objektiv die Wirkungen der Untersuchungsgegenstände aufzeigen (vgl. Weiss 1974, 26; Hofmann, Fargel 1984, 313). Prozeßorientierte Evaluatorinnen entwickeln auch selbst Implementationshilfen und beraten die Fachkräfte bei der Nutzung wissenschaftlicher Erkenntnisse und bei auftauchenden Praxisproblemen. Evaluiert werden kann alles, was für die Aufgabenstellung relevant ist: Personen, Ziele, Verfahren, Konzepte oder Programme, Methoden und Arbeitsprinzipien sowie Einstellungen und Urteile, die die Arbeit beeinflussen. Man kann den Evaluationsfokus auf einzelne Elemente des Arbeitsprozesses (Mikroevaluation) oder auf umfassende Fragestellungen eines ganzen Projekts richten (Makroevaluation). Man kann Gruppen oder Projekte miteinander vergleichen oder ein einzelnes Programm auf seine Qualitäten hin untersuchen (nicht-vergleichende Evaluation). Die Auftraggeberinnen verpflichten überwiegend außenstehende Wissenschaftlerinnen (äußere Evaluation); seltener führen die Fachkräfte die Handlungen selbst durch (innere oder Selbst-Evaluation) (vgl. Wulf 1972, 19 ff.).

Die Finanziers generieren ihre Evaluationsaufträge aus Problemen und Fragestellungen der sozialpädagogischen, politischen oder Verwaltungs-Praxis (vgl. C.W. Müller 1978). Nach der Liste des "Committee of the National Academy of Science" kann Evaluation folgenden Vorhaben dienen: "(1) needs assessment, (2) basic research, (3) smallscale testing, (4) field evaluation, (5) policy analyses, (6) fiscal accountability, (7) coverage accountability, (8) impact assessment, and (9) economic analyses" (Patton 1982, 44). Evaluatorinnen arbeiten in den unterschiedlichsten Arbeitsfeldern: im ökonomischen Bereich (Produktevaluation, Controlling), im militärischen Bereich (Grundlagen zur Entscheidung über komplexe Waffensysteme), in der Entwicklungshilfe (Überprüfung von Hilfesystemen), im Gesundheitswesen (Wirksamkeit von Medikamenten), in der Landwirtschaft (Überprüfung der Wirksamkeit von Düngemitteln), in der Städtebau- und Wohnungsplanung (Evaluation der Siedlungsentwicklung), im Bildungsbereich (Implementation und Bewertung von Curricula) und eben auch in Arbeitsfeldern der Sozialen Arbeit, um die es hier hauptsächlich geht.[23]

---

23. Vgl. dazu auch die Auflistung von Hellstern und Wollmann bezüglich der Forschungsschwerpunkte und -methoden, der auftraggebenden Stellen und der Qualifizierung der Forscherinnen, die in den einzelnen Evaluationsfeldern jeweils zum Zuge kommen (vgl. Hellstern, Wollmann 1984, 36 ff)

2. Entwicklungslinien

Ich verfolge in diesem Kapitel Entwicklungslinien, die zum Verständnis und der besseren Einordnung des gesamten Gegenstandsbereiches notwendig sind. Ich begebe mich zunächst in die USA und skizziere die Herausbildung der klassischen Methoden sowie einige amerikanische Spezifika (Abschnitt 2.1). Dann wandere ich "über den Teich" und kehre nur noch visitenhaft zurück, wenn es notwendig wird, auf Unterschiede zwischen den Ländern hinzuweisen. Im Abschnitt 2.2 verfolge ich die deutsche Entwicklung der Traditionen. Beide Abschnitte scheinen mir nötig, um die immer wieder auftretenden Mißverständnisse, die aus einer mangelnden Berücksichtigung der unterschiedlichen Gesellschaftsformen resultieren, aufzuklären, bei denen alle Traditionen mehr oder weniger intensiv Anleihen machen.

2.1 Amerikanische Wurzeln der Qualifizierungstraditionen

Alle Qualifizierungstraditionen entstanden in den USA und wurden überwiegend nach dem zweiten Weltkrieg in Deutschland etabliert. Auch die eigenständige Tradition des methodischen Arbeitens wurde in dieser Zeit wesentlich durch amerikanische Einflüsse geformt, wie die Übernahme der klassischen Methoden zeigt. Da die Soziale Arbeit Teil der Sozialpolitik eines Staates ist, korrespondieren die Konjunkturen und die Wertschätzung von Supervision, Organisationsberatung und Evaluation (soweit sie sich auf die Soziale Arbeit beziehen) mit der sozialpolitischen Entwicklung. Es ist daher schwer möglich, Konzepte oder auch nur Methoden oder Verfahren von einem Land in das andere zu transferieren, ohne die strukturellen Rahmenbedingungen der Gesellschaftssysteme zu berücksichtigen. Es hat z.B. die Übernahme des amerikanischen Methodenverständnisses zu nachhaltigen Verwirrungen geführt, die teilweise bis heute nicht ausgeräumt sind. Die Vorbehalte gelten auch für die Übertragung von Konzepten der Organisationsberatung auf deutsche Sozialorganisationen, denn diese sind wesentlich anders aufgebaut als amerikanische. Anders als in Deutschland nimmt auch die Evaluation im social work der USA seit langem einen anerkannten Platz ein, und es gehört zum Selbstverständnis der amerikanischen Politikerinnen, ihre Entscheidungen (zumindest teilweise) mit Blick auf Evaluationsergebnisse zu treffen. Ich widme daher diesen Abschnitt der Entwicklung des social work und der Qualifizierungstraditionen in den USA.

2.1.1 Zur Entwicklung des social work

Den Ausgangspunkt der professionellen Sozialen Arbeit bildete die arbeitsteilige traditionelle Armenpflege im letzten Jahrhundert[1]: Die Kommunen kontrollierten das Bettelwesen mithilfe verwaltender Maßnahmen, die Kirchengemeinden und privaten Wohlfahrtsvereine übernahmen die caritative Verteilung von Almosen. In England, den USA und Deutschland verfolgte man mit teilweise unterschiedlichen Strategien die gleichen Ziele: Man wollte die Armen zur Arbeit "erziehen" und sie gleichzeitig mit möglichst diskriminierenden Antragsprozeduren von der Inanspruchnahme der Armenhilfe abschrecken. England verfügte schon seit 1601 über ein staatliches Armengesetz; hier wurde (ohne nennenswerten "Erfolg") der "Arbeitshaustest" eingesetzt (vgl. C.W. Müller 1988 a, 32 f.), und hier traten die ersten sog. friendly visitors ihren Dienst an (zuerst 1814 in Glasgow): Ehrenamtlich tätige Hausbesucherinnen besuchten im

---

1. Ich beziehe mich hier wesentlich auf C.W. Müller (1988 a), der am Beispiel zeitgeschichtlicher Schlüsselsituationen Etappen der Methodenentwicklung beschreibt.

Auftrage der Kommunen die Bedürftigen zu Hause, um diejenigen, die Hilfe verdienten (die also arbeitswillig, aber in Not geraten waren) von denen zu trennen, die dieser Hilfe "unwürdig" waren. Die friendly visitors beurteilten zunächst die materielle Lage der betroffenen Familie und suchten nach Ressourcen in der Verwandtschaft und Nachbarschaft. Wenn es dort keine Hilfe gab, bahnten sie Patenschaften zu privaten Wohltätern an, die nach Bedarf materiell oder persönlich halfen. Erst wenn auch das nicht gelang, bewilligten sie Sachspenden aus den Mitteln der Gemeinde, die sie autonom verwalteten (vgl. C.W. Müller 1988 a, 110 f.). Die Qualifikation der friendly visitors bestand in der "Kompetenz", sich Zugang zu den Familien zu verschaffen. Sie sprachen freundlich mit ihnen, gaben ihnen persönliche Ratschläge zur Bewältigung ihrer Misere und ermittelten gleichzeitig die notwendigen Daten für Entscheidungen über materielle Zuwendungen.

In den USA hatte man das englische System zwar formal übernommen; die Einwanderer beurteilten die Armut aber wesentlich rigider. Nicht zu arbeiten war in ihrem Urteil Sünde, und so galt Armut als Beweis niederer Moral. Dem Staat gestanden sie so wenig Einfluß, Kontrolle und Steuereinnahmen als möglich zu. Vor dem Hintergrund der (später sozialdarwinistisch genannten) Gesellschaftslehre von Smith, Ricardo und Malthus hielt man sich mit Hilfen zurück und ließ die "natürlichen" Auslesegesetze wirken, nach denen die Arbeitsunfähigen und -unwilligen von selbst aussterben, wenn man sie nicht mit caritativen Aktionen (die es auch gab) am unnützen Leben erhielte. Zur Linderung der größten Not verteilten auch in Amerika bürgerliche Frauen als "paid agents" oder "friendly visitors" Gelder an die Armen[2]. Die Kommunen fühlten sich erst verantwortlich, als in der zweiten Hälfte des 19. Jahrhunderts das Elend nicht mehr zu ignorieren war. 1877 gründete ein Geistlicher in Buffalo die erste *Charity Organization Society* (COS), die auf das englische (und seit Mitte des Jahrhunderts auch deutsche) System der friendly visitors aufbaute. Nun registrierte und koordinierte man alle Hilfesuchenden, alle ehrenamtlichen Hausbesucherinnen und alle privaten Wohlfahrtsorganisationen einer Stadt, um die Konkurrenz um Spenden auszuschalten. Diese Koordinationsleistung geschah auf freiwilliger Basis, und C.W. Müller bezeichnet die Charity Organization Societies als "Clearingstellen", in denen man ermittelte und vermittelte, ohne selbst Almosen zu verteilen[3]. Im letzten Jahrzehnt des 19. Jahrhunderts setzte sich das Prinzip, mit dem Geld quasi-professionelle Helfer auszubilden und zu bezahlen, statt es an die Armen zu verteilen in Nordamerika weitgehend durch (vgl. C.W. Müller 1988 a, 113).

Eine zentrale Figur für die Entwicklung von wissenschaftlichen Grundlagen der späteren Sozialen Einzelhilfe ist *Mary Richmond*. Sie engagierte sich ab 1889 in der Charity Organization Society in Baltimore und wollte die Wohlfahrtseinrichtungen von innen reformieren. Die hauptamtlichen Organisatorinnen sollten kompetent organisieren und verhandeln können. Außerdem mußten sie Ehrenamtliche für die Arbeit motivieren und deren Ermittlungstätigkeit "wissenschaftlich" anleiten. Folgerichtig kümmerte sich Richmond verstärkt um die Ausbildung der haupt- und ehrenamtlichen Mitarbeiterinnen: 1898 gab es in New York die erste "Summer School of Philantrophy" der Charity Organization Societies. Die Ausbildung bezog sich nach Richmond's Vorstellungen auf drei "Künste", die der Ermittlung, die der Herstellung einer

---

2. Diese Gelder waren durchaus als "Investment" gedacht: Man schützte den eigenen Stand vor den Auswirkungen der sozialen Probleme und erwartete, daß die dankbaren "Klientinnen" dafür die (demokratische) Partei wählten (vgl. Federn 1990, 26; vgl. auch Zeller 1981, 17 f.).

3. C.W. Müller schätzt diese Stellen als "wissenschaftliches Ermittlungsinstrument" ein, "das den mittelalterlichen Test der (subjektiven) Arbeitsbereitschaft durch Einweisung in ein Arbeitshaus durch das Sammeln von ('objektiven') Informationen über die Lebensumstände der nach Hilfe suchenden Familien in den Wohnungen dieser Familien ersetzte und das beanspruchte, wissenschaftlicher, umfassender und menschenfreundlicher zu sein als das alte Arbeitshaus" (C.W. Müller 1988 a, 11).

tragfähigen zwischenmenschlichen Beziehung und die der Beratung von Familienmitgliedern in Lebensfragen[4] (vgl. C.W. Müller 1988 a, 115). Richmond sah die Ursachen von Armut in der individuellen Lebensgeschichte und den gegenwärtigen sozialen Beziehungen der Hilfebedürftigen und sie setzte auf soziale Lernprozesse, die durch qualifizierte ehrenamtliche Beraterinnen initiiert und begleitet werden sollten. Die Fülle der ermittelten und gesammelten Daten der Charity Organization Societies zeigte aber, daß weder moralisch-sittliche Instabilität noch die individuelle Lebenssituation oder das soziale Netz für die Armut verantwortlich waren, sondern andere, nämlich gesellschaftliche Ursachen wie unfreiwillige Arbeitslosigkeit, Arbeitsunfälle und Niedrigstlöhne. Diese Erkenntnisse deckten sich mit denen, die Sozialwissenschaftler seit 1866 in der American Social Science Association erhoben hatten (vgl. C.W. Müller 1988 a, 120).

Eine zweite Entwicklungslinie begann mit der Settlement-Bewegung, die man als Vorläuferin der späteren Gemeinwesenarbeit betrachten kann. Für diese Linie und den ersten Sinneswandel in der Einschätzung der Ursachen von Armut und deren Bekämpfung steht in England (ab 1883) das Ehepaar Barnett und seine Arbeit in der ersten Universitäts-Niederlassung (Settlement) der Universität Cambridge in einem Londoner Elendsviertel ("Toynbee-Hall"). Sie boten das Vorbild für Jane Addams und ihre Mitarbeiterinnen, die 1889 eine ähnliche Niederlassung in einem heruntergekommenen Immigrantenviertel von Chikago (Hull House) gründeten (vgl. C.W. Müller 1988 a, 38 f.).

Hier ist nicht der Platz, um die Entwicklungslinien der klassischen Methoden des social work incl. der vielen methodischen Schulen im einzelnen nachzuvollziehen (vgl. dazu C.W. Müller 1988 a, 38 ff.). Erwähnenswert für meinen Zusammenhang finde ich, daß sich die case workers (seit 1915) um eine Professionalisierung ihres Berufes bemühten. Sie klärten ihre Wissensbasis und ihre Methoden, organisierten die Ausbildung und orientierten sich dabei an der medizinischen Profession. Seit den 20er Jahren gibt es eine geregelte Ausbildung im case work. Group work, community development, community organization und public welfare (öffentliche Wohlfahrt) entwickelten sich zwar ebenso rege, aber ohne diese Professionalisierungstendenzen. Group workers professionalisierten sich erst seit den 30er Jahren und hauptsächlich in der Jugendsozialarbeit, als die Wohlfahrtsverbände und Jugendorganisationen mit massiver staatlicher Unterstützung soziale Programme zur Bekämpfung der Folgen von Jugendarbeitslosigkeit und zur Integration von Einwanderern und ausgegrenzten Gruppen entwickelten[5]. Group work als anerkannte Methode gab es erst ab 1946,[6] community organization ab 1963 (vgl. Reichert 1971, 146; C.W. Müller 1988 a, 224). 1939 wurde die zweijährige Graduate-Ausbildung mit dem Magister-Abschluß obligatorisch; kurz danach begann man mit

---

4. Später forschte sie zu den "richtigen" Fragen und den "richtigen" Daten für die Einschätzung und Bewertung der jeweiligen Anträge. Das Ergebnis legte sie 1917 als Buch vor ("Social Diagnosis"). C.W. Müller bezeichnet das Buch als "wissenschaftliche Grundlegung" der vertieften und differenzierten Einzelhilfe (case work).

5. Konopka nennt als Wurzel des group work Organisationen der "Selbsthilfe und der freiwilligen Freizeitgestaltung: Nachbarschaftshäuser (settlement houses, neighborhood centres), Christliche Jugendverbände ('Y's'), die Pfadfinder (Scouts, Camp Fire Girls), Jüdische Heime (Jewish centers) und Lager. Später wurden alle diese Organisationen als Einrichtungen für soziale Gruppenarbeit ('group work agencies') bezeichnet, aber bei ihrer Gründung arbeiteten sie getrennt. Teilnahme an kleinen Gruppen, demokratische Lebensweise, gesellschaftliche Verantwortlichkeit und die Teilhabe an einem weltweiten Bemühen waren neue Konzeptionen, welche diese Organisationen und Bewegungen vereinte, ohne daß sie sich dessen bewußt waren" (Konopka 1972, 75).

6. Im Jahre 1936 wurde die Amerikanische Gesellschaft zum Studium der Gruppenarbeit (American Association for the Study of Group Work) gegründet. Noch 1939, auf der National Conference of Social Work wurde sie als Sonderthema diskutiert, und es gab nur wenig Verbindungen zur beruflichen Sozialen Arbeit (vgl. Konopka 1972, 78).

der Konzeption eines kürzeren Studienganges für einfachere Aufgaben in der Sozialfürsorge (vgl. Leube 1981, 99).

Es gibt heute in den USA mindestens zwei "Klassen" von social workers: Diejenigen, die überwiegend im Staatsdienst arbeiten und administrative "Kontroll-Aufgaben" übernehmen, durchlaufen eine zweijährige stark praxisorientierte Ausbildung mit dem Abschluß des "bachelors degree" (BSW). Die Praxisstellen tragen die Hälfte der Ausbildungsverantwortung und beschäftigen Supervisorinnen als "field teachers", die für die enge Zusammenarbeit mit den Ausbildungsstätten verantwortlich sind[7]. Supervisorinnen sind daher für die Lernenden die Hauptbezugspersonen; Leube bezeichnet diese Ausbildung treffend als "Socialization into Social Work"[8]. Darüber hinaus gibt es an den Universitäten "Schools of Social Work" mit dem Abschluß des "Masters degree" (MSW). Diese akademisch ausgebildeten social workers arbeiten überwiegend unabhängig (in den privaten Wohlfahrts-Agenturen), oder sie übernehmen Leitungsfunktionen und Aufgaben in Verwaltung (mittleres Management), Supervision, Konsultation, Planung und Forschung (vgl. Reichert 1971, 159; Leube 1981, 101). Seit 1946 sind alle an den Ausbildungsgängen Beteiligten, also Schul-Verbände, Berufsverbände und Universitäten im "Council on Social Work Education" (CSWE) zusammengeschlossen. Dieser council ist zuständig für die Ausarbeitung von Ausbildungsstandards und für die Akkreditierung der Ausbildungsstätten[9]. Er evaluiert regelmäßig die Qualität der Ausbildung und vergibt befristete Ausbildungslizenzen. Ebenso wie die Schulen kontrollieren sich auch die sozial workers selbst, nämlich durch die "National Association of Social Workers"[10] (NASW). Nach dem "National Certification Plan" dürfen Mitglieder, die zwei Jahre unter Supervision durch eine der gleichen Vereinigung angehörige Supervisorin gearbeitet und gewisse Standards erreicht haben, und die sich dem "code of ethics" der Vereinigung verpflichtet fühlen, ihrem Namen die Initialen "ACSW" anfügen (vgl. Reichert 1971, 153; v. Caemmerer 1970, 16 f.).

Zurück zur Geschichte: Bis in die 30er Jahre war die Hilfe für Bedürftige überwiegend eine Sache der privaten Wohlfahrtsverbände[11]. Die privaten Charity Organization Societies setzten sich zwar in den Auseinandersetzungen um die staatliche Verantwortung für die öffentliche Wohlfahrt sehr für ihre Klientinnen ein; sie lehnten aber öffentliche finanzielle Hilfen mit der Begründung ab, dieses würde die Empfängerinnen verletzen (vgl. Reichert 1971, 145). Nach der großen wirtschaftlichen Depression Ende der 20er Jahre wurden unter Roosevelt (1935) einige Regelungen zur sozialen Sicherung eingeführt. Die Rolle der amerikanischen Bundesregierung bei der wirtschaftlichen und sozialen Planung veränderte sich mit diesem sog. New Deal und führte zu einer Neuverteilung der Macht zwischen Industrie und Arbeiterschaft. Man ging jetzt stärker davon aus, daß soziale Leistungen als Voraussetzung für

---

7. Eine ausführliche Darstellung der Organisation des Praxisbezuges in der amerikanischen Ausbildung liefert Leube (1981, 125 ff.). Zur Kritik des traditionellen Praxismodells und zu Ansätzen für Alternativen vgl. Leube (1981, 193 ff.).

8. Vgl. dazu seine Ausführungen und bes. das Schema (Leube 1981, 65 ff.).

9. Zur Praxis der Akkreditierung und zur Sicherung des staatlichen Einflusses auf die Ausbildung der social workers vgl. die ausführlichen Erörterungen Leubes (1981, 113 ff.).

10. Dieser Berufsverband wurde 1955 gegründet. Er hatte Anfang der 80er Jahre ca. 60.000 Mitglieder und war dabei, die gesetzliche Lizensierung für social work durchzusetzen (vgl. Leube 1981, 90). In diesem Jahr schloß sich auch die American Association for the Study of Group Work (AASWG) der neu gebildeten National Association of Social Workers (NASW) an (vgl. Konopka 1972, 82 ff.).

11. Arbeitgeberinnen für social workers sind auch das Rote Kreuz, die Handelsmarine, die Streitkräfte, Versicherungen oder die Kriegsopferversorgung (vgl. Reichert 1971, 151).

wirtschaftliches Wachstum und familiäre und persönliche Entwicklung gelten (vgl. Reichert 1971, 149) und nicht nur dann notwendig sind, wenn das Wirtschaftssystem versagt[12]. Die Verteilung der Gelder wurde nun überwiegend von den Kommunen organisiert und der Teil der social (case) workers, die weiterhin bei den Wohlfahrtsverbänden verblieben, konzentrierte sich auf die *Hilfe zum Umgang* mit den Geldern und auf beratende und therapeutische Tätigkeiten. Sie praktizierten fortan mit überschaubaren Klientinnenzahlen und ohne Kontrollauftrag[13] (vgl. C.W. Müller 1988 b, 77 f.). Eine andere Gruppe (radikalerer) social workers nahm aktiv an den staatlich forcierten Untersuchungen und Planungen teil und wollte soziale Veränderungen in Gang bringen. In dieser Zeit prosperierte group work.

Die unter der Kennedy-Administration aufgenommene "War on Poverty"- Kampagne in den 60er Jahren bewirkte eine große Nachfrage nach kürzer ausgebildeten social workers (BSWs), den die auf Qualität bedachten Schools of Social Work nicht decken konnten und auch nicht decken wollten, weil die Arbeitsbedingungen in den öffentlichen Dienststellen nicht den professionellen Standards der akademisch ausgebildeten social workers entsprachen. Der Council on Social Work Education CSWE hob seitdem ständig den Level der BSW-Ausbildung an und sorgte dafür, daß die BSW-Absolventinnen die volle Mitgliedschaft in der NASW und damit den professionellen Status erhielten. Zusammen mit der Tatsache, daß die praxisorientierten "Bachelors" gerne eingestellt werden, ergab sich damit eine gewisse Konkurrenz zu den akademisch ausgebildeten "Masters" (vgl. Leube 1981, 99 f.), die als Reaktion auf diese Entwicklung wiederum ihre Standards anheben, womit sich die Professionalisierungsspirale weiter dreht.

2.1.2 Supervisors und social workers - ein problematisches Verhältnis

Die Charity Organization Societies bilden den Ausgangspunkt für zwei Professionen, die "social workers" und die "supervisors": Bezirkskomitees als örtlich ausführende Komitees der Bezirksbüros der Wohlfahrtsorganisationen bezahlten und beaufsichtigten die hauptamtlichen supervisors (bzw. agents), die wiederum die visitors (später social workers) betreuten. Die supervisors warben ehrenamtliche visitors an, bildeten sie aus und gewährten ihnen bei den unvermeidlich auftretenden Frustrationen Rückhalt und Unterstützung. Gleichzeitig über-wachten sie die Arbeit der visitors, denn sie waren für die "richtige" Verteilung der Gelder (im Sinne der Spender) verantwortlich.

Die *supervisors* übten von Anfang an verwaltende, ausbildende *und* unterstützende Funktionen aus (vgl. Kadushin 1990, 5 ff.). Gegen Ende des 19. Jahrhunderts konzentrierten sie sich immer mehr auf die qualifizierte Ausbildung der visitors. Wie im vorigen Abschnitt ausgeführt, war und ist die Ausbildung der social workers mit der Vorschrift der Supervision verknüpft, so

---

12. Die Rolle der staatlichen amerikanischen Sozialpolitik ist aber nicht annähernd mit der deutschen zu vergleichen. Viele Programme und Dienste sind als Reaktion auf spezifische soziale Umwälzungen entstanden und teilweise einfach erhalten geblieben. Und es wurden und werden kampagnenhaft Programme aufgelegt, die von einzelnen öffentlichen, staatlichen oder kommunalen Dienststellen oder auch privaten Wohlfahrtsorganisationen initiiert werden (vgl. Reichert 1971, 151). Zwischendurch gibt es immer wieder Bestrebungen (wie in den 50er Jahren), die disparaten Maßnahmen zu reorganisieren und zu koordinieren.

13. Diese elitäre Gruppe der social workers übernahm im weiteren kaum Verantwortung für die brennenden sozialen Probleme in den USA mit der Folge, daß sie sozialpolitisch ins Abseits geriet. Leube konstatiert, daß man innerhalb der Profession zwar die Diskussionsrichtung ändert (und neben dem case work nun auch management, planning und policy berücksichtigt), daß aber das Sozialstaats-Ideal weiterhin ungebrochen dominiert (vgl. Leube 1981, 89 ff.).

daß Überwachung, Ausbildung und Unterstützung mit wechselnden Schwerpunkten auch im weiteren für die Berufsrolle zentral blieben. Die supervisors nahmen mit der Zeit einen festen Platz in der Verwaltungsstruktur der Wohlfahrtsorganisationen ein und definierten ihre Arbeit formal deutlicher. Es gab Richtlinien zu Zeit, Ort, Umfang, Verfahrensweisen und Erwartungen und somit auch Grundlagen für eine eigenständige Fachdiskussion (vgl. Kadushin 1990, 13 f.). Die supervisors konzipierten ihre Tätigkeit bald über die Ausbildung hinaus als "lebenslange" berufliche Begleitung. Sie verstanden sie als eine Art Beziehungstherapie, als "casework the caseworker" (vgl. Leube 1981, 163). Damit hielten sie die social workers in einer gewissen Abhängigkeit, denn solange diese unter Supervision arbeiteten, billigte man ihnen noch nicht die volle Verantwortung für ihre Arbeit zu. In den 50er und 60er Jahren und mit wachsendem Selbstbewußtsein unternahm daher die Berufsgruppe der social workers Anstrengungen, sich von dieser Bevormundung zu befreien oder sie zumindest auf zwei Jahre zu begrenzen. Sie argumentierten, daß die Verpflichtung auf Supervision Konformitätsdruck, Angst und Aggressionen erzeuge und somit die Internalisierung von Werten und Wissen verhindere, statt sie zu fördern[14] (vgl. Austin 1970 b, 178; v. Caemmerer 1970, 19; Hollis 1971, 292 ff.; Föllmer 1977, 12; Leube 1981, 125 ff.; Wittenberger 1984 a, 1182). Austin bemängelt auch, daß das "Konzept der Einübungszeit" in der Praxis nicht systematisch verfolgt wurde (vgl. Austin 1970 b, 180). So gab es letztlich doch keine Handhabe, die Supervision dauerhaft mit der beruflichen Arbeit zu verknüpfen[15]. Föllmer schreibt, daß die kritische Auseinandersetzung mit der Supervision auch durch Impulse aus den Sozialwissenschaften beflügelt wurde: Mit der Rezeption von Konzepten der Systemtheorie, der Rollentheorie oder der Organisationssoziologie interpretierten die social workers ihre Institutionen als soziale Systeme und nahmen darüber auch die Rollenkonflikte der supervisors deutlicher wahr. "Konflikte zwischen Spezialisten und bürokratischen Organisationen wurden als Gegensätze zweier Institutionen interpretiert (...) und ließen sich damit nicht mehr so einfach auf die Psychologie des Sozialarbeiters reduzieren" (Föllmer 1977, 12). Die vorgegebenen Zwecke und Funktionen der sozialen Einrichtungen und der angenommene Konsens zwischen den Zielen dieser Einrichtungen und den social workers blieben aber weitgehend unangetastet; es ging bei aller Kritik um die persönliche Autonomie und den individuellen Arbeitsstil der workers (vgl. Föllmer 1977, 13). Föllmer berichtet, daß die social workers hauptsächlich die "pädagogisch-therapeutischen" Funktionen der supervisors abwehrten, und daß mit den Bemühungen um eine Versachlichung der Beziehungen zwischen beiden Professionen eine Tendenz zur Aufwertung der verwaltungsmäßigen Funktionen zu verzeichnen war (Föllmer 1977, 13; Scherz 1970, 195 ff.). Es scheint, als habe sich die "administrative" Tendenz der Supervision durchgesetzt, was m.E. die Supervision auf die Funktion einer Praxisanleitung reduziert. Auch Leube kommt zu der Einschätzung, daß sich trotz der Kritik nicht viel an der überwachenden und kontrollierenden Funktion der Supervision geändert hat - und auch nicht ändern wird, und daß die Supervisandinnen (nach einer Untersuchung von Kadushin 1974) keinen Konflikt zwischen den administrativ bewertenden und den erzieherisch-beratenden

---

14. Zu einigen Strategien der social workers, sich den Restriktionen traditioneller Supervision zu entziehen, vgl. Leube (1981, 168). Zu Bestrebungen alternativer Supervisionsformen vgl. Leube (1981, 171 ff.); Föllmer (1977, 14). In den "kritischen" 70er Jahren strebten sie auch aus politischen Gründen demokratischere Interaktionsformen an (vgl. Kadushin 1990, 16).

15. Auch Pettes resümiert, daß die Verbindung zwischen den beiden Aspekten Ausbildung und Administration niemals gut funktionierte. Die supervisors, die in der Ausbildung tätig waren, versuchten zeitweilig, die kontrollierenden Anteile ihrer Arbeit abzulehnen, und die Supervision wurde wegen ihrer kontrollierenden Anteile auch zeitweise als "snooper vision" verballhornt (vgl. Kadushin 1990, 20). Sie verstanden sich eher als Lehrerinnen und Therapeutinnen. Und diejenigen, die von vornherein verwaltende Funktionen einnahmen, ließen sich nebenbei auch zu kleinen Anteilen auf den Unterricht ein. Neuerlich (1971) wird wieder anerkannt, daß beide Seiten zusammengehören, schreibt Pettes (1971, 20 f.); vgl. auch die Beiträge von Austin, Scherz und Widem im Sammelband von v. Caemmerer (1970).

Funktionen sehen, sondern sich unterordnen. Die Studentinnen orientieren sich ausschließlich an der Praxis und passen sich schon während der Ausbildung stark an diese an (vgl. Leube 1981, 167).

Der soziale Status beider Professionen, der social workers und ihrer supervisors sank nach 1933 durch den Einfluß einer anderen Berufsgruppe, nämlich der emigrierten deutschen Psychoanalytikerinnen. Diese bekamen keine Arbeitserlaubnis in ihrem eigentlichen Beruf und arbeiteten darum als "Konsulentinnen", d.h. als fachliche Beraterinnen beider Berufe. Sie reservierten die therapeutischen Berufsvollzüge für sich selbst und gestatteten den social workers nur noch die Ausübung von case work, was zu Konkurrenzen und Mißverständnissen führte (vgl. Federn 1990, 29). Weigand merkt an, daß die in der Ausbildung tätigen Supervisorinnen in dieser Phase als "Obersozialarbeiterinnen" das professionelle Rollenmodell für die Sozialarbeiterinnen repräsentierten und damit maßgeblich die Professionalisierung der Sozialarbeit in den USA beförderten (vgl. Weigand 1989, 252).

Supervision war methodisch lange auf die Ausführung von case work bezogen. Noch 1982 kamen nach einer Umfrage der National Association of Social Work (NASW) 99,3 % der Supervisorinnen aus dem case work, 0,6 % aus der community organization und 0,2 % aus dem group work (vgl. Kadushin 1990, 20). So ist auch zu erklären, daß die supervisors von group work keine auf diese Methode bezogenen, gesonderten Supervisions-Methoden entwickelten, sondern mit einem Sammelsurium an Verfahren arbeiteten[16]. Eine vergleichende Untersuchung förderte zutage, daß die group work supervisors ihre supervisees im Vergleich zum case work als unselbständiger einschätzten und daher noch stärker verwaltende und kontrollierende Funktionen wahrnahmen (vgl. Kadushin 1990, 18). Zur Supervision von community organization schreibt Kadushin: "Von allen spezialisierten Untergruppen der Sozialarbeit strebt die Gruppe der Gemeinwesenarbeiter am stärksten nach Autonomie des einzelnen Workers. Supervision läßt an Unterwürfigkeit denken, was ihren eigentlichen Wert zunichte macht" (Kadushin 1990, 18 f.). Die Mitarbeiterinnen wollen sich nicht mit den Maßstäben der Dienststellen kontrollieren lassen, gegen die sie zusammen mit dem Gemeinwesen kämpfen. Sie reagieren auch mißtrauisch auf Professionalität im allgemeinen, weil sie keine Kluft zwischen sich und den Mitgliedern des Gemeinwesens aufreißen wollen. Kadushin meint, community organization sei per se schwer zu supervidieren, weil die Bereiche dieser Arbeit wenig hierarchisiert, schwer abzugrenzen und zu überschauen seien und man viel zu oft experimentieren müsse[17].

Supervisorin wird man in den USA meist aufgrund besonderer Fähigkeiten oder einer gewissen Prominenz innerhalb der eigenen Profession. Bekannte Therapeutinnen werden eingeladen, nebenberuflich bei bestimmten Ausbildungsprogrammen als Supervisorinnen zu fungieren, und das fördert wiederum ihren akademischen Ruf. Coché berichtet, daß lediglich die Supervisorinnen für Familientherapie auch in der Supervision gesondert ausgebildet würden, wobei die Affinitäten zu therapeutischen Ausbildungsprogrammen unübersehbar seien (vgl.

---

16. Kadushin nennt nach Spellmann (1946) die "trouble-shooter"Methode: "Laß es mich wissen, wenn irgendetwas schief geht und du mich für irgendeinen Notfall brauchst - und ich werde sofort da sein", die "hit-and-run"Methode: "Ich werde dich ein paar Minuten, nachdem das Treffen beendet ist in der Halle finden, dann werden wir sehen, was so gelaufen ist und was du so für die nächste Woche brauchst", oder die "Krücken-Methode": "Ich werde dir bei den Anfangsschwierigkeiten helfen, bis du auf deinen eigenen Füßen stehen kannst" (Kadushin 1990, 18).

17. Daher ist es auch schwierig, geeignete "Praxis-Lehrerinnen" für die Ausbildung in community organization zu finden (vgl. Leube 1981, 186).

Coché 1986, 9). Man ist also in den USA weitgehend auf das Eigenstudium der umfangreichen (verstreuten) Fachliteratur angewiesen, wenn man die Supervision systematisch erlernen will. Seit 1983 gibt es eine eigene Fachzeitschrift ("The Clinical Supervisor"), in der Diskussionsbeiträge und Forschungsergebnisse zur Supervision publiziert werden. Zu neueren Tendenzen in den USA bestätigt Kadushin den Trend, daß in der öffentlichen Wohlfahrt und im Zusammenhang mit den ständigen Veränderungen der umfangreichen sozialen Programme immer stärker verwaltende Aspekte in den Vordergrund geraten. Die *ausbildende* Supervision bewegte sich dagegen in den 80er Jahren in Richtung Therapie, doch tritt sie insgesamt in den Hintergrund[18] (vgl. Kadushin 1990, 16).

2.1.3 Planned change - das Thema der 50er und 60er Jahre

Die Grundlagen der Organisationsberatung wurden im Unterschied zu social work und supervision in der Wirtschaft entwickelt. Ich habe schon im Abschnitt 2.1.1 angedeutet, daß seit den 30er Jahren die alte Ideologie des "Laissez-faire" als Steuerungsinstrument nicht mehr ausreichte, um die Probleme der amerikanischen Gesellschaft zu lösen. Es begann die Suche nach angemessenen Methoden zur Initiierung von strukturellen Änderungen und zur Lenkung des anscheinend unabdingbaren sozialen Wandels. Man setzte zunächst auf sog. *empirisch-rationale* Strategien (Chin, Benne 1975, 52), also die bewußte Benutzung und Anwendung von Wissen. Als Basis dieser Strategien gilt die in der Aufklärung und dem klassischen Liberalismus gewachsene Annahme, daß die Menschen ihr Verhalten ändern, wenn es ihnen die Vernunft gebietet oder wenn dieses zur Verfolgung eigener Interessen notwendig wird. Eine forcierte Grundlagenforschung sollte daher das Wissen vermehren, und man wollte über umfassende Bildungsprogramme Veränderungsschritte in der Bevölkerung einleiten. Als Modell beschreiben Chin und Benne die Arbeit der land-grant university, einer Landwirtschafts-Universität mit zugewiesenem Landbesitz, deren Forscherinnen Grundlagenforschung betrieben und in deren Musterbetrieben wissenschaftlich fundierte Technologien für Maschinenbau und Landwirtschaft entwickelt wurden. Die gleichzeitig eingerichteten Landvolkshochschulen (agricultural extension) dienten als Kommunikationskanäle, mithilfe derer sog. Kreisberaterinnen die Landbevölkerung über neue landwirtschaftliche Praktiken informierten und gleichzeitig ungedeckte Bedürfnisse und ungelöste Probleme der Menschen eruierten. Chin und Benne meinen, daß die große Publizität dieses Ansatzes einer zusammenhängenden Planung von Entdeckung, Entwicklung, Ausbreitung und Benutzung das Bewußtsein aller Amerikanerinnen, die sich mit geplanter Veränderung beschäftigen, sehr geprägt habe[19] (vgl. Chin, Benne 1975, 52).

Doch zeigte sich, daß man zusätzlich zum Einsatz von "Sachtechnologie" vielfältiges verhaltenswissenschaftliches Wissen ("Humantechnologie") brauchte, um die "menschlichen Aspekte" in den Veränderungsprozessen angemessen zu berücksichtigen. French und Bell kennzeichnen zwei Quellen der Organisationsentwicklung: "Die erste Quelle besteht aus solchen Innovationen, die aus der Anwendung der Laboratoriumsmethode auf Industriebetriebe hervorgegangen sind; eine zweite Quelle sehen wir in den Survey-Research und Survey-Feedback-Verfahren". Beide Quellen sind zugleich eng mit der Geschichte der

---

18. Vgl. dazu auch Coché (1986, 5), der von einer Trennung der eher überwachenden "administrative supervision" von der "clinical supervision", die eher mit dem deutschen Verständnis vergleichbar ist, spricht.

19. Vgl. dazu auch die philosophischen Hintergründe der klassischen Methoden bei Tuggener (1971). Wie sich noch zeigen wird, bildeten die land-grant colleges um die Jahrhundertwende auch den Ausgangspunkt für die ersten Evaluationsbemühungen (vgl. Abschnitt 2.1.4)

Aktionsforschung und mit dem Werk des aus Deutschland emigrierten Gestaltpsychologen Kurt Lewin verknüpft. (French, Bell 1977, 33). Als Beginn der Organisationsentwicklung wird von fast allen Verfasserinnen übereinstimmend die Laboratoriumsmethode genannt. Lewin, Benne, Bradford und R. Lippitt experimentierten etwa 1946 mit Gruppendiskussionsverfahren, um das Verhalten von Gruppenmitgliedern zu verändern. Als Konsequenz der Erfahrungen mit einer dreiwöchigen Veranstaltung in Bethel (Maine) gründeten die genannten Wissenschaftler die "National Training Laboratories for Group Development" und entwickelten die sog. T-Gruppenarbeit. Sie versuchten in den nächsten zehn Jahren, das in den T-Gruppen gelernte Verhalten und Wissen über soziale Systeme auf die Lösung von Organisationsproblemen zu übertragen und arbeiteten auch schon früh mit geschlossenen Teams. Parallel dazu hatten McGregor, Shepard, Blake und andere *innerhalb* von Organisationen an Änderungsstrategien gearbeitet. McGregor beschäftigte sich 1957 als einer der ersten Sozialwissenschaftler bei Union Carbide mit dem Problem des Transfers von Laboratoriumsergebnissen auf komplexe Organisationen (vgl. French, Bell 1977, 34). Jones gründete in Zusammenarbeit mit McGregor und unterstützt durch die Verwaltungsspitze von Union Carbide eine kleine interne Beratungsgruppe (eine "Organisationsentwicklungsgruppe"), die sozialwissenschaftliches Wissen für Linienvorgesetzte aufbereitete. Ebenfalls 1957 begann Shepard mit Forschungen und Experimenten zu Organisationsfragen beim Employee Relations Department of Esso Standard Oil in Bayonne, Baton Rouge und Bayway. Er entwickelte mit Buchanan und Blake ein Programm, das den Einsatz von T-Gruppen, Organisationsübungen und Vorlesungen umfaßte. Aus ihren Schwierigkeiten lernten sie, daß man das Top-Management aktiv beteiligen und die Führung bei Veränderungen übernehmen muß, und daß das eingesetzte Programm für die Belange der Arbeitenden relevant sein muß. Shepard, Blake und Horwitz bauten im weiteren in einer anderen Esso-Niederlassung (Bayway) das von Blake und Mouton entwickelte instrumentierte Laboratorium zur "Grid-Organisationsentwicklung" aus (vgl. Abschnitt 5.1). Darüber hinaus beschäftigten sich die Forscher stärker mit der Teamentwicklung und der Beratung und Lösung von Konflikten *zwischen* Gruppen statt mit dem Training von einzelnen Organisationsmitgliedern, was sie schließlich weg von Laboratorien und Stranger-T-Groups und hin zum Konzept der Organisationsentwicklung führte (vgl. French, Bell 1977, 35 ff.). French und Bell schreiben, daß wahrscheinlich Blake, Shepard und Mouton den Begriff des "organization development" prägten (vgl. French, Bell 1977, 37). Eine Neuentwicklung sowohl bei Esso als auch bei Union Carbide war, daß die externen Berater und die internen Stabsabteilungen ihre traditionellen Rollen aufgaben und *zusammen* neue Methoden der Veränderung entwickelten. Esso hatte eine zentrale Human Relations-Forschungsabteilung eingerichtet, die den Linienvorgesetzten ihre Dienste als interne Beratungsgruppe zur Verfügung stellte (French, Bell 1977, 37). In diesem Zusammenhang sind auch Dickson und Roethlisberger zu nennen, die auf der Grundlage der Arbeiten des Industriesoziologen Mayo ebenfalls direkt in Industriebetrieben arbeiteten und in Anlehnung an die Beratungstheorien von Rogers *persönliche* Beratungsstrategien zur Veränderung von Organisationen entwickelten[20] (vgl. Benne, Chin 1975, 67).

Als zweite Quelle der Organisationsentwicklung nennen French und Bell diejenige Variante der Aktionsforschung, die Survey-Research und Survey-Feedback genannt wird und deren Hauptinstrumente aus Einstellungsumfragen und dem Feedback der Ergebnisse in Workshops bestehen. Lewin hatte 1945 im Massachusetts Institute of Technology das Research Center for Group Dynamics gegründet und Erfahrungen mit der Aktionsforschung gemacht. Die

---

20. Mayo hatte mit seiner "Entdeckung" der informellen Organisation die bürokratische Form der Organisation, wie sie von Max Weber auf ihren Begriff gebracht worden war, durch seine Arbeit in Zweifel gezogen (vgl. Chin, Benne 1975, 67).

Forschungsgruppe um Lewin (u.a. Radke, Festinger, R. Lippitt, McGregor, French, Cartwright, Deutsch, später auch Mann und Likert), wechselte nach seinem Tod zur Universität von Michigan und gründete dort zusammen mit dem Michigan Survey Research Center das Institute for Social Research. Bei der Detroit Edison Company hatten 1948 Forscher eine organisationsumgreifende Umfrage durchgeführt und gaben die Ergebnisse an die befragten Arbeiterinnen, Managerinnen und die beteiligten Verwaltungabteilungen zurück. In verschiedenen, sich aufeinander beziehenden Konferenzen wurden dann diese Daten verarbeitet.

Im weiteren setzten immer mehr große Firmen Organisationsentwicklungs-Programme ein. French und Bell heben besonders TRW Systems Group hervor, eine große Forschungs- und Entwicklungs-Firma für Raumfahrt, die seit 1961 im größten Umfang und "vielleicht so weitreichend und innovativ wie keine andere Firma der Welt" Programme wie "Laboratoriumstraining, Teamentwicklung, Karriereplanung und solche Laboratorien durchführt, die sich auf die Beziehungen zwischen einzelnen Abteilungen bzw. zwischen der Firma und ihren Kunden beziehen" (French, Bell 1977, 40). Industrieunternehmen aus europäischen Ländern folgten bald diesem Beispiel. In den USA wurden die Programme zunehmend auch von ganz anderen Organisationen genutzt, z.B. Schulen, Universitäten, Kirchen und auch Indianerstämmen[21].

Die Forscherinnen, die sich mit Organisationsentwicklung beschäftigten, organisierten sich in den 60er Jahren: 1964 gründeten Wissenschaftlerinnen und Beraterinnen das OD-Network of NTL-Institute for Applied Behavioral Science. Seit 1968 gibt es eine Organisationsent-wicklung-Abteilung der American Society of Training and Development und die Academy of Management gründete 1971 ebenfalls eine solche Abteilung (French, Bell 1977, 41). Als grundlegende Literatur gilt die von Beckhard und Schein ab 1969 herausgegebene legendäre Buchreihe zur Organisationsentwicklung im Verlag Addison Wesley.

2.1.4 Zum Evaluations-Boom in den 70er Jahren

Die ersten amerikanischen Evaluierungsbemühungen wurden im frühen 19. Jahrhundert im Gesundheitswesen und im Strafvollzug sowie um die Jahrhundertwende in der Landwirtschaft, im Zusammenhang der Land-Grant-Colleges unternommen (vgl. Abschnitt 2.1.3). Evaluation als *sozialwissenschaftliche* Forschung wurde zuerst im Erziehungswesen entwickelt. Hofmann und Fargel nennen als Protagonisten Thorndike und Giddings, die um 1918 mithilfe quantifizierter Leistungsindices in New Yorker Oberschulen die Wirkung einer neuen Lehrmethode (des sog. Gary Plan) untersuchten (vgl. Hofmann, Fargel 1984, 314; Rossi 1984, 656). Systematische Ansätze finden sich erst in den 30er Jahren, in der Zeit des "New Deal", in der erstmalig Reformprogramme im großen Stil aufgelegt wurden[22]. Im zweiten Weltkrieg

---

21. French und Bell weisen auf die Ähnlichkeit einiger Strategien der Gemeindeentwicklung (community development) mit der Organisa-tionsentwicklung hin, wenn nämlich Aktionsforschungsstrategien angewendet werden, oder wenn eine Organisationsentwicklungs-Be-raterin die Gemeinde bei Entscheidungs- und Problemlöseprozessen berät. Shepard hat 1961 auch Gemeindeentwicklungslaboratorien in China Lake (Kalifornien) veranstaltet, die von der Naval Ordnance Test Station gefördert wurden (vgl. French, Bell 1977, 40 f.).

22. In den ersten dreißig Jahren dieses Jahrhunderts gab es kaum soziale Programme, die man hätte evaluieren können (vgl. Abschnitt 2.1.1), denn erst mit dem New Deal engagierte sich der Bundesstaat umfassend auf dem sozialen Sektor. Die Hauptfrage war zunächst nicht die, ob die neuen Programme effektiv wären, sondern ob sie moralisch gerechtfertigt seien. Zudem stand die Entwicklung einer geeigneten Forschungstechnologie noch am Anfang, so daß es noch nicht möglich war, große Datenmengen befriedigend quantitativ zu analysieren (vgl. Rossi 1984, 656).

wuchs der Bedarf an interdisziplinär angelegter Großforschung, was auch die Nachfrage nach Fachleuten für Evaluation und geeigneten Techniken förderte. Nach dem Krieg nutzte man das entstandene Forschungspotential überwiegend im Bereich der Marketingforschung sowie der Medien- und Wahlforschung. In den 50er Jahren vergab die UNESCO Aufträge zur Evaluation von Entwicklungshilfeprojekten und gab auch 1959 das erste Handbuch zur Evaluationsforschung heraus. Den Weg in den politischen Sektor fand die Evaluation in den 60er Jahren. Für die Initiatorinnen der zweiten großen Welle sozialer Reformprogramme ging es nicht mehr darum, *ob* die Bundesregierung sich hinsichtlich der Chancengleichheit in der Erziehung engagieren sollte, sondern sie mußten gegenüber Parlament und Öffentlichkeit *legitimieren*, daß die Programme effektiv und effizient waren (vgl. Rossi 1984, 657; Hellstern, Wollmann 1984, 22). In dieser Zeit wurden auch Evaluierungsklauseln in die Sozialgesetz-gebung eingearbeitet. Rossi erklärt das mit dem Prestige, das die Sozialwissenschaften in dieser Zeit auch in Regierungs- und Beamtenkreisen gewonnen hatten und mit zunehmend sichtbaren Fehlentwicklungen im Sozialsystem[23]. Gleichzeitig waren auch Sozialwissenschaftlerinnen bereit, sich politisch zu engagieren. Vor allem die "Armutsbekämpfer", die im Office of Economic Opportunity arbeiteten, zeigten, daß soziale Programme durch Evaluierungen effektiver gestaltet werden könnten (vgl. Rossi 1984, 658). Mit den politischen, sozialen und ökonomischen Umbrüchen der 70er Jahre, und dem verlangsamten Wirtschaftswachstum trat das Interesse an Evaluation als *Entscheidungsgrundlage* in den Vordergrund. Evaluation sollte rationale Grundlagen für Subventionsentscheidungen und -verteilungen liefern. Das führte zur Entwicklung einer neuen "Forschungsindustrie"[24].

Für Evaluation im Bildungsbereich und innerhalb der Sozialen Arbeit (im weitesten Sinne) ist der sog. Sputnikschock (1957) ein wichtiges Datum. In der Folge forcierte man in den USA (und auch in Deutschland) den Ausbau von Bildungsprogrammen, um den anscheinenden Vorsprung technologischen Know hows der Sowjetunion wettzumachen[25]. Die Programme konzentrierten sich in der Euphorie der sog. Reformphase (Anfang der 70er Jahre) auf die Kompensation ungleich verteilter Ressourcen. Das bekannteste und umstrittenste Programm dieser Ära im Erziehungswesen ist wohl das Headstart-Programm (1965), und nach wie vor ist die hohe Armutsrate eine ständige Herausforderung, neue soziale Programme aufzulegen (vgl. die Aktionsprogramme des "War against Poverty" oder das "Follow Through Program"). Solche umfassenden sozialpolitischen Programme gehen in den USA meist von der amerikanischen Zentralregierung aus[26]. Die ausführenden lokalen Behörden arbeiten nach den Richtlinien und Anforderungen der Regierung und werden auch durch diese finanziert. Die seit den 60er Jahren gesetzlich vorgeschriebene Evaluation solcher zentralen Programme bezieht sich auch auf vorhersehbare ökonomische, soziale und ökologische Folgen.

---

23. Trotz Wachstum, Weltherrschaft und hohem Lebensstandard waren viele soziale Probleme nicht gelöst. Hinzu kam die skeptische Haltung vieler Amerikanerinnen zum Engagement der USA im Vietnamkrieg und die Erkenntnisse der offenkundigen Korruptheit des Präsidenten und seiner wichtigsten Berater (vgl. Rossi 1984, 657).

24. Freeman und Solomon schreiben, daß es bis in die frühen 70er Jahre so gut wie keine Auftragsmittel der Bundesregierung für formale Evaluationen gab; 1977 lagen die Bundesausgaben für Evaluierungen über 234 Mill. Dollar und 1979 wahrscheinlich schon bei 300 Mill. Dollar (vgl. Freeman, Solomon 1984, 135). Rossi spricht 1984 von einem Volumen um 1,5 Mrd. Dollar, wobei die Ausgaben der Länder und Kommunalverwaltungen noch hinzugerechnet werden müssen (vgl. Rossi 1984, 658).

25. Dem verdankt sich letztlich auch der Aufschwung der Profession der Sozialen Arbeit.

26. Als Auftraggeberinnen treten darüber hinaus auch die jeweiligen Verwaltungen auf Länder- und kommunaler Ebene auf; hierüber fand ich aber keine genauen Angaben.

Rossi meint, die Nachfrage nach Evaluation übersteige bei weitem das Angebot[27]. Das wird in naher Zukunft auch so bleiben, denn der Anteil der Gesetze mit einer Evaluierungsklausel wird nach Einschätzung von Freeman und Solomon (1984, 142) und auch von Rossi (1984, 658) zunehmen. Jedoch sind viele derjenigen, die evaluieren, schlecht ausgebildet und beherrschen teilweise noch nicht einmal sozialwissenschaftliche Forschungsmethoden[28], so daß die Qualität der Verfahrensabläufe und der Evaluationen kontrolliert werden muß[29]. Im Jahr 1965 wurde das "Planning-Programing-Budgeting-System" (PPBS) aus dem Verteidigungsministerium für das Bildungs- und Sozialsystem übernommen. Es sollte als Instrumentarium zur Steuerung und Finanzierung von Innovationen, zur besseren Abstimmung von Planungen auf die Ziele der Regierung und zur Abwägung von Kosten-Nutzen-Vergleichen verschiedener Planungs- alternativen dienen. Das Programm wurde aber 1971 wegen mangelnder Leistungsfähigkeit wieder abgeschafft. Technische Fehler und bürokratische Hemmnisse hatten dazu beigetragen, daß dieser Apparat die veranschlagten Aufgaben nicht erfüllen konnte (vgl. Weiss 1974, 123). Im Jahr 1974 übertrug der amerikanische Kongreß die Durchführung von weiterhin für notwendig gehaltenen Evaluationen dem General Accounting Office (GAO), einer dem deutschen Bundesrechnungshof vergleichbaren Institution. Diese Exekutivbehörde soll nun auf Anforderung der Ausschüsse Rückmeldungen über Erfolge bzw. Mißerfolge sozialer Programme sicherstellen und Planungsdaten liefern (vgl. Chelimsky 1990, 252)[30]. Evaluatorinnen können nun nicht mehr nur nach ihren eigenen Schwerpunkten und Zeitplänen arbeiten, sondern müssen sich nach einem Netzplan richten, der den Anforderungen des GAO genügt (vgl. Freeman, Salomon 1984, 141).

Neben der allgemeinen Enttäuschung über die unbefriedigende Wirkung der Reformpro- gramme der 70er Jahre soll in den 80er Jahren ganz allgemein gespart werden: "Der Slogan der Zeit ist 'zero-based budgeting'. 'Rechenschaftslegung', 'Leistungskontrolle' und 'Programm- effizienz' (accountability, performance monitoring und program efficiency) sind Thema von Auftragsevaluierungen und Partygespräche von Planern und Evaluatoren. Evaluierungs- forschung wird zum unentbehrlichen Managementinstrument der Verwaltung" (Freeman, Solomon 1984, 138). Hellstern und Wollmann schreiben, daß in den 80er Jahren starke Kritik

---

27. Es gibt Großunternehmen mit bis zu 150 promovierten Sozialwissenschaftlerinnen wie das American Institute of Research und das Educational Testing Service Institute (die beide schon in der Marktforschung und der Testentwicklung etabliert waren), das von Clark Abt gegründete Forschungsunternehmen Abt Associates, das auch eine Dependance in Deutschland besitzt, die Mathematica, Inc.; Westat, Systems Development Corporation sowie die SRI (ehemals Stanford Research Institute). Neben diesen großen gibt es viele kleine Evaluations-Unternehmen; Rossi schätzt die Zahl auf etwa 2000. Demgegenüber treten universitäre Sozialwissenschaftlerinnen in den Hintergrund. Rossi vermerkt, daß diese jedoch stärker auf dem Literaturmarkt zur Evaluation vertreten seien: "Die führenden intellektuellen Sprecher, die die gegenwärtigen Standards für die Evaluierungsforschung setzen, entstammen den Universitäten: Howard Freeman, Donald Campbell, Robert Boruch, Frederick Mosteller, Carol Weiss und Thomas Cook, um nur einige prominente Namen zu nennen" (Rossi 1984, 660 f.).

28. Zur Schwierigkeit, geeignete Ausbildungs- und Trainigsprogramme zu entwickeln vgl. Rossi (1984, 665).

29. C.W. Müller berichtet, daß in den 70er Jahren dreizehn größere amerikanische Untersuchungen vorlagen, in denen Evaluationsstudien zur Sozialen Arbeit zusammenfassend ausgewertet wurden; keine Studie zeigte einen statistisch signifikanten Leistungsvorteil gegenüber der Kontrollgruppe. Nachdem zunächst die Annahme nahelag, daß Soziale Arbeit nicht erfolgreich sei, oder daß sich Erfolge zumindest nicht messen ließen, kam man dann zu der Einschätzung, daß das dominierende experimentelle Design und das Konzept der summativen Evaluationsforschung dem Forschungsgegenstand nicht angemessen seien (vgl. C.W. Müller 1988 e, 25; Howe 1974; Freeman, Solomon (1984, 137).

30. Das GAO ist aber nicht die alleinige Zentralstelle für die Vergabe von Evaluationsaufträgen. Zur Debatte über Organisationsformen von Evaluation vgl. Chelimsky (1990, 272 ff.) Ginsburg berichtet auch über Reformstrategien des Erziehungsministeriums, die zur Hebung der Qualität und der besseren Nutzung der Ergebnisse von Evaluationen beitragen sollten. So wurden die organisatorische Durchführung verbessert und umfassendere Designs sowie neue Qualitätsstandards vorgeschrieben (vgl. Ginsburg 1989).

an den bürokratischen Reglements des amerikanischen Staates aufkam, die vielfach Handlungen und Programme eher behinderten als förderten, so daß Evaluation nun als Instrument der *dezentralen Steuerung und Selbstkontrolle* in Dienst genommen wurde, das Auskunft über Handlungshindernisse und Chancen gibt (vgl. Hellstern, Wollmann 1984, 22 f.).

Die amerikanischen Evaluatorinnen haben inzwischen auch die Kommunikation über ihre Tätigkeit ausgebaut. Wichtige Evaluationsstudien werden arbeitsfeldbezogen oder disziplinübergreifend zusammengestellt, und die Zeitschriften "Evaluation Magazine" und "Evaluation Review" sowie verschiedene Jahrbücher bieten ein Forum für lebhafte Diskussionen[31]. Über den Stand der Professionalisierung von Evaluatorinnen sind die von mir herangezogenen Verfasser geteilter Meinung: Freeman und Solomon sprechen von einer neuen Profession, die bezeugt ist durch die Gründung mehrerer Fachzeitschriften und Berufsverbände sowie durch Universitätsvorlesungen und Graduiertenstipendien (Freeman, Solomon 1984, 135); Rossi ist der Auffassung, daß - gemessen an allgemeinen Professionalisierungsstandards - Evaluation *keine* Profession sei. Er beschreibt ausführlich die amerikanischen Professionalisierungsstandards und eruiert mit dieser Meßlatte Faktoren, die einer Professionalisierung im Wege stehen wie die Heterogenität der Disziplinen, Heterogenität der Evaluierungsaktivitäten, die Abgrenzungen von (angewandter) Evaluierungsforschung und Grundlagenforschung sowie die Politiknähe der Evaluierungsforschung mit ihren negativen Begleiterscheinungen (vgl. Rossi 1984, 662 ff.).

Zu Tendenzen schätzt Rossi, daß die Evaluation eine Wachstumsbranche bleiben wird - auch weil die Forschungsaufträge in den *Grundlagenwissenschaften* zurückgehen. Die Evaluierungsforschung wird sich s.M. mindestens in zwei Richtungen spezialisieren. Im Mittelpunkt der universitären sozialwissenschaftlichen Forschungs-, Test- und Entwicklungsprogramme werden die "*Sozialexperimente* und alle diejenigen Aktivitäten (stehen), die sozialwissenschaftliche Grundlagentheorien und Erkenntnisse für die Entwicklung und den Test von Handlungs- und Lösungsstrategien in sozialen Problemfeldern anwenden. ... *Verwaltungsmonitoring*, das aus der sorgfältigen Kontrolle der Implementation bestehender Sozialprogramme, der Messung eines bestehenden Bedarfs sozialer Dienstleistungen sowie der Feinabstimmung von Verwaltungsverfahren besteht, wird sich wahrscheinlich als eine davon getrennte Aktivität entwickeln" (Rossi 1984, 672; Hvh. im Original).

---

31. Dort werden laufend Ergebnisse von Evaluierungen und neu entwickelte Untersuchungsmethoden vorgestellt und Einzelfragen erörtert (statistische, methodische und Bewertungsfragen), die ich im Rahmen dieser Ausführungen aber nicht inhaltlich würdigen kann. Ganz gelegentlich wird auch über Evaluation philosophiert. Dezidiertere Informationen über Fachzeitschriften und Berufsverbände liefert Rossi (1984, 661).

2.2 Zur Rezeption der Qualifizierungstraditionen in Deutschland

In diesem Abschnitt wird deutlich, daß Deutschland über eine eigenständige Tradition des methodischen Arbeitens in der Sozialen Arbeit verfügt, auch wenn es nach dem zweiten Weltkrieg so schien, als könne man nicht daran anknüpfen. Man übernahm daher weitgehend umstandslos die amerikanischen Methoden für die deutschen Verhältnisse (vgl. Abschnitt 2.2.1). Wahrscheinlich waren die in den USA entwickelten klassischen Methoden aus zwei Gründen für deutsche Fachkräfte interessant: Sie waren stärker an die Entwicklung der Wissenschaften angebunden und sie orientierten sich an einem humanistischen, liberalen Menschenbild. Die deutsche Sozialarbeiterbewegung "korrigierte" in den 70er Jahren diese Entwicklung, indem sie auf die gesellschaftliche Bedingtheit sozialer Probleme hinwies und im weiteren dazu beitrug, die klassischen Methoden zu liquidieren. Der Pointierung der politischen Seite der Sozialen Arbeit folgte der Gegenzug ins individualistische Kämmerchen der berufsfremden therapeutischen Konzepte. Akademische Diskussionen um Professionalisierung, Ergebnisse der Sozialarbeitsforschung und hauptsächlich der "Gang der Supervisorinnen in die Organisationen" forcierten die fällige Orientierung auf die praktischen Probleme der Fachkräfte und die institutionellen Bedingtheiten Sozialer Arbeit, die zur Zeit noch anhält.

Auch die Supervision hat sich seit ihrer Rezeption sehr verändert (vgl. Abschnitt 2.2.2). Die klassischen Konzepte der Praxisberatung, die sich direkt auf Berufsfelder und klassische Methoden der Sozialen Arbeit bezogen, sind fast vollständig aus der Supervisionsliteratur verschwunden (vgl. Belardi 1992, a4). Nach einigen Entwicklungsschüben, die durch den Wechsel von Bezugskonzepten (Gruppendynamik, Psychoanalyse, humanistische Psychologie, sozialwissenschaftliche Konzepte etc.), die Methoden-Kritik der Studentenbewegung und sich verändernde Ausbildungsstätten erfolgten, entdeckte man in den 80er Jahren die Innovationsbedürftigkeit der sozialen Organisationen. Diese wurden selbst zum Thema, womit möglicherweise ein Perspektivenwechsel eingeleitet werden kann, der die "'Unzulänglichkeiten' von Helfer und Klient ... entindividualisiert ... . Möglicherweise gelangt dieses 'Problem' dann wieder dorthin, wo es entstanden ist und hingehört: in die Gesellschaft und ihre politische Verantwortung sowie an die dem Sozialstaatsauftrag verpflichteten sozialen Dienstleistungsorganisationen" (Belardi 1992, 166). "Supervision der Sozialen Arbeit kehrt damit über Transferverzerrungen, Umwege und verspätete Berücksichtigung neuerer wissenschaftlicher Erkenntnisse zur ursprünglichen Fragestellung und Konstellation zurück: Wie kann die Effizienz und Effektivität von sozialen Dienstleistungseinrichtungen unter Berücksichtigung berufsethischer, humaner und klientenorientierter Gesichtspunkte erhöht werden?" (Belardi 1992, 166).

Diskussionspunkte wie Effektivität und Effizienz sollen nun mit Methoden aus dem Sozial-Marketing und dem Sozialmanagement untersucht und gefördert werden. Auch für Sozialorganisationen wird eine ganzheitliche Unternehmensphilosophie und Unternehmenskultur relevant, auch sie sollen sich auf Konkurrenz und Marktmechanismen einstellen (vgl. Abschnitt 2.2.3). Nicht nur, daß man sich hier an Strukturen der betrieblichen Beratung annähert; hier ergibt sich auch ein neues Feld für ergebnisorientierte Evaluationsbemühungen. Da, wo Organisationsberatung und Evaluation auf die gemeinsame Wurzel der Aktionsforschung rekurrieren, ergeben sich Gemeinsamkeiten und ähnliche Vorgehensweisen, hauptsächlich im Bereich der Begleitung von Umstrukturierungen und Innovationen (vgl. Abschnitt 2.2.4).

2.2.1 Von den Methoden Sozialer Arbeit zum methodischen "Supermarkt"

Eine wichtige Frau der ersten Stunde in Deutschland ist *Alice Salomon*. Sie konzentrierte sich zu Beginn unseres Jahrunderts darauf, die "Fürsorge" als Frauenberuf zu etablieren und organisierte die Aus- und Fortbildung der bis dato ehrenamtlich tätigen Frauen der "Gruppen für soziale Hilfsarbeit". Salomon wurde 1908 Direktorin der ersten Sozialen Frauenschule Berlins und schrieb Lehrbücher für die Ausbildung, die aber international kaum rezipiert wurden. Erwähnenswert ist das Buch "Soziale Diagnose" (1926), mit dem sie sich an der amerikanischen Tradition orientierte und darüber hinaus eine Beziehung zwischen Ermittlungstätigkeit und pädgogischer Tätigkeit herstellte[32].

Als weitere Wegbereiter der Methoden Sozialer Arbeit benennt C.W. Müller die *bürgerliche* und die *proletarische Jugendbewegung* zu Anfang des Jahrhunderts. Die *bürgerlichen* Jugendlichen engagierten sich in kleinen autonomen Gruppen für sich selbst und schufen damit ein historisches Modell für viele weitere Basisbewegungen (vgl. C.W. Müller 1988 a, 160). Die Lehrlinge und jungen Arbeiter formierten sich unter politischen Zielsetzungen in Vereinen der *Arbeiterjugendbewegung* und kämpften für den Jugend(arbeits)schutz, für Bildung und Erziehung und weitergehend um antimilitaristische, internationalistische Ziele.

In der Weimarer Verfassung wurden viele Grundsätze formuliert, die auch für die Weiterentwicklung des methodischen Arbeitens in der Sozialen Arbeit maßgeblich waren, obwohl in der kurzen Zeit zwischen Inflation (1923) und Weltwirtschaftskrise (1929) nicht alle angezielten Reformen auch umgesetzt werden konnten. Beispiele sind Marie Baum, die 1927 das Konzept einer integrierten *Einheitsfürsorge* ("Familienfürsorge") vorlegte oder das 1922 verabschiedete Reichsjugendwohlfahrtsgesetz, womit eine gesetzliche Grundlage für eine überregionale Einführung von Jugendämtern bestand und alle Einrichtungen und Maßnahmen der Jugendfürsorge unter dem Primat der "Erziehung" koordiniert werden konnten (vgl. C.W. Müller 1988 a, 190). Siddy Wronsky entwickelte eine *fürsorgerische Methodenlehre*[33] und gab eine Evaluationsstudie[34] heraus. Auf dem Hintergrund der politischen und ökonomischen Bedingungen nach der Weltwirtschaftskrise mußten aber die sozialen Reformen der Weimarer Republik zurückgenommen werden, und die soziale Unterstützung fiel auf den Stand der alten Armenpflege zurück.

---

32. Salomon setzte nicht - wie Richmond - auf distanzierte Ermittlungstätigkeit, sondern verhalf dem weiblichen und mütterlichen Element in der pädagogischen Beziehung zur Geltung. Sie wollte nicht die Menschen einseitig an die sozialen Verhältnisse anpassen, sondern auch die Umwelt so verändern, daß sich die Klientinnen darin entfalten könnten und meinte, beide Anpassungsleistungen liefen in einem Fürsorgefall zusammen. Die Aufgabe der Fürsorge sei es, den Rahmen zu gestalten; der andere Teil hinge vom Willen und den Kräften der Klientinnen ab. Erst bei der Aufgabe, die Haltung und die Einstellung der Menschen zu ändern, entstünde die methodische Frage (vgl. C.W. Müller 1988 a, 145 f.).

33. Statt die Ursachen für Hilfsbedürftigkeit in den "unverbesserlichen, asozialen Anlagen" zu sehen, verwies Wronsky mit Forschungsergebnissen aus Medizin, Psychologie und Soziologie auf hemmende Bedingungen in der Umwelt der Menschen. Sie wollte die Methode der alten Armenpflege als Augenblickshilfe zu einem "sozialen Heilungsprozeß" weiterentwickeln, der als fachliche Arbeit im Einzelfall auf der Basis der wissenschaftlichen Disziplinen durchgeführt werden sollte. Sie konzipierte diese Arbeit als eine "begründete Diagnose, eine vorsichtig aufgestellte Prognose (und) eine verantwortlich durchgeführte Therapie" (Wronsky 1929, zit. n. C.W. Müller 1988 a, 194).

34. Diese Studie entstand in Zusammenarbeit mit ärztlichen Therapeuten der Allgemeinen ärztlichen Gesellschaft für Psychotherapie. Diese bewerteten 128 Fälle aus der Praxis der Zentrale für private Fürsorge bezüglich der Angemessenheit der Diagnose im Verhältnis zum Erfolg der Behandlung. Die Ergebnisse dieser Zusammenarbeit veröffentlichten Wronsky und der Arzt Arthur Kronfeld 1932 unter dem Titel "Sozialtherapie und Psychotherapie in den Methoden der Fürsorge", wobei sie sich am methodischen Vorgehen des nordamerikanischen case work orientierten (vgl. C.W. Müller 1988 a, 196).

Im Nationalsozialismus wurden alle Aufgaben der deutschen Wohlfahrtspflege der National-sozialistischen Volkswohlfahrt (NSV) übertragen. Die nationalsozialistischen Jugendorganisationen okkupierten die sozialpädagogischen Aufgaben der Jugendämter und beließen ihnen lediglich die jugendfürsorgerischen Belange. Die *Gesundheitsämter* übernahmen im Jahre 1935 die Leitfunktion für die Jugendämter und sie integrierten auch die alte Familienfürsorge[35]. Die Fachkräfte aller Sozialen Dienste trugen durch ihre Datensammlung und -weitergabe ihren Teil dazu bei, menschliches Leben zu vernichten - auch wenn sie indivi-duell versuchten, diese Aufgaben zu unterlaufen.

Nach dem 2. Weltkrieg knüpfte man anscheinend nicht (zumindest nicht nachdrücklich) an die progressiven Traditionen der Weimarer Republik an. Die alliierten Stadtkommandanten wollten die kommunalen Sozialverwaltungen mit politisch unbelasteten deutschen Fachleuten wieder aufbauen; und insgesamt hatten die Militärregierungen sehr disparate Vorstellungen darüber, wie die "Entnazifizierung" vorzunehmen sei, ob durch Strukturreformen des kapitalistischen Wirtschaftssystems, durch angeordnete Umerziehung oder einen freiwilligen, inneren Demokratisierungsprozeß (vgl. C.W. Müller 1988 b, 33 ff.). Für den westlichen Teil Deutschlands hat sich letzterer als besonders wirkungsvoll erwiesen. Ab 1947 wurde von den USA ein umfangreiches Besuchs- und Austauschprogramm gefördert: Potentielle deutsche Multiplikatorinnen aus verschiedenen gesellschaftlichen Bereichen wurden für jeweils drei Monate in die USA und andere demokratische Länder eingeladen. Sie konnten hospitierend die Praxis von Erziehung und Bildung erfahren und sich mit den Projekten und Innovationen der jeweiligen Arbeitsfelder vertraut machen. Deutsche Studentinnen konnten dank einjähriger Stipendien in den USA eine ganz andere Art des Studierens kennenlernen. Ergänzend kamen amerikanische Erziehungsexpertinnen (vising experts) ebenfalls für jeweils drei Monate nach Deutschland und qualifizierten deutsche Fachkräfte in Fortbildungskursen für ihre neuen Aufgaben. Viele der Amerikafahrerinnen haben ihre Eindrücke und Lernerfahrungen später an leitender Stelle in die bundesdeutschen Einrichtungen eingebracht und umgesetzt. Das veranlaßt C.W. Müller zur Revision der Annahme, die amerikanischen Besatzungstruppen hätte die klassischen Methoden Sozialer Arbeit in Deutschland eingeführt. Er schlußfolgert, die deutschen Sozialarbeiterinnen hätten sie sich *geholt* (vgl. C.W. Müller 1988 b, 47) und zwar in folgender Reihenfolge:

1. Die *Gruppenpädagogik* als Methode ist eng mit der Geschichte der Jugendhöfe verbunden, die gleich nach dem Krieg errichtet wurden, um erste "Umerziehungs-maßnahmen" für Jugendgruppenleiter zu arrangieren und methodische Hilfen für die ehrenamtliche und hauptamtliche Jugendarbeit zu vermitteln. Die Teams dieser Jugendhöfe arbeiteten nach verschiedenen Konzepten und mit mehreren Zielgruppen. Im Haus Schwalbach konzentrierte man sich auf die Gruppenpädagogik, ein Konzept, das für alle Zielgruppen anwendbar sein sollte. Nachdem eine Gruppe von vising experts (mit Gisela Konopka) 1952 einen Lehrgang für Gruppenpädagogik durchgeführt hatte, studierte Magda Kelber, die langjährige Leiterin des Hauses Schwalbach, die nordamerikanische Tradition von group work und bürgerte die Methode über Kurse in die deutsche Erziehungslandschaft ein. In den "Schwalbacher Blättern" publizierte sie später auch

---

35. Die Nationalsozialisten ließen die gesammelten wissenschaftlichen Erkenntnisse über Zusammenhänge von gesellschaftlichen Bedin-gungen und individueller Deutung und Verarbeitung nicht gelten und forcierten statt dessen die rassenbiologische Argumentation der Amtsärzte. C.W. Müller kennzeichnet des neue methodische Instrumentarium des Nationalsozialismus mit dem Dreischritt "(1) Aus-grenzen durch Definieren und Diagnostizieren, (2) Aussondern durch Zwangseinweisung in geschlossene Anstalten, (3) Ausmerzen durch Einschläfern" (C.W. Müller 1988 a, 220; Hvh. im Original).

Aufsätze über Ergebnisse der amerikanischen sozialwissenschaftlichen Gruppenforschung. Die gruppenpädagogischen Traditionen aus der proletarischen und bürgerlichen Jugendbewegung, die noch in die reformpädagogischen Projekte der Weimarer Republik eingegangen waren, blieben dabei unberücksichtigt (vgl. C.W. Müller 1988 b, 51 ff.).

2. Auch bezüglich der *Einzelhilfe* hat man explizit weder an die Methodenlehren von Salomon und Wronsky noch an die Errungenschaften der Familienfürsorge und des Jugendamtes der Weimarer Republik angeknüpft. Statt dessen wurde in den 50er Jahren eine amerikanische Version des case work rezipiert. Das geschah u.a. über Margarete Pohek, die 1946 im Auftrag der Vereinten Nationen das case work über die Niederlande nach Europa einführte[36] (vgl. Federn 1990, 30). Eine weitere wichtige Person ist Hertha Kraus, die 1950 mit ihrem Buch "Casework in den USA, Theorie und Praxis der Einzelhilfe" vierzig amerikanische Artikel über case work aus den Jahren 1937 - 1949 in deutscher Übersetzung herausgab (vgl. Belardi 1992, 51; C.W. Müller 1988 b, 75).

3. Die Rezeption von *Gemeinwesenarbeit* erfolgte wesentlich später, nämlich in den 60er Jahren und auf literarischem Wege. Einen Anfang machten zwar schon die auf Anregung von Hertha Kraus ab 1947 gegründeten Nachbarschaftsheime; dort arbeitete man aber zuerst mit gruppenpädagogischen Methoden. Gemeinwesenarbeit bedeutete zunächst nicht mehr als die professionelle Forderung an alle Fachkräfte, den sozialen *Kontext* ihrer Arbeit (z.B. die nachbarschaftlichen Ressourcen) stärker zu beachten, denn eine direkte Übertragung fiel wegen der unterschiedlichen Organisation Sozialer Arbeit in Deutschland und den USA sehr schwer. Eine eigenständige deutsche Entwicklung begann Mitte der 60er Jahre, als die Mitarbeiterinnen der Nachbarschaftsheime ihren Klientinnen aus sanierten Innenstadtteilen in die Satellitensiedlungen am Rande der Städte folgten. Ab 1969 gab es eine eigenständige "Sektion Gemeinwesenarbeit" (ab 1971: "Verband für sozialkulturelle Arbeit") und einen regelmäßigen Sektionsteil im Rundbrief des Verbandes der Deutschen Nachbarschaftsheime. Die deutsche Praxis von Gemeinwesenarbeit entwickelte sich eigenständig weiter und ging über die konventionellen amerikanischen Ansätze, die in deutscher Übersetzung vorlagen, hinaus.

Seit 1954 wurden in den Schulen für Soziale Arbeit, den Deutschen Wohlfahrtsschulen, die Methodenfächer als Kernfächer gelehrt. Ende der 50er Jahre gab es somit eine relativ große Zahl ausgebildeter Sozialarbeiterinnen, die eine methodische Ausbildung in Gruppenpädagogik, Einzelhilfe und Praxisberatung erhalten hatten und diese im Prinzip auch anwendeten (vgl. C.W. Müller 1988 b, 90). Ein neues Kapitel der Methodengeschichte wurde 1968 mit der Gründung des *Arbeitskreises Kritischer Sozialarbeiter* (AKS) und der Sozialarbeiter-Bewegung eingeleitet[37]. Die Zeit der Sozialarbeiter-Bewegung ist auch die Zeit der

---

36. Pohek bezog sich dabei auf die Version des case work, die maßgeblich von Otto Rank beeinflußt worden war (vgl. Federn 1990, 30).

37. Die politisch engagierten Fachkräfte analysierten die politischen Rahmenbedingungen Sozialer Arbeit und fokussierten die gesellschaftlichen Zusammenhänge, die die zu bearbeitenden Probleme erst hervorbringen und methodisches Arbeiten notwendig machen. Dieses Thema war in der bisherigen Methodenentwicklung stark vernachlässigt worden. Es gab schnell zwei Fraktionen innerhalb dieser Bewegung, die sozialistische und die reformistische Position. Die einen nahmen an, daß alle Menschen Produkte (und Opfer) des kapitalistischen Gesellschaftssystems seien und daß allein eine radikale Veränderung aller gesellschaftlichen Bereiche (die Überwindung des Kapitalismus) auch eine Veränderung für die Klientinnen Sozialer Arbeit brächte. Die anderen wollten die gegenwärtige Gesellschaft durch Reformen verändern. Ein wichtiges Datum für die moderateren Gruppen (den Arbeitskreis Kritischer Sozialarbeiter) war der vierte Jugendhilfetag 1970 in Nürnberg. Sie machten die Tagung zu ihrem Forum und legten den versammelten Fachkräften nahe, den Ausbeutungs- und Klassencharakter der westdeutschen Gesellschaft und ihre eigene systemstabilisierende Funktion in dieser Gesellschaft zu reflektieren und ihre Praxis zu politisieren.

Methodenkritik, denn mit der neuen (polit-ökonomischen) Sichtweise wurden auch die etablierten Methoden verdächtig. Parallel dazu unterzogen die Wissenschaftlerinnen an den neu gegründeten Fachhochschulen und in den Diplompädagogik-Studiengängen der Universitäten die klassischen Methoden einer wissenschaftlich begründeten Kritik. Statt nun aber die Methoden systematisch zu verbessern und weiterzuentwickeln, orientierte man die methodische Ausbildung an den Fachhochschulen auf arbeitsfeldspezifische Kenntnisse. Als neue "Methoden" in der Ausbildung wurden lediglich die Anfang der 60er Jahre von Tobias Brocher eingeführte Gruppendynamik und Ruth Cohns methodische Variation der strengen gruppendynamischen Arrangements, die "Themenzentrierte Interaktionelle Methode" akzeptiert. Beide avancierten zu anerkannten Konzepten und werden weiter elaboriert. Die Methodendiskussion an sich spielte bis weit in die 80er Jahre keine Rolle mehr[38] (vgl. C.W. Müller 1988 b, 142).

Einfluß nahmen auch die *Jugendzentrums-Bewegung* mit ihrem Prinzip der Selbstorganisation, die *Frauenbewegung* mit ihrem Konzept feministischer Mädchenarbeit, die *Selbsthilfe-Gruppen* mit ihrer Kritik an der "Entmündigung durch die Experten" und die *Friedensbewegung* mit neuen Strategien der politischen Beeinflussung, dem Bezugsgruppensystem und dem Konsensprinzip[39]. Alle gesellschaftlichen Bewegungen erfanden neue Methoden und/oder bezogen sich bewußt oder nicht bewußt auf überlieferte und manchmal auch vergessene Methoden. Selten waren die Fachkräfte der Sozialen Arbeit selbst der Motor der Innovationen, aber immer haben sie von diesen Bewegungen profitiert, wie die neuen Bindestrich-Pädagogiken zeigen[40].

Die Fachkräfte besannen sich seit Mitte der 70er Jahre wieder stärker auf ihre Persönlichkeit, ihre Fähigkeiten und ihre Probleme - und auch auf die individuelle Lebenswelt ihrer Klientinnen. Bezugskonzepte dazu liefert die humanistische Psychologie. Das, was als "Therapieboom" bezeichnet wird, also die Faszination der therapeutischen Selbsterfahrung gerade für Menschen aus der "sozialen Szene" hat Fachkräften und Wissenschaftlerinnen viele Rätsel aufgegeben[41] (vgl. v. Kardorff 1982). Die Debatten der 70er Jahre über die Funktionen Sozialer Arbeit in diesem Gesellschaftsystem mögen auch dazu beigetragen haben, den Optimismus der jungen Fachkräfte und ihr Helferselbstverständnis empfindlich zu beeinträchtigen. Das sog. Burn-out-Syndrom (vgl. Enzmann 1989, 37 ff.) und das subjektive Leiden an der Berufsrolle kamen ins Gespräch und es wurden auch "düstere" Motive des Helfens "aufgedeckt"[42].

---

38. Eine wichtige Neuerung für die Ausbildung brachte aber die Einführung des Projektstudiums. C.W. Müller würdigt, daß diese Art des Studiums (Auswahl eines gesellschaftlich relevanten, exemplarischen Praxisfeldes, theoretische Vorbereitung, Problem- und Zielformulierung, gemeinsames Vorgehen als Aufeinanderfolge methodischer Einzelschritte, Dokumentation, Reflexion, Auswertung) zwar nicht bewußt, aber in methodisch ähnlicher Weise strukturiert wurde, wie es die Klassiker vorgeschlagen hätten (vgl. C.W. Müller 1988 b, 153).

39. Zu den neueren sozialen Bewegungen und ihrem Ertrag für das methodische Arbeiten vgl. die ausführlichen Erörterungen C.W. Müllers (1988 b, 167 ff.).

40. Vgl. etwa neuerdings die Friedens-, die Umwelt- und die Ökopädagogik. Nur eine "Selbsthilfe-Pädagogik" gab es nicht. Statt dessen kam die Forderung nach "Ent-Professionalisierung" und im weiteren und undiskutiert die "pädagogische Unterwanderung" der Selbsthilfe-Gruppen, als nämlich diejenigen der ehrenamtlichen Gruppen-Mitglieder, die gleichzeitig ausgebildete Fachkräfte waren oder sich ausbilden ließen, Arbeitsplätze benötigten.

41. Belardi kritisiert, daß die "Theorien des "Psychobooms" oft ohne Anwendungsbezug direkt als sozialarbeiterische ausgegeben und verwendet werden, sowohl im methodischen Arbeiten als auch in der gegenwärtigen Supervision (Belardi 1992, 93 f.).

42. Vgl. Schmidbauers Rede von den "hilflosen Helfern" (1977), die mit der Sozialen Arbeit hauptsächlich ihre eigene emotionale Bedürftigkeit bearbeiten.

Erst im Laufe der 80er Jahre kamen wieder sozialpsychologische Konzepte in die Fachdiskussion. Im Mittelpunkt steht heute (wieder) die Persönlichkeit der Helferinnen, ihre berufliche Identität und ihre selbstreflexive Handlungskompetenz (vgl. Gildemeister 1983; Dewe, Ferchhoff 1986). Die heutige Methoden-Landschaft ist gekennzeichnet von einer "Supermarkt-Mentalität", wobei die Fachkräfte ihre Methoden offensichtlich danach aussuchen, was ihnen bei der Bearbeitung ihrer eigenen Probleme geholfen hat. Methodisches Arbeiten soll die Einzeltechniken zusammenbinden.

2.2.2 Von der Praxisberatung über die Einzelsupervision zum "Gang in die Institutionen"

Supervision kam als Bestandteil der amerikanischen Methoden im Gepäck der vising experts[43] und der deutschen Fachkräfte, die in den USA hospitiert hatten[44], nach Deutschland (vgl. C.W. Müller 1988 b, 33 ff.). In anderen europäischen Ländern hatte die Supervision schon früher Interesse gefunden, so daß auch erfahrene Dozentinnen und Fachkräfte von dort den Aufbau neuer Ausbildungsgänge unterstützen konnten[45]. Die Supervision hat sich in Deutschland eigenständig weiterentwickelt. Der Supervisionsbegriff wird hier kaum mit Kontrolle konnotiert und ausländische Supervisionsliteratur findet nur noch selten Eingang in die deutsche Diskussion. Die Supervision wurde also gewissermaßen unvollständig rezipiert, nämlich nicht mit ihren administrativen Teilen (vgl. Belardi 1992, 77 f.).

Weigand bezeichnet die Sozialarbeit als "Ursprungsland der Supervision"[46]. Supervision war zunächst sehr eng auf die methodische Arbeit bezogen, die jeweils supervidiert wurde und methodisches Arbeiten war gleichbedeutend mit der sozialen Einzelhilfe. Die Funktion der Praxisberatung übernahmen in den ersten Aufbaukursen, berufsbegleitenden Fortbildungen und Zusatzausbildungen Fachkräfte mit besonderen Kenntnissen und Fähigkeiten. Sie halfen den Auszubildenden, Erklärungswissen zu integrieren und in praktisches Tun umzusetzen sowie methodisches Können und ihre berufliche Persönlichkeit zu entwickeln. Für die "erste Generation" der Supervisorinnen steht Dora v. Caemmerer: Sie konzipierte einen der ersten Fortbildungs-Kurse für Methoden der sozialen Einzelhilfe und Gruppenarbeit (1951 - 1953 an der Berliner Hochschule für Politik), sorgte ab 1953 in Nürnberg dafür, daß die Methodenfächer in der grundständigen Ausbildung einen zentralen Stellenwert bekamen und führte

---

43. Zu nennen sind Friedländer, Konopka, Bernstein, Lowy und Cohn (vgl. Weigand 1990 a, 44 ff.).

44. Bäuerle, Pfaffenberger, v. Caemmerer, Bang, Schiller, Schultze, Schönhuber, Melzer und Strömbach gingen auch teilweise schon vor dem 2. Weltkrieg zum Studium in die USA oder nach Großbritannien und verbreiteten nach ihrer Rückkehr ihr Wissen in Deutschland.

45. Weigand nennt hier Kamphuis, Baltussen, Wieringa, Meijerinck, Andriessen (Niederlande), Zeller (Schweiz), Tworschak (Österreich) und Braunthal (Belgien) (vgl. Weigand 1990 a, 44 ff.). Zu den Einflüssen aus der Schweiz und den Niederlanden vgl. genauer Belardi (1992, 61 f.).

46. So der Titel seines 1989 erschienenen Aufsatzes. An diesen Zusammenhang muß offensichtlich immer wieder erinnert werden, denn Psychoanalytiker wie Wittenberger (1984 a) reklamieren die Ursprünge der Supervision für die Psychoanalyse. Wittenberger meint z.B., daß eine historische Literaturanalyse zwar nahelege, daß sich Supervision mit der Sozialen Arbeit entwickelt habe, daß aber die wesentlichen Konzepte und Methoden aus der psychoanalytischen bzw. psychotherapeutischen Tradition stammten: Supervision sei dort seit langem unter den Bezeichnungen "Lehranalyse" und "Kontrollanalyse" wesentlicher Bestandteil der Aus- und Fortbildung (vgl. Wittenberger 1984 a, 1180). Zur Dominanz psychoanalytischer Konzepte und der Kritik daran vgl. auch die ausführlichen Erörterungen Belardis (1992, 96 ff).

ein einjähriges studienbegleitendes Praktikum mit gezielter Praxisanleitung (Supervision) ein[47]. Mit ihrer Veröffentlichung amerikanischer Konzepte von Supervision eröffnete sie 1970, zum Ende ihrer beruflichen Karriere und als Essenz ihres Wirkens die überregionale Fachdiskussion[48]. V. Caemmerer konzentrierte sich zunächst auf die Vermittlung methodischen Arbeitens, also die "Stufen des Hilfsprozesses" (Fallstudie, Diagnose und Hilfsplan). Zentral war für sie das Exemplarische dieser Vorgehensweise, also die Möglichkeit, diese Prinzipien auf andere Fälle oder Arbeitsfelder zu übertragen. Sie war davon überzeugt, daß die Praxis*anleitung* nicht allein nach dem Lehrlingsprinzip des Abguckens erfolgen könne. In Abgrenzung zu dieser Praxisanleitung hielt sie eine qualifizierte Praxis*beratung* für unabdingbar, mit deren Hilfe die Auszubildenden ihre Erlebnisse auch bewußt verarbeiten könnten. Diese Beratung grenzte sie deutlich gegen Therapie ab. Sie koppelte die Praxisberatung eng an die Soziale Arbeit und lehnte eine eigenständige professionelle Supervisionskompetenz ab[49] (vgl. v. Caemmerer 1970, 12 f.). Auch für Doris Zeller, die die Supervision in der Schweiz etablierte, steht das Exemplarische im Mittelpunkt. Sie schreibt, angesichts der Komplexität der zu lösenden Probleme in der Sozialen Arbeit reiche es nicht, Wissen zu addieren oder besondere Methoden oder Techniken zu erlernen, zentral sei, "grundlegende *Problemlösungsfähigkeiten* zu erwerben, um diese in vielfältigen und dauernd neuen und wechselnden Situationen anwenden zu können" (Zeller 1981, 35). Zeller differenziert für die Ausbildung zwischen den Rollen der Praxisanleitung und der Supervision. Praxisanleiterinnen sind als Angehörige der Institution deren Zielen und Richtlinien und den Interessen der Klientinnen verpflichtet. Sie sollen auf der Basis dieser Rahmenbedingungen das Lernfeld gestalten und optimale Lernbedingungen im Arbeitsfeld schaffen. Die Praktikantinnen lernen hier am Erfolg, durch Bekräftigung und durch das Modell der Anleiterinnen (vgl. Zeller 1981, 50 ff.). Supervisorinnen als Angehörige der Ausbildungsstätten sind verantwortlich für die Art der Auseinandersetzung mit den Erfahrungen im Arbeitsfeld, mit den eigenen Motiven und Erkenntnissen. Hier richtet sich das Lernen nach den Bedürfnissen, den Zielen und dem Lerntempo der Supervisandinnen. Die Supervisorinnen schaffen die Voraussetzungen für innovatives, autonomes und integrierendes Lernen (Zeller 1981, 58). Zeller hält sich wie v. Caemmerer eng an den historisch gewachsenen Ansatz von Supervision. Sie trennt zwar die Funktionen, die im amerikanischen Verständnis in Personalunion ausgeübt wurden, denkt aber nicht an ein eigenständiges Konzept. Supervision ist ein Teilsystem der Sozialen Arbeit und dient dem Ziel, reflektierendes Lernen als Integrationshilfe für gekonntes methodisches Arbeiten zu ermöglichen.

Bis in die 60er Jahre waren methodisches Arbeiten und Supervision stark aufeinander bezogen (vgl. Pettes 1971, 58; Belardi 1992, 56). In den 70er Jahren wandten sich viele Supervisorinnen dem psychoanalytischen Konzept zu[50]. Die übliche Arbeitsform war analog zur

---

47. Im weiteren arbeitete sie konzeptionell an mehreren Ausbildungsstätten für Supervisorinnen. Vgl. dazu Schiller (1988), der die Verdienste v. Caemmerers um die Supervision ausführlich würdigt. Zu den ersten Ausbildungen für Supervisorinnen vgl. Belardi (1992, 62 f.)

48. Belardi weist nach, daß schon 20 Jahre früher in Zeitschriftenartikeln vereinzelt auf Supervision (übersetzt als Praxisanleitung) hingewiesen wurde, ohne daß jedoch Terminus und Verfahren im großen Stil aufgegriffen wurden (vgl. Belardi 1992, 51 ff.). Ein weiterer wesentlicher Reader wurde von dem Niederländer Frans Siegers im Jahre 1972 herausgegeben und 1974 unter dem Titel "Praxisberatung" ins Deutsche übersetzt.

49. Eine weitere "Supervisorin der ersten Stunde", Odilia Bode schließt sich ebenfalls der Position v. Caemmerers an. Auch für sie ist Supervision immer noch ein - für die Sozialarbeit entwickelter - klientenzentrierter Lernprozeß (vgl. Bode 1983, 33).

50. Belardi bezeichnet die Dominanz der Psychoanalyse in der Supervision als "Monopol- und Originalitätsverlust" der ursprünglich berufsfeldorientierten Praxisberatung bzw. Supervision (Belardi 1992, 96).

sozialen Einzelhilfe die Einzelsupervision. Weigand bezeichnet diese erste Phase der Supervision als Phase der Psychologisierung und Individualisierung[51] (Weigand 1989, 251) Die Methodenkritikerinnen entdeckten in dieser Zeit auch die Supervision.[52] Wenn sich Supervision auf Soziale Arbeit bezog, mußte die kritische Analyse schließlich auch auf diese angewendet werden, und beide sollten als "Instrument der sozialen und politischen Veränderung" dienen (Weigand 1989, 254; Schwarzwälder 1990). Man stufte daher auch die Arbeitsform der Einzelsupervision (wie die der sozialen Einzelhilfe) als "normativ" ein, weil sie ihren gesellschaftspolitischen Stellenwert nicht reflektierte und die Individualisierung der Fachkräfte und damit auch diejenige ihrer Klientinnen beförderte.[53] Kollegiale Beratung und Gruppensupervision, soweit sie "emanzipatorisch" ablief, waren nun die einzig akzeptablen, weil demokratischen Formen der Supervision[54]. "Fortschrittliche" Supervisorinnen bezogen sich nun eher auf sozialpsychologische Konzepte, hauptsächlich das der Gruppendynamik; man kann sogar sagen, daß die Gruppensupervision durch die Gruppendynamik erst "in Mode" kam (vgl. Bode 1983, 29; Wittenberger 1984 a, 1187).[55] Die Entwicklung des methodischen Arbeitens und der Arbeitsformen von Supervision lief ab den 70er Jahren auseinander. Soziale Gruppenarbeit als Methode Sozialer Arbeit und Gruppensupervision als Arbeitsform bezogen sich zwar beide konzeptionell auf die Gruppendynamik, aber nicht aufeinander.

Bis Mitte der 70er Jahre qualifizierten sich die Fachkräfte der Sozialen Arbeit mit einer Supervisions-Ausbildung für Positionen auf mittleren Führungsebenen der sozialen Organisationen, ohne dort ihre neue Qualifikation einzusetzen. Das lag nicht nur daran, daß die deutschen Supervisorinnen das amerikanische Rollenmodell (die Einheit von Beratung und Vorgesetztenfunktion) ablehnten, sondern war auch in Vorbehalten der Fachkräfte im Felde *und* der Institutionen begründet. Die Leitungen von Institutionen fürchteten die kritischen, innovativen und letztlich auf eine Veränderung ihrer Organisation zielenden Absichten der ausgebildeten Praxisberaterinnen (vgl. Belardi 1992, 65). Auch aus diesem Grunde etablierten sich Supervisorinnen zuerst an den Ausbildungsstätten, den 1959 gegründeten Höheren

---

51.   Schwarzwälder (1990), Wieringa (1983, 1990) und Weigand (1989, 1990) nehmen untereinander und auch von Veröffentlichung zu Veröffentlichung differierende Phasen-Einteilungen vor. Zum intensiven Studium der Rezeptionsgeschichte von Supervision in Deutschland vgl. Ringshausen-Krüger (1977) und Belardi (1992). Da Ringshausen-Krüger die Rezeptionsgeschichte nur bis zum Jahre 1974 bearbeitet hat, beziehe ich mich im wesentlichen auf die umfassenden Recherchen von Belardi.

52.   Belardi weist darauf hin, daß auch schon in den 50er Jahren die aus den USA importierte "administrative" Supervision (zaghaft) kritisiert wurde. Die Kritik bezog sich hauptsächlich auf die mit der Vorgesetztenfunktion der Supervisorinnen vermittelte Hierarchisierung und Kontrolle sowie auf die kritiklose Übernahme von Methoden aus einem Lande mit einem anderen kulturellen Hintergrund (vgl. Belardi 1992, 58 f. sowie 63 f.).

53.   Vgl. dazu Wilhelm (1975, 135) sowie Blinkert, Huppertz (1984, 118).

54.   Wilhelm, ein Teilnehmer eines der Akademiekurse des Deutschen Vereins für öffentliche und private Fürsorge veröffentlichte die in diesem Kurs erarbeitete emanzipatorische Definition von Supervision: "Zweck und Ziel (...) ist, konkrete und realistische Strategien im Sinne emanzipatorischer Sozialarbeit zu entwickeln und in praktische Handlungsvollzüge umzusetzen, d.h. am Fall exemplarischer Sozialisationsdefizite, gesellschaftliche Zusammenhänge und die damit verbundenen Abhängigkeiten, in denen sich Praxisberater, Sozialarbeiter und Klient befinden, zu reflektieren und zu problematisieren (und daraus) Strategien zu entwickeln " (Wilhelm 1975, 141). Zu seinen (positiven) Erfahrungen mit dem Konzept der emanzipatorischen Gruppensupervision vgl. Wilhelm u.a. (1977, 358 ff.). Seine Vorstellungen zum eher egalitären Rollenverständnis der Supervisorinnen konnten sich nicht durchsetzen. Seine Aufforderung, die Handlungsdimension der Supervision zu stärken, ist in den neueren Konzepten der Teamberatung aufgehoben. - Wilhelms Überlegungen zur "emanzipatorischen Gruppensupervision" gehören zu den wenigen, die sich direkt auf den Zusammenhang von Sozialer Arbeit und Supervision beziehen.

55.   Schwarzwälder schreibt allerdings, daß Gruppenvision als Arbeitsform zunächst aus ökonomischen Gründen eingeführt wurde, denn es gab zu wenige Supervisorinnen (vgl. Schwarzwälder 1990, 60 f.)

Fachschulen für Soziale Arbeit. Mit der Aufnahme des Faches "Methodenlehre" (1962) in den Fächerkanon dieser Ausbildungsstätten war auch die Praxisberatung (Supervision) eine anerkannte Tätigkeit. Nach der Umwandlung der Höheren Fachschulen in Fachhochschulen (1971) avancierten die Praxisberaterinnen dann zu "Methodenlehrerinnen". Sie nehmen heute die unterste Stufe in der Hierarchie der Lehrkräfte an den Fachhochschulen ein. Da an den Fachhochschulen die Methodenausbildung insgesamt sehr in den Hintergrund getreten ist, läßt sich heute nicht verbindlich sagen, wie, in welcher Form und Qualität eine Supervision in der Ausbildung überhaupt noch praktiziert wird. - Die Supervisorinnen haben sich in der Folge in freien Weiterbildungsinstitutionen (der Katholischen Akademie für Jugendfragen in Münster, dem Burckhardthaus in Gelnhausen, dem Institut für Sozialarbeit und Sozialpädagogik des Deutschen Vereins in Frankfurt etc.) etabliert.

Ausbildungssupervision ist heute ein marginaler Tätigkeitsbereich. Die Schwerpunkte der Supervisorinnen liegen auf der Einführung und Begleitung berufsfremder und unerfahrener Fachkräfte in neue Arbeitsfelder und der Begleitung und Fortbildung erfahrener Fachkräfte[56]. Supervision wird verstanden als "Beratungsinstrument für Menschen, die Probleme mit ihrer Arbeit haben" (Kersting 1990, 85) und zwar in allen Berufen und unabhängig von der Anzahl ihrer Berufsjahre. Die Supervisorinnen lösten sich damit von der aus den USA überlieferten Verantwortung für die Einübung in die Berufsrolle und die Überwachung der Berufsvollzüge Sozialer Arbeit und konzentrierten sich ganz auf den Beratungsaspekt.

In den 80er Jahren integrierten viele Supervisorinnen auch die bis dato polarisierten Rollenmuster von Supervision und Organisationsberatung. Weigand bezeichnet diesen Trend als "pragmatische Wende". Er verzeichnet z.Zt. drei Tendenzen: die "Hinwendung zum Feld", der "Gang in die Institutionen" und ein "ausufernder Markt ... supervisorischer Modehits", auf dem Objekte, Ziele, Inhalte, Methoden und Konzepte in Frage gestellt seien und resümiert, daß diese Entwicklung die Supervisorinnen vor erhebliche berufliche Identitätsprobleme stelle (vgl. Weigand 1990 a, 56). Der "Markt" ist nach Leffers auch bestimmt von einer zunehmenden Konkurrenz von Supervisorinnen untereinander. Angesichts der Verteilungskämpfe verzeichnet er zwei Spezialisierungstendenzen: Ein Teil der Supervisorinnen unterzieht sich Zusatzausbildungen im Bereich der Subjekt- und Beziehungskompetenz (bspw. zur Balint-gruppenleiterin); ein anderer qualifiziert sich im Hinblick auf gruppendynamische und organisationsprozessuale Kompetenz und damit auf Organisationsberatung[57] (vgl. Leffers 1987, 31).

Der Psychoanalytiker Wittenberger ist einer der wenigen, die diese neue Entwicklung mit Sorge betrachten. Er merkt an, die Heterogenität und Diffusität der Arbeitsfelder und

---

56   Das ist auch aus der Neigung der Träger Sozialer Arbeit zu erklären, ihre Dienstleistungen im Hinblick auf soziale Problemlagen und Klientinnengruppen weiter aufzufächern. Irle behauptet zwar, dies hätte wenig Auswirkungen auf die Arbeitsmöglichkeiten für Supervisorinnen gehabt (vgl. Irle 1985, 18). De facto gibt es aber einen hohen Fortbildungsbedarf. Die Fachkräfte müssen neue, unkonventionelle Arbeitsformen, neue therapeutische Verfahren, neue Formen der Arbeitsorganisation und Zusammenarbeit (Teamarbeit) einüben. Es werden auch immer mehr "verwandte" Fachkräfte (Soziologinnen, Diplompädagoginnen, Politologinnen) eingestellt, die in ihrem erlernten Beruf keine Arbeit finden, und nun (durch Supervisorinnen) fachlich eingeführt und beraten werden (vgl. Bode 1983, 28).

57.   Trends aus der Literatur zu erheben, ist schwierig, denn es ist anzunehmen, daß die "schreibenden" Supervisorinnen nicht unbedingt diejenigen sind, die das Gros der praktizierenden Supervisorinnen vertreten. Zumindest die publizierenden Supervisorinnen tendieren stark weg von Einzel- und Gruppensupervision hin zur Team- und Organisationsberatung. Auffällig ist auch, daß sich die (schreibenden) Supervisorinnen nur noch zu einem geringen Anteil aus dem Berufsfeld der Sozialen Arbeit rekrutieren; es dominieren meist mehrfachqualifizierte Psychologinnen, Psychotherapeutinnen und Sozialwissenschaftlerinnen, und sie orientieren sich vielfach an psychoanalytisch orientierten Supervisionskonzepten (vgl. Belardi 1992, 81 ff.).

Arbeitsaufträge könnte für die noch junge Profession der Supervision ähnliche Identitätsprobleme bringen wie vorher für die Fachkräfte der Sozialen Arbeit. Zudem ist für ihn gerade die "Ohnmacht des 'Nicht-Handeln-Könnens' die Voraussetzung für das Handeln der Supervisanden" (Wittenberger 1987, 63). Statt also ihre rollenspezifische Ohnmacht als Chance zu sehen, kompensierten die Supervisorinnen ihre defensive Rolle mit der Ausweitung von Supervision auf aktive Institutionsberatung. Die theoretische und praktische Weiterentwicklung von Supervision sei im übrigen schon seit Ende der 70er Jahre ins Stocken geraten, so daß man den Trend zur Institutionsberatung auch als Kompensation für frustrierte Professionalitätserwartungen verstehen könne (Wittenberger 1987, 62). Auch Bode fordert klare Abgrenzungen zu "profitorientierten" Formen von Supervision in der Wirtschaft, die i.M. nichts mehr mit der ursprünglichen Bedeutung von Supervision in der Sozialen Arbeit zu tun haben und daher anders, etwa als "Trainingsprogramm" bezeichnet werden sollten (vgl. Bode 1983, 33).

2.2.3 Von der Gruppendynamik zum "Sozialmanagement"

Die deutsche Rezeption der Organisationsberatung erfolgte zunächst im Unternehmensbereich. Nach Sievers (1977) Einschätzung vollzogen sich die theoretische Diskussion und die praktische Einführung der Organisationsentwicklung in voneinander getrennten Sphären. Die wissenschaftliche Diskussion wurde überwiegend im Bereich der Betriebswirtschaft und ohne Bezug auf die Verfahren, die in der Praxis eingesetzt wurden, geführt und die ersten praktischen Versuche fanden ohne eine wissenschaftliche Begleitung oder Evaluation statt (Sievers 1977, 11). In der 70er Jahren gab es einige wenige erste Experimente in der öffentlichen Verwaltung, den Kirchen und dem Schulwesen (vgl. Sievers 1977, 11). Im Bereich der Wirtschaft waren die neuen Ansätze außerordentlich erfolgreich; das mag dazu beigetragen haben, daß sich die Supervisorinnen der Sozialen Arbeit davor scheuten, ihre identitätsstiftende Abgrenzung zum "Profitbereich" zu überwinden.

Zunächst hatten die deutschen Supervisorinnen ja die administrativen Aspekte der amerikanischen Supervision verneint und sich lediglich die beratenden Anteile zu eigen gemacht. Dem Verdikt fielen somit auch die organisationsnahen Anteile der Supervision zum Opfer (vgl. Belardi 1992, 164). Erst nachdem sie die "psychologisierende Phase" überwunden hatten und sich für das Konzept der Gruppendynamik öffneten, gab es auch Chancen für den "Blick über den Zaun": Das Haus Schwalbach hatte schon seit Anfang der 50er Jahre über amerikanische Ergebnisse der Gruppenforschung berichtet (vgl. C.W. Müller 1988 b, 59; Belardi 1992, 87 f.); das erste deutsche gruppendynamische Laboratorium fand aber erst 1963 unter der Leitung von Benne, Brocher, Don Nylen und Lehner in Schliersee statt. Vor allem Tobias Brocher vom Frankfurter Sigmund-Freud-Institut griff als einer der ersten die von Lewin und Bradford entwickelte T-Gruppen-Methode auf und verstärkte ihre psychoanalytische Fundierung (vgl. C.W. Müller 1988 b, 172). Schon im Jahre 1967 gründete sich der "Deutsche Arbeitskreis für Gruppenpsychotherapie und Gruppendynamik" (DAGG). Hauptsächlich in der Katholischen Akademie für Jugendfragen in Münster (einer der zentralen Ausbildungsstätten für Supervisorinnen) wurden fortan Sensitivity-Trainings und vereinzelt auch schon "Organisationslaboratorien" veranstaltet. Ab 1970 gab es die Zeitschrift "Gruppendynamik". Im dritten Heft dieser Zeitschrift machte Peter Fürstenau (1970) mit seinem Aufsatz "Institutionsberatung" auf die internationale Entwicklung aufmerksam und eröffnete die Fachdiskussion. Ab Mitte der 70er Jahre kamen organisationssoziologische Ansätze in die Diskussion: es erschien die deutsche Übersetzung der Sammlung amerikanischer Aufsätze von Bennis, Benne und Chin (1975); 1977 veröffentlichte Sievers ebenfalls eine Anthologie amerikanischer Aufsätze unter dem Titel "Organisationsentwicklung als Problem"[58]. Belardi findet, die deutsche Ausgabe des Buches von Bennis, Benne und Chin (1975) sei im Bereich des Sozialwesens nicht besonders gewürdigt worden; die Organisationsentwicklung habe eher Eingang in spezifische gruppendynamische Trainings (Organisations-Laboratorien) und über die Manager-Fortbildung in den profit-orientierten Organisationsbereich gefunden. "Die Soziale Arbeit hat eine ihrer methodischen Quellen, nämlich eine Fortentwicklung aus der Gruppendynamik zwanzig Jahre lang weitgehend ignoriert. Von der Dominanz psycho-therapeutisch beeinflußter Methoden (Einzelhilfe und Supervision) mußte sie erst den Umweg über die Teamsupervision gehen, um auch angesichts ökonomischer und struktureller Zwänge - erst seit Ende der achtziger Jahre die Organisationsentwicklung (wieder) zu entdecken" (Belardi 1992, 128).

Ende der 80er Jahre kursieren in der Fachdiskussion viele differente Konzepte (Team-supervision und Teamberatung, Abteilungssupervision, Rollencoaching, Sozialmanagement und Sozial-Marketing u.v.a.m.)[59]. Für Weigand ist die Ausweitung der Verfahren und Formen eine folgerichtige Reaktion auf die Diskussion der Sozialarbeiterinnen und Sozialpädagoginnen über die politische Funktion ihrer Arbeit in den 70er Jahren. Er meint, der für Veränderungen notwendige und von der Studentenbewegung geforderte "lange Marsch durch die Institutionen" fände nun (mit einem timelag von 10 Jahren) seine Entsprechung im "Gang des Supervisors in die Organisationen" (Weigand 1987 b, 151). Gleichzeitig verzeichnet er auch eine Veränderung der Nachfrage - statt Einzelnen oder Gruppen fragten nun "Teams, Subsysteme von Organisationen oder Organisationen als Ganze" (Weigand 1987 b, 159). Hüppauf (1985, 65) wertet die neuere Entwicklung eher als Folge der *Wirkungslosigkeit* von Supervision als "Beziehungsberatung"[60]. Und auch Krämer argumentiert, daß die oft so guten Reflexionen in der Supervision recht selten in die Praxis umgesetzt würden. Einen Grund sieht er darin, daß in den Supervisionssitzungen zwar gründlich reflektiert, aber nicht gehandelt wird. Wenn als Ziel von Supervision aber letztlich die Veränderung problematischer Situati-onen angegeben wird, bieten s.M. die Supervisorinnen ihren Supervisandinnen ein schlechtes Rollenmodell. Krämer findet, eine Begrenzung auf Selbstreflexion verweise im Grundmuster eher auf die Psychoanalyse als auf die Bewältigung des beruflichen Alltages. Ein weiteres Manko sei, daß sich Supervisorinnen oft mit der Reflexion des Handelns *außerhalb* des beruf-lichen Feldes begnügten. Denn der Freiraum, den die Supervisandinnen aus der Abwesenheit ihrer Vorgesetzten (und meist auch ihrer Kolleginnen) zögen, habe auch Nachteile. Man bleibe auf die subjektiven Schilderungen der Realität der Beteiligten angewiesen und könne weder die Wirkungen der einschränkenden Bedingungen noch die der notwendigen Handlungen in der Praxis selbst überprüfen (vgl. Krämer 1983, 57 f.). Auch für Krämer verläuft die Entwicklung

---

58. Der diesbezügliche Literaturmarkt ist noch überschaubar. Belardi zählte in seiner Literaturanalyse für die Zeit von 1970 - 1990 etwa 40 Aufsätze und einige wenige Buchbeiträge, die sich direkt mit der Organisationsentwicklung in der Sozialen Arbeit beschäftigen. Er kommt in seiner Rezension wichtiger Beiträge (vgl. v.a. S. 145 ff.) zu der Einschätzung, daß diese im wesentlichen die Funktion haben, "die Bedeutung der Organisationsentwicklung für die Soziale Arbeit, anhand von Praxisberichten und Forderungen, überhaupt erst populär zu machen. Grundsätzliche oder systematische Beiträge wurden vermißt" (Belardi 1992, 162).

59. Seit 1991 gibt es Zeitschrift "Sozialmanagement", die auch Beiträge für die Organisationsentwicklung in der Sozialen Arbeit bringt.

60. Supervision hat s.M. den Supervisandinnen wenig Hilfe gebracht und immer wieder auf sich selbst zurückgeworfen. Nach seiner Wahrnehmung konfrontierten ihn seine Supervisandinnen zunehmend mit als Selbstbezichtigungen getarnten Wünschen nach methodi-schen Ratschlägen, die aber auf strukturelle Überforderungen durch die Institution hindeuteten. Er berichtet, daß er sich irgendwann nicht mehr auf die Deutung der Überforderungsindizien beschränkte, sondern die organisatorischen Umstände und Arbeitsbedingungen direkt ansprach, was letztlich zum stärkeren Einbezug der institutionellen Wirklichkeit in die Supervisionssitzungen führte (vgl. Hüppauf 1985, 65).

konsequent "von der externen Einzelsupervision über die externe Gruppensupervision zur internen Teamsupervision". Er schätzt, "daß Supervisoren schließlich dort mit ihren Zielsetzungen und Settings arbeiten werden, wo die Organisationsentwicklungsberater sie bereits erwarten: innerhalb von Organisationen" (Krämer 1983, 54).

Auch wenn die Vorbehalte gegenüber Konzepten aus der Wirtschaft zurückgehen, warnen Organisationsberaterinnen vor einer einfachen Übertragung der amerikanischen Konzepte der Organisationsentwicklung auf die Soziale Arbeit, denn ein Großteil der amerikanischen Konzepte ist auf Profitmaximierung ausgerichtet. Zudem gebrauchen Amerikanerinnen den Organisationsbegriff rein funktional, während in Europa zumindest die gesellschaftspolitische Dimension hinzukommt[61]. Weitere sog. kulturelle Unverträglichkeiten beschreibt Wabnitz (1978). S.M. setzen die Konzepte Aufgeschlossenheit gegenüber Mitarbeiterinnen, Offenheit und Toleranz sowie eine aktive und kooperative Teilnahme an gemeinsam getragenen Gruppenprozessen voraus; er stellt in Frage, inwieweit diese demokratischen Tugenden in Deutschland vorauszusetzen sind. Er betont auch die Vorbedingung solcher Prozesse, nämlich die Überzeugung von Organisationsangehörigen von der Veränderbarkeit und Kontrollierbarkeit sozialer Prozesse, die stärkere Wissenschaftsgläubigkeit, den Optimismus und die positive Einstellung der Amerikanerinnen zum Fortschritt, im Gegensatz zu einer derzeit zu beobachtenden größeren Skepsis in der Bundesrepublik. Insgesamt sei das Wort "Change" in den USA positiv besetzt und auch die berufliche und geografische Mobilität aller Menschen sei erheblich stärker ausgeprägt (vgl. Wabnitz 1978, 23).

2.2.4 Von der wissenschaftlichen Begleitung zur Evaluation

Evaluationsforschung als sozialwissenschaftliche Disziplin war in Deutschland bis in die siebziger Jahre weitgehend unbekannt[62], auch weil hier immer noch die disziplinäre Forschung und die Grundlagenforschung dominierten. Anwendungsorientierte Forschung erfuhr und erfährt wenig Wertschätzung, was sich in der fehlenden finanziellen Förderung solcher Forschungsvorhaben ausdrückt. Daher wurden Evaluationsprojekte überwiegend außerhalb der Universitäten entwickelt und erprobt.

Seit Mitte der 70er Jahre prosperiert die Evaluationsforschung auch in Deutschland, allerdings begrenzt auf einige politische Felder und kaum interdisziplinär. Um eine übergreifende Diskussion über Evaluation bemühten sich hauptsächlich Forscherinnen aus den Verwaltungs- und Politikwissenschaften, und sie bezogen sich überwiegend auf die staatliche Planung auf Bundesregierungsebene und die großen Verwaltungsreformen der Jahre 1968/1969 (vgl. Hellstern, Wollmann 1984, 34 f.). In privaten Instituten und zunehmend auch an Universitäten arbeiten inzwischen zwar viele Wissenschaftlerinnen an Evaluationsaufträgen, ihnen fehlt aber weithin die Reputation. Sie verstehen sich auch nicht als eigenständiger Berufszweig[63].

---

61. Vgl. Fatzers Erörterungen zu den Grenzen einer sinnvollen Übertragung der Organisationsbegriffe auf soziale Institutionen (1983, 356); vgl. auch Hoefert (1990); Reinbold (1990).

62. C.W. Müller macht darauf aufmerksam, daß auch in der Weimarer Republik schon Ansätze von Evaluationsforschung existierten, nämlich die Fallsammlungen von Alice Salomon (1926) und Siddy Wronsky (1932) (vgl. C.W. Müller 1988 e, 23; vgl. auch Abschnitt 2.2.1).

63. Nacken fordert, man solle konzedieren, daß Evaluationsforschung nicht "irgendeine Art angewandter Sozialforschung" sei, sondern spezifische Aufgaben erfülle. Zu seiner Auflistung von Kompetenzanforderungen an Evaluatorinnen und Folgerungen für deren Ausbildung (vgl. Nacken 1984, 643 ff.).

Hellstern und Wollmann identifizieren fünf übergreifende Entwicklungslinien von Evaluation in Deutschland, nämlich (1) Evaluation als Verfahren systematischen Lernens im Rahmen von Reformen, als (2) "Rückmeldeschleife" im Planungs- und Managementsystem, als (3) Mittel der Kostenreduzierung, als (4) Analysemittel zum Abbau von "Überregelung" und "Bürokratismus" sowie als (5) Hilfsmittel des Parlaments zur Kräftigung seiner Kontrollfunktionen (vgl. Hellstern, Wollmann 1984, 38 f.).

Die Perspektive des *systematischen Lernens im Zusammenhang der Reformen* (1) betrifft am stärksten die Soziale Arbeit. Denn wie in den USA der frühen 60er Jahre wuchs in den späten 60er Jahren und mit der Regierungsübernahme durch die sozialliberale Koalition auch in Deutschland eine Einsicht in die Notwendigkeit von tiefgreifenden sozialen Reformen. Man war zu "Sozialexperimenten" bereit und setzte dabei voraus, daß das politische System und seine Akteurinnen willens und fähig seien, zu lernen und sich zu verändern. Die sozialen Experimente sollten angeleitet, begleitet und evaluiert werden. Beispielhaft für diese Entwicklungslinie sind die Ansätze kompensatorischer Erziehung. Mithilfe "wissenschaftlicher Begleitung" (so die damalige bundesdeutsche Sprachregelung für Evaluation im Erziehungswesen) sollten neue Bildungs- und Erziehungsprogramme für die Elementarerziehung, den schulischen Bereich und die außerschulische Kinder- und Jugendarbeit implementiert, auf ihre Qualität geprüft und im Falle des Erfolges flächendeckend etabliert werden. Alle am Diskurs Beteiligten (Wissenschaftlerinnen, Fachkräfte, Politikerinnen, Verwaltungsbeamtinnen) schätzten die Chancen gesellschaftlicher Veränderung durch soziale Reformprogramme optimistisch ein und hofften auf kurzfristige und deshalb auch meßbare Wirkungen der eingesetzten Interventionen. Stackebrandt u.a. setzten sich auch mit den möglichen *Kontrollfunktionen* wissenschaftlicher Begleitung auseinander, waren aber davon überzeugt, daß staatliche Kontrolle allein das Legitimationsproblem nicht lösen könne. Die Kluft von Realität und Ideologie müsse vielmehr über positive Instrumente wie Qualifikation und Kooperation überwunden werden. Wirkungsanalysen könnten somit ein Instrument des Informationsaustausches und der Verständigung über Inhalte und Formen sein[64] (Stackebrand 1976 b, 513).

Auftraggeberin der Sozialexperimente war die Bundesregierung (u.a. das Bundesministerium für Familie, Jugend und Gesundheit). Aber schon in den 70er Jahren schränkte der Bund die Modellförderung zugunsten der Entwicklung und Förderung von Politikinitiativen und Politikinnovationen wieder ein[65] (vgl. Hellstern, Wollmann 1984, 42). Bund und Länder stellten zudem die Richtlinien ihrer Förderung mehrfach um, wie Hoschka u.a. (1978) beschreiben. Begleitforschung war anfangs durchaus als "Versuchskontrollforschung" im klassischen Sinne positivistischer Wissenschaft gedacht. Weil sie kaum verwertbare Ergebnisse brachte und auch aufgrund kritischer Einwände und Forderungen der Fachkräfte veränderte man die Aufträge in Richtung "anwendungsorientierter Kontrollforschung" zur "praxisorientierten Handlungsforschung" und weiter zur "integrierten Begleitforschung", die alle drei Typen integriert (vgl. Hoschka u.a. 1978, 88 ff.). Es gab auch *wissenschaftsinterne*

---

64. Sie entwickelten in den reformfreudigen 70er Jahren die idealistische Vision, durch "wissenschaftliche Begleitung" die Verständigung zwischen den Beteiligten in Praxis und Politik zu verbessern. Denkbar war für sie die Initiierung eines kontinuierlichen Austausches im Praxisfeld und die Aufarbeitung von Erfahrungen auf der Praxis- und Projektebene. Sie hofften, mithilfe von Wirkungsanalysen die Voraussetzungen für Abstimmungsprozesse auf Praxis- und Politikebene zu gewährleisten und somit innovative Entwicklungen in der Praxis auch gesellschaftspolitisch absichern zu können (vgl. Stackebrand u.a. 1976 b, 513). Die Ergebnisse von Evaluation wurden jedoch recht selten in dieser Form genutzt (vgl. Abschnitt 4.8).

65. Die Allianz der Reformkräfte in Politik, Verwaltung, Wissenschaft und sozialpädagogischer Praxis dauerte also nicht lange an. Schon 1973/1974 mußten viele Reformen abgebrochen oder revidiert werden. Die Gründe sind hauptsächlich in der damaligen wirtschaftlichen Rezession und dem Wechsel des politischen Kräfteverhältnisses zu suchen.

Meinungsunterschiede zur Art der Evaluation. Die Kontroverse ging um "distanzierte Kontrollforschung" vs." engagierte Aktionsforschung" und um die Frage, "ob es Aufgabe der Wissenschaft sei, ein Sozialexperiment konzeptionell und methodisch kompetent anzuleiten oder aber an der Entwicklung und dem Gelingen des Modellvorhabens engagiert mitzuwirken" (Hellstern, Wollmann 1984, 41). Ausschließlich auf Produktbewertung ausgerichtete Forschungsaufträge werden gegenwärtig in Deutschland nur noch selten vergeben. Meist sind sie gekoppelt mit Formen der Implementation und der Praxisberatung.

Die deutschen Evaluationsforscherinnen (zumindest diejenigen, die sich an der wissenschaftstheoretischen Diskussion beteiligten) arbeiteten von Anfang an verstärkt in Anlehnung an die handlungstheoretische Tradition. Eine solche Kombination entspricht den Konzepten von Aktions- bzw. Handlungsforschung[66], die ab Mitte der 60er Jahre auch politisch en vogue waren. Sie wollten untersuchendes und praktisches Handeln verbinden und auch die klassische Rollentrennung zwischen Wissenschaftlerinnen und Praktikerinnen aufheben. Erkenntnis und Aktion sollten in der Praxis entwickelt und wiederum für die Theoriebildung nutzbar gemacht werden. Die der Aktionsforschung verpflichteten Evaluatorinnen betrachten es als ihre Aufgabe, aktiv und damit verändernd in die als reformbedürftig empfundene Praxis einzugreifen. Heiner (1986) glaubt, eine gewisse Arbeitsteilung zu beobachten: Die Theoriediskussion wird überwiegend von Anhängerinnen qualitativer Konzepte geführt, die allenfalls über Erfahrungen in kleinen bis mittleren Projekten verfügen (Stackebrand u.a. 1976; Burger u.a 1978, ISA 1983). Forscherinnen in Großprojekten arbeiten weiterhin überwiegend quantitativ und ziehen bei Bedarf qualitative Methoden hinzu. Sie scheinen weniger Interesse an einer ausgeprägten Diskussion über Evaluationsmodelle und -verfahren zu haben[67]. Evaluatorinnen arbeiten heute hauptsächlich daran, Innovationen zu unterstützen und durch ihre Arbeit zu intensivieren. Oft ist es schwierig, die Finanzierung einer wissenschaftlichen Begleitung zu sichern. Lediglich für die wenigen zentral vergebenen Modellversuche wird Evaluation obligatorisch gemacht (und auch dann noch nicht immer finanziert). Groß angelegte systematische (Meta-)Evaluierungen findet man im Bereich der Sozialen Arbeit ebenso wenig wie "Pilotprogramme" oder "soziale Experimente".

Alle weiteren, von Hellstern und Wollmann kategorisierten Perspektiven von Evaluation sind nur randseitig mit der Sozialen Arbeit verbunden: Evaluation als "*Rückmeldeschleife*" (2) bezog sich hauptsächlich auf Ansprüche und Versuche der Bundesregierung, Anfang der 70er Jahre ihren Regierungs- und Verwaltungsapparat als Teil der "Politik der inneren Reformen" zu modernisieren und zu reorganisieren. Die hier tätigen Wissenschaftlerinnen sollten hauptsächlich Rückmeldungen über den Verlauf und die Ergebnisse dieser Reform liefern. Angezielt war eine übergreifende Koordinierung der Regierungsressorts und die Einführung einer politischen Gesamtplanung der Aufgaben und ihrer Finanzierung (vgl. Hellstern, Wollmann 1984, 43 ff.). Evaluation als Mittel der *Kostenreduzierung* (3) rückte 1973 in den Mittelpunkt der Aufmerksamkeit, als durch die Erhöhung der Erdölpreise die Grenzen des ökonomischen

---

66. In der mir vorliegenden Literatur wird in der Regel nicht zwischen den beiden Forschungsformen differenziert; ich verwende daher die Begriffe Aktionsforschung und Handlungsforschung synonym.

67. Dazu vermuten Dewe und Wohlfahrt (1985), daß die "Praktikerinnen" der Evaluation, die ihre Arbeit großteils in außeruniversitären Instituten verrichten, wahrscheinlich auch deshalb nicht in eine Auseinandersetzung über theoretische Fragen, wie die nach der Legitimation ihrer Programme hineingezogen werden möchten, weil sie von vornherein unter "Sozial-Technologieverdacht" stehen. Sie beschäftigen sich hauptsächlich mit Fragen der Ziel- und Kriterienexplikation, deren adäquater Messung und der Sicherung der Qualität ihrer Untersuchung (vgl. etwa Weiss 1974; Wottawa, Thierau 1989; Koch, Wittmann 1990), während handlungsorientierte Evaluatorinnen die normative Frage nach den Zielen und Inhalten einer Untersuchung in den Mittelpunkt ihrer Erörterungen rücken.

Wachstums schlagartig deutlich wurden. Zudem war inzwischen deutlich geworden, daß die angestrebten Reformen an bürokratischen Hindernissen und disparaten Interessen der Handlungsträgerinnen scheiterten. Es ging nun um den Umgang mit den knapperen finanziellen Ressourcen, z.B. um Kosten-Nutzen-Analysen im Bereich der Ministerien. Hellstern und Wollmann schreiben, daß aber auch diese Art der Evaluation in ihrer Auswirkung beschränkt blieb, weil partei- und koalitionspolitische sowie ressortspezifische Interessen weitergehende Arbeiten blockierten (vgl. Hellstern, Wollmann 1984, 50). Seit Anfang der 80er Jahre soll nun vor dem Hintergrund der gesellschaftlichen Kontroverse zu den "Grenzen des Sozialstaats" geprüft werden, wie und wo immer detailliertere Regelungen für das Verwaltungshandeln und bürokratische Normen innovatives und problemadäquates Handeln verhindern (4). Es geht also um die Revision legislatorischer "Über-" und Fehlregelungen. Evaluatorinnen sollen zum einen leistungsfähige ex-ante-Techniken (z.B. Kostenvorausschätzungen, Testrechnungen mit Hilfe von Simulationsmodellen oder "Praxistests" als Variante von "Realsimulationen") entwickeln und andererseits ex-post-Untersuchungen zur Analyse zur *Wirksamkeit und den Wirkungen gesetzlicher Regelungen* durchführen. Zunehmend gefragt ist auch Implementationsforschung, die den *Prozeß* der Realisierung gesetzlicher Regelungen und politisch-administrativer Programme fokussiert (vgl. Hellstern, Wollmann 1984, 56). Die letzte Variante von Evaluation als *Stärkung der Kontrollfunktionen* (5) ergibt sich aus dem zunehmenden Einsatz von Planungsausschüssen und Planungssystemen als "Wunderwaffe" zur Verhinderung von Fehlentscheidungen und Fehlinvestitionen. Eine allgemeine Berichts- und damit Evaluierungspflicht für Gesetze ist in der Diskussion (vgl. Hellstern, Wollmann 1984, 59). Ein Anfang ist mit dem Kinder- und Jugendhilfegesetz gemacht, das nicht nur eine detaillierte Jugendhilfeplanung, sondern auch eine regelmäßige Revision vorschreibt (vgl. Abschnitt 7.4.2).

Zu derzeitigen Trends vermerken Hellstern und Wollmann, daß ca. 10 % der rund 40.000 sozialwissenschaftlichen Forschungsprojekte zwischen 1971 und 1980 der Evaluations-forschung zuzurechnen seien. Um 1980 stieg nach ihren Angaben der Anteil dieser Art von Forschung auf 15 - 20 %. Sie sind davon überzeugt, daß sich in den kommerziellen, universitä-ren und quasi-öffentlichen Forschungsinstituten beachtliche analytische Kapazitäten und me-thodische Erfahrungen sowie theoretisches und empirisches Wissen angesammelt haben, obwohl dieses Wissen noch immer "politiksektoral" und fachdisziplinär fragmentiert ist. Dem-gegenüber konstatieren sie eine geringe Bereitschaft und Fähigkeit von Politik und Verwal-tung, die Ergebnisse von Evaluationen zu nutzen (vgl. Hellstern, Wollmann 1984, 77).

3. Methodisches Arbeiten in der Praxis

Um den Ausgangspunkt für methodisches Arbeiten, Evaluation und Selbstevaluation zumindest in Ansätzen zu kennzeichnen, halte ich es für sinnvoll, die berufliche Praxis in den Blick zu nehmen. Ich wähle für diesen Zweck zwei Formen der Annäherung: zunächst referiere ich einige Forschungsergebnisse aus dem Zeitraum von Mitte der 70er bis Mitte der 80er Jahre, die m.E. die Entwicklung fachlicher Standards, die Professionalisierungsdiskussion und letztlich auch die Diskussion um methodisches Arbeiten beeinflußt haben (Abschnitt 3.1). Es folgt eine Beschreibung des methodischen Arbeitens, wie es Fachkräfte selbst darstellen (Abschnitt 3.2).

3.1 Forschungsergebnisse zur Praxis Sozialer Arbeit

Vorweg merke ich an, daß wissenschaftliche Rezensenten Quantität und Qualität der vorliegenden Forschungsarbeiten durchaus kritisch beurteilen: Hornstein verzeichnet in den Dimensionen "gesellschaftliche Funktion der Sozialarbeit" und "professionelles Handeln" (berufliches Selbstverständnis, berufliche Handlungsprobleme) eine, "auf einem beeindruckenden sozialwissenschaftlichen Reflexionsniveau geführte" Diskussion[1] (Hornstein 1985, 465). Im Vergleich dazu existiert aber wenig empirische Forschung zur Lebenswelt der Adressatinnen Sozialer Arbeit und - trotz neuem theoretischen Interesse - kaum solche zu konkreten sozialen Prozessen in Institutionen. Vor dem Hintergrund der wechselnden politischen und sozialstaatlichen Programmatik und Praxis" dominiert die "soziologisch-zeitdiagnostische Erörterung. Sie ist zwar häufig mit "Empirie" durchsetzt, hat ihren Schwerpunkt aber im "reflexiv-räsonierenden" (Hornstein 1985, 466). Seltener finden sich Arbeiten vom Typus des wissenschaftlich reflektierten Erfahrungsberichts, wobei offenbleibt, inwiefern die erzielten Effekte übertragbar sind. Hornstein kritisiert, daß eine gründliche Auswertung der vielerorts inszenierten Modellprojekte bisher unterblieb, so daß diese Versuche für die durchschnittliche Praxis folgenlos bleiben (vgl. Hornstein 1985, 463 f.). Mit ähnlicher Zielsetzung wie Hornstein werteten Dewe und Wohlfahrt (1989) die für die empirische Sozialarbeitsforschung einschlägigen Studien vom Mitte der 70er Jahre bis Mitte der 80er Jahre aus[2]. Sie konstatieren ähnlich wie Hornstein sowohl quantitative wie qualitative Defizite, die im auffälligen Gegensatz zu den Interpretationen und Verallgemeinerungen stehen, die aus diesen Erhebungen gewonnen wurden. Es dominieren Untersuchungen der Beziehung zwischen den Fachkräften und ihren Klientinnen, der Berufsmotivation der Fachkräfte sowie ihren Orientierungsversuchen in den Institutionen Sozialer Arbeit. Dewe und Wohlfahrt fanden wie Hornstein ebenfalls kaum Untersuchungen zu Zusammenhängen zwischen strukturellen Bedingungen der Sozialorganisationen und Motivationen und Einstellungen der Fachkräfte und auch nicht zu Entscheidungsprozessen und Interorganisationsbeziehungen sowie der Makro-Dimension der Organisationsstruktur in der Sozialarbeit.

---

1. Hornstein sichtete Untersuchungen aus dem Zeitraum von 1965 - 1985 und legte den Fokus auf die reale "Bedeutung erziehungswissenschaftliche[r] Forschung und Theoriebildung für die Praxis der Sozialen Arbeit und der Sozialpädagogik ... in den letzten Jahrzehnten". Er bezieht sich auf "genuin pädagogische Forschung", also "Forschungen und Prozesse der Theoriebildung, die sich auf die Grundprobleme und Grundaufgaben der sozialen und sozialpädagogischen Arbeit beziehen bzw. beziehen lassen", auch wenn sie sich "soziologischer, ökonomischer, psychologischer oder juristischer Kategorien" bedienen (Hornstein 1985, 463).

2. Es ging ihnen um eine "kritische Revision und Reflexion akkumulierter Theorien und empirischen Wissens" incl. der "methodischen Grundlagen der Informationsgewinnung" (Dewe, Wohlfahrt 1989, 74). Die Verfasser stellen mithilfe eines Analyse- und Prüfkataloges wichtige Überblicksergebnisse dar. Sie erhoben zusätzlich Daten zur Definition des Forschungsvorhabens, des Forschungsdesigns, der Erhebungs- und Analysemethoden und der Ergebnisdarstellung und legten eine vergleichende Analyse der Vorgehensweisen vor (vgl. Dewe, Wohlfahrt 1989, 87).

Bisher wurden Einzelbereiche der institutionalisierten Sozialen Arbeit erfaßt; Prozesse der Umsetzung von politisch-administrativen Programmen in das Alltagshandeln blieben unberücksichtigt. Methodisch dominieren Einzelfallstudien (in Form von Querschnittsanalysen), wobei der Typ der untersuchten bürokratischen Organisation kaum berücksichtigt wurde. Die Wissenschaftlerinnen kombinierten qualitative und quantitative Erhebungs- und Auswertungsmethoden, ohne jedoch deren Auswahl ausreichend zu begründen oder ihre Erfahrungen mit dem Erkenntnispotential und der Qualität des jeweils gewählten Designs zu diskutieren. So fehlten vielfach Hinweise zur Grundgesamtheit, zum Auswahlprozeß und zur Analyseeinheit[3]. In ihren Interpretationen abstrahierten sie häufig weitgehend von ihren Ergebnissen und argumentierten ohne Bezug auf diese (vgl. Dewe, Wohlfahrt 1989, 75 f.).

Einige Forscherinnen[4] wollten wissen, wie die Fachkräfte mit dem aus den Funktionen der Sozialen Arbeit abgeleiteten Widerspruch von (zugemuteter) Kontrolle und (beabsichtigter) Hilfe, ihrem "doppelten Mandat" umgehen und mit welchen "Methoden" sie ihren beruflichen Alltag gestalten. Auf dem Hintergrund der ausgeprägten Debatte der 70er Jahre über gesellschaftliche Funktionen Sozialer Arbeit nahmen sie an, daß "Hilfe" für Klientinnen in gewisser Weise subversiv, nämlich gegen die Kontrollinteressen der Sozialbürokratie erfolgen muß. Forschungsorte waren meist die etablierten Institutionen, also die Sozialämter, die Familienfürsorge und die Jugendämter. Ihre Erkenntnisse gewannen die Forscherinnen hauptsächlich durch Aktenanalysen, Leitfadeninterviews, Fragebögen, teilnehmende Beobachtungen, Rekonstruktionen von Alltagsroutinen und später auch Interaktionsanalysen von Gesprächen zwischen Sozialarbeiterinnen und ihren Klientinnen.

Die ersten empirischen Untersuchungen von Akten[5] zeigten, daß offensichtlich das Alltagshandeln der Fachkräfte und ihr Bewußtsein über das, was sie tatsächlich tun, in mancher Hinsicht auseinanderklaffen. Thomas Beitzel und Brigitte Killer deckten auf, daß die Sozialarbeiterinnen je nach Schichtzugehörigkeit ihrer Klientinnen spezifische Daten erheben und auch selektiv intervenieren (vgl. Beitzel, Killer 1975, 113). Die Fachkräfte beweisen zwar in der Gestaltung ihrer Akten eine klientinnenfreundliche Haltung, d.h., sie erklären Probleme und verzichten auf Schuldzuweisung. Die Resultate ihrer Handlungen sind dann alles andere als klientinnenfreundlich. Beitzel und Killer kommen zusammenfassend zu der Einschätzung, daß die Fachkräfte in den Ämtern in erster Linie Verwaltungs- und Kontrollfunktionen ausüben und kaum Hilfe und Beratung bieten (vgl. Beitzel, Killer 1975, 234 f.). Gerda Kasakos (1980) beschreibt ebenfalls Beratungsgespräche der Familienfürsorge als "Gewaltverhältnis", in dem Zwang ausgeübt wird - allerdings so gut wie niemals offen[6]. Und auch Helge Peters und Helga Cremer-Schäfer cha-

---

3. Dewe und Wohlfahrt merken an, daß dieses methodologische Manko aber nicht nur für die Sozialarbeitsforschung, sondern für empirische Organisationsstudien allgemein gilt (vgl. 1989, 87).

4. Vgl. Beitzel, Killer (1975); Kunstreich (1975); Blinkert (1979); Peters, Cremer-Schäfer (1975); Kasakos (1980); Jungblut (1982); Lau, Wolff (1982 a).

5. Beitzel und Killer untersuchten, ob es Klientinnengruppen mit gemeinsamen Merkmalen gäbe, und ob kommunale Sozialarbeit eine Hilfs- oder eine Kontrollinstanz sei. Dazu, und um Informationen über die Situation und die sozialen Konflikte der Klientinnen zu erhalten, werteten sie 272 Akten eines Jugendamtes und eines Sozialamtes aus. Kunstreich legte parallel dazu (1975) ebenfalls eine "exemplarische" Studie zum Handeln von Fachkräften in institutionellen Zusammenhängen vor (18 Interviews, 86 Aktenanalysen, davon 36 Inhaltsanalysen) vor. Über die "Rekonstruktion der in der Akte abgelagerten Daten als Ergebnis amtsgebundenen Handelns" wollten die Forscherinnen in den 70er Jahren "die Erzeugungsregeln von Fällen und deren Verankerung im institutionellen Kontext erkennbar machen" (Kasakos 1980, 16).

6. Kasakos legt (als Ausschnitt aus einem größeren Projektzusammenhang) eine qualitative Studie mit Explorationscharakter vor. Sie untersuchte "Beziehungen, die zwischen Sozialarbeitern und Klienten in der direkten Interaktion der Sprechstunde hergestellt werden und

rakterisieren (1975) die Fachkräfte als "sanfte Kontrolleure"[7], die vornehmlich in Situationen, die als devianzfördernd gelten, oder wenn die Klientinnen gegen geltende Normen verstoßen, intervenieren. Trotzdem zeigen sie wenig Interesse an einer Schuldfeststellung (vgl. Peters, Cremer-Schäfer 1975, 30). Peters und Cremer-Schäfer interpretieren das als Ausdruck des Selbstverständnisses der Fachkräfte als Helferinnen: Wer beurteilt, kann sich schwerlich als Helferin präsentieren. Joachim Jungblut analysiert typische Gesprächssituationen in einem Jugendamt und zeigt, daß die Fachkräfte im Gegensatz zu anderen Kontrollinstanzen (Polizei, Gericht) ihre Gespräche entstrukturieren und sie sich damit der Kommunikationsform von Alltagsgesprächen annähern. Um die Bereitschaft der Klientinnen für eine Kommunikation zu wecken, vermitteln die Fachkräfte ihnen den Eindruck, daß sie sich und ihre Realitätsdefinitionen gleichberechtigt in die Interaktion einbringen und die Ergebnisse des Gespräches entscheidend beeinflussen könnten. Später weisen sie ihnen durch spezielle Strategien den Status der Nicht-Normalität zu und normalisieren diesen dann wieder mit "sozialpädagogischen" Strategien. "Interaktive Beziehungen, in denen Entscheidungen über künftiges Handeln gefällt werden, werden durch die im Vorfeld der Interaktion stattfindende Eingrenzung und Beschneidung möglicher Handlungsalternativen so eingeengt, daß lediglich das als 'Entscheidung' gefällt werden kann, was als Faktum bereits feststand, bevor es interaktiv umgesetzt wurde"[8] (Jungblut 1982, 234).

Die Fachkräfte verfügen über eine Vielzahl variater Möglichkeiten und Techniken, die ihnen (innerhalb ihrer Handlungsspielräume) erlauben, sich als Helferinnen zu verhalten, ohne die Kontrollabsicht aufzugeben. Sie verteilen die begrenzten materiellen Ressourcen oder halten sie zurück; sie treffen nicht-öffentliche und damit nicht kontrollierbare Absprachen; sie stellen sich gesprächsweise verstehend auf die Seite der Adressatinnen und projezieren den Kontrollaspekt ihres Tuns auf "dafür zuständige" Instanzen wie die Polizei u.v.a.m. (vgl. Peters, Cremer-Schäfer 1975, 47 ff.). Doch nicht immer reicht das Repertoire der Helferrolle aus, um zum Ziel zu kommen. Sind die Klientinnen nicht kooperativ, kommt es auch zu Konflikten. Dann treffen die Fachkräfte ihre Entscheidungen ohne und oft auch gegen die Beteiligten und setzen sie mit Hilfe ihrer institutionell abgesicherten Definitionsmacht durch. In manchen Fällen wenden sie auch Strategien an, die dem ethischen Helferselbstverständnis zuwiderlaufen, indem sie sich unliebsamen Klientinnen gegenüber zeitweise verleugnen lassen, diese "hängen lassen", um sie zu disziplinieren, sie zu Hause überrumpeln oder ihre Gesprächstechniken einsetzen, um sie

---

durch anschließende Verwaltungsakte zu Elementen im Prozeß der Fallkonstruktion transformiert werden" (Kasakos 1980, 7). Sie analysierte drei Sprechstundengespräche und eine Akte, einige Nachgespräche zu beobachteten Kontakten sowie Teamprotokolle, die in einer Art Gruppendiskussionsverfahren entstanden waren, im Hinblick auf ihre tatsächlichen Handlungsverläufe. Darüber hinaus fragte sie u.a., wie die Fachkräfte ihr Handlungssystem wahrnehmen und wie diese Wahrnehmung über Prozesse der beruflichen Sozialisation durch den Handlungsrahmen selbst geprägt ist (vgl. Kasakos 1980, 18).

7. Peters und Cremer-Schäfer werteten Protokolle teilnehmender Beobachtung von Interaktionen aus und kategorisierten sie mit den Verfahren der Inhaltsanalyse. Unter der Annahme, daß "soziale Kontrolle ... nicht abstrakt durch normative Regelungen ausgeübt [wird], sondern durch handelnde Subjekte", untersuchten sie, wie Sozialarbeiterinnen ihren vorgegebenen Definitions- und Handlungsspielraum nutzen (Peters, Cremer-Schäfer 1975, 16).

8. Solche und andere Gesprächsanalysen haben zur These von der "professionellen Dominanz" geführt. Damit sind Aktivitäten gemeint, "bei denen Professionelle legitime Ressourcen der Berufausübung nutzen, um ihre Laienadressaten zu entmündigen und sich ihnen gegenüber in ein hierarchisches Verhältnis zu setzen" (Kroner, Wolff 1989, 64). Wolfgang Kroner und Stephan Wolff relativieren 1989 dieses Konzept, indem sie anhand eines Beratungsprotokolls geläufige Indikatoren für professionelle Dominanz (den professionellen Jargon, die affektive Neutralität und Unterbrechungen von Laienbeiträgen) anders deuten, nämlich als Beiträge zur Herstellung (und Aufrechterhaltung) einer besonderen Gesprächssituation mit komplementär verteilten Rollen und Aufgaben. Wobei die Komplementarität nicht so sehr der Wahrung der (Definitions-)Macht geschuldet ist, sondern dem inhaltlichen Anliegen des Gesprächs. Das bedeutet, daß man die jeweils interpretierte Situation in ihrem Kontext betrachten muß und schwerlich solche verallgemeinernden Schlüsse ziehen darf, wie das Ende der 70er Jahre geschah.

"mürbe" zu machen (vgl. Lau, Wolff 1982 a, 290 ff.). Im Normalfalle bleibt das Helferselbstverständnis aber unberührt. Denn wie deutlich wurde, bevorzugen die Fachkräfte Gesprächstechniken und Argumentationsstile, die sich zwar am Kontrollzweck orientieren, aber die Konflikte latent halten und negative Sanktionierungen vermeiden.

Zu Gunsten der ins moralische Zwielicht geratenen Fachkräfte in den Ämtern interpretierten die meisten Forscherinnen ihre Ergebnisse nicht als Resultat subjektiv gewollter Macht. Sie suchten die Gründe in den Strukturen dieser Ämter, in der Dominanz bürokratischer Handlungsmuster, die sie wiederum als ursächlich für die Dominanz der Vollzugsrolle über die Helferrolle ansahen[9]. Die Fachkräfte typisieren, attribuieren oder etikettieren ihre Klientinnen nicht individuell oder willkürlich, sondern ihre Strategien beruhen auf sozialen, institutionell geprägten Deutungsmustern (vgl. Dewe, Otto 1980). Und die Beobachtung, daß sie den Kontrollaspekt ihrer Arbeit verneinen, obwohl sie tatsächlich eine Vollzugsrolle ausüben, kann man auch als funktionale Strategie deuten: Erst aufgrund der Überzeugung, daß ihre Tätigkeit "hilft", können sie wirksam kontrollieren. Möglicherweise ist darum Soziale Arbeit gegenüber direkter Sanktion (wie Gefängnisstrafe) *überhaupt* wirksam. Vor diesem Erkenntnishintergrund konnte der postulierte Widerspruch von Hilfe und Kontrolle neu beleuchtet werden. Es ist wohl kaum eine Frage der richtigen Entscheidung aufgrund einer richtigen Analyse, wie man mit diesem Widerspruch umgehen kann[10]. Die Fachkräfte fungieren auch weniger als "Mittlerinnen zwischen System und Lebenswelt" (Treptow, Rauschenbach 1984), sondern eher als "Umformerinnen" oder "Codiererinnen". "Sie subsummieren Lebensgeschichten und Statuspassagen von Personen, die sich unter spezifischen situativen und milieuspezifischen Bedingungen darlegen, sowie soziale Sachverhalte unter Typisierungsschemata, die je nach künftigen Verfahrensweisen und Entscheidungsprogrammen, in denen Adressaten verstrickt werden, administrativen, justiziablen und/oder psychologischen Relevanzgesichtspunkten folgen" (Jungblut 1982, 222). Die neue Parole hieß "als Helfer überleben", womit gemeint war, daß die Fachkräfte eine berufliche Identität entwickeln müßten, die sie in die Lage versetzt, die unauflösbaren "Paradoxien der Berufsrolle" zu *balancieren* (vgl. Gildemeister 1983).

Thomas Lau und Stephan Wolff interpretieren ihre Untersuchungsergebnisse in der Tendenz anders als die bisher angeführten Forscherinnen[11]. Sie meinen, daß den Fachkräften durchaus bewußt ist, daß sie nicht nur Helferinnen sind. Nach ihrer Einschätzung benutzen die Sozialarbeiterinnen "fachliche" Argumentationen (also solche, mit denen sie auf Klientinnen-Interessen Bezug nehmen) hauptsächlich als "Sprachspiel", als "sozialpädagogischen Code" (Lau, Wolff 1982 a). Sie meinen auch, daß man fachliche Standards ohnehin nicht als übergeordnete Bewertungskriterien Sozialer Arbeit benutzen könne und kategorisieren vier Handlungstypen, in denen das ideal konstruierte sozialpädagogische Handeln unterschiedliche Rollen spielt: Mit

---

9. Timm Kunstreich (1975) spricht von einem "strukturellen Konflikt", der mithilfe von Identitätsstrategien bewältigt werden muß.

10. Kunstreich legte in den 70er Jahren eine solche Strategie mit seinem Postulat der "solidarischen Professionalität" nahe (vgl. Kunstreich 1975, 154 ff.).

11. Lau und Wolff haben sich über mehrere Jahre mit den Bedingungen und Verlaufsformen der sog. Neuorganisation Sozialer Dienste beschäftigt. Ihre Studien betrieben sie auf der Grundlage eines ethnomethodologischen Forschungsdesigns: Sie rekonstruierten die Methoden, Instrumente und Hilfsmittel, mit denen die Fachkräfte ihren Alltag in einem Allgemeinen Sozialdienst gestalten. Dabei verzichteten sie auf theoretische Vorannahmen und Interpretationen, etwa im Hinblick auf die "Rationalität" des Handelns der Betroffenen oder etwa die Beurteilung ihrer "Kompetenz" (vgl. S. Wolff 1983). Mit der Veröffentlichung von Teilen ihrer soziologischen Beschreibungen (Lau, Wolff 1982 a und b, S. Wolff 1983) kritisieren sie akademisch postulierte Kompetenzmodelle und auch den Trend, das Handeln in der Sozialen Praxis als defizitär zu interpretieren. Ich verweise hin und wieder auf ihre "Beschreibungen", um allzu "defizitäre" Zuschreibungen anderer Verfasserinnen zu relativieren.

dem ersten Handlungstypus beschreiben sie Situationen, in denen dieses Handeln *nützlich* sein kann, nämlich dann, wenn die Fachkräfte mithilfe des "sozialpädagogischen Code" ihre eigene Berufsrolle gegenüber anderen (der Verwaltung) abgrenzen und sich als kompetent legitimieren. Sie stellen damit ihre Arbeit dar und sichern sie als professionelle ab, aber nicht im Sinne einer Theorie, sondern als praktische Erklärung oder Legitimation. Zweitens gibt es Situationen, in denen die Fachkräfte die fachlichen Kriterien *ignorieren*. Gegenüber "schwierigen" Klientinnen handeln sie meist nicht sozialpädagogisch, und auch gegenüber Vorgesetzten z.B. würde ein "empathisches" Verhalten unangemessen bis peinlich wirken und den Fachkräften letztlich schaden. Sozialpädagogik muß man sich "leisten" können, was voraussetzt, daß die Fachkräfte in einer asymmetrischen Interaktionskonstellation die starke Position behaupten. Drittens läßt sich ein umfassender Arbeitsanteil ausmachen, in dem "Sozialpädagogik" überhaupt *nicht vorkommt*. Wenn die Fachkräfte Kontakte pflegen oder abwehren, wenn sie ihre Arbeitszumutungen (Fallzahlen) in Grenzen halten wollen, wenn sie Skandale verhindern und ihre dienstliche Loyalität unter Beweis stellen müssen, oder wenn sie Teamprobleme bearbeiten, vollziehen sie Handlungen, die wenig mit fachlichen Zielen zu tun haben. Viertens kommen die Fachkräfte in Situationen, in denen sie sich *bewußt nicht* "sozialpädagogisch" verhalten, wenn sie nämlich im eigenen Interesse, dem des Amtes oder der Klientinnen Strategien des "Vergessens" oder der Informationsblockaden bis zum "Lügen" einsetzen. "Gute Arbeit" umfaßt also wesentlich mehr als die Lösung von Klientinnenproblemen mittels fachlich ausgewiesener Methoden (vgl. Lau, Wolff 1982 a, 282 ff.). - Ordnet man nun die von Kasakos, Peters und Cremer-Schäfer sowie Jungblut herausgearbeiteten Interaktionsrituale in diesen größeren Zusammenhang ein, verlieren sie etwas von ihrem düsteren Kontrollcharakter. Man kann sie nämlich auch als Hilfsmittel zur Ordnung und Bewältigung der komplexen Anforderungen im Alltag betrachten (vgl. auch Kroner, Wolff 1989).

Einschränkend ist weiter anzumerken, daß ein großer Teil der Untersuchungsergebnisse auf Aktenanalysen beruhte. Akten dienen gemeinhin als Basis für begründbare, normgerechte und vergleichbare Entscheidungen, z.B. über Leistungsvergaben. Man setzt voraus, daß die Fachkräfte ihre Arbeit des Datensammelns, der Problemdefinition, der beruflichen Interaktionen und der Entscheidungen wirklichkeitsgetreu in der Akte dokumentieren (vgl. Lau, Wolff 1981, 102). Entscheidungen sollen nicht emotional oder intuitiv zustandekommen, sondern sachlich begründet sein und logisch aus vorfindbaren Daten bzw. Sachverhalten deduziert werden. Die Fachkräfte benutzen aber ihre Akten meist nicht als Hilfe in der methodischen Arbeit, etwa zur systematischen Analyse der Lebenswelten und Problemlagen ihrer Klientinnen. Sie führen Akten auch nur gezwungenermaßen und machen organisatorische Zwänge und die Pflicht zur Aktenführung sogar für ihre Untätigkeit verantwortlich (vgl. Dewe, Wohlfahrt 1989, 77). Aktenführung gilt ihnen im Gegensatz zum persönlichen Gespräch als bürokratisches Element, als "Sache", die dem menschlichen Umgang entgegensteht (vgl. Bader 1987, 55). Wahrscheinlich widerstrebt es dem Helferselbstverständnis vieler Fachkräfte, ihr Verhältnis zu den Klientinnen einseitig als sachliches, an Rechtsnormen orientiertes Dienstleistungs- oder gar als Kontrollverhältnis zu definieren. Deshalb "psychologisieren" sie gern ihre Problemdefinitionen. D.h., sie machen die Art und Weise, wie die Klientinnen ihr Problem darstellen, oft geradezu zur Voraussetzung von sachlicher Hilfeleistung, statt den Rechtsanspruch auf diese Leistungen zu prüfen. Viele Fachkräfte empfinden Akten, in denen nur die "sachlichen" Gesichtspunkte auftauchen, auch als Kontrollinstrument oder als verfälschte Darstellung ihrer eigenen Arbeit. Sie befürchten, daß Vorgesetzte oder andere Aktenleserinnen nur an der Erfüllung bürokratischer Merkmale interessiert sind und darum ihre Arbeit falsch beurteilen. Sie versuchen deshalb, ihre eigenen Entscheidungen und Einstellungen in den Berichten zu verbergen[12]. Die Fachkräfte

---

12.   ... manchmal sogar vor sich selbst, wie Lau und Wolff meinen (vgl. 1981, 206).

führen also ihre Akten "abnehmergerecht". Sie orientieren sich zwar an den Regeln der Administration, gestalten sie aber "menschlich" annehmbar, mit Hilfe eines gewissen Taktgefühls. Ihr Ziel ist, die letztlich entscheidenden Instanzen (Gericht, Amtsleiterinnen) so zu beeinflussen, daß diese ihre begrenzten materiellen Ressourcen und auch ihre Sanktionsmöglichkeiten im Sinne der Fachkräfte verteilen. Vorliegende Akten geben also nicht ohne weiteres Aufschluß über Einstellungen und Handlungsweisen ihrer Verfasserinnen, sondern sind bzgl. ihrer angezielten Wirkung zu sehen: Man kann mit Akten dokumentieren, daß man überhaupt tätig war (Fallzahlen), und daß die Arbeit ordnungsgemäß läuft. Mit ihrer Hilfe kann man dramatische Einzelschicksale "normalisieren" und in amtliche Biographien überführen, auf deren Existenz sich auch die Klientinnen einstellen können. Man kann mit ihnen seine "untadelige" Arbeitsweise absichern, falls Beschwerden kommen. Sie dienen als Erfolgsnachweis, wenn man Fälle "abschließen" oder mit Fallzahlen Stellenforderungen begründen will (vgl. Lau, Wolff 1981, 210 f.). Und sie machen die Arbeit *sichtbar*. Ein abgearbeiteter Aktenstapel oder ein leergeräumter Schreibtisch erzeugen Gefühle der Arbeitszufriedenheit.

Eine neuere Interpretation des subjektiven Befindens der Fachkräfte liefert Kurt Bader (1987)[13]. S. M. möchten viele Fachkräfte in ihrer Arbeit das "Soziale" realisieren, und es wird ihnen statt dessen zugemutet, einen umfangreichen Katalog von nicht-sozialen Tätigkeiten zu erledigen. Sie suchen die direkte Auseinandersetzung und Beziehungsprobleme, die sie im Rahmen von Gesprächen bearbeiten können[14]. Das Gespräch kostet nichts, und es ist als typisch sozialpädagogische Tätigkeit anerkannt (vgl. Bader 1987, 54). Die Fachkräfte sind daher besonders abhängig von beziehungsorientierten Rückmeldungen. Fehlendes Wohlverhalten der Klientinnen signalisiert Mißerfolg, materielle Hilfeleistungen treten in den Hintergrund und die Fachkräfte agieren oft als Privatpersonen mit all der Beliebigkeit privater Beziehungsgestaltung (vgl. Bader 1987, 64 ff.). Bader glaubt zwar, daß sie durchaus auch inhaltliche Interessen haben, und daß ihnen auch institutionelle Rahmenbedingungen und Arbeitsanforderungen relativ klar sind. Er interpretiert seine Beobachtungen aber dahingehend, daß Fachkräfte das Verhältnis zwischen den allgemeinen gesellschaftlichen Aufgaben, den institutionellen Bedingungen und der je individuellen Verarbeitung, welches sich in der konkreten Arbeit niederschlägt, mangels Theorie bzw. Reflexion nicht "auf den Begriff bringen" können (vgl. Bader 1987, 59 ff.). Deshalb verändern sie langsam den Gegenstand ihrer Auseinandersetzungen von den schwer vermittelbaren und kontrollierbaren Arbeitsinhalten zum "Privaten". Da sich das Private und der Arbeitsgegenstand Sozialer Arbeit sehr ähnlich sind, wird die gegenseitige Versicherung von Freundschaft und Anerkennung wichtiger als sachliche Auseinandersetzungen. Die Fachkräfte setzen sich zwar über die Arbeit auseinander, aber eher in Form von Positionsabgrenzungen. Sie reden nur über Inhalte, solange sie folgenlos bleiben. Kommunikation und Kooperation an sich, die Beziehungen im Team dominieren die Arbeitsfähigkeit ihrer Mitglieder und erzeugen eine extreme Abhängigkeit von beziehungsmäßigen Sanktionen (vgl. Bader 1987, 80 ff.). Bezogen auf die praktische Arbeit wirkt das ungeschriebene Gesetz der

---

13. Bader untersucht den Stellenwert und die Auswirkungen des "Sozialen" auf die konkrete Arbeit und für die individuelle Verarbeitung der beruflichen Anforderungen. Er argumentiert auf der Grundlage seiner Praxisanalysen mit Berufspraktikantinnen und erfahrenen Sozialarbeiterinnen und mithilfe von "Fallschilderungen", die er auf dem Hintergrund des Konzepts der Kritischen Theorie interpretiert. Sein Fokus ist "das Verhältnis von objektiven Bedingungen bzw. gesellschaftlichen Anforderungen und der je individuellen psychischen Verarbeitung durch die Subjekte" (Bader 1987, 7). Mit den Verwicklungen auf der Beziehungsebene, dem Umgang mit Kränkungen auf beiden Seiten und der entsprechenden Beziehungsdynamik beschäftigen sich auch Peters und Cremer-Schäfer (1975) sowie Kasakos (1980). Bader geht aber über die Interaktionsbeziehungen zwischen den Fachkräften und ihren Klientinnen hinaus und bezieht das Team und die Vorgesetzten ein.

14. Auch Supervision als Bearbeitung auftretender Arbeitsprobleme konzentriert sich wiederum auf das gleiche Mittel - das Gespräch.

Nichteinmischung - was niemanden hindert, hinter dem Rücken der Kolleginnen zu spekulieren, zu intrigieren und zu kontrollieren. Folglich muß sich jede Fachkraft die für ihre Arbeit notwendigen Qualifikationen individuell aneignen. Es wird schwer, Fragen zu stellen, denn eingestandene Schwierigkeiten könnten schon als persönliches Versagen gelten. Teams stellen sich auf der Arbeitsebene als Addition von unabhängigen Spezialistinnen dar. Sie arbeiten zwar unter vergleichbaren Bedingungen, sind aber individuell und in ihrer persönlichen Spezialisierung angeblich so verschieden, daß sie sich zwar vielleicht auf einer allgemeineren Ebene austauschen, aber nicht oder nur gelegentlich gegenseitig helfen und schon gar nicht kritisieren können. Die so bewirkte Isolation müssen sie dann wieder auf der Beziehungsebene kompensieren, womit sich der Kreis schließt (vgl. Bader 1987, 112 ff.).

Bader beobachtete, wie Berufsanfängerinnen mithilfe subtiler Anpassungsstrategien in ihre Berufsrolle eingeführt werden. Die Kolleginnen eröffnen ihnen zunächst einen großen Freiraum. Da sie ihre "Erfahrungen selbst machen sollen", zeigen sie ihnen lediglich die praktische, verwaltungstechnische Arbeit. Strukturen, Entscheidungsverläufe, inhaltliche Zielsetzungen oder Arbeitsprinzipien erklären sie ihnen kaum. Dafür integrieren sie sie aber sofort in den sozial-kommunikativen Zusammenhang und gratifizieren vorweg die erhoffte Anpassung an die Kommunikationsstruktur. Das macht Abweichung und eigene Wege so schwer, zumal die Kolleginnen solche Versuche sabotieren können. Sie sanktionieren auf dem "sanften Weg" - indem sie Informationen vorenthalten und die Berufspraktikantinnen nicht angemessen unterstützen - oder massiver, nämlich durch "Grundsatzgespräche" oder den Entzug kollegialer Freundschaft und Zuwendung (vgl. Bader 1987, 31 ff.; Gildemeister 1983, 90). So verstricken sich alle Fachkräfte in Beziehungen und vernachlässigen verbindende sachliche Inhalte. Und gleichzeitig versperren sie sich den Blick auf die Verbindung von Inhalten und Beziehungen mit den objektiven Bedingungen der Institution und ihren Funktionszuschreibungen. Die Rahmenbedingungen erscheinen den meisten Mitarbeiterinnen von außen aufgeherrscht und unbeeinflußbar, Veränderungen der Situation sind nicht mehr denkbar, was wiederum das "Einrichten" fördert.

Zusammengefaßt zeichnen die Forscherinnen je nach Fragestellung und Standpunkt ein schillerndes Bild der Berufspraxis. Die Fachkräfte erscheinen einmal als "sanfte Kontrolleure" (Kasakos 1980; Peters, Cremer-Schäfer 1975), einmal als mehr oder weniger hilflose Opfer einer übermächtigen Bürokratie (Jungblut 1982), einmal als souveräne Strateginnen (Lau, Wolff 1982 a) - und zwischendurch finden sich immer wieder Berichte über das subjektive Leiden an der Berufsrolle, den Plausibilitätsverlust (vgl. Blinkert u.a. 1979) oder das Ausgebranntsein (vgl. Enzmann 1989).

3.2 Methodisches Arbeiten aus der Sicht der Fachkräfte

Wie sich Fachkräfte selbst sehen und welches ihre subjektiven Befindlichkeiten sind, das wurde bisher kaum systematisch erhoben[15]. Blinkert u.a. setzten zwar an dieser subjektiven Befind-

---

15. Lingesleben veranstaltete (1967) eine erste und nicht besonders gehaltvolle Umfrage. Er legte den Schwerpunkt seiner Befragung auf Rekrutierungs- und Arbeitsbedingungen und stellte fest, daß "der Sozialarbeiterberuf heute gegenüber seiner elitären weiblichen Gründergeneration einen Wandel der Rekrutierung [durchmacht] in dem Sinne, daß er ständig mehr zu einem 'Normalberuf' der gehobenen Berufsebene wird, in dem vor allem auch Männer immer häufiger einen Aufbauberuf sehen" (Lingesleben 1967, 96). Ein weiteres Ergebnis war, daß "besonders die jüngeren und die männlichen Sozialarbeiter mit der erhaltenen Ausbildung nicht zufrieden sind" (Lingesleben 1967, 97).

lichkeit an, der Ertrag der Studie blieb aber gering[16]. Ich stelle in diesem Abschnitt einige Ergebnisse aus der Untersuchung von Klüsche (1990) zusammen, die mehr darüber aussagen, wie Fachkräfte heute ihr methodisches Repertoire zusammenstellen[17].

Ein überwiegender Teil der Befragten muß eine Reihe von Aufgaben ausführen, die auf die Institution bezogen sind, in der sie arbeiten. Die Rangliste wird angeführt von der Aufgabe des "Organisierens" und es folgen Tätigkeiten wie "Anleiten, Koordinieren/Strukturieren, Initiieren und Planen". Hinzu kommen "Anweisen, Beraten, Ausführen, Stellungnahmen abgeben, Betreuen, Motivieren". Das bedeutet, daß die heutigen Fachkräfte einen Großteil ihrer Zeit mit Leistungen verbringen, die darauf abzielen, überhaupt erst einmal die Rahmenbedingungen für Aktivitäten zu schaffen. Dabei bewerteten 80 % der Fachkräfte die Organisationsstruktur ihres Arbeitsplatzes positiv ("zufrieden" bzw. "sehr zufrieden")[18] (vgl. Klüsche 1990, 35).

Die meisten der Befragten arbeiten im Team, nur knapp ein Sechstel arbeitet allein, hauptsächlich in den Ämtern (Jugend-, Sozial- und Gesundheitsamt). Die Fachkräfte erwarten von ihren Teams "Hilfen bei der Festlegung der Arbeitskonzeption, der Lösung von Konflikten und der Reflektion der Arbeit. Teaminformationen können einen Rahmen bilden, in dem abgesicherte und verbindliche soziale Arbeit sich entfalten kann" (Klüsche 1990, 38). Teamarbeit wird gewünscht, weil man die Arbeit koordinieren kann, weil es Möglichkeiten der Aussprache gibt, und weil man sich vom Team konzeptionelle Hilfe erhoffen kann. Doch 201 Befragte berichteten auch von Belastungen durch die Teamarbeit, z.B. durch erhöhten Zeitaufwand, durch persönliche Auseinandersetzungen, Unklarheit bzw. Unverbindlichkeit von Entscheidungen und das ständige Suchen nach Kompromissen (vgl. Klüsche 1990, 40 f.). Deutlich wurde auch, daß eine Teamarbeit keine direkten Vorteile für die Arbeit mit Klientinnen hat. Diese profitieren eher mittelbar, nämlich dann, wenn die Fachkräfte es schaffen, gemeinsam einen stimmigen Betreuungsrahmen herzustellen und ein abgesprochenes Arbeitskonzept zu praktizieren. Die anderen genannten "Vorteile" dienen eigentlich nur den Mitarbeiterinnen selbst, nämlich "Hilfen bei persönlich-fachlichen Fragen mit Anregung zur Selbstreflexion und zum Erkennen eigener Konflikte", "Emotionale Entlastung mit Stabilisierung und Motivierung der Mitarbeiter" und "Absicherung von Entscheidungen und Handlungsweisen bei gemeinsamer Verantwortung" (Klüsche 1990, 41).

Hinsichtlich der Konkretisierung der Arbeitsaufträge fand Klüsche heraus, daß zwei Drittel der Befragten zwar einen definierten Arbeitsauftrag haben (ein Drittel muß ihn selbst formulieren);

---

16. Blinkert u.a. interviewten in der Zeit von 1971 - 1973 mithilfe standardisierter Fragen 231 Fachkräfte aus dem Aufgabenbereich der Jugend- und Sozialhilfe bei öffentlichen und freien Trägern. Ihr Interesse galt den Bedingungen, unter denen "Sozialarbeiter zu Beginn ihrer Karriere eine tiefgreifende Verunsicherung erfahren (vgl. Blinkert u.a. 1979, 8). Sie stellten fest, daß sich die jungen, an den Fachhochschulen ausgebildeten Fachkräfte als "Anbieter sozialer Dienste" verstanden, die Beratung, Behandlung und Erziehung als professionelle Strategien für sich reklamierten (Blinkert u.a. 1979, 19). Diese Fähigkeiten konnten sie mit den Vollzugsrollen der meisten Fachkräfte in den Ämtern schwer vereinbaren, und sie reagierten mit einem umfassenden "Plausibilitätsverlust", Empfindungen der "Machtlosigkeit, Normlosigkeit und Sinnlosigkeit". Wenn den Befragten die Arbeitsbedingungen als unveränderbar erschienen, resignierten sie und paßten sich an, indem sie die Erzieher- bzw. Helfer-Perspektive verleugneten (Blinkert u.a. 1979, 153).

17. Klüsche wertete 301 Fragebögen aus, in denen 14 Dimensionen mit bis zu 20 teils offenen, teils geschlossenen Fragen bearbeitet wurden. Die Dimensionen repräsentieren s.M. den Berufsalltag von Sozialarbeiterinnen und Sozialpädagoginnen und gelten als arbeitsfeldrelevante Einflußgrößen. Zur Verteilung von Berufsgruppen, Alter und Berufserfahrung der Befragten vgl. Klüsche (1990, 13).

18. Bei diesen und den folgenden Nennungen von Prozentsätzen habe ich die Zahlen hinter dem Komma der Übersichtlichkeit halber weggelassen. Die Prozentangaben kommen immer aufgrund von Mehrfachnennungen der Befragten zustande. Klüsche hat die Angaben fast immer zunächst nach der Häufigkeit der Nennungen ausgewertet, um - wo möglich und sinnvoll - im zweiten Durchgang nach Rangordnungen zu fragen.

daß diese Arbeitsaufträge aber recht vage und nur teilweise operationalisiert sind. Sie werden mit pauschalierenden Begriffen wie "Beratungsarbeit", "Jugendschutzmaßnahmen", "Rehabilitation" umschrieben. Dabei unterscheiden sich die "selbstdefinierten Arbeitsaufträge" bzgl. ihrer begrifflichen Schärfe wenig von den Vorgaben der Arbeitgeberinnen, sie sind lediglich handlungsnäher definiert (vgl. die Auflistung der Beispiele bei Klüsche 1990, 44 f. bzw. 46 f.). Klüsche meint, daß die Schwierigkeiten von offenen und möglicherweise verunsichernden Rahmenbedingungen in der Berufsarbeit für die Soziale Arbeit berufstypisch seien[19] (vgl. Klüsche 1990, 45).

Befragt nach den Merkmalen, die das praktische Tun charakterisieren, brachte es jede Befragte auf durchschnittlich zehn Verben zur Kennzeichnung ihrer Berufsarbeit. Als häufigste Tätigkeit erscheint das Beraten, gefolgt von Motivieren, Aktivieren, Befähigen, Unterstützen, Begleiten oder Betreuen, was nach Klüsche heißt, daß sich die Fachkräfte methodisch auf mehrere Zugangsweisen zu den Klientinnen vorbereiten müssen (vgl. Klüsche 1990, 54). Im folgenden beschreibt Klüsche umfassend die Aufteilung der beruflichen Tätigkeiten und auch die Verteilung der Arbeitszeit (vgl. Klüsche 1990, 54 ff.) und meint, von einem eintönigen Beziehungsmuster zu Klientinnen könne nicht die Rede sein. Komplexität und Ausdeutbarkeit der beruflichen Anforderungen würden auch als Chance begriffen, und 60 % der Befragten seien mit ihrem Arbeitsauftrag zufrieden bzw. sehr zufrieden (vgl. Klüsche 1990, 59).

Bzgl. des methodischen Arbeitens stellte sich heraus, daß die Fachkräfte Gespräche als wichtigste Zugangsweise zu Klientinnen betrachten (95 %). Es folgen Vorsprachen/Fürsprachen (66 %), Handeln (63 %), Stellungnahmen/Berichte (57 %), organisatorische Maßnahmen (56 %), Beschaffung materieller Hilfen (43 %) sowie therapeutische Maßnahmen (1 %). Klüsche resümiert: "An dieser Rangfolge läßt sich eine ideal konzipierte Sozialarbeit/Sozialpädagogik ablesen, nämlich zunächst mittels Gespräch die Betroffenen zur Verbesserung ihrer Lage zu aktivieren suchen, dann aktives Eingreifen des SA/SP anbieten und zum Schluß Hilfe und Veränderung in der Umgebung veranlassen"[20] (Klüsche 1990, 90). Die meisten der Befragten halten eine methodenorientierte Vorgehensweise für unbedingt (41 %) oder zumindest eher nötig (37 %). Für weniger als 20 % ist sie nicht so relevant. Die Fachkräfte bezeichnen ihr methodisches Vorgehen mit sieben Leitbegriffen, nämlich Einzelfallhilfe (75 %), Gruppenarbeit (58 %), Gemeinwesenarbeit (26 %), Familienarbeit/-therapie (6 %), therapeutische Methoden (2,1 %), Unterrichten (0,7 %), Management (0,3 %) (vgl. Klüsche 1990, 91). Die Fachkräfte benutzen also nach wie vor die klassischen Begriffe zur Kennzeichnung ihres methodischen Vorgehens, womit nichts darüber ausgesagt ist, was sie darunter verstehen. Klüsche führt eine Liste von Begriffsbeispielen an, die ebenso pauschal wirken wie die vorgegebenen und selbstdefinierten Arbeitsaufträge. Interessant ist das "relativ starke Bemühen, durch Strukturierung eine Systematik in die Vorgehensweise einzufügen mit: 'Planung: Analyse - Weg - Ziel', 'Problemeinstufung - Realisierungsbestimmung - Festlegung - Durchführung', 'Person - Problem - Hilfeprozeß', 'Klare Diagnose stellen - Probleme umreißen - Ziel stecken - Alle Schritte mit dem Patienten diskutieren', 'Jedes Problem einzeln aufgreifen und systematisch angehen', 'Ursache - Stand - Förderung - Therapie', 'Anamnese - Aufschlüsselung der

---

19. Enzmann stellte fest, daß solche unstrukturierten Situationen wesentlich stärker als fehlende Handlungsspielräume das Burn-out-Syndrom fördern (vgl. Enzmann 1989).

20. An anderer Stelle zeigt er, daß sich die Hälfte der Befragten an einer therapeutischen Methode orientiert. Sie führen eine breite Palette von Methoden auf und stellen hohe Erwartungen an die Wirkung dieser Therapien. 71 % der Befragten nennen gesprächstherapeutische, 50 % familientherapeutische und 40 % verhaltenstherapeutische Elemente. In der Praxis wenden aber nur ein Viertel der Fachkräfte solche Methoden auch tatsächlich an (vgl. Klüsche 1990, 98).

Hilfemöglichkeiten - Planung - Hilfestellung beim Selbsttun der Klienten', 'Prioritätenkatalog aufstellen', 'Lernschritte formulieren', 'Vorschläge erarbeiten', 'Handlungskonzepte planen und durchführen lassen', 'Aus allen Informationen einen Therapieplan entwickeln'" (Klüsche 1990, 93).

Die genannten Orientierungen bilden nach Klüsche Bezugspunkte, aus denen heraus die Fachkräfte ihr methodisches Arbeiten entwickeln, und das sehr stark von persönlichen und institutionellen Vorgaben geprägt ist und auf die jeweilige Situation zugeschnitten wird (vgl. Klüsche 1990, 93). Klüsche fragte auch danach, ob die Fachkräfte unabhängig von ihrer Methodenorientierung ein persönliches Arbeitskonzept ausgebildet hätten. Ein Drittel der Befragten bejahte dies, und Klüsche zieht daraus den Schluß, daß der Bewußtheitsgrad über arbeitsbestimmende Grundhaltungen (also das, was Meinhold (1992) und Bader (1989) Arbeitsprinzipien nennen) nicht sehr ausgeprägt sei. Er schreibt, daß die Antworten weit streuten und daß ein gutes Viertel die eigene Person als Arbeitsinstrument im Vordergrund sehe, mit der sich die Klientinnen auseinandersetzen sollten (vgl. Klüsche 1990, 95). Auf die Frage, wie zufrieden sie mit den methodischen Ansätzen ihrer Arbeitsweise seien, antworteten nur knapp 40 % der Fachkräfte, sie seien zufrieden bzw. sehr zufrieden. "Der potentielle Bereich der Verbesserung des täglichen Tuns wird an der großen Zahl 'Durchaus Zufriedener' ablesbar". "Sehr Unzufriedene" kommen nicht vor; was bedeutet, daß keine Fachkraft ihr eigenes Handlungspotential als völlig unzureichend einstuft. Klüsche resümiert: "Die Analyse der Selbstbewertung des methodischen Handelns läßt den Schluß zu, daß für die SA/SP ein lehrbares Instrumentarium nicht zur Verfügung steht, sondern daß individuelle Arbeitsstile, die sich an grundsätzlichen therapeutischen Annahmen oder allgemeinen methodischen Konzepten orientieren, den Berufsalltag prägen. Dies hinterläßt ein Gefühl eines 'Auf-Sich-Selbstgestelltseins' mit methodischer Verunsicherung, der nur durch Bereitschaft zu differenzierter Problemanalyse und kritischer Handlungsreflektion verantwortungsbewußt begegnet werden kann. Ein Verstecken hinter methodischen Schlagwörtern verdeckt die existierende Handlungsunsicherheit mit der Notwendigkeit, jede Betreuungssituation kreativ selbst zu gestalten" (Klüsche 1990, 102).

4. Designfragen und Modalitäten der Evaluation

Vorgehen und Setting der Selbstevaluation sind in vieler Hinsicht mit der Evaluation vergleichbar. Daher präsentiere ich in diesem Kapitel einen umfassenden Überblick über die Evaluationsforschung. Zunächst stelle ich einige Evaluations-"Schulen" und -modelle vor (Abschnitt 4.1). Evaluatorinnen müssen sich neben Theorien und Modellen intensiv mit der Frage des Forschungsdesigns und der einzusetzenden Forschungsmethoden auseinandersetzen. Daher folgt eine ausführliche Auseinandersetzung mit klassischen und alternativen Forschungsinstrumenten, die oft (und unberechtigt) polarisiert werden (Abschnitt 4.2). Ähnlich wie im 5. Kapitel setze ich mich in den folgenden Abschnitten analog eines gedachten Ablaufmodells mit Modalitäten und methodischen Einzelfragen einer Evaluation auseinander. Ein Großteil der Planungsarbeit besteht im Erkunden der Arbeitsaufträge und ihrer Rahmenbedingungen sowie in genauen Absprachen über die zu leistende Tätigkeit. Man muß Ziele und Schwerpunkte der Evaluation und Erfolgskriterien für die Beurteilung der Ergebnisse festlegen (Abschnitt 4.3) und einen Arbeitsplan für die Durchführung der Untersuchung und die Auswertung und Aufbereitung der Daten aufstellen (Abschnitt 4.4). Ich erörtere dann einige Sachverhalte der umfassenden Prozedur der Datenerhebung und ihrer Auswertung und beginne mit Fragen der Ziel- und Kriterienexplikation und ihrer Operationalisierung (Abschnitt 4.5). Davon abhängig ist die Auswahl der Methoden der Datenerhebung sowie der Meßpunkte und Meßverfahren (Abschnitt 4.6). Es folgen Informationen über Auswertungsmethoden und Fragen der Bewertung und Gewichtung der Ergebnisse (Abschnitt 4.7) sowie einige Anmerkungen zu Modalitäten der Durchführung (Abschnitt 4.8). Viele Evaluatorinnen mußten die leidvolle Erfahrung machen, daß ihre Ergebnisse nicht verabredungsgemäß verwendet wurden. Sie können selbst aber durch die Gestaltung der Berichte und den Einsatz diverser Transferstrategien Einfluß auf die Ergebnisverwendung nehmen (Abschnitt 4.9).

4.1 Theorien und Modelle der Evaluation

Eine wesentliche Evaluations-Tradition begründeten und institutionalisierten Campbell, Cook und Stanley in der Northwestern University. Weitere Theoriegruppen bildeten sich mit dem Stanford Evaluation Consortium um Cronbach u.a., um Scriven (UC Berkeley/USF group) und an der Universität Illinois um Stake, House und Smith (vgl. Shadish, Reichard 1987, 25). Eine weitere Gruppe entstand mit Alkin und Guba um Stufflebeam (vgl. Glass 1972, 185 ff.). Einige wesentliche Ansätze nenne ich im folgenden:

1. *Campbell* (1963) etablierte (u.a. mit Cook und Stanley) den klassischen sozial-experimentellen Ansatz und damit das erste Evaluationsmodell. Angeregt durch Suchman und in Abgrenzung zu "unwissenschaftlichen" Evaluationsmethoden arbeitete er zunächst an Quasi-Experimenten, bevorzugte später aber wieder randomisierte Experimente. Sein Interesse galt der Suche kausaler Effekte und den großen Entwürfen "besseren" Lebens, obwohl er sah, daß alternative Strategien im politischen Kräftefeld den Großteil ihres Innovationspotentials einbüßten (vgl. Cook, Matt 1990, 20 f.).

2. *Scriven* (1972) hat die begriffliche und funktionale Unterscheidung zwischen Ziel und Rolle der Evaluation eingebracht und die Rollen nach summativer und formativer Evaluation unterschieden. Er selbst bevorzugte summative Evaluation; formative Aussagen waren für ihn keine echte Evaluation, weil sie letztlich keine Bewertung beeinhalteten. Scriven warf vielen seiner Kolleginnen vor, sich vor der s.M. zentralen Aufgabe der Beur-

teilung und ihren Konsequenzen zu drücken. Er spottete, es sei leichter, Verbesserungen vorzuschlagen, als jemandem zu sagen, er sei inkompetent oder schlechter als andere. Außerdem unterstellte er den meisten Auftraggeberinnen kein Interesse an einer Beurteilung ihrer Arbeit, weil ihnen mehr an einer Selbstdarstellung oder Legitimierung gelegen sei. Lediglich die Betroffenen hätten unter schlechten Programmen und schlechten Mitarbeiterinnen zu leiden. Scriven prägte das Konzept der "goal-free"-Evaluation[1]; weil er es unsinnig fand, die Ziele der Auftraggeberinnen als alleinige Maßstäbe der Bewertung anzulegen (vgl. Scriven 1984). Campbell und Scriven stimmten in vieler Hinsicht überein. Sie wollten Wirkfaktoren überhaupt und darüber hinaus die beste und effizienteste Lösung sozialer Probleme identifizieren. An Erklärungen über die Gründe der Wirkungen waren sie weniger interessiert. Sie arbeiteten an Methoden für kausale Schlußfolgerungen und der Selektion von Beurteilungskriterien, die am ehesten soziale Bedürfnisse messen. Die Evaluatorinnen sollten Daten recherchieren und auswerten; die Entscheidung über die Ergebnisse war i.M. nach den Auftraggeberinnen vorbehalten.

3. *Weiss* (1974) beschäftigte sich im Unterschied zu Campbell und Scriven hauptsächlich mit dem sozialpolitischen Kontext von Evaluation und der Verwendung evaluativen Wissens in politischen Zusammenhängen. Sie entwickelte keine eigene Theorie, aber ihre kritischen Einwände wurden häufig aufgegriffen und in neue Ansätze eingearbeitet. Ihre Aufmerksamkeit galt der lokalen Ebene, also dem Ort, an dem Entscheidungen in Handlungen umgesetzt werden. Die Komplexität und Heterogenität der Programme, ihre Umsetzungsbedingungen, das Tagesgeschehen und politische Gegebenheiten (incl. der Änderung politischer Prioritäten) sollten i.M. in die Evaluationstheorien eingehen. Nach ihrer Erfahrung mit der Verwendung von Ergebnissen relativierte sie den Stellenwert einzelner Evaluationsstudien für Entscheidungen und billigte statt dessen dem Gesamt des evaluativen Wissens eine aufklärende Funktion zu. Da sie meinte, die Rationalität politischer Entscheidungsprozesse würde von solchen Faktoren wie dem des Überlebens in politischen Institutionen gesteuert, hielt sie Postulate wie Scrivens "goal-free-evaluation" für naiv.

4. *Wholey* (1979) integrierte die Erfahrungen von Weiss mit der Realität politischer Zusammenhänge in seine Praxistheorie der Evaluation. Weil Programm-Managerinnen s.M. die größte Entscheidungsmacht haben, stimmte er seine Theorie auf deren Bedürfnisse und Kontext ab. Die gravierendsten Unzulänglichkeiten praktischer Evaluation diagnostizierte er für den Bereich der Planung und fokussierte darum die präevaluative Phase. Die Überprüfung der Klarheit und Meßbarkeit der Programm-Ziele, die Bewußtmachung der zugrundeliegenden inhaltlichen Theorie und die Recherche der technischen, personellen und finanziellen Ressourcen und Hindernisse waren s.M. Voraussetzungen einer gelingenden Evaluation.

5. *Rossi* ist (mit Freeman 1979) der Verfasser des am häufigsten benutzten Lehrbuchs zur Evaluation. Mit seinem Namen werden zwei Konzepte verbunden. "Multi-goal" bedeutet, daß man die Interessen, Zwecke und Fragen aller Beteiligten berücksichtigen muß. Dabei sind aus Kapazitäts- und Qualitätsgründen Prioritäten zu setzen. Aus methodischen Gründen soll man auch Rangordnungen der Fragen erarbeiten, da die Wahl von Erhebungs- und Auswertungsmethoden für eine Frage u.U. Auswirkungen auf die Evaluierbarkeit und Methodenwahl anderer, wichtigerer Fragen hat. Mit "theory-driven" würdigte Rossi, daß alle sozialen Programme (latent) auf einer konzeptionellen sozialwissenschaftlichen Theo-

---

1. Patton erklärt, daß Scrivens zielfreie Evaluation nicht wirklich frei von Zielen sei; er selbst habe in einem Interview auch zugegeben, daß sein Ansatz mit "bedürfnisbasierter Evaluation" ("needs-based") wahrscheinlich viel besser beschrieben wäre (vgl. Patton 1982, 38).

rie-Basis beruhen, die man ins Bewußtsein heben und überprüfen muß. Rossi, Wholey und auch Weiss bevorzugten ebenso wie Scriven und Campbell traditionelle sozialwissenschaftliche Methoden, wobei sie unterschiedliche Schwerpunkte setzten.

6. *Guba* (1981) und *Patton* (1980) hatten (wie *Stake*) ebenfalls in der ersten Periode der Evaluation konventionell, also quantitativ gearbeitet und entwickelten später qualitative, hauptsächlich ethnographische Methoden. Neben der Kritik der klassischen Methoden zogen sie auch die zentrale Bedeutung der Effektvariablen in Zweifel. Der Kontext sollte in seiner Bedeutung für die Gewichtung von Effektvariablen stärker beschrieben und berücksichtigt werden. Sie widmeten sich den Prozeßvariablen, und arbeiteten nahe am Alltag der Fachkräfte, die i.M. den stärksten Einfluß auf Prozeßvariablen hätten. Da sie wußten, wie schwer Innovationen in bestehende Settings einzuführen sind, präferierten sie reichhaltige Beschreibungen des gesamten Prozesses als Materialbasis für ihre Theorieentwicklung. Alle drei sind wissenschaftsphilosophisch dem relativistischen Paradigma zuzuordnen. Sie unterschieden wenig zwischen wissenschaftlichem und Alltagswissen. Nach ihrem Rollenverständnis waren sie selbst Teil des kontinuierlichen Innovationsprozesses. Sie beeinflußten Programm und Fachkräfte nach ihrer Maßgabe und selegierten dementsprechend auch ihre Informationen.

7. Für *Cronbach* (1978) war Evaluation eine pragmatische Angelegenheit in einem politischen Kontext. Cronbach scheint stark von Weiss beeinflußt und grenzte sich gern von Campbell ab. Er gab der externen Validität Vorrang vor der internen und kehrte somit Campbells Validitätsprioritäten um. Die Übertragbarkeit der gewonnenen Erkenntnisse auf praktische Situationen war ihm wichtiger als der Nachweis über kausale Beziehungen zwischen Ursache und Effekt. Da Entscheidungsträgerinnen im Alltag auf eine ganze Reihe anderer Informationsquellen zurückgreifen, forderte er, daß auch Evaluatorinnen diese nutzen müßten, bevor sie mit ihrer Arbeit begännen. Cronbach empfahl einen völligen Verzicht auf summative Evaluation (ohne diesen Begriff zu benutzen) und statt des klassischen "research design" die genaue Untersuchung und Beschreibung ausgewählter Versuchsgruppen. Stärker als Tests und Beurteilungen interessierten ihn die Wirkungen eines Programms, weil er einflußreiche Variablen erweitern und ihre Wirkung verbessern wollte. Generalisierungen der Ergebnisse einer Untersuchung hielt er nicht für angemessen. Die klassischen sozialwissenschaftlichen Methoden waren für ihn ein Werkzeug unter vielen.

8. *Stake* (1972) bezog sich in Teilen sowohl auf Cronbach als auch auf Scriven. Er nahm den gesamten Prozeß incl. seiner Voraussetzungen und Ergebnisse ins Blickfeld und stellte sich auch der Aufgabe der Bewertung. Dazu entwickelte er eine Datenmatrix, mit der man die Dimension der Beschreibung mit der der Beurteilung zusammenbringen kann (vgl. Stake 1972, 98 ff.). Er beschrieb Verfahren zur Verarbeitung von beschreibenden Daten und der Beurteilung des Wertes eines Bildungsprogrammes (vgl. Stake, 1972, 105 ff.).

9. Auch *Stufflebeam* (1972) kritisierte das experimentelle Design als dem Gegenstand unangemessen. Er entwickelte das "CIPP"-Modell (Context-, Input-, Process- and Product-Evaluation), mithilfe dessen man Strategien zur Evaluierung dieser vier Dimensionen hinsichtlich ihres Zieles, ihrer Methoden und ihrer Beziehung zum Fällen von Entscheidungen im Reformprozeß differenzieren kann (vgl. Stufflebeam 1972, 132 ff.). Die Modelle von Stake und Stufflebeam gehören zu denjenigen, die in Deutschland dank ihrer Publikation durch Wulf (1972) sehr häufig rezipiert wurden. Stufflebeam, *Guba und Alkin* verstanden wie Scriven und Campbell Evaluation als Informationssammlung für Entscheidungsträgerinnen. Sie beschäftigten sich auch mit systematischen Verfahren zur Bewertung von

Alternativen in Entscheidungsprozessen, mit der Vorbereitung von Entscheidungen, mit Klassifikationen für pädagogische Entscheidungssituationen und den Wechselbeziehungen zwischen Entscheidungen in verschiedenen pädagogischen Kontexten.

Beispielhaft für Versuche, die Modelle und Evaluationstypen zu klassifizieren und dadurch die Übersicht zu erleichtern[2] führe ich an dieser Stelle die sechs Kategorien des "Evaluation Research Society Standards Committee" auf, die den Zweck und die Schwerpunkte von Evaluationsvorhaben betonen:

1. Eine *Anfang-End-Analyse* (Front-end analysis) wird durchgeführt, bevor bestimmte Programme eingerichtet werden, um zu entscheiden, ob ein Programm wirklich eingeführt werden soll, und um diverse Hilfen für Planung, Implementation und Durchführung zu entwickeln.

2. Bevor man eine umfassende, summative Evaluation beginnt, ist es sinnvoll, die Brauchbarkeit der Methoden und Ansätze und die *Evaluierbarkeit* des Programms festzustellen (Evaluability assessment). Die Prüfung bezieht sich auf die Reichweite der Evaluation oder auf technische Fragen, wie Grenzen der Planung, Kostenparameter etc.

3. Eine *formative Evaluation* (Formative evaluation) zielt darauf ab, Informationen für die Veränderung bzw. Verbesserung von Programmen und ihr Management zu liefern.

4. Mithilfe der *Ergebnisevaluation* (Impact evaluation) identifiziert man Ergebnisse und Wirkungen, die als Grundlage für Entscheidungen über die Weiterführung, Ausdehnung, Einschränkung und Finanzierung von Programmen dienen können.

5. Die *Programmobservation* (Program monitoring) soll überprüfen, ob die Programme in politischer und pädagogischer Hinsicht das leisten, was ihre Träger versprechen. Diese Kategorie ist laut ERS wahrscheinlich die am wenigsten geliebte und zugleich die praktischste.

6. Bei den Spielarten der *Sekundär-Evaluation* bzw. *Meta-Evaluation* (evaluation of evaluation) geht es um professionelle Kritiken, um Reanalysen von Daten und externe Zusammenfassungen interner Evaluationen[3] (Zusammenstellung nach Patton 1982, 44).

Angesichts der Unübersichtlichkeit und Begriffsverwirrung auch bzgl. traditioneller Termini müssen Evaluatorinnen jeweils sicherstellen, was sie mit welchen Termini in welchem Kontext und welcher Situation meinen. Sie müssen die grundlegenden konzeptuellen Unterscheidungen der Disziplinen und die wesentlichen Modelle kennen und die gebräuchlichen Termini, den "Jargon" (auch für Zwecke der Selbstdarstellung und der Verständigung innerhalb der eigenen Zunft) beherrschen. Wenn Auftraggeberinnen nicht explizit den Einsatz spezieller Evaluations-"Typen" verlangen, sollten Evaluatorinnen ihre Absichten und Methoden sowie die Meinungen,

---

2. Vgl. Glass (1972); Neul (1977); Patton (1982). Nach einer Unterscheidung von Patton enthalten Modelle gewissermaßen Handlungsvorschriften, während die Evaluationstypen eher deskriptiv sind (vgl. Patton 1982, 44).

3. Patton selbst typisiert innerhalb dieser groben Kategorisierung noch einmal 33 Funktionen von Evaluation, indem er jeweils eine Funktion mithilfe eines Fragesatzes charakterisiert. Diese Liste kann ich aus Platzgründen hier nicht wiedergeben (vgl. Patton 1982, 45 ff.); in seinem Buch über "creative evaluation" zählt er sogar 132 solcher Ansätze auf (vgl. 1981, 186 ff.).

Ideen und Unterscheidungen hinter den Definitionen lieber exakt beschreiben, statt Etiketten einzusetzen. Es gehört jedoch zur professionellen Kompetenz der Evaluatorinnen, daß sie vorhandene Konzepte und Modelle anwenden, modifizieren und in speziellen Situationen auch ganz neue erfinden können. Unabdingbar ist auch, daß sie ihre eigenen Vorlieben und ihre Selektionskriterien offenlegen[4].

4.2 Klassische und alternative Designs in der Evaluation

Ich stelle zunächst einige klassische Forschungsstrategien vor und trage kritische Anmerkungen dazu zusammen. Im Anschluß beschreibe ich mögliche Konsequenzen aus dieser Diskussion. Sie reichen vom Festhalten am klassischen Design mit seinen Variationen über Weiterentwicklungen und Mischformen bis zur völligen Ablehnung desselben und der Entwicklung von Alternativen.

a) Klassische Designs

Nach positivistischem Wissenschaftsverständnis besteht auch das Sozial-Gefüge aus einer Vielzahl kausaler, linearer Beziehungen zwischen unabhängigen und abhängigen Variablen, die sich vielfältig überlagern. Die Forscherinnen bemühen sich, mithilfe geeigneter Methoden gesetzmäßige Beziehungen aufzudecken, die die Realität konstituieren. Um Effekte zweifelsfrei bestimmten Interventionen zuordnen zu können und andere Erklärungsmöglichkeiten auszuschließen (interne Validität), muß man ein entsprechendes Forschungsdesign entwerfen: Man stellt eine Forschungshypothese über vermutete Zusammenhänge auf und überprüft im weiteren ihre Aussagekraft. Abgesicherte Ergebnisse über "reine" Beziehungen erreicht man nur, wenn man möglichst alle beabsichtigten und unbeabsichtigten Wirkungen kontrolliert. Das sind zum einen die für den Effekt (abhängige Variablen) ursächlichen Bedingungen (Randbedingungen bzw. unabhängige Variablen, Treatment), zum anderen die Bedingungen, die die hypothetische Beziehung überlagern, mindern oder verstärken (Störbedingungen) und zum dritten die mutmaßlich konstanten Bedingungen (Rahmenbedingungen), die die jeweiligen Rand- und Störbedingungen hervorbringen. Die dazu erforderlichen Kontrollmanöver (und deren ungenügendes Funktionieren) werden in der Literatur ausgiebig diskutiert. Bevor ich diese Diskussion würdige, werde ich zunächst die wichtigsten Designs charakterisieren[5]. Man kann sie nach dem Grad der Kontrolle externer Faktoren unterscheiden:

1. *Experimentelle Strategien*: Die klassische experimentelle Anordnung bietet die umfassendsten Kontrollmöglichkeiten. Man zieht zunächst aus einer definierten Grundgesamt-

---

4. Vgl. Pattons Vorschläge, aus der Vielzahl der Modelle die richtigen auszuwählen und sie je nach Zweck zu benutzen. Aus taktischen Gründen kann es sinnvoll sein, zu Beginn einer Evaluation herauszufinden, welche Modelle die Auftraggeberinnen inspiriert haben und - noch wichtiger - was sie darunter verstehen. Auch, wenn man selbst das Modell oder die Idee nicht kennt, sollte man sagen: "'I understand there are several potential variations on that approach' (this is always true), 'What aspects of it are of particular interest to you?' This open ended approach allows one to get beyond model naming and name dropping to find out about issues of special interest and to begin the progress of filling in situational details" (Patton 1982, 42). Um die Glaubwürdigkeit der eigenen Arbeit zu erhöhen, kann es auch sinnvoll sein, auf bekannte bzw. "berühmte" Namen zurückzugreifen: "Ich arbeite nach dem Ansatz von ..." (oder sich ggf. von solchen zu distanzieren, falls Auftraggeberinnen mit diesem Ansatz negative Assoziationen verbinden). Darüber hinaus können Modelle auch der Selbstreflexion dienen, wenn man nämlich seine eigene Arbeit modellartig rekonstruiert: "Studying one's own processes may reveal ways of improving effectiveness in very practical ways" (Patton 1982, 43).

5. Die Zusammenstellung erfolgt überwiegend nach Weiss (1974); Pfaff u.a. (1982).

heit nach dem Zufallsprinzip eine Untersuchungseinheit (Stichprobe, Sample) und teilt sie in zwei gleiche Einheiten (Versuchsgruppe und Kontrollgruppe) auf. Das Experiment beinhaltet, daß man nun die Versuchsgruppe einem experimentellen Reiz (Treatment), bspw. einer pädagogischen oder therapeutischen Intervention aussetzt, während die Kontrollgruppe "unbehandelt" bleibt. Vor und nach dem Experiment, teilweise auch währenddessen untersucht man beide Gruppen mithilfe vorher bestimmter Kriterien, die im Zusammenhang mit dem Treatment stehen. Per Differenzbildung kann man nun den "Erfolg" berechnen: Die Versuchsgruppe muß signifikant besser sein als die Kontrollgruppe, und dieser Unterschied muß einwandfrei auf den Effekt zurückzuführen sein. Zur Sicherung des Experiments kann man ein "Vier-Gruppen-Design" anwenden, indem man aus der gleichen Grundgesamtheit zwei weitere Gruppen bildet, von denen wiederum eine der Intervention ausgesetzt wird. Um Testeffekte auszuschließen, werden die beiden zusätzlichen Gruppen aber nicht vorher gemessen.

2. *Quasi-experimentelle Strategien*: Wenn es nicht möglich ist, die Variablen direkt während der Untersuchung zu kontrollieren, kann man das nachträglich, "quasi-experimentell" mithilfe statistischer Auswertungsverfahren tun. Die Aussagekraft solcher Experimente hängt hierbei vom Ausmaß der Kontrolle externer Faktoren ab. Quasi-experimentelle Strategien sind keine Verlegenheitslösungen, sondern eine eigenständige Variante der Untersuchung. Es ist im Nachhinein aber nicht möglich und auch nicht notwendig, alle irgend möglichen Bedingungen und Fehlerquellen zu kontrollieren. Darum sucht man plausible rivalisierende Hypothesen zu der Annahme, daß der experimentelle Reiz die Quelle der Veränderung ist und arbeitet mit bestimmten zusammengesetzten Kontrollen ("patched-up design") nachträglich daran, diese auszuschließen (vgl. Weiss 1974, 101). Zu quasi-experimentellen Strategien zählen Zeitreihenanalysen, also periodische Messungen vor, während und nach einer geplanten Intervention oder Maßnahme. Die Unterschiede zwischen den Meßergebnissen geben Aufschluß über den Erfolg der Interventionen. Mit mehrfachen Zeitreihen, also mit ähnlichen Messungen im gleichen Zeitraum mit vergleichbaren Gruppen kann man gewährleisten, daß nicht Umwelteinflüsse die verzeichneten Effekte hervorrufen. Als weitere Variation bietet sich das Quasi-Experiment an, das mit nicht-äquivalenten Kontrollgruppen arbeitet. Zu diesem Zweck verläßt man das in der Sozialen Arbeit ohnehin kaum einzuhaltende Prinzip der Zufallsauswahl. Man darf hier die Gruppen nach Verfügbarkeit zusammenstellen und bzgl. ihrer für die Fragestellung relevanten Merkmale vergleichbar machen, indem man "statistische Zwillinge" heraussucht (Matching-Verfahren). Die Kontrollgruppen werden für dieses Verfahren "umgetauft" und heißen hier Vergleichsgruppen.

3. *Nicht-experimentelle Verfahren*: Die sog. nicht-experimentellen Strategien folgen der gleichen Logik. Zu diesen Strategien zählt der Vorher-Nachher-Vergleich (pre-post-Design) mit jeweils gleichem oder unterschiedlichem Sample und die Nur-Nachher-Messung in einer oder mehreren Vergleichsgruppen (post-factum-Design)[6]. Allerdings ist ihr Aussagewert begrenzt, weil die Ergebnisse der Vorher-Nachher-Messung eine eindeutige Zuordnung der verzeichneten Effekte zu bestimmten Interventionen nicht gestatten. Das Verfahren erinnert an die "Black-Box": Was drinnen passiert, interessiert nicht; wichtig ist der Output. Noch dürftiger fallen die Ergebnisse der Nur-Nachher-Messung aus. Sie sind höchstens dann von einiger Aussagekraft, wenn man Vorstellungen darüber hat, wie die Verhältnisse ohne die veranlaßten Maßnahmen aussähen. Das bedeutet, daß diese Verfah-

---

6. Lange nennt diese Messungen "Pseudo-Experimente" (vgl. Lange 1983, 266).

ren jeweils mit anderen (evtl. qualitativen Analysen) ergänzt werden müssen: Man kann eine Reihe von zusätzlichen "Zwischenziel"-Messungen einführen oder die Untersuchungen auf die *Qualität* der Maßnahme ausdehnen. Man kann zusätzlich statistisches Material oder Aufzeichnungen der Fachkräfte aus der Zeit vor dem Beginn des Programms hinzuziehen oder die Probandinnen befragen, wie es ihnen vorher erging (eine Aktion, die jedoch wenig Aussagekraft hat, weil die Menschen gewöhnlich ihre Erinnerungen umdeuten). Da Soziale Arbeit kontinuierlich verläuft, kann man auch sog. Durchläufe einzelner Personen oder Gruppen miteinander vergleichen, z.B. eine Klientin, die neu in die Institution eintritt mit einer, die dabei ist, sie zu verlassen. Oder man vergleicht die Teilnehmerinnen der Maßnahme mit möglichst ähnlichen aus dem gleichen Milieu (Schule, Nachbarschaft). Mit solchen Ausweitungen nähert man sich dann wieder den quasi-experimentellen Verfahren. Nicht-experimentelle Strategien eignen sich hauptsächlich für heuristische, explorative Zwecke. Man setzt sie ein, um zu erkunden, ob die Durchführung einer Evaluation sinnvoll ist. Man kann sie auch im Rahmen einer formativen Evaluation und in Kombination mit anderen Verfahren verwenden. Trotz ihrer begrenzten Aussagekraft werden nicht-experimentelle Verfahren de facto oft benutzt, weil viele Arbeitsaufträge unter Entscheidungsdruck und aufgrund kurzfristig auftretender Bedürfnisse als Postfactum-Untersuchungen vergeben werden. Nicht-experimentelle Designs sind auch angebracht, wenn man in ein laufendes Programm einsteigen muß, oder wenn man keinen Zugang zu Kontroll- oder Vergleichsgruppen gewinnen kann. Lange weist darauf hin, daß quasi- und nicht-experimentelle Verfahren grundsätzlich nicht in der Lage sind, Kausalhypothesen zu testen (vgl. Lange 1983, 266).

4. *Vergleichende Evaluation von Programmen*: Eine weitere Form nicht-experimenteller Verfahren ist die komparative, also vergleichende Evaluation von Projekten. Man kann z.B. Einrichtungen mit programmatisch gleicher Aufgabenstellung vergleichen. Oder man kann die gleichen Interventionstechniken mehrerer Personen untersuchen. Oft wird auch eine bundesweite Innovation mit regionalen Variationen eingeführt (wie die Gesamtschulen). Ein komparatives Design beruht auf Stichprobenuntersuchungen im Hinblick auf Unterschiede einzelner Interventionen oder Eigenschaften quer durch die Projekte. Ideales Ziel ist, die Faktoren, die Veränderung bewirken, herauszufinden. Wenn man in der Lage ist, dieses Ziel zu realisieren, erreicht man eine hohe externe Validität. De facto sind komparative Evaluationen kaum durchführbar, da die inhaltlichen und organisatorischen Schwierigkeiten in den meisten Fällen unüberwindbar sind.

b) Probleme und Fehlerquellen

Für alle Spielarten des experimentellen Designs treten (in unterschiedlicher Ausprägung) Probleme der praktischen Realisation auf, die die angezielten Absichten konterkarieren können[7]:

1. In der Praxis Sozialer Arbeit ist es kaum möglich, die *Bedingungen* für ein kontrolliertes vergleichendes Feldexperiment überhaupt herzustellen. Oft sind die Fachkräfte nicht willens und/oder in der Lage, Versuchs- und Kontrollgruppen oder auch nur Vergleichsgruppen zu bilden. Sie weigern sich mit Hinweis auf ihre Berufsethik, bestimmte Menschen bewußt von ihren Interventionen auszunehmen.

---

7. Die Zusammenstellung der kritischen Anmerkungen erfolgt nach Weiss (1974); Maschewsky, Schneider (1978); C.W. Müller (1978); Lange (1983); Lasogga, Metz-Göckel (1984).

2. Eine *Randomisierung*, die nach der experimentellen Logik wesentliche Kontrollprobleme in Grenzen halten würde, läßt sich de facto nicht erreichen. Ir. der Regel haben die Fachkräfte wenig Einfluß auf die Auswahl ihrer Klientinnen. Diese nehmen überwiegend freiwillig an der Arbeit teil oder werden durch andere Institutionen zugewiesen. Die *Motive* der Teilnahme oder Nichtteilnahme haben besonders gravierende Auswirkungen auf die Vergleichbarkeit der Gruppen. Und dort, wo die Fachkräfte ihre Teilnehmerinnen auswählen können, tun sie es nach fachlichen (und auch persönlichen) Kriterien. Sie entscheiden darüber, wer sie am notwendigsten "braucht" oder wer ihrer Meinung nach am stärksten von den sozialpädagogischen Angeboten profitieren wird. Manchmal weigern sich auch die "Versuchspersonen" selbst, ohne Gegenleistung als Kontrollgruppe zu fungieren, oder sie verlassen aus verschiedenen Gründen vorzeitig das Experiment.

3. Manchmal sehen die Fachkräfte auch nicht ein, ein Programm "nur" wegen der Evaluation *konstant* zu halten, wenn sie schon Ideen haben, wie sie anders arbeiten könnten. Sie wollen ihre Arbeit kontinuierlich verbessern und sind wenig erpicht darauf, im Nachhinein zu hören, was sie alles falsch gemacht haben, zumal Modellversuche selten wiederholt werden.

4. Sehr schwer ist auch, *unabhängige Variablen* überhaupt zu *identifizieren*. Man kann schließlich nicht Interventionen oder Handlungsstrategien einfach als Variablen, also als die kleinsten, nicht mehr teilbaren Einheiten sozialen Handelns bezeichnen. Eine Intervention setzt sich zusammen aus einem Bündel von Komponenten, deren Handlungs- und Kommunikationsaspekte mit der Reziprozität von Interaktion und von Situation zu Situation variieren. Deshalb kann man auch nicht den einen "Interventionsstil" mit dem anderen vergleichen. Die Fachkräfte der Sozialen Arbeit beweisen schließlich ihr Können damit, daß sie einzelne Komponenten ihrer routinemäßigen Handlungsstrategien situationsadäquat variieren und auf diese Weise qualitativ und quantitativ Einfluß nehmen (vgl. Heiner 1986 a, 89 f.). Ein Konstanthalten von Interventionseinheiten wäre vor diesem Hintergrund mit beruflicher Unfähigkeit gleichzusetzen.

5. Selbst, wenn man es (mit oder ohne matching) schafft, Kontroll- und Versuchsgruppen zu bilden, bleibt das Wissen, daß die Gruppen streng genommen *nicht vergleichbar* sind. Auch bei einer Übereinstimmung "äußerer" Merkmale wie Alter, Geschlecht, Schicht, Nationalität werden bestimmte "innere" Merkmale wie Motivation, Einstellung oder Verhalten differieren. Man kann auch schwer vorhersagen, welche dieser Merkmale sich positiv oder negativ auf die Versuchsanordnung auswirken. Die meisten Evaluatorinnen beschränken sich auf einen Globalvergleich, der solche Unterschiede gar nicht erst aufdeckt.

6. Eine weitere Schwierigkeit besteht in der Abschätzung, welche *zeitbedingten Veränderungen* den Zusammenhang zwischen unabhängiger und abhängiger Variablen beeinträchtigen. So dauert es bei Zeitreihen-Untersuchungen besonders lange, bis man über auswertungsfähige Daten verfügt. Hier können *Reifungs- und Mortalitätseffekte* (entwicklungsbedingte Veränderungen und solche durch Ausscheiden oder Umzug) einwirken, was besonders die Aussagefähigkeit von Panelerhebungen (Mehrfacherhebungen beim gleichen Personenkreis) beeinträchtigt. Ein Ausweichen auf vorhandenes statistisches Datenmaterial ist kaum sinnvoll, weil die verfügbaren Daten meist nicht den Anforderungen des Forschungsdesigns entsprechen. Bei der Verwendung der pre-post-Strategien ist es auch schwer, angemessene Zeitpunkte für die Messungen festzulegen. Mißt man zu früh,

verpaßt man vielleicht Wirkungen, die sich nicht gleich nach Beendigung der Intervention entfalten (*sleeper effect*); mißt man zu spät, sind einige Wirkungen vielleicht schon wieder verblaßt (*wash out effect*).

7. Es kann auch passieren, daß die erhobenen Daten von Versuchs- und Kontrollgruppe kaum differieren. Dafür ist vielleicht ein "*Ansteckungseffekt*" verantwortlich. Möglicherweise sind auch gesellschaftliche Einflüsse wirksam. So werden Familien durch den Entzug materieller Ressourcen (Arbeitslosigkeit) "klientifiziert", die aufgrund ihrer persönlichen Merkmale kaum mit Einrichtungen der Sozialen Arbeit Kontakt hätten. Und umgekehrt können Menschen durch eine neue Arbeitsstelle einen derartigen Motivationsschub bekommen, daß viele Probleme gegenstandslos werden. Solche Einflüsse können jedenfalls zu verschiedenen Meßzeitpunkten zu völlig unterschiedlichen Meßergebnissen führen (*statistische Regression*).

8. Darüber hinaus müssen eine ganze Anzahl spezifischer *Testeffekte* kontrolliert werden: Wiederholungseffekte, die durch fortlaufende Messungen entstehen (*Pretest-Sensitivierung*), Auswirkungen der Tatsache, daß überhaupt gemessen wird (*Hawthorne-Effekt*), Folgen von Dissonanz-Vermeidungen der Teilnehmerinnen und evtl. Beeinflussungen der Teilnehmerinnen untereinander oder durch gegebene Umweltbedingungen, "Ansteckungen" zwischen Kontroll- und Versuchsgruppe etc. Alle diese Zusatzreize wirken als *Konfundierungen*, wenn man sie unerkannt den experimentellen Effekten zuschlägt.

9. Manchmal müssen auch zwischendurch die Testinstrumente verändert werden - wenn Fragen nicht eindeutig formuliert sind, oder wenn die Interviewerinnen Antworten nicht übereinstimmend zuordnen oder suggestive Fragen stellen. Solche Unstimmigkeiten zählen zu den schwer zu kontrollierenden *Moderatorvariablen*. Als Moderatorvariablen wirken auch die Haltungen der Wissenschaftlerinnen zum Forschungsgegenstand oder die unbewußte Übermittlung der Forschungshypothesen an die Teilnehmerinnen, die wiederum von diesen richtig oder falsch interpretiert werden und auf die sie dann konform oder nichtkonform reagieren.

10. Unübersehbar sind auch die Schwierigkeiten bei einer *vergleichenden Evaluation*: Projektkonzeptionen und Programme sind noch weniger einheitlich als einzelne Maßnahmen. Selbst, wenn sie sich an der gleichen Aufgabenstellung orientieren, variieren schon Problemdefinition und Theoriebasis, die Schwerpunkte und Strategien der Bemühungen, die Fähigkeiten der beteiligten Akteurinnen und auch die örtlichen und institutionellen Rahmenbedingungen. Man kann zwar versuchen, die Aktivitäten mithilfe signifikanter Dimensionen zu kategorisieren, um auf diese Weise prüfbare Variablen zu bekommen (um die wirkenden Faktoren zu identifizieren), aber besonders abgesichert sind diese Ergebnisse dann nicht mehr.

c) Zur Diskussion um die Verbesserung klassischer Designs

Die vorliegende Aufzählung der gegenstandsbezogenen und Kontrollprobleme könnte fortgesetzt werden, und die Konsequenzen fallen je nach erkenntnistheoretischem Hintergrund anders aus. Die meisten der Evaluationsforscherinnen halten am klassischen Ansatz fest und arbeiten an der Verbesserung der Kontrollmöglichkeiten. Sie wollen sicherstellen, daß die gemessenen Effekte tatsächlich auf die identifizierten unabhängigen Variablen zurückgeführt werden können und nicht auf kognitive oder motivationale Begleitprozesse, auf die Instrumentenauswahl oder meßbedingte Artefakte. Andere Wissenschaftlerinnen zweifeln die Brauchbarkeit des traditionellen Vorgehens für Evaluationen grundsätzlich an und arbeiten an alternativen Designs.

Inzwischen lassen sich eine ganze Reihe von *Kontrolltechniken* aufzählen. Maschewsky und Schneider unterscheiden die traditionellen Kontrolltechniken in "Techniken der Personenkontrolle" (Parallelisierung, Randomisierung), "Techniken der Variablenkontrolle" (Ausschaltung, Abschirmung, Wiederholung, Verstärkung) und "allgemeine Kontrolltechniken" (Standardisierung im eigentlichen Sinne, Instruktion) (Maschewsky, Schneider 1978, 47). Andere Kontrolltechniken wurden ad hoc erfunden und methodologisch nicht codifiziert, aber sie sind doch als Standardisierung gedacht: Wenn die Störbedingungen schon nicht zu eliminieren sind, sollen sie wenigstens in allen Gruppen "gleich wirken" und sich damit gegenseitig gewissermaßen aufheben[8]. Die Evaluationsforscherinnen, die prinzipiell am traditionellen Design festhalten, wollen also die identifizierten Störbedingungen eliminieren und/oder kontrollieren. Mit statistischen Raffinessen und ausgeklügelten Täuschungsmanövern (Plazebo-Programmen oder der Einweihung der Untersuchten in die Forschungshypothesen als Maßnahme gegen den Hawthorne-Effekt) versuchen sie, die interne Validität ihrer Untersuchung zu steigern und damit die Voraussetzung ihrer Verallgemeinerungsfähigkeit (externe Validität) herzustellen. De facto schmälern sie damit aber die externe Aussagekraft der Ergebnisse. Denn *interne Gültigkeit* und *externe Verallgemeinerungsfähigkeit* schließen sich tendenziell aus. Sie müssen also begründete Kompromisse machen[9] und die verwendeten Verfahren mit den praktischen Möglichkeiten und den identifizierten Zielsetzungen von Evaluationsvorhaben abstimmen.

Weiss verteidigt das echte Experiment für Aufträge, in denen es auf Zielevaluationen und gut abgesicherte Ergebnisse ankommt[10]. Sie zieht in Zweifel, daß Programme konstant gehalten werden müßten und daß Ergebnisse durch starke Kontrolle verzerrt würden. Statt dessen reklamiert sie das Geschick und den Erfindungsreichtum von Evaluatorinnen und erinnert daran, daß die Verfahren beileibe nicht so angewendet werden müßten, wie es im Lehrbuch stehe. Weiß behauptet, man könne experimentelle Methoden auch einsetzen, wenn sich ein Projekt laufend verändert: Man könne Zufallsexperimente durchführen, Variationen einzelner Strategien nacheinander oder parallel vergleichen oder Messungen und Ergebnisvergleiche in kürzeren Abständen durchführen, was die Möglichkeit zur Modifikation von Interventionen eröffne. Man könne auch einzelne Teilnehmerinnen durch Zufallsauswahl verschiedenen Varianten eines Programms zuordnen und somit Arten von Ansteckung und Interferenz untersuchen (vgl. Weiss 1974, 93 f.). Lange schreibt ebenfalls zur Ehrenrettung des echten Experiments, daß es nicht darum gehe, Laborsituationen zu erreichen, sondern daß feldexperimentelle Anordnungen erforderlich seien, "die die Chance bieten, daß nicht nur die Veränderungen der Zielvariablen gemessen werden, sondern zugleich deren als einflußreich unterstellte situative, organisatorisch-administrative und sozio-politische Bedingungen. Die Logik dieses Vorgehens beruht auf einer Umkehrung jener Prüfungs- und Schlußverfahren, die für das 'klassische', auf Prüfung oder Falsifikation von Hypothesen abzielende Labor-Experiment charakteristisch sind.

---

8.   Vgl. dazu den Vorschlag von Lasogga und Metz-Göckel (1984, 101).

9.   Vgl. Weiss 1974; Lasogga, Metz-Göckel (1984); Wottawa, Thierau (1989). Vgl. auch Shapiro (1984), der an Beispielen demonstriert, daß methodologische Strenge zuweilen "soziale Kosten" verursacht, die wiederum den ganzen Untersuchungsplan incl. seiner Beurteilung entwerten können.

10.   Lange resümiert, daß angesichts der Schwierigkeiten von feldexperimentellen Untersuchungen die resignative Haltung vieler Evaluatorinnen verständlich sei; vertretbar sei sie aber in den meisten Projekten nicht. Er entwickelt zum Beweis das Design einer Ergebnisevaluation im Bereich der Berufsberatung (vgl. Lange 1983, 259 ff.).

Nicht die Ausschaltung oder Neutralisierung möglichst aller Einflußgrößen, um den Meßvorgang auf die abhängige und die unabhängigen Variablen beschränken zu können, ist primäres Ziel der Versuchsanordnung bei Feld-Experimenten, sondern die Erfassung und genaue Messung möglichst vieler, die Wirkung einer zu prüfenden Maßnahme vielleicht fördernden, hindernden, verändernden oder ihr in der Wirkung entsprechenden Bedingungsdimensionen nebst deren zu erwartenden Wechsel- und Nebenwirkungen. Auf diese Weise soll eine umfassende Dokumentation möglichst aller relevanten Größen und ihrer Veränderungen gewährleistet werden, um den zur Diskussion stehenden Hypothesen über die Wirkungen der zu prüfenden Maßnahmen Hypothesen über den Einfluß anderer Größen entgegenzustellen, und um darüber hinaus aus Art, Ausmaß und Richtung aller ermittelten Veränderungen Rückschlüsse auf die Wirksamkeit der jeweiligen Maßnahmen ziehen zu können" (Lange 1983, 264).

Cook und Shadish berichten auch über Entwicklungstendenzen im Unterschied zu den "primitiven" Formen der Kausalbildung der 60er Jahre: "More sophisticated, maximum-likelihood models came to be preferred later, partly because they are sensitive to issues of unreliability and partial invalidity of measurement and partly because they are capable of simultaneously interrelating client characteristics, program inputs, program processes, third variable spurious causes, and intended outcomes measured at different points along a distal time chain" (1987, 59).

Die positivistischen Evaluationsforscherinnen veränderten also maßgeblich ihre Vorgehensweisen und Fragestellungen. Campbell zeigte z.B., daß unter bestimmten Bedingungen Fallstudien mit multiplen abhängigen Variablen Ergebnisse erzielen, die den Standards kausaler Erklärung vergleichbar sind. Als wesentliche inhaltliche Neuerung legte man Wert auf die Konkretisierung der Fragestellungen, die Explikation von Zielen und die Strukturierung der Vorgehensweise (vgl. Cook, Shadish 1987, 59). Mit dem verbesserten Instrumentarium konnte man zumindest in beratungsorientierten Arbeitsfeldern mit behavioristisch orientierten und damit gut operationalisierbaren Arbeitsprinzipien, teilweise auch im Bereich der Gruppenforschung (gruppendynamische Laboratorien, Trainings, Counselings) gut arbeiten (vgl. Garfield 1982; Lasogga, Metz-Göckel 1984). Nun gelang es den Evaluationsforscherinnen schon besser, auch im Bereich der Sozialen Arbeit positive Effekte nachzuweisen. Es blieb aber schwierig, die Ergebnisse zu verallgemeinern, denn die *institutionellen* Bedingungen Sozialer Arbeit und die Einflüsse des *gesellschaftlichen und sozialen Kontextes* der Klientinnen sind mithilfe der experimentellen Methoden nicht angemessen zu erfassen (vgl. Dewe, Wohlfahrt 1985, 127).

Es gibt im Bereich der Sozialen Arbeit insgesamt wenig Möglichkeiten, experimentelle Studien durchzuführen. "Nur für den relativ kleinen, aber das Bild des Evaluators zumindest in der Literatur stark prägenden Teilbereich der summativen Evaluation können Idealvorstellungen bezüglich der Designs gelegentlich wirklich realisiert werden. In den übrigen Fällen stellen die Designforderungen häufig nur eine Denkhilfe in der Form eines nichterreichbaren Ideals dar, dessen Annäherung man soweit wie möglich versuchen sollte", schreiben Wottawa und Thierau (1989, 124; vgl. auch Weiss 1974), während Maschewsky und Schneider grundsätzlich an den *erkenntnistheoretischen Prämissen* des positivistischen Paradigmas zweifeln. Denn eine wesentliche Grundannahme dieser Erkenntnistheorie ist, daß nach dem Leitbild des Kräfteparallelogramms auch in sozialen Zusammenhängen die "Bedingungen begrenzt in der Anzahl, prinzipiell unabhängig, gleichberechtigt, frei kombinierbar und sich linear kombinierend sein müssen, wie z.B. die Grundgleichungen von Varianzanalyse, Faktorenanalyse, Regressionsanalyse etc. explizieren". Die soziale Realität ist aber komplexer konstruiert, und soziale Prozesse laufen mitnichten linear ab, sondern "in genetischen und hierarchischen Systembeziehungen; und ... für die Struktur des Psychischen [ist] nicht der Reflexbogen bzw. die Reiz-Reaktions-

Verknüpfung typisch ..., sondern rückgekoppelte, vermaschte, hierarchische Systemstrukturen verschiedenen Niveaus und verschiedener 'Freiheitsgrade'" (Maschewsky, Schneider 1978, 48 f.). Wenn man aber interagierende statt lineare Effekte annehmen muß, wird die Intervention selbst zur Quelle von Störfaktoren, und es wird fast unmöglich, Störbedingungen "herauszukürzen", um Konfundierungen von Effekten zu trennen. Die Annahmen von den "reinen" Beziehungen zwischen unabhängiger und abhängiger Variablen geraten also ins Wanken und damit auch das gesamte Gebäude der Kontrolltechniken.

Ein weiterer, grundsätzlicher Einwand bezieht sich auf den Einfluß der sog. *Moderatorvariablen* auf die Untersuchungsergebnisse. Da die Forscherinnen selbst "subjektive" Anteile in den Forschungsprozeß einbringen, können sie die Verallgemeinerbarkeit ihrer Ergebnisse nicht mehr nur einschränken, sondern sie müssen die Annahme von der *Objektivität* (im Sinne einer Subjektunabhängigkeit) des forschenden Vorgehens grundsätzlich *relativieren*. "Forschung bewegt sich dann tendenziell in einem Zirkel: die Ergebnisse sind maßgeblich beeinflußt vom Forscher, widerspiegeln dessen - richtige oder falsche - Auffassungen von der Realität. Die allgemein zugestandene Beeinflussung des Objekts durch das Subjekt der Forschung wird jetzt radikalisiert zur Möglichkeit der totalen Determination, und damit der Entstellung der außerhalb des Subjekts befindlichen Realität. Jedes Ergebnis wäre dann ein Artefakt!" (Maschewsky, Schneider 1978, 50). Auch Scriven kritisiert die dominierende positivistische Ideologie der Wertfreiheit und Objektivität von Wissenschaft als "bizarr" und spottet darüber, daß man bisher nur *schlechten* Wissenschaftlerinnen unterstellt, sie hätten nicht wertfrei gearbeitet (vgl. Scriven 1984, 50 ff.).

Experimentelle Designs werden auch aus *inhaltlichen Gründen* radikal kritisiert: Wie schon referiert, fielen die Ergebnisse experimentell angelegter Evaluationen enttäuschend aus und ließen sich kaum auf reale Lebenszusammenhänge übertragen. "Überall dort, wo eine interaktionsbezogene Flexibilität der Intervention angenommen werden kann, ist davon auszugehen, daß experimentelle Designs den Blick für die Variationen der angeblich unabhängigen Variable 'Intervention' verstellen und daher zu Fehleinschätzungen der Einflußfaktoren führen" (Heiner 1986 a, 90). Maschewsky und Schneider sind überzeugt, daß die traditionelle Methodologie ihrem Anspruch nicht gerecht wird, und daß man, wenn man überhaupt an diesem Paradigma festhalten will, bessere Methodologien suchen muß (vgl. Maschewsky, Schneider 1978, 51). Einige Kritikerinnen gehen noch weiter und fordern, daß man nicht nur die positivistischen Formen der Wissenskonstruktion aufgeben solle, sondern auch die traditionellen wissenschaftlichen Standards des Schlußfolgerns. Minimale Ungewißheiten zu reduzieren, sei eine akademische Beschäftigung; Auftraggeberinnen von Evaluationen müßten aber handeln und würden dafür neben ihren eigenen Erfahrungen lieber auf Erkenntnisse mit schwerwiegenden Mängeln zurückgreifen als gar keine zu verwenden (vgl. Cook, Shadish 1987, 57 f.). Scriven (1984) und Heiner (1986 a) meinen, daß die Wahl der Strategien sich an Zweck und Gegenstand der Evaluation zu orientieren hätte, wobei die Standards wissenschaftlichen Vorgehens einzuhalten seien.

d) Alternative Designs

Die Begründung alternativer Strategien und Methoden erfolgt oft nach dem gleichen Ritual: Verfasserinnen von Evaluationsstudien setzen sich zunächst mehr oder weniger ausführlich mit den positivistischen Methoden auseinander und diskutieren Fragen ihrer externen und internen Validierung. Es folgt ein Statement, nach dem diese Verfahren für das zu verfolgende Anliegen leider nur teilweise angemessen seien, und daß man mit dem Einsatz qualitativer Methoden eine gewisse "Schmuddeligkeit" in Kauf nehmen müsse. Die Einführung und Begründung der qualitativen Forschungspläne erfolgt oft wesentlich weniger wortreich. Meist enden die Rechtfertigungsversuche in vermittelnden Plädoyers.

In Konzepten der "emanzipatorischen" Sozialforschung oder auch in Handlungsforschungsprojekten werden die Rollen von Objekt und Subjekt neu definiert. Mit ethnographisch ausgerichteten Verfahren wollen Forscherinnen die Kluft zwischen ihrer eigenen Lebensweise und der der Erforschten überbrücken. Mithilfe "kommunikativer" Sozialforschung und den korrespondierenden Konzepten des symbolischen Interaktionismus und der Ethnomethodologie fokussiert man die Diskussion auf den Kommunikationsprozeß und die Interpretation der Beziehungen zwischen Forscherinnen und Beforschten. Die Verfechterinnen einer hermeneutischen Ausrichtung wenden sich gegen die analytische Zerlegung zusammenhängender Prozesse. Sie arbeiten an einer "ganzheitlichen" Interpretation, mit der sie die wechselseitige Beeinflussung der Handelnden, des situativen Kontextes und des speziellen Ereignisses erfassen wollen[11]. Lange faßt die methodologischen Konsequenzen des handlungstheoretischen Forschungsparadigmas wie folgt zusammen: Das primäre Ziel der Evaluation besteht (a) in der Angabe von Handlungsalternativen zur Lösung auftretender Probleme (statt der Falsifikation von Theorien und Hypothesen); die Wissenschaftlerinnen sind (b) gleichberechtigte Partnerinnen und unmittelbar Beteiligte; es werden (c) Wertungen zum Gegenstandsbereich erwartet und als Gütekriterien gelten (d) Kommunikation, Intervention, Transparenz und Relevanz (statt Gültigkeit, Zuverlässigkeit und Objektivität) (vgl. Lange 1983, 256). Die methodischen Probleme solcher neuen Ansätze in der Evaluationsforschung sind aber bei weitem nicht gelöst (vgl. Maschewsky, Schneider 1978, 54 f.; Patton 1980; Lange 1983, 256 f.; Heiner 1986 a, 76 f.; Hörmann 1988, 31 ff.).

Heute existieren alternative Konzepte, die flexibler sind als experimentelle Designs und in ihrer Funktion dem Untersuchungsgegenstand angepaßt werden können, ohne daß man in jedem Fall auf kausale Schlußfolgerungen verzichten müßte[12] (vgl. Patton 1980; 1981). Heiner zählt solche neuen Konzepte auf, deren Etiketten teilweise recht merkwürdig klingen: Die Evaluationsforscherinnen sollen "nicht mehr nur die Erreichung (vorgegebener) Ziele überprüfen, sondern aufklärend und erhellend wirken ('illuminative', 'clarifying'), die Argumente pro und contra abwägen ('advocate-adversary teams') und Verfahren benutzen, die dem alltäglichen Problemlösungsverhalten von Menschen eher entsprechen ('naturalistic') als Fragebögen und Tests, und dabei stärker auf die Bedürfnisse und Erwartungen der Beteiligten eingehen ('responsive', 'transactional')" (Heiner 1986 a, 76). Es gibt inzwischen eine Reihe qualitativer Verfahren, mit denen man stärker prozeßbezogen arbeiten kann. Teilweise wurden auch klassische Instrumente wie Beobachtung, Befragung, Interview, die als heuristische oder explorative Verfahren schon länger wertgeschätzt wurden, "qualitativ" gewendet (vgl. Patton 1980), und viele neue Methoden kamen hinzu (vgl. Patton 1981; 1982). Seit man sich nicht mehr bevorzugt auf zielzentrierte Evaluation konzentriert, geraten die hypothesentestenden Verfahren in den Hintergrund.

---

11. Scriven meint, daß eine ganzheitliche Evaluation manchmal beträchtlich gültiger sein kann als die Synthese einzelner Ergebnisse, auch wenn sie methodisch vielleicht nicht so sauber ist: "Counterintuitively, however, it transpires that we have clear evidence showing holistic evaluation is sometimes considerably more valid - as well as far more economical - than syntheses of micro evaluations. The problem with the analytic approach to overall evaluations is that the assembly of component scores or grades involves a weigthing and combining arrangement of typically unknown validity" (Scriven 1984, S. 67).

12. Patton entwickelt eine Checkliste von Situationen, für die qualitative Methoden angemessen sind (vgl. 1980, 88 f.) und zählt Evaluationsmodelle auf, die mit qualitativen Methoden kompatibel sind (vgl. Patton 1982, 53 ff.).

Interventionen an sich und ihre Variationen wurden ins Blickfeld genommen und können mit selbstreferentiellen, sog. Monitoring-Verfahren besser untersucht werden. Es wurde deutlich, daß man nur mit konkreteren Fragen zu den spezifischen Auswirkungen einer spezifischen Intervention für spezifische Arbeitsfelder sinnvolle Ergebnisse erzielen konnte (vgl. Cronbach 1982; Mutschler 1981; Ruoff 1982; Lasogga, Metz-Göckel 1984). Aus dem Wissen heraus, daß alle Erhebungsmethoden fehlerhaft sind, versuchte man, den gleichen Vorgang mit unterschiedlichen Methoden und auf jeweils anderen Wegen zu erheben. Aus dem gleichen Grund sollten die gleichen Daten möglichst auch von mehreren Personen erhoben und auch ausgewertet werden. Solche Auswertungen haben einen stärker erklärenden statt bestätigenden Charakter. Dadurch wurde es jedoch auch schwieriger, das vorliegende Datenmaterial zu integrieren, und es gab wesentlich umfassendere Möglichkeiten der Interpretation. Cook und Shadish sprechen in diesem Zusammenhang von einer "kreativen Spannung", die nur durch viele Wiederholungen gelöst werden konnte: "Whatever the data collection mode, multiple tentative probes seem now to be the watchword, replacing older and more positivistic conceptions based on theory-free observations, single definitive tests, and crucial single studies" (Cook, Shadish 1987, 62).

Man untersuchte nun die *Umsetzung* der Programme und *spezielle* Interventionen sowie die unbeabsichtigten Nebenwirkungen von Programmen. Mit den neuen Verfahren konnte man auch die Fachkräfte stärker in die Evaluationsarbeit einbinden, und so entstanden Konzepte der Selbstevaluation (vgl. Mutschler 1981; Heiner 1986 a, 1987, 1988 a, 1992). Ferner wurden "interventionsbezogene" Evaluationsstrategien entwickelt. Eine Spielart solcher Strategien ist, die Klientinnen direkt in die Evaluation einzubeziehen und somit die Vermittlung der Interessen aller Beteiligten als permanenten Prozeß zu verstehen (vgl. z.B. Ho 1976). Durch vergleichende Längsschnitt-Studien kann man die Einflüsse institutioneller Strukturen auf die fachliche Qualität Sozialer Arbeit nachweisen. Viele dieser Verfahren sind jedoch immer noch relativ unflexibel. Sie erfassen kaum interagierende oder kumulierende Effekte und auch nicht immer Dimensionen wie Sinn und Bedeutung (vgl. Maschewsky, Schneider 1978; Dewe, Wohlfahrt 1985). Diese Dimensionen werden aber wichtiger, seit man den Einflußfaktor "Selbstreferenz" als wesentliches Steuerungsinstrument sozialer Interventionen diskutiert (vgl. Scriven 1984; Heiner 1986 a).

Eine weitere "Methodengeneration" repräsentieren die selbstkontrollierenden, die sog. Monitoring-Verfahren. Mithilfe des "case review system" können die Fachkräfte Ziele und Zwecke ihrer Tätigkeiten kategorisieren und ihre professionellen Ressourcen in Beziehung zu ihren Problemdefinitionen setzen. Dieses Instrumentarium dient weder der summativen Evaluation noch der Produktion von Planungsdaten, sondern der Planung und Reflexion der eigenen Tätigkeiten. Monitoring-Verfahren sind daher mit Anleitungen zu methodischem Arbeiten und mit Methoden der Selbstevaluation verwandt, welche ja wiederum als Voraussetzung für evaluatorische Bemühungen gelten können.

Als Fazit läßt sich m.E. festhalten, daß eine größere inhaltliche und methodische Nähe zum "Gegenstand" einhergeht mit einer Veränderung der ursprünglichen Charakteristika von Evaluation. Stärker handlungsorientierte Evaluatorinnen verkoppeln mit ihren Strategien den Prozeß des Handelns und des Forschens auf unterschiedlichste Weise. Eine Sichtung vorliegender Forschungsberichte ergibt, daß ein Forschungsdesign mit dem anderen kaum vergleichbar ist. Anlage und Methodenwahl erscheinen in gewisser Weise willkürlich, was einige Kommentatorinnen als mangelnde Stringenz von Theorie und Methodologie beklagen (vgl. Maschewsky, Schneider 1978; Dewe, Wohlfahrt 1985; Heiner 1986 a). Da man bei prozeßorientierten Evaluationen zumindest teilweise den Forschungsplan und die Instrumente im laufenden Prozeß entwickeln oder modifizieren muß, kann das kaum anders sein. M.E. muß man diese Designs als Ergebnis der "relativ" zu betrachtenden Problemdefinitionen der Evaluatorinnen und ihrer professionellen Fähigkeiten begreifen und die Relativierungen als Bestandteil des Prozesses in Kauf nehmen.

Auch ein qualitatives Design muß im übrigen kontrolliert werden; zumindest muß es Kriterien geben, mithilfe derer man zwischen guten und schlechten Forschungsarbeiten unterscheiden kann. Auch für "weiche" Designs muß dargelegt werden, daß die gewählten Methoden dazu geeignet sind, das zu erforschen, was zu erforschen sie vorgeben (Gültigkeit). Der Forderung nach Repräsentativität tun handlungsorientierte Forscherinnen Genüge, wenn ihre Ergebnisse Bedeutung für den untersuchten Problembereich haben. "Objektivität" ist demnach gewährleistet, wenn sie ihren Forschungsprozeß und die Ergebnisse so darstellen, daß sie intersubjektiv, d.h. von Außenstehenden überprüfbar sind. Transparenz bedeutet, daß sie den Forschungsprozeß in seinen Funktionen, Zielen und Methoden für alle Beteiligten nachvollziehbar machen. Und nach dem Prinzip der Stimmigkeit sollten Ziele und Methoden miteinander vereinbar sein - eine Forderung, die nicht immer zu realisieren ist[13].

Einige Begrenzungen und Risiken qualitativer Methoden diskutiert van Sant (1989). Im einzelnen erörtert er das "Fassadenvorurteil" (nach dem man diejenigen nicht erreicht, die man nicht sieht), das "Projektvorurteil" (wobei man nur dort forscht, wo etwas passiert), das "Elitevorurteil" (was bedeutet, daß man nur mit den Mächtigen, Gesunden und Aktiven kommuniziert), das "Trockensaisonvorurteil" (nach dem man nur die den Evaluatorinnen leicht zugänglichen Bereiche untersucht), das "Politik- und Protokoll-Vorurteil" (was bedeutet, daß man wegen bürokratischer Schwierigkeiten nicht zu den wirklich Bedürftigen vordringen kann) und das "Schnappschußvorurteil" (was bedeutet, daß längere zeitliche Entwicklungen nicht verfolgt werden können)[14] (vgl. van Sant 1989, 257 ff.).

Cook und Shadish meinen, daß die Tauglichkeit *aller* Konzepte und Methoden (der quantitativen wie der qualitativen) bisher nicht entschieden sei. Sie schreiben, daß noch nicht einmal gut dokumentiert wäre, daß experimentelle Designs versagt hätten, denn die frühen Fehlschläge könnten genausogut der Unerfahrenheit der Evaluatorinnen, Fehlern bei der Implementation oder dem Entwurf von Forschungsplänen zuzurechnen sein. Sie verweisen dazu auf erfolgreichere neuere Experimente mit multipel geplanten Variationen und listen im Anschluß eine Reihe von Fragen auf, die man noch stellen müßte, bevor man ein Urteil wagt (vgl. Cook, Shadish 1987, 67).

Die hier dargestellte Methodenvielfalt und die anscheinende Freizügigkeit ihrer Auswahl scheint ein Spezifikum für Arbeitsfelder Sozialer Arbeit zu sein. Cook und Matt berichten, daß außerhalb von Psychologie und Erziehungswissenschaften kaum alternative Designs zur Anwendung kommen: "In diesen anderen Bereichen walten der Campbell der randomisierten Experimente und unterbrochenen Zeitreihen zusammen mit dem Rossi der repräsentativen Stichproben und quantitativen kausalen Modelle. Die anderen Evaluationstheoretiker ... werden dort kaum berücksichtigt, vielleicht mit der Ausnahme von Wholey im politischen Bereich.

---

13. Vgl. auch die Diskussion um die Eignung qualitativer Methoden für bestimmte Forschungsfragen im Gesundheitsbereich und die Bemühungen in Gesundheitsprogrammen um deren Strenge und Glaubwürdigkeit. Silverman, Ricci und Cjunter (1989) präsentieren dazu eine Übersicht zur Gültigkeit und Zuverlässigkeit qualitativer Methoden.

14. Wie aus den Beispielen zu entnehmen ist, sammelte van Sant seine Erfahrungen in einen ganz anderen Evaluationsbereich (der Entwicklungshilfe); m.M. sind sie aber auf die Soziale Arbeit übertragbar.

Es ist unsere Vermutung, daß, falls die von uns diskutierten Evaluationstheoretiker in den Bereichen Gesundheit und Politik bekannt wären, Scriven als zu großzügig im Umgang mit der Datenerhebung eingestuft würde, Wholey als zu beschränkt, Cronbach als zu freizügig und die Antipositivisten als die Düpierten einer irregeleiteten Wissenschaftsgeschichte bezeichnet würden" (Cook, Matt 1990, 35).

Nach wie vor favorisieren auch die Auftraggeberinnen in Arbeitsfeldern der Sozialen Arbeit experimentelle Designs, zumindest für umfangreiche Programme mit summativen Fragestellungen, klar definierten Effektivitätskriterien und hohem Kosten- und Personaleinsatz. Sie nehmen an, daß solche Designs "objektivere" Ergebnisse hervorbringen, Vergleichbarkeit ermöglichen und eine stärkere Glaubwürdigkeit in der Öffentlichkeit genießen. Qualitative Designs werden dann zu Hilfe genommen, wenn Frage- oder Zielstellungen so diffus sind, daß eine "objektive Messung der abhängigen Variablen und damit eine statistisch vergleichende Datenanalyse nicht möglich ist" (Hofmann, Fargel 1984, 318). "Weiche" Verfahren bieten sich ebenfalls an, wenn man in kleinen Projekten die Fachkräfte und teilweise auch die Klientinnen mit in den Evaluationsprozeß einbeziehen will, wenn also insgesamt gruppenbezogene Aktivitäten im Vordergrund stehen (vgl. Will u.a. 1987, 34). Aber die Hierarchie ist deutlich: Qualitative Designs mit mittlerem Standardisierungsgrad werden überwiegend noch als "drittklassige Verlegenheitslösung" angesehen (vgl. Heiner 1987).

4.3 Präevaluative Phase

Die Diskussion um Nutzen und Zweck von Evaluation wird außerordentlich kontrovers und oft in moralischen Kategorien geführt. Da Evaluationsforscherinnen aufgrund von Aufträgen tätig werden, liegt es nahe, ihnen Parteilichkeit oder gar Käuflichkeit zu unterstellen. Diese Unterstellung impliziert, daß die Intentionen jedweder staatlicher oder privater Auftraggeberinnen von vornherein anrüchig seien und daß "die" Wissenschaft dagegen wertneutral die Vermehrung des Grundlagenwissens und die Wahrheitssuche betreibe sowie die Überzeugung, daß sich beides nicht miteinander vereinbaren lasse. Wahr ist, daß alle Beteiligten je nach Definitions- und Entscheidungsmacht mehr oder weniger stark Einfluß auf die Planung, Durchführung und Ergebnisverwertung von Evaluationen nehmen. Evaluationsforscherinnen können nicht so tun, als seien sie nur der vorbehaltlosen Wahrheitssuche verpflichtet. Wenn sie sich nicht naiv als Werkzeug oder Spielball im politischen Kräftefeld benutzen lassen wollen, müssen sie zu allererst die Nutzenerwartungen und die "eigentlichen" Zielsetzungen aller Beteiligten und deren Erfolgskriterien herausfinden. Als unabdingbarer Bestandteil für jede Evaluation gilt darum die sog. präevaluative Phase oder Kontextevaluation, während der Programm und Mittel kritisch auf ihre Bestandteile (Qualität der Implementation und Wahrscheinlichkeit der Zielerreichung) und ihre Evaluierbarkeit geprüft werden (vgl. Cook, Matt 1990, 33). Evaluatorinnen holen zu Beginn ihrer Arbeit mithilfe gut vorbereiteter Gespräche und teilweise auch auf indirekten Wegen Informationen ein. Sie brauchen Informationen allgemeiner Art über die Organisation selbst (Konzeptionen, Jahresberichte, Statistiken, Zeitungsartikel) und über die Absichten, die die Auftraggeberinnen mit der Evaluation verbinden. Sie identifizieren die Entscheidungsträgerinnen, die Klientinnen und die Anwenderinnen des zu evaluierenden Gegenstandes und entwickeln ein Verständnis des politischen und administrativen Systems, in dem sie sich bewegen. Aufschlüsse bringen auch die Kenntnis der "Unternehmensphilosophie" und deren eventuelle Bedrohung durch Konkurrenz oder Konflikte. Fragen sind: Welchen Stellenwert hat die Einrichtung, das Projekt oder Programm für die Auftraggeberin? Will sie sich mit einem neuen Projekt profilieren? Geht es um eine Umstrukturierung (Rationalisierung) der gesamten Arbeit, um die Kontrolle unliebsamer Fachkräfte, die

Verbesserung des Arbeitsklimas o.ä.? Was ist von den Auftraggeberinnen selbst geplant, um die Innovation zu etablieren bzw. zu erproben? Gibt es Dienstanweisungen, Zeitpläne, Ankündigungen in der Öffentlichkeit - auch Druck durch die Öffentlichkeit? Und: Hat die Auftraggeberin schon einmal ein ähnliches Projekt durchgeführt - mit welchen positiven und negativen Erfahrungen?

Eine Hilfe für die Kontextevaluation bietet das unter dem Begriff "Organizational Assessment" zusammengefaßte Instrumentarium. Damit kann man das organisatorische Klima einer Institution für geplante Veränderungen (also auch Evaluationen) erfassen, bevor überhaupt bekannt ist, daß Veränderungen anstehen. Organizational-Assessment-Techniken helfen, Widerstandsquellen zu isolieren und situationsbezogene Implementations- und Nutzungsstrategien zu entwickeln (vgl. Kiresuk u.a. 1984, 212). Als Rahmen für das Organizational Assessment kann das von Davis (1973) entwickelte "AVICTORY" gelten. Die Buchstaben stehen für acht Faktoren, die die Einführung von Innovationen beeinflussen:

- "Ability" bezeichnet die Erreichbarkeit oder den Zugang zu notwendigen materiellen, personellen oder finanziellen Ressourcen;
- "Values" bezieht sich auf die Reformfähigkeit dominanter Normen einer Organisation;
- "Information" steht für die Qualität und Glaubwürdigkeit der Innovation und den Zugang zu ausreichenden Informationsquellen;
- "Circumstances" meint die Erfassung der Stabilität von Umwelt- und Organisationseigenschaften, die Veränderungen beeinflussen;
- "Timing" bezieht sich auf die (zeitliche) Dynamik von veränderungsrelevanten Umwelt- und organisatorischen Faktoren;
- "Obligation" bedeutet, daß man den Umfang des Druckes oder des Wunsches nach neuen Maßnahmen prüfen muß;
- "Resistance" heißt, die Qualität des Widerstandes gegenüber Veränderungen sowie Anzahl und Stärke von Opponentinnen zu registrieren;
- "Yield" registriert die voraussichtlichen Folgen einer Innovation, also ihre beabsichtigten oder nichtbeabsichtigten Gewinne und Verluste.

Ergänzend zu diesen Faktoren gibt es 14 Teilskalen, die die Einschätzung der Bereitschaft zu Veränderungen ermöglichen[15]. Evaluatorinnen recherchieren auf diese oder ähnliche Art die Funktionen, die die Evaluation haben soll. Auf der Basis ihrer Ergebnisse beurteilen sie, ob die Aufträge der Evaluation überhaupt durchführbar sind. Die Ergebnisse sind maßgebend für die Auswahl der einzusetzenden Verfahren:

1. Wenn die Evaluation der *Planung einer Innovation* dienen soll, braucht man u.a. Verfahren zur Analyse der Bestandteile der Innovation. Wenn zum Auftrag gehört, bestimmte inhaltliche Elemente selbst zu entwickeln, sind neben organisatorischen und fachlichen Kenntnissen Prognoseinstrumente zur Antizipation möglicher Prozeßverläufe und -ergebnisse vonnöten. Zusätzlich zu den obligatorischen Methoden zur punktuellen Erhebung von Daten über Wirkungen und Nebenwirkungen braucht man wahrscheinlich Verfahren, um Entscheidungsalternativen zu entwickeln.

2. Geht es dagegen stärker um die *Erprobung oder Etablierung von Innovationen* (z.B. neuen Problemlösungsstrategien), muß man Implementationshilfen zur Verfügung stellen

---

15. Vgl. dazu die Darstellung und Auswertung einer solchen Skala bei Kiresuk u.a. (1984, 213 f.). Sie ist m.E. genauso gut für Zwecke der Organisationsberatung zu benutzen, woran zu sehen ist, wie wenig sich Fragen der Vorgehensweisen von Evaluation und Organisationsberatung manchmal unterscheiden.

können und/oder diesen Prozeß begleiten. Dazu braucht man u.a. Instrumente, um Prozesse zu diagnostizieren, man braucht Indikatoren, die eine Korrekturnotwendigkeit anzeigen, und man muß kontinuierlich Daten sammeln, den Ablauf dokumentieren und eine (formative) Bewertung der Prozesse leisten.

3. Wenn die (summative) *Beurteilung von Ergebnissen* im Vordergrund steht (z.B. die Klassifikation von innovatorischen Strategien oder die Vorbereitung von Entscheidungen), braucht man begründete Beurteilungskriterien und vielleicht kriterienbezogene Tests, Skalierungs- und Beobachtungstechniken oder Verfahren der Ermittlung von Wert und Verdienst.

4. Liegt den Auftraggeberinnen an einer *Umorganisation der Arbeitsvollzüge* oder an der *Einführung neuer Arbeitsprinzipien*, beinhaltet das eine starke Orientierung auf die institutionelle Struktur der Einrichtung und ihre Mitarbeiterinnen. Man braucht Verfahren zur Strukturanalyse, Transferstrategien, didaktische Kenntnisse über Mitarbeiterinnenfortbildung oder/und die Förderung der Kommunikation sowie Entscheidungsverfahren und Verfahren zur Konfliktregelung.

Meist handelt es sich um eine Mischung aus mehreren Funktionen und die Evaluatorinnen setzen selbst die Schwerpunkte. Dazu befragen sie die gesammelten Fakten auf ihre Hintergründe und achten auf erwartete Probleme und evtl. (Interessen-)konflikte zwischen Fachkräften und/oder Abteilungen. Darüber hinaus kalkulieren sie ein, daß die Auftraggeberinnen über die offizielle Funktionsbestimmung der Evaluation hinaus meist noch andere Intentionen mit der Vergabe der Evaluation verbinden. Je nach dem Schwerpunkt der Erwartungen (Maßnahmendurchführung, Vorbereitung von Entscheidungen oder Legitimation des Programms vgl. Koch, Barth 1990) müssen sie sich mit Anforderungen, Auflagen und Restriktionen der Auftraggeberinnen auseinandersetzen. Sie müssen auch das kalkulierte Zeit- und Kostenvolumen erfragen[16] und über eine zeitliche Freistellung der tangierten Fachkräfte für die Erfüllung von Aufgaben im Rahmen der Evaluation verhandeln. Sie müssen darüber verhandeln, ob sie selbst mitarbeiten dürfen, welche Möglichkeiten der Datenerhebung bestehen, und wer die Rechte zur Veröffentlichung ihrer Ergebnisse hat.

Bevor sie einen Arbeitsplan aufstellen, sollten sie auch den *Gegenstand* der Evaluation auf seine spezifischen Eigenschaften und Qualitäten untersuchen. Ist er unter fachlichen Gesichtspunkten zu fördern? Gibt es Entscheidungsalternativen, die von Auftraggeberinnen und/oder Fachkräften bisher nicht in Betracht gezogen wurden? Dienen Gegenstand und explizierte Ziele den Auftraggeberinnen und/oder den Klientinnen der Sozialen Arbeit? Welche Bewertungskriterien lassen sich ableiten? Und auch: Läßt sich das, was zu untersuchen in Auftrag gegeben wurde, innerhalb der gegebenen Rahmenbedingungen mit den gegebenen materiellen, personellen und zeitlichen Ressourcen und den verfügbaren Verfahren realisieren? Zur Beantwortung dieser Fragen müssen sie den zunächst nur begrifflich gefaßten Gegenstand in meßbare und somit berechenbare Indikatoren operationalisieren (vgl. Abschnitt 4.5).

---

16. Besonders schwierig wird die Sache bei Evaluationsaufträgen, deren Finanzierung über Bundes- oder Landesverwaltungen läuft. Koch und Barth berichten aus ihrer Erfahrung, daß man weder wissen noch nachvollziehen kann, auf welchen Wegen, wann und in welchem Rahmen Projektbewilligungen erfolgen. Die Einflüsse in Verwaltungen hängen von solchen Unwägbarkeiten wie politischen Veränderungen, der gesundheitlichen Befindlichkeit oder dem Urlaub der Sachbearbeiterinnen, von verfügbaren Haushaltsrestmitteln u.ä. ab, die sich jederzeit ändern können. Zu den Folgen dieser Abhängigkeit vgl. Koch, Barth (1990, 71 ff.).

Aus der Bearbeitung dieser Informations- und Vorbereitungsfragen ergeben sich Hinweise auf ein adäquates Forschungsdesign. Es entsteht eine Vorstellung über die zu untersuchenden Fragenkomplexe und damit die Grundlage für die Auswahl der anzuwendenden Verfahren der Datenerhebung und -auswertung. Ohne eine solche Option, die auch von einer antizipatorischen Ergebnisverwertung abhängig ist, kann kein Arbeitsplan entstehen.

4.4 Arbeitsplanung

Auf der Basis der gesammelten Informationen und in Korrespondenz mit der Zielexplikation, der Erarbeitung von Bewertungskriterien und der Auswahl der Meßinstrumente muß ein zwar vorläufiger, aber doch detaillierter *Arbeitsplan* erstellt werden, der u.a. als Grundlage für das Angebot dient. Nach Wottawa und Thierau sollte er folgende Punkte beinhalten:
"- Arbeitsschritte in zeitlicher Reihenfolge;
- durch den Auftraggeber zu klärende Entscheidungspunkte;
- Aufwand der einzelnen Arbeitsschritte;
- Auflistung der vom Auftraggeber erbrachten oder in Auftrag gegebenen Arbeiten;
- Auflistung aller vom Auftraggeber zu verantwortenden Vorarbeiten;
- Exakte Terminangaben;
- Erforderliche finanzielle Aufwendungen" (Wottawa, Thierau 1989, 138).

Eine Arbeitsplanung ist schwierig und für viele (beamtete) Wissenschaftlerinnen auch ungewohnt, brauchen sie doch häufig wenig Rechenschaft über die Verwendung ihrer zeitlichen Ressourcen abzulegen. Wenn aber ein wirtschaftlich selbständiges Evaluierungsteam eine Ausschreibung bedient, hat diese Planung bzw. das Angebot einen existenziellen Charakter. "Universitäre" Wissenschaftlerinnen müssen im übrigen auch ökonomisch planen, weil sie für Evaluationsvorhaben fast immer Drittmittel in Anspruch nehmen[17]. Eine ökonomische Arbeit von Evaluatorinnen sollte auch aus verbraucherorientierter Perspektive gefordert werden. Ein Dilemma ist anscheinend, daß Auftraggeberinnen an schnellen, billigen und pragmatischen Erhebungen interessiert sind, und daß Evaluatorinnen ihre Forschungsplanung überwiegend an wissenschaftlichen Gütekriterien ausrichten. Evaluatorinnen erleben, daß ihre Auftraggeberinnen dieses nicht immer wertschätzen. Ein guter Arbeitsplan muß also zwischen Zeitplanung, methodischer Strenge und Kosten vermitteln (denn spätestens, wenn die Interpretation Widersprüche bringt, wird das Design zerpflückt). Manchmal müssen Evaluatorinnen auch im Interesse einer qualitativ guten Arbeit und aussagefähigen Ergebnissen die Zumutungen ihrer Financiers zurückweisen (vgl. Weiss 1974; Shadish, Reichardt 1987; Wottawa, Thierau 1989).

Zunächst wird festgelegt, welche Arbeitsschritte überhaupt notwendig sind. Mithilfe einer Strukturanalyse zerlegt man das Gesamtprojekt in die es konstituierenden *Vorgänge* (also zeiterfordernde Geschehen mit definiertem Anfang und Ende), in *Ereignisse* (das Eintreten eines definierten Zustandes im Projektablauf) und *Anordnungsbeziehungen* (also quantifizierbare Abhängigkeiten zwischen den Vorgängen) (vgl. Wottawa, Thierau, 112). Mithilfe einer Zeitanalyse folgt die Abschätzung des zeitlichen und personellen Aufwandes für die geplanten Arbeitsschritte (Dauer von Beobachtungseinheiten, Interviewinheiten etc.). Die so ermittelten Daten bilden die Grundlage für eine detaillierte Zeit- und Kostenplanung[18]. Als Ergebnis dieser

---

17. Zu Hindernissen und Schwierigkeiten innerhalb der universitären Verwaltungen vgl. Koch, Barth (1990, 73).

18. Für die Planung und Kontrolle der Kosten, der Zeit und der Durchführung von Evaluationen kann man auf die vielfältigen Methoden und Verfahren aus Arbeitsbereichen der Wirtschaft zurückgreifen (Balkenplantechnik, Netzplantechnik, Kosten-Nutzen-Analysen, Checklisten); eine Vorschlagsliste und Hinweise auf weiterführende Literatur finden sich bei Wottawa und Thierau (1989, 113 ff.).

Recherchen entsteht der vorläufige Arbeitsplan. Er ist Grundlage des Angebotes, über das die Evaluatorinnen mit ihren Auftraggeberinnen verhandeln. Um sicherzustellen, daß sowohl ihren Absichten als auch den Interessen möglicher Nutzerinnen Rechnung getragen wird, empfehlen Kiresuk u.a. als Hilfsmittel für die Verhandlungen über den Zweck der Evaluation das "Evaluability-Assessment-Verfahren" (Kiresuk u.a. 1984, 207). Es ist eine Art Evaluierungsprotokoll, in das Evaluatorinnen und Entscheidungsträgerinnen gemeinsam ihre Arbeitsgrundlage eintragen und fordert folgende Schritte:

1. strukturiert man das Problem bzw. das Programm (Ziele, Aufgaben und Untersuchungseinheit);

2. erhebt man alle Informationen, die das Programm ausmachen und hält sie fest;

3. entwickelt man ein Arbeitsmodell, das das Programm und die Zweck-Mittel-Beziehungen zwischen Instrumenten/Tätigkeiten und Zielen vom Standpunkt der Nutzerinnen der Evaluation beschreibt;

4. prüft man, ob die modellhafte Programmbeschreibung so eindeutig ist, daß die Evaluation von Nutzen erscheint (Analysephase);

5. koppelt man die Einschätzungen und Ergebnisse des Evaluability Assessment zu den Auftraggeberinnen und den zukünftigen Adressatinnen bzw. Nutzerinnen zurück und legt die weiteren Vorgehensweisen fest, wobei man auch (finanzielle) Restriktionen herausarbeitet (vgl. Kiresuk u.a. 1984, 208).

Alle Beteiligten sollten zu diesem Zeitpunkt wissen, wie die Studie durchgeführt wird und welche Informationen sie zum Ende erwarten können. Auch die Fachkräfte, deren alltägliche Arbeit häufig wesentlich von der Evaluation tangiert ist, können sich darauf einstellen und ggf. auf die Entwicklung des Arbeitsplanes Einfluß nehmen. Wahrscheinlich sind sie dann eher bereit, die Evaluation zu tragen oder zumindest zu unterstützen. Denn Schwierigkeiten der Zusammenarbeit mit Trägern und Fachkräften sind nicht zuletzt auf mangelnde Klarheit der Absprachen zurückzuführen[19].

4.5 Ziel- und Kriterienexplikation

Von der Auswahl der Indikatoren für Erfolg hängt wesentlich ab, wie ein Programm beurteilt wird. Oder anders: Die Ergebnisse variieren nach den abhängigen Variablen, die einbezogen werden. Das mag dann wenig Belang haben, wenn herausgefunden werden soll, ob das Programm die selbstformulierten Ziele erreicht. Wenn aber in politischen Zusammenhängen über die Gesamtbeurteilung eines Programm befunden wird, oder wenn es um den Vergleich eines Programms mit einem anderen geht, wirkt sich das Fehlen vergleichbarer Kriteriensets fatal

---

Weitere idealtypische Ablaufpläne bieten Stufflebeam (1972) mit seinen allgemeinen Richtlinien für die Entwicklung von Evaluationsplänen, Scriven (1984) mit der Checkliste bzw. dem "Evaluations-Thesaurus" sowie Koch und Wittmann (1990), die auszugsweise Standards der "Evaluation Society" für Programmevaluation abdrucken.

19. Einschränkend ist anzumerken, daß Planungen in der Praxis oft nicht oder jedenfalls nicht gründlich stattfinden können, weil die zu evaluierende Maßnahme schon angelaufen ist, wenn die Evaluatorinnen (endlich) mit ihrer Arbeit beginnen können (vgl. Koch, Barth 1990, 70).

aus. Wenn man hier die falschen Kriterien anlegt oder wenn die Kriterien nicht zuverlässig, valide oder sensitiv in Bezug auf die intendierten Effekte sind, kann es sein, daß irrtümlich keine Effekte festgestellt werden, was Folgen für das ganze Programm hat (vgl. Shadish 1990, 164 f.; Rein 1984).

In der praktischen Sozialen Arbeit ist umstritten, ob man überhaupt konzeptionell Ziele setzen soll und kann, und an wessen Nutzen sie ausgerichtet werden müssen. Ferner existieren neben fachlichen Zielen auch noch eine ganze Reihe anderer Zielkategorien (persönliche, politische, organisationsbezogene, verwaltungsbezogene u.a.).

Für die summative Evaluation ist eine explizite Zielorientierung zentral und auch formativ orientierte Evaluatorinnen suchen Informationen dazu, warum bestimmte Programme, Projekte, Arbeitsprinzipien (nicht) erfolgreich waren. Für die Beurteilung des Erfolges sind also hinreichend präzise Kriterien bzw. Indikatoren notwendig. Auch zur Abstimmung über die Untersuchungsfragen müssen die Evaluatorinnen die Beteiligten dazu veranlassen, ihre Ziele zu explizieren. Wie Weiss schreibt, sieht der Prozeß der Zielevaluation zunächst ganz einfach aus. Man muß nichts weiter tun als

"1. Die Programmziele herausfinden.
2.   Die Ziele in meßbare Indikatoren der Zielerreichung übersetzen.
3.   Die Daten über die Indikatoren für diejenigen, die am Programm beteiligt waren (und für eine äquivalente Kontrollgruppe, die nicht daran beteiligt war) sammeln.
4.   Die Daten über die Beteiligten (und die Kontrollgruppen) mit den Zielkriterien vergleichen" (Weiss 1974, 47).

So einfach ist es aber nicht, denn die Probleme beginnen schon damit, daß kaum eine Auftraggeberin und kaum ein Team die konzeptionellen Ziele der Einrichtung klar und unzweideutig benennen kann. Weiss spottet, gelegentlich seien die offiziellen Ziele "bloß eine lange Liste frommer und teilweise unvereinbarer Plattheiten" (1974, 48). Meist stimmen auch die übergeordneten Trägerziele nicht mit den konzeptionellen Zielen einer spezifischen Einrichtung und diese wiederum nicht mit den fachlichen und persönlichen Zielen der "Umsetzerinnen" überein, so daß man die mühevolle Prozedur der Zielexplikation auf sich nehmen muß.

Eine Möglichkeit ist, aus den Konzeptionen der Einrichtungen auf ihre Ziele zu schließen, denn konzeptionelle Ziele sind immer schon ein Ergebnis gesellschaftlicher Aushandelnsprozesse[20] (was einschließt, daß sie als politische Aussagen nicht auf ihre Realitätsnähe geprüft wurden). Man erfaßt damit aber nur eine Zielebene und nicht die, die für das Handeln der Fachkräfte relevant ist. Wottawa und Thierau schlagen eine Reihe von Methoden der Zielexplikation vor, mithilfe derer man der Bestimmung von Zielgruppen und damit auch der Konkretisierung des Evaluationsobjektes näher kommt. Nach ihrer Vorstellung müssen die Evaluatorinnen den Auftraggeberinnen diesbezügliche Alternativen zur Entscheidung vorlegen (vgl. Wottawa, Thierau 1989, 74), ohne ihre eigenen fachlichen Auffassungen zu sehr in diese Entscheidungsalternativen hineinzudeuten. Denn bei allen Verfahren der Zielexplikation, die *ohne* Beteiligung der Auftraggeberinnen durchgeführt werden, geht man das Risiko ein, daß die auftraggebenden Personen mit dem Ergebnis der Erfassung ihrer "eigentlichen" Ziele nicht einverstanden sind, oder daß sie die explizierten Ziele nicht als die Ihrigen erkennen wollen. Für

---

20.   Bloom und Fischer schlagen vor, zwischen Problemen ("was ist?") und Zielen ("was soll sein?") und dann noch einmal zwischen Zielen (letztendlichen Ergebnissen) und Teilzielen bzw. Zwischenschritten zu unterscheiden. Zur weiteren Vertiefung vgl. ihre Checkliste zu vorhersehbaren Problemen beim Zielesetzen (1982, 70).

Evaluatorinnen, die schwerpunktmäßig prozeßbegleitend arbeiten, hat die gemeinsame Zielerarbeitung mit Auftraggeberinnen und/oder Fachkräften einen eigenständigen evaluatorischen Wert. Denn während dieses Prozesses treten oft Divergenzen hervor, die eine eigene Dynamik gewinnen und die vorab geplante Evaluation wesentlich verändern. Möglicherweise bleiben die Ziele auch über einen langen Zeitraum ungeklärt; Weiss würde das eher in Kauf nehmen als eine zwanghafte Festlegung auf scheinbar gemeinsame Ziele, die aber eigentlich für das, was geschieht, unbedeutend sind[21] (vgl. Weiss 1974, 52).

Wenn die Beteiligten Klarheit über die Ziele gewonnen haben, wissen sie aber noch nicht, welche Ziele *evaluiert* werden sollen. Es kann sich herausstellen, daß wesentliche Ziele miteinander konkurrieren[22]. Darüber hinaus ist auch umstritten, was die Zielbezogenheit wirklich bringt. "Goals are often best seen as inspirational devices - they make poor foundations for analysis" behauptet Scriven (1984, 57) und propagiert die zielfreie Evaluation[23]. Zumindest erfaßt man mit den Zielkriterien nicht die *unbeabsichtigten* Effekte der Handlungen. Ein weiterer Einwand ist, daß das Kriterium der Zielerreichung keine Aussagen darüber zuläßt, ob der *effizienteste* Weg beschritten wurde. Obwohl also einiges dagegen spricht, Ziele als wesentliche Kriterien zu setzen, ist die Suche nach Alternativen noch nicht weit gediehen. In der Diskussion sind Faktoren, die Veränderungen, Erfolge oder Mißerfolge bewirken, Faktoren, die in die Entscheidung eingegangen sind, Interventionskonstruktionen oder -typen, der Grad der Erfüllung der Ansprüche aller oder eben nur einer Gruppe der Beteiligten (Auftraggeberinnen oder Klientinnen). Inzwischen wurden einige Prozeduren der Prioritätensetzung entwickelt, doch sind diese meist auf die Prioritäten der Auftraggeberinnen zentriert. Für die Gewichtung vielfältiger Interessen gibt es nach Aussage von Cook und Shadish gegenwärtig keine perfekte Methode. "Moreover, while knowing the values of different groups may be enlightening, it cannot easily generate specific principles for justifying the selection of some criteria and standards over others. The description of values generates a list and not a justified procedure for setting priorities" (Cook, Shadish 1987, 48). Manche Verfasserinnen propagieren auch eine übergeordnete Ethik, an der man die Ansprüche aller Beteiligten messen könnte.

Bleibt man bei der Zielevaluation, müssen Auftraggeberinnen, Fachkräfte und Evaluatorinnen die Ziele klassifizieren und gewichten, denn man kann konkurrierende Ziele nicht als gleichwertig und unabhängig voneinander untersuchen. Man setzt also Prioritäten bzgl. wichtiger und eher nebensächlicher Ziele[24] und koordiniert sie. Dabei muß es nicht immer zum Konsens kommen, abweichende Prioritäten und Zielsetzungen sollten aber schriftlich fixiert und berücksichtigt werden, um die Gefahr einer "gefälligen" Evaluation zu reduzieren und um die Ergebnisverwendung nicht zu gefährden (vgl. Heiner 1983, 154 ff.; Scriven 1984). Die Ziele, auf die sich die Beteiligten letzlich einigen, müssen klar, spezifisch und als meßbare Verände-

---

21. Das kann jedoch zu einer ausschließlichen Prozeßorientierung führen, die manchmal das einzige "Ergebnis" der Evaluation bleibt. Vgl. dazu Scrivens kritische Anmerkungen (1984).

22. Weiss (1974, 54) führt als Deispiel die Ziele einer Kommune nach effektiver Sanierung eines Stadtteils an, die wohl kaum gleichzeitig im Sinne der unterprivilegierten Familien sein kann, die an niedrigen Mieten interessiert sind.

23. Dem widerspricht wiederum Weiß. Sie glaubt, daß eine zielfreie Evaluation in politischen Zusammenhängen gar nicht durchführbar sei, und Patton (1982) stellt klar, daß auch Scriven in Wirklichkeit nicht auf Ziele verzichtet, sondern nur die Kriterien der Bewertung austauschen möchte, vgl. Scrivens Vorschläge für die Erarbeitung einer konsumentenorientierten Bedürfnisliste oder zumindest einer funktionalen Analyse (1984).

24. Wottawa und Thierau empfehlen für die Aufstellung von Zielhierarchien Techniken wie Brainstorming, Metaplan-Techniken u.a. (vgl. 1989, 83 f.).

rungen im Handeln oder der Einstellung von Menschen wiederzufinden sein (oder auch nicht). Und meßbar sei ungefähr alles, wenn es nur klar und unzweideutig definiert sei, behauptet Weiss (vgl. 1974, 49; vgl. auch Bloom, Fischer 1982, 34 ff.). Ziele werden also konkretisiert, indem man beobachtbare Verhaltensdaten, testbare kognitive Lerninhalte oder erfragbare Einstellungsitems beschreibt. Diese wiederum können dann mithilfe spezifischer Verfahren erhoben und einer Beurteilung unterzogen werden.

Im Anschluß muß definiert werden, was als Erfolg zu werten ist. Meßkriterien bzw. Erfolgsindikatoren sind Sachverhalte, die man (z.B. in ihrer Beziehung zu den Zielen) genau beschreiben und empirisch erfassen können muß. Man muß also die Meßkriterien und Vergleichsdimensionen benennen sowie die angestrebten Werte auf jeder ausgewählten Dimension festlegen[25]. Hier stellt sich die Frage nach rechtfertigbaren Standards der Einstufung von Leistungen (Scriven 1984). Standards, die sich auf vorgeschriebene Leistungsniveaus beziehen (z.B. kriterienbezogene Tests, mit denen man die Schulreife von Kindern messen können soll), finden sich selten. Meist vergleicht man daher die zu bewertenden Leistungen mit anderen[26]. Da es nicht möglich ist, zwischen einer und keiner Maßnahme zu unterscheiden, schlägt Scriven vor, zwischen Alternativen zu vergleichen. Man kann auch die besseren Strategien von den schlechteren unterscheiden, indem man geplante Variationen untersucht, die nicht auf ein einziges Programm oder einen einzigen Plan eingeengt sind (vgl. Cook, Shadish 1987, 51).

Cronbach (1982) kritisiert den Einsatz äußerer komparativer Standards grundsätzlich, weil er meint, daß man soziale Variationen nicht als funktional äquivalent betrachten könne. Er meint, Ziele und Interventionsstile seien selten gleich, da Erfolgsurteile immer nur *selbstreferentiell* erfolgten. Verglich man nun lediglich den Output, demotiviere man die Fachkräfte, die von der Individualität und der Einzigartigkeit ihrer Leistungen überzeugt seien. Aus ähnliche Gründen fordert Heiner, daß "Erfolgskriterien ... retrospektiv zu definieren [sind], nicht prospektiv. Was zählt, ist der zurückgelegte Weg, die Entfernung vom Ausgangspunkt, nicht der Abstand zum Ziel. Der retrospektive Bezug schließt Deutungen und Bewertungen aller Betroffenen mit ein. ... Selbstreferentialität verlangt die Berücksichtigung verschiedener Perspektiven und Bewertungsmaßstäbe ... der Erfolg ist daher nur selbstreferentiell als Fortschritt des Klienten im Rahmen seiner Biographie zu definieren" (Heiner 1986 a, 93 f.; vgl. auch Scriven 1984; Sengling 1987). Man muß auch berücksichtigen, daß die besondere *Aufmerksamkeit* oder Zuwendung der Fachkräfte ebenfalls Wirkungen zeigen (Hawthorne-Effekt). Diese Aufmerksamkeit ist als Komponente in allen Interventionen enthalten und hängt auch von persönlichen Merkmalen der Mitarbeiterinnen ab. Da diese Aufmerksamkeit andere Langzeiteffekte zeitigt als das Gesamtprogramm, ist es jedoch schwierig, ihre Wirkungen zu messen. Man diskutiert diesbezüglich die Messung an Placebo-Kontrollgruppen (vgl. Cook, Shadish 1987, 52).

Nicht nur für die Auswahl und Gewichtung der Ziele, sondern auch bezüglich der Auswahl der Standards der Leistungsmessung gibt es bisher kaum hilfreiche Verfahren, obwohl man weiß, daß Erfolgsmeldungen von dieser Auswahl abhängig sind. "Yet the choice of a standard can have profound implications, for it is not unreasonable to assume that the likelihood of effects

---

25. Ist eine Zielannäherung von 3 Punkten auf einer Skala von 10 Punkten schon ein Erfolg? Oder müssen es mindestens 7 Punkte sein? Die Erarbeitung von Bewertungskriterien ist insgesamt schwieriger und zeitaufwendiger, als diese Ausführungen und Lehrbücher überhaupt ahnen lassen. Zum Nachvollzug eines praktischen Prozesses der Konstruktion multipler Bewertungskriterien vgl. Bühringer (1990).

26. Bekannt ist die von Campbell eingeführte Nichtdienstleistungsgrundlinie. Das bedeutet, daß die Werte der Kontrollgruppe, die keine Behandlung erfuhr, zum Maßstab für die Beurteilung des Erfolges der Experimentalgruppe genommen werden. Dieses Verfahren wird stark kritisiert, weil man nicht annehmen kann, daß die Kontrollgruppe keinen Einflüssen ausgesetzt ist und weil die Einflüsse, die trotzdem auf die Kontrollgruppe einwirken, nicht evaluiert werden.

will generally be lowest when an evaluand is compared to an alternative, next lowest when compared to a placebo control group, and next lowest when compared to a no-treatment group. Effectiveness is more likely when no-services baselines are used or when before-after changes are contrasted, particulary when treatment groups are defined in terms of the sub-group of persons manifestly receiving high-quality services. Fortunately, the choice of comparison standards does not require selecting a single option, and evaluations can be designed with multiple controls. When resources permit, this is clearly the preferred strategy (...), but no choice algorithm yet exists" (Cook, Shadish 1987, 52).

An dieser Stelle der Evaluationsplanung müssen auch die *Nebenfolgen* des Programms abgeschätzt werden, denn jede Intervention zeigt neben den erwünschten und vorhersehbaren auch viele *unerwünschte* Effekte, die teilweise auch vorhersehbar sind. Weiss zählt mehrere Gründe für unerwünschte Resultate auf. Sie reichen von einer schlechten Konzeption oder dilettantischen Ausführung der Arbeit über eine Verweigerung der Mitarbeit der Adressatinnen bis zu Streit, Widerständen, Konkurrenz oder Neid innerhalb der Organisation, im Team oder zwischen Behörden. Manchmal bewirkt eine vordergründige Besserung für einige Menschen eine langfristige Verschlechterung ihres Verhältnisses zu anderen Menschen ihres sozialen Kontextes, oder kurzfristige Veränderungen können nicht stabilisiert werden, weil sich der Kontext nicht mit verändert. Weiss empfiehlt den Evaluatorinnen, auch diese *anderen* Konsequenzen einzukalkulieren, um die *unvorhersehbaren* unerwünschten Effekte wenigstens in *vorhersehbare* unerwünschte zu verwandeln (vgl. Weiss 1974, 57; Shadish 1990, 166). Es ist aber problematisch, Indikatoren für diese unbeabsichtigten Effekte zu finden. Ein Weg ist die "theoretische" Interpretation des zu untersuchenden Prozesses mithilfe sozialwissenschaftlicher Theorien. Einige Anhaltspunkte ergeben sich auch aus einer guten Feldkenntnis der Evaluatorinnen, aufgrund derer sie evtl. Wirkungen einschätzen können. Eine weitere Möglichkeit ist eine *Bedürfnisliste*, mithilfe der man zwischen Wirkungen, die beabsichtigt und solchen, die für das Ziel irrelevant oder gar schädlich sind, unterscheidet. Scriven (1984) schlägt vor, Betroffene und erklärte Gegner der zu evaluierenden Maßnahmen zu interviewen, da diese sich mit Sicherheit mit negativen Auswirkungen auseinandergesetzt haben.

4.6 Datenerhebung und Meßverfahren

Messungen beziehen sich je nach Vorhaben auf unterschiedliche Personen und Gegenstände. Weiss unterscheidet folgende:

1. Zur Messung von Effekten, die *auf Klientinnen wirken*, erfaßt man das Ausmaß der Veränderungen bei den Betroffenen und hier meist ihre Einstellungen, Werte, sowie ihr Wissen und ihre Fähigkeiten[27].

2. Will man die Effekte von Programmen messen, die auf die *Änderung von institutionellen Strukturen* abzielen (Bevölkerungsnähe der Dienstleistungen, Änderung des Selbstverständnisses einer Organisation von ihren Aufgaben etc.), erhebt man Daten über Individuen innerhalb der Organisation (Prozentsatz der täglichen Kontakte mit der örtlichen Bevölkerung) und/oder über ihre strukturellen Gegebenheiten (Haushaltsplan, Öffnungs-

---

27. Der Einfluß von Einstellungen und Wissen auf das Verhalten ist zumindest zweifelhaft. Einstellungen sind lediglich als intervenierende Variablen in Betracht zu ziehen. Bspw. kann eine veränderte Einstellung die Arbeitshaltung eines Menschen verändern, was wiederum Einfluß auf seine Suche nach einem Arbeitsplatz haben kann (vgl. Weiss 1974).

zeiten). Eine Checkliste von "Dienstleistungsstandards" kann ebenfalls als Meßinstrument für die Leistungen der Organisation dienen.

3. Wenn das Ziel ist, *Veränderungen in einem Netzwerk von Organisationen* zu messen (Kommunikation von Einrichtungen im Stadtteil, einer Gemeinde oder in einem nationalen Dienstleistungssystem) müssen erfindungsreiche Messungen vorgenommen werden: Interviews mit führenden Persönlichkeiten, Beobachtungen innerhalb von Abteilungen oder bei Versammlungen, gesammelte Statistiken über die Betroffenen, Haushaltsansätze, Bauförderungen, Protokolle, die Analyse von Dokumenten oder Aufsätzen sowie repräsentative Umfragen sind nur einige Vorschläge von Weiss.

4. Wenn es um die *Veränderung öffentlicher Einstellungen und Werte* geht, sind Ansichten der Öffentlichkeit geeignete Indikatoren. Hier könnte man das Repertoire der Meinungsforschungsinstitute heranziehen (vgl. auch die Aufzählung der weiteren Möglichkeiten bei Weiss 1974, 64 ff.).

Die Eignung und Reichweite der Methoden und Techniken (Instrumente) für die konkrete Datenerhebung muß nun jeweils am Zweck der Erhebung gemessen werden[28]. Empirische und handlungsorientierte Evaluatorinnen benutzen im Prinzip die gleichen Datenquellen und Meßmethoden. Unterschiede machen sie im *Niveau* ihrer Messungen ("harte" und "weiche" Methoden bzw. Messungen) und in der Auswertung dieser Daten. Eine Auswahl der für Evaluationen gängigen Instrumente der Datensammlung stelle ich im folgenden vor. Teilweise sind sie an Paradigmen gebunden; teilweise werden sie von allen Evaluatorinnen genutzt:

1. *Beobachtungen*: Wenn angestrebte Verhaltensänderungen evaluiert werden sollen, sind Beobachtungen (teilnehmende, nichtteilnehmende, standardisierte, manchmal auch impressionistische) adäquat. Je nach beabsichtigter Auswertung wird ein standardisiertes Vorgehen nahegelegt. Beobachtungsgegenstand und Beobachtungsmodus (Ort, Zeit, Häufigkeit) werden genau fixiert und die Beobachterinnen tragen ihre Daten anhand eines Ablaufplanes und eines auf Stimmigkeit vorgetesteten "Codes" in einen standardisierten Bogen ein. Sie werden für ihre Aufgabe geschult, und man prüft die Übereinstimmung ihrer Beobachtungsurteile.

2. *Befragungen*: Ist Beobachtung nicht möglich oder nicht geeignet, geht es um kognitives Wissen, um Einstellungen oder Verhaltensabsichten, um das Einholen der Beurteilungen von Klientinnen oder Expertinnen, um Hintergrundinformationen u.ä., sind Befragungen angemessen. Vor der Entwicklung des Instrumentes wird der Befragungsgegenstand eingegrenzt. Danach entscheidet man über den Umfang des Samples und legt die Form der Befragung fest. Ein gewisses Ausmaß an Standardisierung erleichtert die Auswertung und den Vergleich der Daten, blockiert aber möglicherweise exaktere, individuellere Informationen[29].

3. *Interviews*: Mithilfe von Interviewtechniken (standardisiertes, narratives, Tiefeninterview) kann man Befragungen vertiefen und subjektive Erklärungen für eigenes und beobachtetes Verhalten sowie für komplexe kognitive Prozesse und deren Veränderungen erkunden.

---

28. Vgl. die Prozeßtabelle für Rollen der Evaluation im Prozeß der Bildungsreform von Stufflebeam (1972, 138); vgl. auch Will u.a. (1987, 19).

29. Zur weiteren Vertiefung von Einstellungsmessungen vgl. auch Henerson, Morris, Fitz-Gibbon (1978).

Die o.a. Vorbereitungs- und Durchführungsüberlegungen für Befragungen gelten hier ähnlich. Alle kommunikativen Datensammlungen sollten auf Band aufgezeichnet und verschriftet werden.

4. *Tests*: Für die Bestandsaufnahme kognitiver Wissens- oder Handlungselemente eignen sich Tests wie Entwicklungs- und Reifetests, Informations-, Interpretations-, Geschicklichkeits- und Wissensanwendungstests sowie Simulationstests. Weitere Varianten sind projektive Tests, mit denen man Einstellungen, Wertschätzungen, Präferenzen, Normen und Vorstellungen messen kann. Tests zählen zu den elaborierten, "harten" Meßmethoden. Ihr Wert für evaluative Zwecke ist umstritten. Verfügbare Tests sind teilweise auch nicht ohne schwierige Umkonstruktionen verwendbar oder wegen der Länge der Testverfahren zu aufwendig, so daß man sich im konkreten Fall möglicherweise eher für eine "weichere" Meßmethode entscheiden sollte. Als Beweis für die "Wissenschaftlichkeit" des Vorgehens genießen sie allerdings eine hohe Reputation[30].

5. *Skalen*: Unterschiedlich konstruierte Skalen (Nominal-, Ordinal-, Intervall- und Verhältnisskalen) gehören zu den wenigen Untersuchungsinstrumenten, die Aufschluß über die Qualität von Emotionen geben können, was sonst nur anhand physikalischer Befunde möglich wäre. Zu diesem Zweck veranlaßt man die Beteiligten, die Intensität ihrer Gedanken und Gefühle einzuschätzen. Man kann mit Skalen kategoriale Urteile oder Präferenzrelationen im Hinblick auf ein Merkmal oder Kriterium erheben oder subjektiv empfundene Nutzenunterschiede sowie die Unterschiede zwischen diesen subjektiven Nutzenempfindungen abbilden. Je nach Zweck übernimmt man existierende Skalen oder arbeitet sie um. Neue Skalen zu konstruieren, ist sehr aufwendig, weil man den Problembereich, den sie erfassen sollen, sehr gut kennen muß[31]. Mitarbeiterinnen, die mit Skalen arbeiten, müssen vorher gut instruiert werden.

6. *Polaritätsprofile bzw. semantische Differentiale*: Sie sind dann geeignet, wenn man Vorstellungen oder Assoziationen von Menschen über andere Menschen, Gegenstände oder Zeichen erfassen will. Sie sind in ihrer Konstruktion mit Skalen verwandt, und man kann mit ihnen u.a. Selbst- und Fremdbilder erfassen und in Beziehung zueinander setzen.

7. *Expertinnenurteile*: Wo Verhalten nicht direkt gemessen werden kann, kann man von allen Beteiligten[32] Urteile über Verhalten einholen. Auch Eigenberichte können berücksichtigt werden. Durch den Vergleich mehrerer - auch extremer - Expertinnenurteile kann man sich vor Fehlurteilen, z.B. solchen, die nur die eigenen Vorurteile bestätigen, schützen. Die Expertinnen beurteilen Fortschritte (der Klientinnen, des Verlaufs der Arbeit), Fallanalysen, Problemdefinitionen, Lösungsvorschläge oder Projektpläne. Die Urteile können frei oder mithilfe eines Kontinuums erfolgen.

---

30. Vgl. Wottawa, Thierau (1989, 126); vgl. auch Morris, Fitz-Gibbon (1978) und zur weiteren Vertiefung Bloom, Fischer (1982, 29 ff.). Speziell zur Standardisierung von Instrumenten vgl. auch Bloom, Fischer (1982, 133 ff.).

31. Zur Arbeit mit Skalen vgl. die Hinweise von Bloom, Fischer (1982, 170 ff.).

32. Weiss empfiehlt, man solle besser Außenstehende als beteiligte Fachkräfte oder Angehörige von Klientinnen befragen. Diese neigten oft zu optimistischen Urteilen oder legten Wert auf winzige Veränderungen, die anderen unbedeutend erscheinen. In jedem Fall sollte man mehrere Urteilende für die Einschätzung der selben Fälle hinzuziehen und die Konsistenz (Reliabilität) zwischen den Urteilen prüfen. Wenn die Konsistenz niedrig ist, sollte man besser auf das Verfahren verzichten oder die Urteilenden besser in Bezug auf die in Betracht kommenden Faktoren und deren relative Bedeutung schulen. Ebenso warnt sie vor "Popularitätswettbewerben" durch Klientinnenurteile.

8. *Unaufdringliche Messungen ("unobstructive measures")*: Als unaufdringliche oder auch nicht-reaktive Messungen gelten Beobachtungen (über längere Zeiträume) ohne intervenierenden oder beeinflussenden Charakter. Man kann z.B. physikalische Spuren wie die Abnutzung von Fußböden oder die Drehungen einer Drehtür als Indiz für Nutzungshäufigkeit nehmen. Auch "Verhaltensprodukte" (Alkoholflaschen in Papierkörben) der Betroffenen liefern Material zur Auswertung.

9. *"Natürliche" Datenquellen*: Man kann auch die täglich anfallenden "natürlichen" Dokumentationen von Arbeitsabläufen hinzuziehen, die im Rahmen der Alltagsroutine ohnehin anfallen (Journalnotizen, personenbezogene Aktenaufzeichnungen, Verlaufsprotokolle von Sitzungen und Versammlungen, Zeitungsberichte über die zu evaluierende Einrichtung und ihr Programm, korrespondierende politische Ereignisse, bedeutsames statistisches Material, Finanzierungspläne) und mit Vorbehalt auch amtliche Statistiken. Soweit es die Vorschriften des Datenschutzes zulassen, kann man auch Daten aus anderen Bereichen (Schulnoten, Gerichtsakten, Verkehrssünderkartei, Krankenhauseinlieferungen) hinzuziehen (vgl. Weiss 1974, 64 ff.; Bloom, Fischer 1982, 206 ff.; C.W. Müller 1988, 17 ff.). All dieses alltägliche Material ist nicht "vollständig" oder bildet nicht die "Wahrheit" ab, sondern das, was mit ihm erreicht werden soll (vgl. Lau, Wolff 1982 a; Weiss 1974) (und manche wichtige Information wird vielleicht nie erhoben). Trotzdem sind solche Datenquellen unabdingbar, und vielleicht kann man auch die Fachkräfte überzeugen, daß sie für den Zeitraum der Evaluation Akten, Protokolle und Tagebuchführung vervollständigen und in gewisser Weise standardisieren, ohne daß ihnen wesentliche Mehrarbeit entsteht.

10. *Interpretative Beschreibungen*: Eine typisch "qualitative" Erhebungsmethode ist die interpretative Beschreibung. Man dokumentiert zu diesem Zweck einen bestimmten Handlungsablauf (oder initiiert eigens Abläufe wie Rollen- oder Planspiele), und holt die schriftlichen Situationsdefinitionen der Teilnehmerinnen ein. Diese Definitionen werden dann mithilfe von Reflexion und Interpretation überprüft und in Form von generalisierten Aussagen in antizipierbare Modelle überführt (vgl. Fischer 1985, 58). In diese Kategorie der Meßmethoden gehören auch nachträgliche Prozeßreflexionen und Erinnerungsprotokolle, z.B. in Form von Situationsporträts (vgl. Heiner 1986 a). Mit dieser Art der Informationssammlung kann man das jeweils in Rede stehende Verhalten hinterfragen und die Hintergrunderfahrungen der Beteiligten zum Gegenstand der Reflexion erheben.

4.7 Einzelfragen beim Ablauf der Evaluation

Wenn der Arbeitsplan abgesprochen ist, die Zielexplikation stattgefunden hat und Wirkungsindikatoren oder Bewertungskriterien festgelegt worden sind, beginnt die Erhebungsarbeit. Die eigentliche Durchführung der Evaluation besteht je nach Schwerpunkt in der beratenden Begleitung der Fachkräfte und aus Meßvorgängen sowie den dazugehörigen vorbereitenden und auswertenden Arbeiten wie der Zusammenstellung von Untersuchungs- und Kontrollgruppen oder doch zumindest Vergleichsgruppen.

Bloom und Fischer empfehlen den Evaluatorinnen, einen systematischen Dokumentationsplan anzulegen, in den sie alle wichtigen Entscheidungen und Messungen eintragen[33]. Ferner sollten

---

33. Man notiert z.B. die Spezifizierung der Probleme oder Entscheidungen, wieviel von wem, warum, wo und wie mit welchen Methoden dokumentiert werden soll (vgl. Bloom, Fischer 1982, 83 ff.). Bloom und Fischer empfehlen auch Beispiele für die Eintragung von Rohdaten in Karten, aus denen man nach kurzer Zeit schon Veränderungstrends ablesen kann (vgl. Bloom, Fischer 1982, 75 ff.).

sie regelmäßig überprüfen, ob die Zeitplanung, der Kostenrahmen und auch die vereinbarten Qualitätsstandards eingehalten werden (vgl. Wottawa, Thierau 1989). Einige Autoren geben auch Hilfen für die praktische Durchführung von Evaluationsvorhaben[34]. In den USA gibt es eine Vielzahl von Handbüchern bzw. Lehrbüchern, die Evaluatorinnen als praktische Hilfe dienen können[35].

Im Ablauf selbst treten trotz guter Planung immer wieder Probleme auf. Ein struktureller Konflikt ist der zwischen den Erwartungen der Mitarbeiterinnen nach projektbegleitender Beratung und Optimierung der Arbeitsabläufe und dem Auftrag der Evaluation. Filsinger u.a. meinen, daß ein konsensorientiertes Vorgehen nicht immer möglich sei. Man könne aber das Spannungsverhältnis produktiv nutzen, indem man Interessenkonflikte austrage und unterschiedliche Deutungs- und Bewertungsmuster zulasse und kommunikativ bearbeite (vgl. Filsinger u.a. 1983, 93). Die Evaluatorinnen müssen mit allen Beteiligten während der gesamten Evaluation umfassend kommunizieren. Sie müssen viel Zeit für den Austausch zwischen den Beteiligten einkalkulieren und abweichende und ergänzende Meinungen und Einschätzungen fixieren und berücksichtigen, so daß der Abschlußbericht bei niemandem Überraschung auslöst (vgl. Heiner 1983, 162 f.; vgl. auch Chelimsky 1990, 266). Zur Förderung der Kommunikation entwickelten Will und Blickhan Kategorien zur Auswahl der Ansprechpartnerinnen, für die weiterzugebenden Informationen und den Modus der Kommunikation (vgl. Will, Blickhan 1987, 51 ff.).

Manche Evaluatorinnen überschätzen anscheinend auch die Kooperationsbereitschaft ihrer Partnerinnen. Die vielen Klagen in der Literatur über mangelnde Übereinstimmung der Erwartungen und unvollständige Absprachen zeugen von diversen Widerständen (der Personen und der Materie) gegen die Evaluation[36]. Zur Sicherung des Vertrauensverhältnisses zu den Fachkräften schlägt Heiner (1983) vor, zwischen allgemeinen Evaluierungen zu unterscheiden, die auf die Sammlung grundlegender Erkenntnisse orientiert sind und solchen, die sich speziell mit der Veränderung von Handlungen und Prozessen in überschaubaren Zusammenhängen befassen. Letztere hätten dann eher den Charakter einer Supervision; Kritik dürfte hier genausowenig wie dort veröffentlicht werden; lediglich positive Ansätze würden verbreitet (vgl. Heiner 1983, 165). Kiresuk u.a. empfehlen, mit der Quelle des größten Widerstandes zu arbeiten und die Einwände dieser Person(engruppe) in die Arbeit einzubeziehen. Man sollte betriebsintern Fürsprecherinnen (Meinungsführerinnen) für das Programm suchen (und notfalls auch die Autorität oder den Druck der Vorgesetzten nutzen). Es ist strategisch sinnvoll, dort anzu-

---

34. Scriven (1984) hat eine Checkliste zusammengestellt, in der er mit einfachen Begriffen die Dimensionen benennt, mit denen man sich beschäftigen muß und deren Punkte einmal oder mehrfach durchgearbeitet werden müssen. Und Pancer und Westhues unterteilen soziale Dienstleistungsprogramme in Entwicklungsstadien, für die jeweils andere Ziele relevant sind und andere Evaluationsfragen anfallen, die deshalb mit jeweils speziellen Forschungsaktivitäten bearbeitet werden müssen (vgl. die Übersichtstafel in Pancer, Westhues 1989).

35. Beispielhaft sind die "How to"-Broschüren von Fitz-Gibbon, Morris und Henerson: How to Measure Achievement (1978), How to present an Evaluation Report (1982), How to Program Implementation (1978), How to Measure Attitudes (1978), How to Design a Program Evaluation (1978) u.a. Die "Guidelines for the Accountable Professional" (Bloom, Fischer 1982) können als Hilfe für überwiegend experimentell ausgerichtete Evaluationsvorhaben dienen (vgl. das Flußdiagramm für einen Evaluationsprozeß, Bloom, Fischer 1982, 24). Für eher qualitative Vorgehensweisen steht "Practical Evaluation" (Patton 1982), um nur einige wenige aufzuzählen. Für Deutschland ist mir nur das "Lehrbuch Evaluation" von Wottawa und Thierau (1989) bekannt.

36. Zuschlag (1987) bietet dazu ein Diagramm, mit dessen Hilfe man mögliche Widerstandsquellen organisatorisch berücksichtigen und ggf. vorbeugend abschwächen kann. Er listet solche Quellen in den Komponenten des Evaluationsprozesses auf (evaluierte Personen, Evaluatorinnen, Evaluationsinhalt, Evaluationsmethode, Evaluationssituation, Auftraggeberinnen, Auftrag selbst, Betriebsrat, Konsequenzen der Evaluation) und setzt diese orthogonal mit Beispielen für Wirkungen sowohl auf evaluierte Personen als auch die Evaluatorinnen in Beziehung (vgl. Zuschlag 1987, 85).

setzen, wo sichtbare Erfolge am wahrscheinlichsten und möglichst schnell zu erreichen sind und diese Erfolge auch herzuvorheben und deutlich zu belohnen. Fehlschläge müssen besonders am Anfang vermieden werden, weil sie Widerstände beleben können. Wenn es gelingt, die Innovationen so zu verändern, daß sie als Ergebnis eines internen Zielfindungsprozesses erscheinen, erhöhen sich die Chancen ihrer Realisierung wesentlich (vgl. Kiresuk u.a. 1984, 216).

Es kann auch zu unerwarteten Ereignissen kommen: Manchmal ändern Auftraggeberinnen oder ein Team ganz plötzlich Ziele oder Arbeitsprinzipien; manchmal tauchen neue Zielgruppen auf oder Fachkräfte und/oder Klientinnen weigern sich, weiter an der Evaluation teilzunehmen usw. In solchen Fällen müssen Evaluatorinnen den Ablaufplan umstellen, was erhebliche Probleme verursachen kann (vgl. Wottawa, Thierau 1989, 145 ff.).

4.8 Zur Aus- und Bewertung der Ergebnisse

In einem weiteren Schritt muß man nun die erhobenen Daten aus- und bewerten. Auch, wenn man "ganzheitlich" vorgeht, muß man sich angesichts der Vielfalt des auswertbaren Materials auf bestimmte Details begrenzen. Bevor man die Verfahren der Auswertung auswählt, sollte man also festlegen, welche der vielen denkbaren Fragen verfolgt werden sollten. Wottawa und Thierau (1989) empfehlen, zunächst diejenigen Variablen zu berücksichtigen, die man subjektiv für wichtig hält. Um aber nicht in den Ruf zu geraten, nur die eigenen Vorurteile bestätigen zu wollen, sollte man mit den Auftraggeberinnen einen Konsens über diese Variablen herbeiführen. Cronbach (1982) regt an, analog eines gerichtlichen Prozesses die verborgenen Annahmen in den Plänen und Interpretationen mithilfe von Anwältinnen oder durch ein Komitee von substantiellen Expertinnen herauszuarbeiten (vgl. nach Cook, Shadish 1987). Man kann auch Kolleginnen mit konträren wissenschaftlichen Voreinstellungen heranziehen und/oder die Auswahl der auszuwertenden Effekte mithilfe wissenschaftlicher Vorstudien begründen. Eine andere Variante ist, antizipierte Auswertungsergebnisse mit den betroffenen Fachkräften durchzuspielen und denkbare Einwände gegen unerwünschte Ergebnisse und alternative Erklärungsansätze in das geplante Auswertungsprogramm einzubeziehen. Ihre Kommentare kann man den Ergebnissen beifügen. In Abstimmung mit den Auftraggeberinnen sollte man auch von vornherein bekanntgeben, welche Ergebnisse der Evaluation *nicht* zu erwarten sind (vgl. Wottawa und Thierau 1989, 156). Will und Blickhan (1987) kategorisieren die im konkreten Zusammenhang anzunehmenden "Wirkfaktoren" und "Wirk- und Angriffspunkte" ("Was wirkte auf wen?"). Sie entwickelten eine "Wirkmatrix", mit der sie die Wirkungen der Tatsache, *daß* evaluiert wird, kontrollieren. M.E. kann man die Matrix auch zur Analyse der Wirkungen der zu evaluierenden Maßnahme benutzen (vgl. Will, Blickhan 1987, 47).

Die Vorgehensweise zur *Auswertung* der gesammelten Daten ist vom Umfang und von der Qualität des erhobenen Materials sowie vom Forschungsdesign und den grundlegenden Hypothesen abhängig. Die Auswertungsverfahren unterscheiden sich teilweise erheblich. Je nach bevorzugtem Paradigma und je nach Adressatin der Ergebnisse wird man eher statistisch (quantitativ) oder eher hermeneutisch (qualitativ) vorgehen. "Qualitative" Auswertungsverfahren werden oft ungerechtfertigt in einen Gegensatz zu "quantitativen" gebracht, wenn z.B. jegliche Form der Standardisierung als "quantitativ" bezeichnet wird, oder wenn nicht zwischen Untersuchungsplänen und Erhebungs- und Auswertungsmethoden (quantifizierend, nicht qualifizierend) unterschieden wird (vgl. Heiner 1986 a, 87). Auch das Prädikat "qualitativ" erfährt unterschiedliche Deutungen. Wottawa und Thierau zählen drei Begriffsdeutungen auf, deren

Gemeinsamkeit darin besteht, "daß sie weniger stringente Anforderungen an das Meßniveau stellen und in besonderer Weise zu verbalen Interpretationen kompatibel sind" (vgl. Wottawa, Thierau 1989, 135):

1. Relativ ähnlich zu "quantitativen" Auswertungsstrategien sind die konfiguralen Techniken, wie etwa die Konfigurationsfrequenzanalyse. Diese statistischen Verfahren werden als "qualitative" bezeichnet, weil sie nur auf Nominalskalen aufbauen. Zusammenhänge werden nicht quantitativ-mathematisch berechnet, sondern man zeigt lediglich Konfigurationen (also Kombinationen zwischen verschiedenen Merkmalsausprägungen) in den Daten auf. Solche Kombinationen lassen sich mit "Wenn-Dann-Sätzen" beschreiben.

2. Als "qualitativ" bezeichnet man auch den Einsatz von EDV-gestützten Strukturierungshilfen statt statistisch-numerischer Verfahren in der Datenauswertung. Sie dienen hauptsächlich der übersichtlichen Darstellung komplexer Sachverhalte und werden deshalb für die vielen Variationen der Inhaltsanalyse genutzt. Diese Strukturierung kann man mit quantitativen Auswertungsschritten ergänzen. Wottawa und Thierau empfehlen, solche Verfahren "wegen der relativen Willkürlichkeit immer nur heuristisch-formativ, nicht als endgültig-summatives Ergebnis" darzustellen (Wottawa, Thierau, 136) und solche Arbeiten im Gegensatz zu rein statistischen Datenanalysen nicht zu delegieren, weil qualitative Auswertungsverfahren auf einer engen Abstimmung zwischen inhaltlichem und methodischem Vorgehen basieren.

3. Am häufigsten wird qualitative Auswertung mit dem Verzicht auf alle zählenden bzw. rechnenden Verfahren gleichgesetzt. Statt dessen erfolgen qualitative Beschreibungen, Fallstudien, induktive Analysen oder logische Analysen. Der Schwerpunkt besteht also in subjektiven Interpretationen und Verstehenserlebnissen (vgl. Wottawa, Thierau 1989, 135 ff.; vgl. auch Patton 1980, 295 ff.).

Positivistisch ausgerichtete Evaluatorinnen wie Wottawa und Thierau messen dem letzten Ansatz wegen des "geringen empirischen Gehalts" für Evaluationen eine untergeordnete Bedeutung zu. I.M. ist auch die öffentliche Akzeptanz solcher rein beschreibenden Ergebnisse gering. Doch selbst nach ihrer Auffassung kann man auf "subjektiv-spekulative Interpretation" nicht verzichten, besonders dann nicht, wenn die Ergebnisse auf Optimierungsmöglichkeiten hinweisen, die nicht mit objektivierbaren Fakten abgesichert sind. Heiner hält die Polarisierung qualitativ vs. quantitativ für unsinnig, weil in allen drei Dimensionen (Design, Erhebung, Auswertung) unterschiedliche Standardisierungen und Formalisierungen möglich und miteinander kombinierbar sind. Sie wundert sich über die verbreitete Abneigung prozeßorientierter Evaluationsforscherinnen gegen das Zählen und den Vergleich über Zahlen, weil dieses im Alltag gang und gäbe ist. Für sie sind Quantifizierungen "Angelpunkte für die Vergleichbarkeit qualitativer Daten und können zum Erkenntnisfortschritt beitragen, ohne die Ganzheitlichkeit der Untersuchung zu gefährden" (Heiner 1986 a, 88).

Im Rahmen dieser Ausführungen ist es nicht angebracht, Einzelaspekte der Daten*auswertung* zu vertiefen[37]. Erwähnenswert scheint mir, daß die Evaluatorinnen sich in stärker quantitativ ausgerichteten Auswertungen meist auf einige wenige relativ einfache Analyseverfahren beschränken, nämlich Häufigkeitstabellen für einfache Differenzmessungen, Varianzanalysen zur Berechnung der Abweichungen verschiedener Gruppen vom Mittelwert, mehrdimensionale

---

37. Ausführliche Hinweise zur Datenanalyse liefern Bloom und Fischer (1982, 393 ff.).

Tabellen (Kreuztabellen als einfachste Form) zur Berechnung möglicher Zusammenhänge zwischen Variablen oder Korrelationsanalysen zur Berechnung der Stärke des Zusammenhangs zwischen Variablen. Der Umgang mit Skalenwerten kann aber problematisch werden, wenn Auftraggeberinnen und auch Fachkräfte die berechneten Ergebnisse falsch aufnehmen, weil ihnen eine Interpretationshilfe der Zahlen fehlt. Intervallskalen vermitteln leicht den Eindruck, als ob die zugrundegelegten gleichen Abstände auf dem Zahlenkontinuum auch auf gleichen Abständen in der Realität beruhten. Weitere Irrtümer kommen durch eine falsche Deutung von statistischen Kennzahlen (etwa der Korrelationskoeffienten) oder die Verwechselung von Signifikanz und Relevanz zustande (vgl. Wottawa, Thierau 1989). Scriven beschäftigt sich ebenfalls kritisch mit der Auswertung. Er definiert die zentralen Auswertungs-Begriffe "Einstufung", "Rangordnung", "Bewertung" und "Verteilung"[38] und moniert den nicht immer ordnungsgemäßen Umgang mit diesen Arbeitsschritten: "Ranking does not imply grading nor vice versa; scoring will entail a ranking but not a grading (in general) ... " (Scriven 1984, 61). Er glaubt, daß solche Unterscheidungen in der Ausbildung vernachlässigt würden, weil damit auch die Diskussion um Wert und Verdienst auf dem Tisch läge. Auch Scriven beschreibt typische Fehler, die aufgrund dessen in der Auswertung von Tests und dabei besonders von Skalen zu finden sind. Shadish zeigt an Beispielen, daß man aufgrund unterschiedlicher statistischer Auswertungsmethoden auch zu unterschiedlichen Antworten kommen kann[39]. Er fordert, daß man daher einzelne Evaluationsbefunde immer mit anderen vergleichen und nach übergreifenden Schlußfolgerungen suchen solle (vgl. Shadish 1990, 171) und resümiert, daß heute wesentlich weniger Fehler gemacht würden als in früheren Zeiten. In den USA führen Evaluatorinnen eine ausgiebige Diskussion über die Brauchbarkeit der Instrumente in den Fachzeitschriften; in Deutschland fehlt so eine Möglichkeit.

Der Vollständigkeit halber und als Kontrast bespreche ich nun eine im strengen Sinne qualitative Auswertungsmethode, die "dokumentarische Interpretation" (Wilson 1973): Nach dem Konzept des symbolischen Interaktionismus sind Interaktionen als interpretative Prozesse zu verstehen. "Dabei wird jede einzelne Handlung im Ablauf der Interaktion aus der Sicht der Beteiligten als 'Ereignisstelle' interpretiert. Auf diese Weise wird eine Handlung im Kontext des Vorangegangenen und Zukünftigen lokalisiert, und umgekehrt wird der Kontext der jeweiligen Interaktion durch die ihn bedingende Handlung definiert" (Fischer 1985, 56). Die Ergebnisse werden mithilfe von zuvor ermittelten Kriterien jeweils zurückgekoppelt, erneut überprüft, ggf. revidiert, weiterentwickelt und miteinander verglichen[40]. Diese Form der Auswertung ist ebenso wie die Erhebung eng mit dem pädagogischen bzw. therapeutischen Prozeß verwoben. D.h., man geht von einer offenen Projektkonzeption aus und entwickelt diese sowohl inhaltlich als auch methodisch und forschungstechnisch Schritt für Schritt unter Verwertung der durch

---

38. "Grading is the allocation of objects to a set of classes that are ordered by merit or worth; the number of classes usually being small compared to the number of entities graded, and the description of each class being given in therms that refer to some external standards of merit or worth, i.e., not simply to relative position. Ranking is the allocation of individuals to some position in an ordering, usually one where the number of positions is equal to or almost equal to the number of individuals; the order being by merit or worth. Scoring is the most elaborate standard mensurable approach associated with evaluation; it involves the ascription of a quantitative measure of merit or worth to each individual in the group being evaluated. And apportioning is the process of allocating a finite valuable resource in varying amounts to each individual as a means of expressing an assessment of merit or worth" (Scriven 1984, 61).

39. Er diskutiert einige Befunde einer Replikationsstudie zu den "Head-Start"-Daten, nach denen mithilfe anderer Auswertungstechniken (lineare Strukturmodelltechniken statt Ausgleich der Ergebnisse aus nicht-äquivalenten Kontrollgruppen durch Kovarianzanalyse) bescheidene, aber statistisch verläßliche Effekte nachgewiesen werden konnten (vgl. Shadish 1990, 171; vgl. auch Chelimsky 1990, 261 ff.).

40. Das bedeutet, daß auch streng qualitative Vorgehensweisen einer Richtung (Forschungshypothese bzw. -prognose sowie Untersuchungskriterien) bedürfen, vgl. auch Heiner (1986).

Interpretation gewonnenen Ergebnisse weiter. Zur Auswertung beschreibt man die durch "dokumentarische Interpretation" gewonnenen Daten wiederum interpretativ. "Zunächst müssen die dargestellten Ereignis-Stellen aufgrund subjektiver Wahrnehmung redefiniert, die zugrundeliegenden Handlungsmuster in ihrer konkreten Erscheinungsform neu interpretiert und die Ergebnisse im Prozeß u.U. später, aufgrund neuer Erkenntnisse, revidiert werden. In einer folgenden Phase werden die mit Hilfe der Untersuchungskriterien gewonnenen Daten zu Aussagen umformuliert und im Hinblick auf das Untersuchungsfeld generalisiert" (Fischer 1985, 60).

Für qualitative wie quantitative Auswertungsmethoden gilt, daß die Effekte in ihrem *Kontext* interpretiert werden müssen. Man muß z.B. die Implementationsbedingungen berücksichtigen und prüfen, ob das Programm auch so umgesetzt wurde, wie es geplant war. Nur so kann man entscheiden, ob die gesamte Innovation vielleicht nicht sinnvoll war oder ob lediglich ihre Umsetzung nicht angemessen war und warum (veränderbare oder nicht veränderbare strukturelle Faktoren oder Personen, falsche Klientinnen etc.). Erst dann läßt sich wiederum entscheiden, ob die strukturellen Bedingungen verbessert werden müssen oder ob man das Treatment fallen läßt (vgl. Shadish 1990, 168).

Shadish kritisiert, daß "die gängigen Methoden der Ergebnisevaluation - nämlich Schätzung von Mittelwertunterschieden zwischen Behandlungs- und Vergleichsgruppen - recht häufig zu wenig augenfälligen Effekten" führen (Shadish 1990, 163). Es ist also wichtig, wie man die einzelnen Effekte *bewertet*. Zunächst minimale Kosteneinsparungen können sich - übertragen auf eine Vielzahl von Klientinnen - in großen Einsparungen summieren. Oder eine im statistischen Durchschnitt kaum bemerkenswerte Veränderung kann sich im einzelnen Fall auf eine besonders bedürftige Gruppe von Betroffenen auswirken. Auch die Selbsteinschätzung der Betroffenen mit ihren anderen Beurteilungskriterien spielt eine große Rolle. Die Evaluatorinnen müssen also die statistisch errechneten Zahlen weiterbearbeiten und spätestens an dieser Stelle begegnen sie dem Problem der Beurteilung bzw. Bewertung. Die Verfahren der Wertermittlung, die Möglichkeiten der Kategorisierung und Hierarchisierung von Werten, die Frage ob Evaluatorinnen selbst urteilen oder Urteilskriterien empfehlen sollen - all das ist umstritten. Ist eine Therapie nur dann erfolgreich, wenn das inkriminierte Verhalten verschwindet oder sind schon Verhaltensänderungen auf dem Weg dahin als Erfolg zu werten? Ist eine Heimunterbringung wertvoller als die leidliche Stabilisierung von Familienverhältnissen? Kann man überhaupt "Produkt" und Ergebnis gleichsetzen, wenn die Aufgabe in der Sozialen Arbeit gar nicht überwiegend in der Herstellung von "Produkten", also der Beseitigung sozialer Probleme besteht?

Ungeklärt, aber doch von grundsätzlicher Bedeutung ist, ob es rationale Lösungen für Wertkonflikte geben kann[41]. Es gibt inzwischen eine große Zahl formalisierter Verfahren der Nutzenmessung und -verrechnung, die als Entscheidungs- und Bewertungshilfe dienen sollen[42]:

---

41. Müßte man diese Möglichkeit verneinen, hätten diejenigen, die über Entscheidungsmacht verfügen, das Recht, Ergebnisse von Evaluationen aufgrund ihrer Wertvorstellungen abzulehnen (vgl. Wulf 1972, 34). Scriven (1984) glaubt an diese Möglichkeit und arbeitet an Verfahren der objektiven Bewertung. Nach seinem vierstufigen Ansatz der Feststellung von Werten, Güte oder Verdienst muß man zunächst rechtfertigbare Evaluationkriterien (zu Güte, Qualität, Verdienst oder Wert) entwickeln, die wiederum mit rechtfertigbaren Vergleichsstandards der Leistung gemessen werden können. Als nächstes erhebt man Daten zu jedem Kriterium und jeder seiner Alternativen und schätzt ein, ob die spezifizierten Standards der Leistung erreicht wurden. Zuletzt faßt man alle Ergebnisse in einer einzigen Güte- oder Wertfeststellung zusammen und/oder stellt den relativen Wert der einzelnen Alternativen fest.

42. Vgl. die Übersicht von Wottawa und Thierau (1989, 94).

1. Man legt für jedes gefundene Bewertungskriterium den Ausprägungsgrad fest und bemißt für jeden Ausprägungsgrad dann wiederum den Nutzen. Die einzelnen Ergebnisse können dann zu einem "Gesamtnutzen" verrechnet werden. Wottawa und Thierau meinen, eine Bewertung sei nur möglich, "wenn die objektiv bestehenden Fakten in nur subjektiv existierenden 'Nutzen' übersetzt und das weitere Vorgehen nach dem Prinzip der Nutzenmaximierung geplant" würde (1989, 93). Dazu wäre zu klären, wessen Nutzen optimiert werden soll (wobei die Abhängigkeit der Forscherinnen von ihren Auftraggeberinnen mit ihrer ethischen Überzeugung kollidieren kann). Man kann die vorliegenden Daten im Sinne einer Nachkalkulation daraufhin untersuchen, wie der (monetäre) Nutzen des einzelnen Projekts einzuschätzen ist.

2. Für Kosten-Nutzen-Analysen benennt man Indikatoren für "Nutzen" und bringt sie in eine gemeinsame Metrik. Gebräuchlich ist, diese in Maßeinheiten (Geldsummen) umzusetzen. Das ist schwierig, weil der Nutzen einer pädagogischen oder therapeutischen Maßnahme schwer umzurechnen ist und weil Nutzen durchaus individuell empfunden wird[43]. Bestimmte Effekte sind nicht in Geld aufzurechnen und müssen darum qualitativ mit einbezogen werden (vgl. Weiss 1974, 117). Ferner sind Kosten und Nutzen nicht immer sichtbar und auch häufig indirekt. Da in eine genaue Rechnung aber auch Nebeneffekte und Spätfolgen einbezogen werden müssen, wird eine Nutzenverrechnung ganz besonders vage, weil meist nicht geklärt werden kann, welche Faktoren wichtig sind. Weiss beschreibt das übliche Verfahren als Abschätzung des Preises, den ein öffentliches Gut auf dem privaten Markt erzielen würde. Als Beispiel dient ihr der Dollarnutzen eines verhinderten Todes. Sie schlägt statt dessen vor, einen fixen Nutzen zu postulieren und von der Annahme auszugehen, daß alle Programme, die sich auf den gleichen Gegenstand beziehen, den gleichen Nutzen anstreben. Auf dieser Basis kann man z.B. Heimunterbringungen mit ambulanter Versorgung oder die Kosten von Obdachlosensiedlungen mit der Miete normaler Wohnungen vergleichen. Als fachliches Kriterium kommt dann die Berechnung des Gewinns an Lebensqualität oder der Grad der Verbesserung der Lebenssituation hinzu.

3. Eine Variation sind Kostenwirkungsanalysen. Dafür wandelt man zwar auch die Maßnahmen in Geldbegriffe um, beläßt aber die Wirkungen und Angriffspunkte in ihrer ursprünglichen Metrik. Man kann dann feststellen, wie hoch der finanzielle Aufwand wäre, wenn man bestimmte Ergebnisse mit bestimmten Innovationen erzielen wollte.

4. Eine weitere Variation beläßt die Ereignisse ganz in ihrer natürlichen Dimension. Man gibt z.B. an, wieviele Heimeinweisungen verhindert oder wieviele Familien vor Zerrüttung bewahrt wurden und legt diese Informationen den Entscheidungsträgerinnen zur Gewichtung vor (vgl. Weiss 1974, 118 ff.).

5. Man kann auch selbst beschreibende Gewichtungen vorlegen, die die Werte derjenigen einbeziehen, die als Nutzerinnen der Evaluation in Frage kommen oder weitergehend alternative Gewichtungen aufgrund der Werte aller Beteiligten erarbeiten, die dann wiederum gegeneinander abgewogen werden können.

---

43. Welchen Wert hat der regelmäßige Schulbesuch eines Kindes oder die Bewältigung seiner Angst vor dem Lehrer? Schoch (1984, 125) berichtet von mißlungenen Versuchen, mithilfe von "Sozialindikatoren" kollektiven Nutzen festzulegen.

6. Schoch schlägt vor, die Kosten von Arbeitsabläufen, Leistungseinheiten oder Betriebsko-
    sten bei gleicher Leistungshöhe zu vergleichen. Man kann auch zwei prinzipiell mögliche
    Vorgehensweisen mit ihren Kosten und Ergebnissen gegenüberstellen (Alternativ-
    kostenrechnung); dabei kommt es nicht darauf an, den Nutzen monetär auszudrücken,
    sondern darauf, die günstigere Alternative zu suchen[44] (vgl. Schoch 1984, 127 f.).

Alle diese (monetären) Verfahren bergen die Gefahr, daß der Nutzen lediglich quantitativ und
aufgrund falsch verstandener Maßgaben von Wirtschaftlichkeit und Sparsamkeit definiert und
die besondere Qualität einer besonderen (teureren) Maßnahme nicht entsprechend gewürdigt
wird[45]. Darum müssen Verfahren entwickelt werden, die monetäre und nicht-monetäre
Nutzendimensionen integrieren. Sherrill (1984) ermittelt zunächst diese Dimensionen getrennt
und setzt dann privaten Nutzen, abgeschätzt an Kriterien der Menschenrechte in Addition zu
öffentlichem Nutzen, den er über Kosten-Nutzen-Analysen ermittelt und jeweils auf beabsich-
tigte und unbeabsichtige Nebenwirkungen bezieht. Cronbach (1982) erklärt, es sei sinnlos, eine
zusammengefaßte Synthese vorzulegen, weil nur *die* Auftraggeberinnen eine solche Hypothese
akzeptieren könnten, die das Gewichtungssystem der Evaluatorinnen teilten. Er schlägt daher
vor, für jedes Kriterium getrennt Schlüsse vorzulegen und den Rezipientinnen die Möglichkeit
zu geben, ihre eigenen Schlüsse zu ziehen und ihre eigenen Gewichtungen zu finden (vgl. nach
Cook, Shadish 1987, 54). Dagegen läßt sich Scrivens Argumentation halten, der Angehörigen
sozialer Berufe eine starke Angst unterstellt, selbst bewertet zu werden[46]. Diese Angst wirkt
seiner Meinung nach als Motor der Vermeidung von Bewertung. In dieser Vermeidung treffen
sich s.M. die Positivistinnen mit dem Argument, daß man nicht objektiv empirisch evaluieren
könne und die Relativistinnen mit der Auffassung, daß die unterschiedlichen Sichtweisen von
Realität keinen absoluten Standpunkt zuließen (vgl. Scriven 1984, 52).

Obwohl also eine Nutzenberechnung sehr schwierig ist, ist sie oft die einzige Sprache, die die
Auftraggeberinnen verstehen. Weiss schlägt vor, vielleicht sogar zu fragen, wieviel "der Entscheidungsträger bereit [sei], zu zahlen (oder aufzugeben), um eine gegebene Art von und ein
gegebenes Niveau an Nutzen zu erzielen" (Weiss 1974, 121, vgl. auch die ähnliche Argumentation von Cook und Shadish 1987). Da der Einsatz oder die Verweigerung von Mitteln im
Sozialbereich häufig nicht aufgrund sinnvoll gesetzter Prioritäten geschieht, sondern ein Resultat von Machtprozessen ist, könnte man mit Kosten-Nutzen-Untersuchungen auch Reduzie-
rungen im sozialen Bereich entgegenwirken. Wenn sich die Fachkräfte der Sozialen Arbeit solchen Argumentationen verweigern, verspielen sie ihre Einflußnahme auf diesbezügliche Entscheidungen (vgl. Schoch 1984, 128).

---

44. Vgl. auch Alkin, der als Alternative bzw. Weiterentwicklung der in der Marktforschung üblichen Kosten-Nutzen-Analyse die Kom-
     ponenten einer Aufwands-Effektivitäts-Analyse herausarbeitet (1972, 146 ff.).

45. Vgl. die Kritik von Maelicke (1987); vgl. auch Schochs Erläuterung der "richtigen" Bedeutung der Prinzipien der Wirtschaftlichkeit und
     der Sparsamkeit für öffentliche Verwaltungen. Nach dem Prinzip der Wirtschaftlichkeit muß man die günstigste Relation zwischen dem
     verfolgten Zweck und den einzusetzenden Mitteln beachten. Dabei gibt es zwei Varianten: Nach dem Minimalprinzip soll ein bestimmtes
     Ergebnis mit möglichst geringem Einsatz erzielt werden; nach dem Maximalprinzip ist mit bestimmten Mitteln das bestmögliche Ergebnis
     anzustreben. Das Prinzip der Sparsamkeit soll unnötige Ausgaben für die Erreichung eines für sinnvoll gehaltenen Zwecks vermeiden (und
     nicht die Erledigung sinnvoller Aufgaben durch lineare Kürzungen oder gar Streichungen hemmen) (vgl. Schoch 1984, 124).

46. "The wolfdog of evaluation is acceptable as a method of controlling the peasants, but it must not be allowed into the castle" (Scriven 1984,
     52).

4.9 Ergebnisverwendung und Transferstrategien

Anfänglich veranschlagte man den Wert von Evaluationen als Grundlage für rationale Entscheidungen sehr hoch und die Evaluatorinnen schenkten dem Ablauf von Entscheidungen eine starke Beachtung[47]. Sie richteten ihr Interesse auf Fragen der Kompetenz von Entscheidungsträgerinnen und die Legitimität, die Effektivität und die Folgen ihrer Entscheidungen. Schon 1972 forderte Wulf, daß man "Prinzipien und Regeln ... entwickeln [solle], die den Entscheidungsprozeß leiten bzw. Kriterien, auf Grund derer er beurteilt werden kann". Er wollte auch untersuchen, "inwieweit in der Evaluation gewonnene Daten überhaupt Einfluß auf Entscheidungen haben" (Wulf 1972, 36). Denn die Erfahrung zeigte, daß die Evaluatorinnen die Funktionalität ihrer Aufträge überschätzten. Sie waren nicht darauf vorbereitet, daß Entscheidungen häufig nicht aufgrund rationaler Erwägungen getroffen werden. Politikerinnen, Verwaltungsspitzen und auch Leiterinnen sozialer Einrichtungen entscheiden eher aufgrund ihrer eigenen Interessen. Oft haben sie auch gar nicht die Macht, die Verhältnisse auch nur in ihrem Sinne zu ändern. Evaluationen spielen also in politischen Entscheidungsprozessen nur eine begrenzte oder zumindest eine andere Rolle als gedacht, und im Falle eines negativen Ergebnisses von Evaluationen ziehen Auftraggeberinnen und Fachkräfte oft nicht die Konsequenzen, die eigentlich angezeigt wären (sie setzen z.B. schlechte Programme nicht ab). Die Ergebnisse werden u.U. auch sabotiert oder zumindest "frisiert", weil sonst die Weiterfinanzierung der Arbeit auf dem Spiel stünde[48]. Letztlich ist nirgends dokumentiert, welchen Stellenwert Evaluationen für Veränderungen tatsächlich haben. Keine politische Entscheidung und keine Bemessung eines Etats wird allein auf Evaluationen zurückgeführt werden können[49]. Wahrscheinlich ändert man aufgrund von Evaluationen häufiger interne Prioritäten und Modalitäten, aber es wird nicht systematisch aufgezeichnet, wie oft und in welchem Ausmaß (vgl. Cook, Shadish 1987, 38 f.). Schnelle und rationale Veränderungen passieren also selten und es gibt wie bei allen Innovationen "timelags"[50]. Planerinnen, Politikerinnen, Fachkräfte nutzen Evaluationen eher als eine Informationsquelle unter vielen. Sie nutzen sie eigenwillig und selten im Sinne der expliziten Empfehlungen der Evaluatorinnen. Eine Evaluation gilt inzwischen mehr als "Input" oder Aufklärung statt als direkte kurzzeitige Entscheidungshilfe (vgl. Cook, Shadish 1987, 41; Chelimsky 1990, 264).

Nach solchen Erfahrungen definieren Evaluatorinnen ihren Aufgabenbereich wesentlich umfassender. Sie betätigen sich neben der o.g. "Aufklärung" auch in der Planung und in der Ausbildung der Fachkräfte. Ein Ergebnis bleibt meist nicht nur auf ein konkretes Projekt bezogen, sondern wird (als Fallstudie) auch übergreifend benutzt. Oft entwickeln und implementieren Wissenschaftlerinnen die Programme selbst, bevor sie sie evaluieren (vgl. Fischer 1980;

---

47. Man ging von der Annahme aus, "daß die Entscheidungsträger eine klare Vorstellung von ihren persönlichen und organisatorischen Bedürfnissen und Zielen besitzen, daß sie diese identifiziert haben und sich nunmehr spezielle Informationen als Richtschnur für ihre Maßnahmen und Entscheidungen wünschen" (Ganz 1984, 627).

48. Vgl. Weiss (1974); Karsten, Rabe-Kleberg (1983); Hofmann, Fargel (1984); Ganz (1984); Heiner (1986); Cook, Shadish (1987); Shadish, Reichardt (1987); Wottawa, Thierau (1989).

49. In den USA sind Bemühungen zu verzeichnen, dieses zu ändern. Ginsburg berichtet über Reformstrategien des Erziehungsministeriums, die zur Hebung der Qualität und der besseren Nutzung der Ergebnisse von Evaluationen beitragen sollten. Man verbesserte die organisatorische Durchführung und schrieb umfassendere Designs sowie neue Qualitätsstandards vor (vgl. Ginsburg 1989).

50. Kiresuk u.a. verweisen auf eine Studie zur Umsetzungsdauer von Forschungsprodukten, die 1973 von der National Sience Foundation (NSF) in Auftrag gegeben wurde. Danach beträgt die durchschnittliche Inkubationszeit von Innovationen ca. 20 Jahre, für Entwicklungen im sozialen Bereich ist u.U. noch mehr Zeit zu veranschlagen (vgl. Kiresuk u.a. 1984, 199).

Lerchenmüller 1986). Neben Beurteilungen übernehmen sie Aufgaben der Praxisberatung und später auch der Dissemination ihrer Ergebnisse. Aufgrund der traurigen Erfahrungen der "ersten Generation" überlegen sie zunehmend, *wie* Informationen strukturiert werden müssen und unter welchen *Bedingungen* sie eine Chance haben, in alltägliche Berufsvollzüge übernommen zu werden oder in Strategien und Entscheidungen der Auftraggeberinnen einzufließen.

Evaluationsforscherinnen beobachten auch, wie Auftraggeberinnen und andere Betroffene mit ihren Ergebnissen umgehen, denn mit der Erweiterung ihres Aufgabenverständnisses produzieren sie mehr und/oder andere Ergebnisse, als die Auftraggeber zunächst haben wollten[51] (vgl. Weiss 1974, 39). Man kann die Ergebnisse kaum geheimhalten, und sie implizieren vielleicht schwerwiegende Folgen für die Einrichtung und ihre Fachkräfte. Die Evaluatorinnen könnten schließlich auch "Munition" für die Gegenseite produzieren oder Vorgesetzte könnten Informationen erhalten, die sich für die Fachkräfte unangenehm auswirken. Auch Evaluationen, die auf Verbesserung gerichtet sind, üben Veränderungszwänge aus; alle Veränderungen des Status quo sind aber per se bedrohlich. Chelimsky faßt zusammen: "Über die Zeit ergab sich als meistgehörte Frage zur Umsetzung von Evaluation nicht 'warum werden sie nicht genutzt?' sondern 'was ist eine wirklich vernünftige Anwendung?'"(Chelimsky 1990, 265). Ausschlaggebend für eine Umsetzung ist letztlich nicht das "objektive" Ergebnis, sondern das, was bei den Beteiligten "ankommt". Fast alle Autorinnen fordern die systematische Beteiligung der Adressatinnen und eine den Bedürfnissen der Nutzerinnen gemäße Aufbereitung der Informationen[52]. Diese müssen nützlich, verständlich, rechtzeitig und überzeugend erfolgen und mit den Erwartungen (und der Philosophie) der Auftraggeberinnen korrespondieren (vgl. Kiresuk u.a. 1984, 202).

Die Anwendung oder Umsetzung beginnt schon mit der Präsentation der Ergebnisse. Man muß sich genau informieren, wem man die Ergebnisse mit welcher Absicht vermitteln will und sich mit der Hervorhebung von Inhalten, mit Satzbau und Abstraktionsniveau auf die Adressatinnen einstellen[53]. Der Abschlußbericht wird in verschiedenen Varianten verfaßt und auf mögliche Widersprüche in den Texten durchgesehen, um keine Fehlinterpretationen zu riskieren. Die Bandbreite reicht vom Fachbericht und seiner kommentierten Zusammenfassung über die Veröffentlichung in populärwissenschaftlichen oder Fachzeitschriften bis hin zur Verfassung von Broschüren oder Postern. Man kann die Ergebnisse auf einem Syposium, in den Medien oder auf einer Pressekonferenz vorstellen, einen Workshop für Fachkräfte veranstalten u.a.. Unabdingbar ist auch die Einhaltung der vereinbarten Termine für die Berichtlegung[54].

---

51. Es ist daher auch zu unterscheiden zwischen dem Gewinn, den die Auftraggeberinnen aus dem Evaluationswissen ziehen und dem gesellschaftlichen oder sozialen Gewinn, der aus dem auf diese Weise zutage geförderten Wissen zu ziehen wäre. Ganz schlägt darum vor, nicht einseitig die Nicht-Nutzung von Forschungsergebnissen im politischen Prozeß anzuprangern, zumindest nicht, "ohne gleichzeitig die Fähigkeit und Bereitwilligkeit der Regierungsbehörden zu analysieren, eine Maximierung der sozialen Wohlfahrt auch tatsächlich anzustreben" (Ganz 1984, 634). Manchmal müsse man auch die Anreizstruktur der Regierungsbürokraten ändern.

52. Um sicherzustellen, daß die Informationen auch den richtigen Adressatinnenkreis erreichen, empfehlen Kiresuk u.a. die Konstruktion einer Rückkoppelungsmatrix ("Feedback-Generator"-Matrix). Man listet vertikal alle bekannten und möglichen Formen der durch die Evaluation generierten Informationen auf und horizontal dazu alle potentiellen Nutzerinnen. In die entstehenden Matrixfelder kann man dann (am besten zusammen mit den Beteiligten) die konkreten Informationsbedürfnisse eintragen (vgl. Kiresuk u.a. 1984, 204).

53. Wottawa und Thierau widmen einen ganzen Abschnitt ihres Buches der (zielgruppenorientierten) Berichtlegung (vgl. 1989, 156 ff.; vgl. auch Kiresuk u.a. 1984; Cook, Shadish 1987). Vgl. kritisch dazu Ganz (1984, 633), die meint, es sei nicht primär eine Frage der Informationsaufbereitung und -vermittlung, die eine adäquate Umsetzung der Ergebnisse erschwere.

54. Zu Hindernissen vgl. Koch, Barth (1990, 72).

Die Präsentation systematisierter und nutzerfreundlicher Ergebnisse allein zeigt wenig Wirkung. Man braucht darüber hinaus *Implementations- und Transferstrategien* (vgl. Fahlbusch u.a. 1983; Kiresuk u.a. 1984; Cook, Shadish 1987) und praktische Vorschläge für die Verbesserung von Programmen. Die *politische Verwendung* der Ergebnisse läßt sich zwar nicht im Detail steuern. Man kann aber daran arbeiten, daß sie nicht von vornherein in "falsche Kanäle" geraten, und man kann die Berichte so abfassen, daß sie "richtig" verstanden werden. Journalistinnen und Politikerinnen erwarten für ihre tägliche zeitbegrenzte Arbeit eine Zusammenfassung der Zusammenfassung, also eine entscheidungsorientierte "Kurzdarstellung" oder eine "Beschlußvorlage". Chelimsky warnt, alles mitzuteilen hieße so viel wie nichts mitzuteilen. Man müsse die gestellten politischen Fragen so klar wie möglich beantworten, einige kritische und bedeutende Daten nachdrücklich erwähnen und solche Befunde hervorheben, die zu politischem Handeln Anlaß gäben. Dabei sei sorgfältig darauf zu achten, welcher Tenor vermittelt werden solle[55]. Die Ergebnisse müßten aktuell sein und eine gewisse Relevanz im politischen Tagesgeschehen haben, oder sie würden ignoriert (vgl. Chelimsky 1990, 270 f.). Evaluatorinnen müssen also ihre Termine mit den (kommunal-)politischen Zyklen und Plänen ihrer Auftraggeberinnen abstimmen. Häufig müssen sie selbst dafür sorgen, daß ihre Arbeiten berücksichtigt werden[56]. Die Beziehung zwischen Politikerinnen und Evaluatorinnen muß anscheinend besonders gepflegt werden (vgl. Ginsburg 1989).

Auch die Zusammenarbeit mit *Verwaltungen* ist schwierig. Das Personal im administrativen Bereich bietet öffentliche Dienstleistungen auf der Grundlage gesetzlicher (verwaltungsrechtlicher) Regelungen an und verteilt sie unter dem Diktat begrenzter Ressourcen. "Administratives Handeln muß maßnahmenorientiert, entscheidungsorientiert und legitimationsorientiert sein. Diese Handlungsorientierungen prägen den interaktiven Kontext zwischen Auftraggeber und wissenschaftlichem Auftragsnehmer, die ihre eigenen Problemdefinitionen, theoretischen und methodischen Interessen gegenüberstellen müssen" (Koch, Barth 1990, 68). Leitungen der Träger und die Administration wünschen strategisches Wissen, das sie angesichts des permanenten Handlungs- und Legitimationsdrucks unmittelbar technologisch umsetzen können. Und: "Diejenigen Ergebnisse werden ignoriert oder abgewiesen, die bisherige Handlungsorientierungen in Frage stellen, Handlungsroutinen problematisieren und solche Konsequenzen herausfordern, die politisch entweder nicht gewollt (...) oder politisch nicht machbar erscheinen (...)" (Filsinger u.a. 1983, 96). Im Dienste der Beharrung wollen Auftraggeberinnen in Verwaltungen und auch freie Träger ihre bisherige Arbeit irgendwie rechtfertigen. Notfalls ignorieren sie die Ergebnisse der Evaluation oder sie definieren im Nachhinein den Auftrag um und erklären die Vorgänge während der evaluativen Arbeit zum eigentlichen Ziel (Mitarbeiterinnenfortbildung, Verbesserung des laufenden Projektes); die ursprünglich angestrebte Beurteilung oder ein Vergleich mit anderen Projekten interessiert dann nur noch am Rande (vgl. Weiss 1974, 163 ff.; Schreiber, Layer 1978, 205 f.).

Manchmal kann man die anwaltlichen Fähigkeiten interner Promotorinnen für die Verbreitung der Ergebnisse nutzen, denn Prestige, Status und Glaubwürdigkeit der Personen, die eine Idee vertreten, spielen eine große Rolle. Wenn die Beteiligten das Gefühl haben, sie hätten die umzusetzenden Ideen selbst entwickelt oder sie seien zumindest verwaltungsintern entstanden,

---

55. Selbiges gilt für die mündliche Präsentation, die bestenfalls mithilfe von Medien zuhörerfreundlich gestaltet werden muß (vgl. Wottawa, Thierau 1989, 158 f.).

56. Vgl. den Bericht von Filsinger u.a. zur Evaluation eines kommunalen Ausländerprojektes (Filsinger u.a. 1983, 95); auch sie beklagen, daß ihre Ergebnisse von allen Beteiligten stark selegiert wurden.

ist es wahrscheinlicher, daß sie auch übernommen werden (vgl. Kiresuk u.a. 1984, 209). Heiner (1983) schlägt auch für kleine Projekte die Einrichtung eines Beirates mit Expertinnen, Auftraggeberinnen, Fachkräfte und ggf. auch Politikerinnen vor. Sie hat die Erfahrung gemacht, daß man mithilfe einer durchgängigen und eindeutigen Kommunikation zwischen allen Beteiligten Informationen besser steuern und einseitige und interessengeleitete Interpretationen der Ergebnisse relativieren und ausbalancieren kann. Ähnlich schlägt Patton vor, an allen Phasen der Evaluation eine Evaluierungsprojektgruppe zu beteiligen. Für die Personen dieser Gruppe sollten die Informationen eine gewisse Bedeutung besitzen; es sollen die Personen sein, die die Informationen auch tatsächlich nutzen, die Fragen an die Evaluation haben, und sich dafür interessieren und auch bereit sind, Verantwortung für die Nutzung zu übernehmen. Eine solche Gruppe kann auch als "Frühwarnsystem" dienen, um Veränderungen anzuzeigen (vgl. Kiresuk u.a. 1984, 206 f.).

Die *Fachkräfte* vor Ort stehen stärker im Mittelpunkt des Interesses, seit man weiß, daß Reformstrategien schwerlich nur über eine Kommunikation mit Auftraggeberinnen in den höheren Etagen der Verwaltungen umgesetzt werden können[57]: "Growing awareness of the partial independence of local practioners also led to an interest in how they learn about evaluation findings - through inservice training, books and journals that cite evaluations, or observing colleagues whose own practice has beeing influenced by evaluations (...). Congruent with this was a growing interest in how evaluations are used to train future professionals who will later deliver services in local projects as teachers, social workers, nurses, and the like (...)" (Cook, Shadish 1987, 41). Fachkräfte reagieren positiv, wenn die Evaluatorinnen ihnen "praktisch verwertbares Handlungswissen" anbieten. Wenn sie Einfluß auf das Zustandekommen und die Schwerpunkte der Evaluation haben, erhöht sich die "Handlungsnähe" der Ergebnisse weiter. Die Tendenz, daß Menschen tendenziell eher Ziele anstreben, die sie selbst gesetzt haben, ist hinreichend belegt und gilt sowohl für Klientinnen als auch für Managerinnen. Motivierend ist auch ein stabiler Diskussionszusammenhang mit Kolleginnen und Begleitforscherinnen sowie die Möglichkeit, lebensgeschichtliche oder situative Elemente in den Reformprozeß einzubringen (vgl. Kiresuk u.a. 1984, 207; vgl. auch Irle, Windisch 1983; Cronbach 1982; Krug, Pelzer 1978). Begleitumstände von Evaluationen wie die Vermittlung von theoretischem Wissen durch die Evaluatorinnen unterstützen solche Prozesse (vgl. Irle, Windisch 1983, 925).

Irle und Wischka evaluierten den Einsatz von *Daten-feedback-Techniken* aus dem strategischen Repertoire der Aktionsforschung als Transfermethode. Sie schreiben, daß "Personen, die aus den Daten viele Anregungen zur Ursachensuche erhalten, auch mehr Handlungskonsequenzen daraus ziehen" und daß kognitive Aspekte wenig mit Motivation zu tun haben. "Intellektueller Wissenszuwachs allein motiviert nicht zur Veränderung der Arbeitsbedingungen" (Irle, Wischka 1981, 157). Die Motivation der Fachkräfte ist auch stärker, wenn die Daten als Ausgangsmaterial dienen, von dem sich die Teilnehmerinnen lösen können, um über persönliche Probleme aus dem Arbeitszusammenhang zu sprechen. Irle und Wischka resümieren, "daß empirische Untersuchungsbefunde eine Umformung durchlaufen müssen, sollen sie für die Anwender handlungswirksam werden". Sie empfehlen denjenigen Forscherinnen, die "zutiefst an die Überzeugungskraft ihrer Ergebnisse" glauben, sich auf die Gestaltung der

---

57. Fachkräfte bringen Evaluationen eine Reihe von Widerständen entgegen: Sie bringen Bedenken wegen der Vertraulichkeit der Informationen ins Spiel, lehnen die Evaluatorinnen als betriebsfremd ab, verstehen teilweise ihre Anliegen nicht, auch wegen ihrer wissenschaftlichen Sprache. Sie finden eine Evaluation unmoralisch, weil sie möglicherweise ihre Arbeitsplätze gefährdet, sie wehren sich dagegen, daß ihre Äußerungen auf Band aufgenommen werden, um mit einem für sie unbekannten Ziel oder gar falsch ausgewertet zu werden und finden allgemein, daß sie ihr Wissen und ihre Kompetenz unter dem Evaluationsdruck nicht angemessen darstellen können (vgl. Will u.a. 1987, 85 f.).

strukturellen und prozeßhaften Bedingungen des Feedback zu konzentrieren und sich möglichst schnell aus der Verliebtheit in das eigene wissenschaftliche Arbeitsprodukt zu lösen, das transferiert werden soll (Irle, Wischka 1981, 158). Eine weitere Rückkoppelungsmethode ist die *Erfolgsbilanzierung*. Man veröffentlicht in regelmäßigen Abständen (vor, während und nach der Implementation eines Programms) Informationen, die einen Vergleich der Gesamtleistungen und Erfolge der Teams und auch einzelner Personen erlauben[58]. Weitere Barrieren des Wissenstransfers bei allen Personengruppen kann man überwinden, wenn man den potentiellen Nutzen sichtbar macht. Statt vager Hypothesen sollte man das Wissen so präsentieren, daß die Bedeutung der neuen Lösungen und die Vorteile gegenüber der bestehenden Praxis sichtbar werden (möglicherweise sogar mithilfe von Demonstrationen vor Ort). Man muß komplexe Informationen u.U. in verständliche und nachvollziehbare Teile zerlegen, damit die Nutzerinnen die Informationen überschauen können. Die Innovationen dürfen den Praktiken, Werten, Normen und Politiken der möglichen Nutzerinnen nicht widersprechen, und wenn die Fachkräfte sicher sein können, daß die neuen Ideen reversibel sind und auch aufgegeben werden, wenn sie sich nicht bewähren, wird eine weitere wichtige Barriere fallen (vgl. Kiresuk u.a. 1984, 208)[59].

Die *Evaluatorinnen selbst* mit ihren kommunikativen Fähigkeiten und ihrem Rollenverständnis beeinflussen ebenfalls die Umsetzung von Ergebnissen. In der Literatur findet man differierende Einschätzungen dazu, auf wen und mit welcher Absicht die Evaluatorinnen beziehungsmäßig besonders eingehen sollen[60]. Jede Entscheidung hat Konsequenzen: Halten sie engen Kontakt zu den Auftraggeberinnen oder Politikerinnen, können sie auf dieser Ebene zwar etwas erreichen, geraten aber bei den Fachkräften in Verdacht, mit der Führung zu paktieren. Eine zu enge Anbindung an die Fachkräfte beeinträchtigt wiederum die Möglichkeiten der Intervention im politischen Raum und gegenüber den Trägern (vgl. Filsinger u.a. 1983, 96). Ein Eingehen auf die "praktischen" Nutzenerwartungen kann zwar positive Auswirkungen auf die Veränderung der Praxis haben, hat aber vielleicht zur Folge, daß sie ihre dokumentierenden und evaluierenden Tätigkeiten vergessen oder gar vertuschen, um kein Mißtrauen zu erregen (vgl. Fahlbusch u.a. 1983, 110; Krug, Pelzer 1978, 80 f.). Die tatsächlichen "Hilfen" der Evaluatorinnen beschränken sich ohnehin auf Reflexionsangebote. Das kann den Fachkräften eher zusätzliche Arbeit bescheren, weil sie oft auch noch die Praxisberichte für die Reflexion schreiben sollen. Wenn sich die Evaluatorinnen gar selbst als "Fachkräfte" verstehen, die ihre *eigenen* fachlichen Vorstellungen von Praxis umsetzen und selbst Strategien der Innovation entwickeln, droht eine Vermischung der Rollen. Sie konkurrieren dann mit den Fachkräften um die "bessere" Praxis. Auch wenn sie nur das in Rede stehende Wissen plausibel und umsetzungs-

---

58. Kiresuk u.a. berichten von einer solchen Bilanzierung, nach der sich die Leistungen einzelner Teams und/oder Personen zunehmend aneinander orientierten, und daß die individuellen Unterschiede langsam verschwanden (vgl. Kiresuk u.a. 1984, 203).

59. Diese Hinweise sind dem "CORRECT"-Modell von Glaser (1973), abgedruckt in Kiresuk u.a. (1984, 208) entnommen. CORRECT faßt sieben Eigenschaften zusammen, die möglicherweise den Transfer von Wissen und die Einführungen von Reformen beeinflussen: Credibility, Observability, Relevance, Relative advantage, Ease in Understanding, Compability, Triability bzw. Reversibility und Divisibility.

60. Evaluatorinnen sollen z.B. als Erzieherinnen agieren und den Auftraggeberinnen beibringen, die richtigen Fragen zu stellen und diesen und/oder den Fachkräften dabei helfen, ihre Ziele zu formulieren. Sie sollen als Beraterinnen oder Informationsverkäuferinnen fungieren, die den Benutzerinnen von Dienstleistungen Hilfestellung bei der Auswahl vermitteln. Nach wieder anderem Rollenverständnis sind Evaluatorinnen "change agents", also gewissermaßen Provokateurinnen, die durch ihre einfallsreichen und flexiblen Aktionen Veränderungen in die Wege leiten (Wissen vermitteln, Implementationen in Gang bringen etc.).

fähig gestalten wollen, unterscheidet sich ihre Tätigkeit manchmal nicht mehr von der der Fachkräfte[61].

Ein wesentlicher Nachteil aller kommunikativen Strategien ist, daß sie an Personen gebunden sind. Aufgrund der hohen personellen Fluktuation im Bereich der Sozialen Arbeit und der Politik gehen oft wertvolle Innovationen wieder verloren, zumal auch das Engagement von Evaluatorinnen zeitlich begrenzt ist. Berg und Wortmann beklagen im übrigen auch das fehlende Interesse der Kolleginnen aus anderen wissenschaftlichen Disziplinen an Evaluationsergebnissen. Daher finden sich selten Forscherinnen, die die Erfahrungen, Deutungen und Schlußfolgerungen, die in einzelnen Projekten gewonnen werden, zusammenfassend auswerten (vgl. Berg, Wortmann 1987, 268).

---

61. Irle und Windisch berichten aus ihrer vergleichenden Untersuchung im Schulbereich, daß einige Lehrerinnen offensichtlich ihrer eigenen Beurteilungskompetenz mehr trauten als der der Wissenschaftlerinnen und daher in Konkurrenz zu diesen bewußt alternative Wege zur wissenschaftlichen Wirkungskontrolle einschlugen (vgl. Irle, Windisch 1983, 922).

5. Zur Begründung und Definition der Selbstevaluation

Ich resümiere in diesem Kapitel zunächst einige (für die Selbstevaluation bedeutsame) Lernerfahrungen aus der Organisationsberatung mit Versuchen, Veränderungen im Feld der Sozialen Arbeit herbeizuführen (Abschnitt 5.1.1). Auch Erfahrungen aus der Evaluation sollen hier für die Zwecke der Selbstevaluation ausgewertet werden (Abschnitt 5.1.2). Wenn man den Anspruch der Hilfe zur Selbsthilfe auch für die Fachkräfte übernimmt, sind ihre Rollenbilder und Selbsteinschätzungen ernster zu nehmen als bisher. Ich rekapituliere daher die Rolle der Fachkräfte in der bisher üblichen Zusammenarbeit mit Wissenschaftlerinnen (Abschnitt 5.2.1) und kontrastiere diese mit Selbsteinschätzungen ihrer Arbeitsbedingungen und ihrer Wissensbasis (Abschnitt 5.2.2) sowie ihren Erfolgskriterien (Abschnitt 5.2.3). Die Erfahrungen zum inhaltlichen Vorgehen und Informationen zu den "Bedürfnissen" der Fachkräfte müssen ebenso in eine Definition der Selbstevaluation einfließen wie die Bestimmung der Gemeinsamkeiten und Unterschiede der etablierten Qualifizierungstraditionen. Ich skizziere darum im Abschnitt 5.3 zunächst Optionen von Supervision (Abschnitt 5.3.1), Organisationsberatung (Abschnitt 5.3.2) und der Evaluation (Abschnitt 5.3.3) und komme vergleichend zu der Einschätzung, daß man die wesentlichen Funktionen dieser Qualifizierungstraditionen in vier Optionen zusammenfassen kann (Abschnitt 5.3.4). Damit verkenne ich nicht die unzähligen und eigenwilligen Facetten und Eigenheiten jeder Tradition; mein Fokus richtet sich jedoch auf deren Gemeinsamkeiten und in einer zweiten Spezialisierung noch einmal auf die Anteile, die die Selbstevaluation qualifizieren können. Die auf diese Weise herausgearbeiteten Optionen dienen mir im weiteren als heuristische Kategorien bei der Definition von Selbstevaluation und später auch der Beschreibung geeigneter Untersuchungspläne derselben. Zuvor nehme ich (im Abschnitt 5.4) eine umfassende Definition von Selbstevaluation vor, die auch die Qualifizierungsmöglichkeiten der Fachkräfte aufnimmt und einige Bemerkungen zum Verhältnis von "wissenschaftlicher" Evaluation und "Praxis"-Evaluation enthält (Abschnitt 5.4.1). Es folgen die schon angedeuteten Optionen der Selbstevaluation (Abschnitt 5.4.2). Zum Abschluß dieses Kapitels beschäftige ich mich mit einigen grundsätzlichen Überlegungen zum methodischen Arbeiten als der Basis von Selbstevaluation (5.5). Ich beziehe mich dazu auf verschiedene Überlegungen zur Integration von Theorien und Methoden und lege mich auf eine problemorientierte eklektische Integrationsperspektive fest. Um den "harmonistischen" Konnotationen des Integrationsbegriffes entgegenzuwirken, bevorzuge ich jedoch die Methapher der Collage (Abschnitt 5.5.1). Ich beende dieses Kapitel mit der Aufzählung einiger Grundbegriffe und Basisregeln methodischen Arbeitens, die die Fachkräfte bedarfsgerecht und im Sinne der Collage "kombinieren" können (Abschnitt 5.5.2).

5.1 Erfahrungen aus Evaluation und Organisationsberatung

Ich beginne, wie angekündigt mit der Zusammenstellung von Erfahrungen aus der Evaluationsforschung und der Organisationsberatung, die für die Konzipierung von Selbstevaluation relevant sind. Um Wiederholungen gleicher Sachverhalte zu vermeiden, verzichte ich auf resümierende Zusammenfassungen der folgenden Abschnitte. Es wird sich auch so zeigen, wie die hier dargestellten Konsequenzen in das Konzept der Selbstevaluation eingehen.

5.1.1 Erfahrungen mit Veränderungsbemühungen

Im zweiten Kapitel dieser Arbeit wurde deutlich, daß die Anfänge der Organisationsentwicklung, der Evaluation und teilweise auch der klassischen Methoden sehr viel mit der gesellschaftlichen Einsicht in die Notwendigkeit von Veränderungen zu tun haben. Auf allen Ebenen versuchte man, festgefahrene Systeme und Strukturen in Bewegung zu setzen, sicher nicht zuletzt aus wirtschaftlichen Notwendigkeiten heraus. Die Vorstellung, daß sich Menschen und Organisationen ändern sollen, brachte das change agent-Konzept hervor, und die Suche nach unabhängigen Wirkfaktoren für Veränderungen durchzieht die gesamte amerikanische Diskussion[1]. Veränderungsüberlegungen konkretisierten sich in Deutschland seit den 70er Jahren hauptsächlich in den verschiedenen Modellversuchen. Inzwischen ist jedoch bekannt, daß Modellversuche nur begrenzt als Vehikel der Veränderung taugen. Allein die Tatsache, *daß* eine wissenschaftliche Begleitung stattfindet, wirkt auf die Motivation und Reflexionbereitschaft der Beteiligten (Stichwort: Hawthorne-Effekt). Im routinedominierten Alltag lassen aber Elan und Charisma der Protagonistinnen schnell nach, so daß die Ergebnisse nur mit großen Einschränkungen auf "normale" Praxis zu übertragen sind. Meist wird nicht einmal systematisch über die Übertragung von Modellerfahrungen auf "normale" Organisationen nachgedacht (vgl. Hornstein 1985). Es ist also sinnvoller, Veränderungen direkt da in Gang zu setzen, wo sie wirken sollen.

Bei der praktischen Veränderungsarbeit kämpfen Evaluatorinnen und Organisationsberaterinnen immer wieder mit zwei Faktoren. Zum einen waren Versuche, soziale Innovationen zentral und von oben einzuführen, von enormen *Reibungsverlusten* begleitet. Denn ursprüngliche Planungen verändern sich schon auf der politischen und der Verwaltungsebene, und zusätzlich unterliegt die lokale Arbeit eigenen Rahmenbedingungen und Handlungsgesetzen. Auch die Fachkräfte vor Ort modifizieren und variieren Konzeptionen und Methoden noch einmal wesentlich. Wie z.B. drei Menschen ein vordefiniertes Arbeitsprinzip oder eine Handlungsanweisung ausdeuten, kann schon völlig verschieden sein. Hinzu kommt, daß das, was sie situativ realisieren, wiederum etwas anderes ist und häufig genug nicht viel mit den verbalisierten Zielen und Vorsätzen gemein hat. Eine zweite Schwierigkeit ergibt sich aus dem Umstand, daß Veränderungsforderungen und auch Evaluationen meist von "oben" initiiert werden und somit Anlaß für *Widerstände* bieten. Die Furcht, nicht zu wissen was kommt, und ob es später besser wird und Ängste, erreichte Privilegien aufgeben zu müssen bestimmen die Szene. Es hat sich herausgestellt, daß man das Phänomen des Widerstandes als eine Funktion der relativen Gleichgewichtsstruktur eines Menschen, einer Gruppe, einer Institution verstehen muß (vgl. Eck 1990). Die Verunsicherungen und Ängste, die bevorstehende Veränderungen auslösen, müssen also ernst genommen und akzeptiert werden[2].

---

1. Eine derartige Intentionalität und überhaupt die Perspektive auf Veränderung ist deutschen Konzepten nicht immer eigen. In manchen Arbeitsfeldern der Sozialpädagogik weigern sich die Fachkräfte, überhaupt Änderungsperspektiven in Betracht zu ziehen (Situationsansatz, Freizeitarbeit), was möglicherweise mitbedeutet, daß man auch nicht mehr über Ziele nachzudenken braucht. Ein Ziel ist aber nicht per se an eine Änderung gebunden; es kann auch darin bestehen, einen Zustand zu perpetuieren (vgl. Achten, Strube 1988). Es ist m.E. daher durchaus zu überlegen, ob nicht eine gewisse Intentionalität vielen deutschen Fachkräften ganz gut bekäme.

2. Für einige Widerstandsformen gibt es aber auch sachliche Begründungen: So verfügen viele der externen "Expertinnen" verschiedener privater Institute, die die zur Zeit aktuellen Organisationsuntersuchungen in öffentlichen Verwaltungen durchführen, kaum über Sachkenntnisse aus dem Bereich der Sozialen Arbeit. Sie beurteilen die Sozialverwaltung nach Kriterien, die zumindest den Fachkräften nicht einsichtig sind. Die Ergebnisse, die sich in Form von Rationalisierungsvorschlägen niederschlagen, sind sachfremd und werden von den Betroffenen bis aufs Äußerste bekämpft. Die Verwaltungen geben hier Geld für Expertisen aus, die sie dann schwer umsetzen können, und machen Erfahrungen, die sie bei einem Studium der Literatur zur Organisationsberatung und Evaluation vermeiden könnten.

Zu Quellen von Widerständen bei *Individuen* und in *sozialen Systemen* hat Watson wesentliche Theorien zusammengetragen, die in vielen späteren Veröffentlichungen immer wieder genannt werden[3]. Er faßt seine Empfehlungen unter drei Kategorien, nämlich dem *Ausgangspunkt* (a), der *Art* (b) und der *Methoden* (c) der Änderungen zusammen: Nach seinen Recherchen wird der Widerstand gering sein, wenn (a) alle Beteiligten den Eindruck haben, sie betrieben ihr *eigenes* Projekt und nicht das von Außenstehenden und/oder wenn das Projekt eindeutig von der Organisationsleitung unterstützt wird. Er wird (b) gering sein, wenn sie der Auffassung sind, daß sich durch die Änderung ihre derzeitige Belastung verringert, wenn das Projekt mit ihren Werten und Idealen vereinbar ist, wenn sie neue, interessante Erfahrungen machen können und wenn sie das Gefühl haben, daß ihre Autonomie und ihre Sicherheit nicht bedroht werden. Der Widerstand wird außerdem gering sein, wenn (c) die Betroffenen an den diagnostischen Vorarbeiten beteiligt sind und somit die Problemdefinition teilen, wenn die Annahme und Durchführung des Projekts übereinstimmend beschlossen wurde, wenn die Befürworterinnen des Projekts Verständnis für seine Gegnerinnen aufbringen (und somit auch stichhaltige Einwände anerkennen sowie unnötige Ängste abbauen), wenn Beraterinnen bereit sind, Mißverständnisse und Mißinterpretationen von Innovationen geduldig zu klären, wenn sich die Beteiligten akzeptiert und unterstützt fühlen, und wenn deutlich ist, daß im Falle eines Fehlschlages alles wieder zu ändern ist (vgl. Watson 1975, 428 f.). Eine weitere Empfehlung aus der Organisationsentwicklung ist, den Beteiligten zu helfen, partielle Erfolge ihrer Bemühungen als solche wahrzunehmen, weil eine Motivation zur Weiterarbeit aus der häufigen Erfolgserfahrung entsteht[4] (Lippitt, Lippitt 1977, 103). Man kann auch materielle und nichtmaterielle Belohnungen wie Lob und soziale Anerkennung einsetzen oder sozial akzeptierte Personen (interne Promotorinnen) als Vorbilder aufbauen, denn Prestige, Status und Glaubwürdigkeit der Personen, die eine Idee vertreten, spielen eine große Rolle (vgl. Kiresuk u.a. 1984, 209).

Bei der Veränderung von *Strukturen* zeigte sich, daß die Chancen einer Veränderung gut sind, wenn es möglich ist, Abläufe und Prinzipien im Alltag zu beeinflussen, ohne gleichzeitig oder zuvor das ganze organisatorische Gebäude mitverändern zu müssen; vorstellbar ist auch die Modifikation von Schwerpunkten und Maßnahmen innerhalb einer Einrichtung. Am schwierigsten sind ganze soziale Programme zu verändern. Leider ist der Wirkungsgrad der Veränderungen proportional umgekehrt zu den Veränderungsmöglichkeiten zu betrachten: eine Konzeptionsänderung würde auch für Klientinnen mehr bewirken als die Umstellung einzelner Arbeitsprinzipien oder Handlungsregeln (vgl. Cook, Shadish 1987; Heiner 1986 a; Hofmann, Fargel 1984). In ihrer Tendenz weisen die Erfahrungen also auf eine lokale Anbindung von Innovations- und Veränderungsarbeit (vgl. Krug, Pelzer 1978).

Offen ist auch, inwieweit *Evaluationsergebnisse* tatsächlich zum Ausgangspunkt von Veränderungen gemacht werden. Zumindest hat sich gezeigt, daß diesbezügliche Hoffnungen von Evaluatorinnen naiv waren. Politikerinnen, Träger, Leitungsgremien und Fachkräfte gründen ihre Entscheidungen nur teilweise auf sog. objektive Daten, denn ihr eigenes Interesse gilt eher dem "Überleben", dem Erhalt der Arbeitsplätze und der persönlichen Macht oder der Verfolgung politischer Ziele. Neue Informationen bzw. in Aussicht stehende Veränderungen, die bisherige Handlungsorientierungen in Frage stellen, Handlungsroutinen problematisieren und Konsequenzen herausfordern, die politisch nicht gewollt oder machbar erscheinen, werden

---

3. Watson bezieht seine Empfehlungen auf die Organisationsberatung. Ich weise in meinen weiteren Ausführungen nicht gesondert auf die "Herkunft" der Statements hin, weil sich die Schlußfolgerungen aus Organisationsberatung und Evaluation zeitweilig sehr ähnlich sind.

4. Vgl. auch die Empfehlung zur Erfolgsbilanzierung, nach der man in regelmäßigen Abständen Informationen veröffentlicht, die einen Vergleich der Gesamtleistungen und Erfolge der Teams und auch einzelner Personen erlauben (vgl. Kiresuk u.a. 1984, 203).

ignoriert oder abgewiesen (Filsinger u.a. 1983). Im Zweifelsfalle werden Aufträge im Nachhinein umdefiniert (Weiss 1974; Schreiber, Layer 1978). - Es·ist auch zu fragen, ob *rationale* Entscheidungen überhaupt diejenigen sind, die den höchsten Stellenwert haben dürfen. Schließlich werden Entscheidungen in demokratischen Gesellschaften auch mit Rekurs auf ethische bzw. kulturelle Normen getroffen und in einem politischen Prozeß zwischen den Beteiligten ausgehandelt. Meist können Entscheidungen auch gar nicht explizit gefällt werden; sie "ergeben" sich, oder die Entscheiderinnen werden durch vorangegangene Entscheidungen oder verschiedene Interessen und Verhältnisse dazu gedrängt, ohne eigenen Spielraum zu haben. Evaluationsergebnisse werden darum meist als eine *Informationsquelle* unter vielen genutzt, als Daten, die man individuell bearbeitet und umformt und nur selten im Sinne der expliziten Empfehlungen der Evaluatorinnen anwendet (vgl. Irle, Wischka 1981). Kiresuk u.a. (1984) empfehlen, Informationen über Evaluationsergebnisse den Bedürfnissen der Nutzerinnen gemäß aufzubereiten und die Informationen notfalls in verständliche und nachvollziehbare Teile zu zerlegen, um den potentiellen Nutzen sichtbar zu machen. Informationen müssen also nützlich, verständlich, rechtzeitig und überzeugend erfolgen und mit den Erwartungen und der Philosophie der Auftraggeberinnen korrespondieren. Wenn also die maßgeblichen Leute nicht beteiligt werden, wenn sie es nicht als ihre Sache empfinden, die *sie* sich ausgedacht haben, die *sie* tragen, und von denen *sie* sich einen Nutzen erhoffen, passiert wenig (Kiresuk u.a. 1984, 209).

Evaluatorinnen und Organisationsberaterinnen empfehlen den Einsatz und die Beteiligung einer repräsentativen Gruppe von Angehörigen aller Hierarchieebenen, die motiviert sind, Veränderungen zu tragen und auch von den Ergebnisse profitieren (vgl. Heiner 1983; Kiresuk u.a. 1984; Gotthardt-Lorenz 1989; Lindner, Vater 1986). Motivierend ist auch ein stabiler Diskussionszusammenhang der Beteiligten untereinander und mit den wissenschaftlichen Beraterinnen sowie die Möglichkeit, eigene lebensgeschichtliche und situative Elemente mit in den Prozeß einzubringen (vgl. Cronbach 1972; Krug, Pelzer 1978; Krämer 1981, 1983; Irle, Windisch 1983; Kiresuk u.a. 1984). Alle diese Erfahrungen und Empfehlungen verweisen also auf die Bedeutung der *Personen*, die Veränderungen tragen sollen - sowohl Vorgesetzte als auch Fachkräfte[5]. Ein Nachteil der personengebundenen Strategien ist, daß durch die hohe Fluktation im Bereich der Sozialen Arbeit gute Innovationen auch schnell wieder verloren gehen, wenn nicht andere, also strukturelle Sicherungs- und Stabilisierungsmöglichkeiten in Betracht gezogen werden.

5.1.2 Erfahrungen mit der Erfassung von Veränderungen

In den 60er und 70er Jahren übertrugen die Evaluatorinnen zunächst die Problemdefinitionen, die wissenschaftlichen Konzepte und Methoden aus ihren Herkunftsdisziplinen auf ihre Arbeitsbereiche. Shadish und Reichardt beschreiben dieses Vorgehen als provinziell und naiv: "Evaluators from a testing tradition were often accustomed to defining the problem as measuring achievement and to defining the testing. Evaluators from the tradition of experimentation in psychology and public health tended to see the problem as assessing program effectiveness, and the solution as experimental or quasi-experimental methods. Similary, evaluators from economics fokused more on causal modelling techniques, quantitative sociologists fokused on survey research, and qualitative sociologists and anthropologists emphasized case studies so as

---

5. Einschränkend ist zu sagen, daß bisher nicht schlüssig nachgewiesen ist, ob Veränderungsbemühungen, die dem Konzept der *Organisationsentwicklung* folgen, überhaupt wirksamer sind als konventionelle Veränderungen, z.B. aufgrund von Expertinnenrat, die hauptsächlich auf die Veränderung der Strukturen von Organisationen zielen (vgl. Kahn 1977, 292).

to understand social programs from the participants' point of view"[6] (Shadish, Reichardt 1987, 14).

Im Bereich der Sozialen Arbeit waren die ersten Ergebnisse von experimentell-orientierten Evaluationen sozialer Programme enttäuschend. Oft konnten keine oder nur wenig spektakuläre Effekte nachgewiesen werden. In den USA wurde daraufhin intensiv darüber diskutiert, ob die amerikanischen Sozialprogramme der letzten zwanzig Jahre als Fehlschlag zu werten seien[7]. Shadish moniert, daß zur Stützung dieser Kritiken Befunde aus der Evaluationsforschung herangezogen werden und daß führende Evaluationforscher (teilweise wider besseres Wissen und eigene Ergebnisse) dieses öffentlich unterstützten[8]. Viele Studien waren jedoch methodisch fehlerhaft und wurden schlampig durchgeführt. Man stellte die falschen Fragen, verwendete unangemessene Forschungspläne und uneinheitliche Bewertungskriterien.

Unabhängig von der Frage, ob man die identifizierten Probleme überhaupt mit Mitteln der Sozialen Arbeit beheben kann, ist festzuhalten, daß soziale Probleme und Interventionen keine fest umrissenen Einheiten sind, die man standardisieren und deren Wirkung man exakt messen könnte. Sie sind dynamisch und verändern sich je nach Kontext und Situation[9]. Ferner bringt jede Intervention auch extrafunktionale Effekte hervor (Stichwort: hidden curriculum). Die Frage, wie man Interventionen bestimmen und messen kann, zählt auch in den USA immer noch zu den am wenigsten faßbaren Problemen (vgl. Heiner 1986 a, 76; Shadish, Reichardt 1987). Die zunächst eingesetzten experimentellen Designs erwiesen sich daher für die angestrebten Zwecke als wenig tauglich[10]. Wegen der mangelnden Faßbarkeit des Forschungsgegenstandes verbieten sich einfache Wenn-Dann-Konstruktionen und die Suche nach Kausalbeziehungen. Problemlösungen und Innovationen brauchen überdies Zeit, um zu wirken. Veränderungen sind oft nicht kurzfristig zu erkennen, teilweise wird von einem Timelag bis zu zwanzig Jahren gesprochen. So wurden teilweise "Wirkungen" gemessen, ehe sie überhaupt hätten sichtbar werden können. Als einen Lernerfolg aus diesen Erfahrungen heben Shadish und Reichardt (1987) den zentralen Stellenwert einer Implementationstheorie für die Verbesserung sozialer Programme hervor. Man mußte teilweise auch erst Konzepte über die *Wirkungen* sozialer Programme entwickeln, um Vorstellungen davon zu gewinnen, was überhaupt untersucht werden sollte (vgl. C.W. Müller 1988 e, 26).

---

6. Ein Beispiel ist das bekannte Headstart-Programm. Rein berichtet, daß die Evaluatorinnen gut in der Lage waren, *kognitive* Kompetenz zu messen, aber wenig darüber wußten, wie man *soziale* Kompetenz mißt. Daher "stülpten sie dem Programm das Ziel der Intelligenzentwicklung über, um es mit ihren Werkzeugen nach ihren Kenntnissen zu evaluieren" (Rein 1984, 181).

7. Vgl. die Würdigung solcher Untersuchungen bei C.W. Müller (1978, 20 ff.); Freeman, Solomon (1984, 137); Dewe, Wohlfahrt (1985, 124 ff.); Heiner (1989, 183 ff.).

8. Als Beispiel zitiert er Rossi's "ehernes Gesetz": "Die Erwartung des Nettoeinflusses eines Sozialprogrammes ist gleich Null. Damit will ich sagen: die beste a priori Schätzung eines Nettoeffektes eines Programms, die wir machen können, ist die, daß das Programm keinen Effekt hat" (Rossi 1985, 2; zit. n. Shadish 1990, 160).

9. Zur Messung von Effekten der Organisationsentwicklung zeigt Kahn, daß Begriffe wie Sensitivity Training o.ä. als Etikett für die unterschiedlichsten Aktivitäten benutzt und als Variablen gehandelt würden, obwohl sie mindestens Variablenbündel, wenn nicht gar Konzepte seien, von denen man hoffe, daß sie wirken. Man lege zwar "Beweise" für die Wirkung vor, ließe aber das Publikum im unklaren, durch welche Faktoren oder durch welches Zusammenwirken welcher Faktoren diese Wirkung erzielt wurde. "Gut" im wissenschaftlichen Sinne könne eine Intervention nur sein, wenn sie so ausreichend beschrieben sei, daß eine Wiederholung und eine Analyse ihrer Faktoren möglich sei (vgl. Kahn 1977, 287 ff.).

10. Damit soll nicht gesagt sein, daß experimentelle Designs generell unbrauchbar zur Erfassung von Interventionen sind: es lag wohl eher an der schlechten Ausbildung der Evaluatorinnen (vgl. Abschnitt 2.2.4).

Einige Evaluationsforscherinnen versuchten nun, die *kleinen* Effekte genauer zu erfassen, und sie konnten nachweisen, daß Soziale Arbeit sehr wohl Wirkungen zeigt, auch wenn große und schnelle Erfolge ausbleiben. Im weiteren arbeiteten sie an angemesseneren Evaluationskonzepten und Instrumenten[11] (vgl. auch Abschnitt 4.2). Die Empfehlungen gehen jetzt meist dahin, alltägliche Routinen und kleinere Handlungsfolgen auf ihre "Effektkriterien", also die Faktoren, die Veränderungen bewirken, zu untersuchen. In Zeiten knapper Ressourcen sind ohnehin nur "Reformen" möglich, die das Handlungsrepertoire der Fachkräfte qualifizieren, *ohne* daß man zuvor die ganze Organisation umstrukturieren muß. Die Fachkräfte können überschaubare Handlungs-Elemente als unabhängige Variablen in ihrem Alltag einführen und mit ihnen nach dem Prinzip der kontrollierten Variation experimentieren. Ein anderer Vorschlag lautet, nicht mehr ganze Projekte zu evaluieren, sondern ausgewählten Fragen nachzugehen oder Interventionen zu evaluieren, die besonders erfolgreich sind. Solche und ähnliche Vorhaben lassen sich mit Mitteln der traditionellen Evaluation kaum durchführen, so daß eine Tendenz zu verzeichnen ist, die Fachkräfte zur Evaluation ihrer eigenen Arbeit zu motivieren.

Die theoretische und methodische Sperrigkeit des Gegenstandes führte zur Relativierung des positivistischen Paradigmas. Einige Evaluationsforscherinnen (nicht die Mehrheit) entwickelten neue gegenstandsbezogene Theorien und alternative Wege des Ergebnistransfers[12]. Sie gaben ihr enges Verständnis von Evaluation als Erfolgskontrolle auf und übernahmen auch praxisbegleitende Funktionen (vgl. Hoschka u.a. 1978; Krug, Pelzer 1978; Kraak 1979; Baumann 1981; Berg, Wortmann 1987; Bitzan, Klöck 1987). Die Aufgabenbeschreibungen reichen heute von der Hilfe zur Konzeptentwicklung und dessen Implementation über die (wissenschaftliche) Praxisberatung bis zum Transfer von Ergebnissen. Manche Autorinnen lehnen externe Forscherinnen völlig ab. Solche Konkretisierungs- und Erweiterungsprozesse sind auch in den anderen Qualifizierungstraditionen zu beobachten. Supervisorinnen arbeiten zunehmend in der Team- und Organisationsberatung und Praxisforscherinnen beschreiben teilweise ihren Aufgabenbereich mit denselben Begriffen (vgl. Filsinger, Hinte 1988). Es ist also festzuhalten, daß eine Annäherung der Forschung an den Alltag der Sozialen Arbeit zwingend fordert, daß die Fachkräfte einen Großteil dieser Forschung selbst übernehmen müssen.

---

11. Die Realitäten der Evaluationspraxis übten also selbst einen evaluativen Einfluß aus, wie Shadish und Reichardt (1987) treffend bemerken. I.M. veränderten sich auch die Evaluations*theorien* durch Erfahrungen und Entwicklungen der Evaluationspraxis. Praktizierende Evaluatorinnen legen ihr gesammeltes Wissen leider selten schriftlich nieder, so daß viele praktikable und erprobte Methoden und Problemlösungen keine angemessene Verbreitung finden. Darum heben sie die wenigen Versuche hervor, praktizierende Evaluatorinnen über Interviews der Fachöffentlichkeit vorzustellen und sie somit in die Fachdiskussion einzubeziehen (vgl. Shadish, Reichardt 1987, 19). Williams befragte vierzehn führende Evaluatorinnen zu Theorie und Praxis ihrer Arbeit. Er konnte zeigen, daß ihre Theorien sehr viel mehr voneinander abweichen als ihre Praxis (vgl. Williams 1989).

12. Z.B. hätten die vielen Varianten der Praxisberatung noch Anfang der 70er Jahre als "Störung" des wissenschaftlichen Arbeitens, als "Verschleierung" unwissenschaftlicher Vorgehensweisen oder bestenfalls als überflüssiger Aufwand gegolten (vgl. Krug, Pelzer 1978).

5.2 Handlungskompetenz und Erfolg aus der Sicht von Fachkräften

Die Zusammenarbeit von Wissenschaftlerinnen und Fachkräften verläuft nicht immer glücklich. Es ist schwer möglich, ein partnerschaftliches Verhältnis herzustellen, so daß viele Fachkräfte in solchen Kooperationen das Gefühl bekommen, eher untergeordnete Rollen zu spielen. Auch der Weg, die Fachkräfte von "außen" oder "oben" zu qualifizieren (durch die Pflicht zur Supervision oder durch den Entwurf von Professionalisierungs- und Handlungskompetenzmodellen) erwies sich als Sackgasse (Abschnitt 5.2.1); die meisten Fachkräfte fühlen sich von den Kompetenzdiskussionen nicht angesprochen. Ein Grund liegt wahrscheinlich darin, daß sie in den meisten Qualifizierungsüberlegungen auf die Rolle von Objekten festgelegt sind. Da Selbstevaluation von einem *Subjekt*status der Fachkräfte ausgeht, will ich in einem gesonderten Abschnitt Fachkräfte selbst ausführlich zu Wort kommen zu lassen. Ich stelle daher Statements zu ihrem Rollenselbstverständnis, ihrer Wissensbasis, ihren Vorstellung von Kompetenz, ihren Entfaltungsmöglichkeiten am Arbeitsplatz und ihren spezifischen beruflichen Problemen zusammen (5.2.2). Es folgen Informationen zu Erfolgskriterien von Fachkräften (5.2.3).

5.2.1 Zur Rolle der Fachkräfte in bisherigen Qualifizierungsüber- legungen

Beim Studium des amerikanischen Ausbildungssystems stellte ich neidvoll fest, daß die Zusammenarbeit von "Theorie" und "Praxis" zumindest für die zweijährige Ausbildung zum bachelor of social work institutionalisiert ist (oder war), und daß das System der Ausbildungssupervision noch in den 70er Jahren flächendeckend verankert war. Daraus müßte (theoretisch) folgen, daß die amerikanischen Fachkräfte über ein Höchstmaß an Selbstreflexion verfügen. Von der amerikanischen Supervision wird jedoch berichtet, daß die social workers die Verpflichtung zur Supervision als Abhängigkeitsverhältnis und Kontrolle empfinden; beides schafft ein Klima, in dem die Passion der Selbstreflexion nicht gut gedeiht. Die kontrollierenden Anteile der Kombination von Ausbildung, Unterstützung und Verwaltung machen offensichtlich die fördernden Anteile zunichte[13]. Denn wenn der Druck "von oben" zu stark wird, entziehen sich die Fachkräfte mit den verschiedensten Strategien und Argumentationen (vgl. Leube 1981, 168) und mit der Etablierung alternativer Supervisionsformen[14]. Eine sehr enge Verbindung von Supervision und Ausbildung konzentriert im übrigen das Verfahren sehr auf die Persönlichkeit der jeweiligen Fachkraft, was den Blick für organisatorische und gesellschaftliche Rahmenbedingungen verstellen kann.

Aus der Geschichte der Professionalisierung der amerikanischen social workers halte ich fest, daß sich die deutschen (akademischen) Diskussionsteilnehmerinnen in den 70er Jahren eine Spielart des sozial work zum Vorbild nahmen, die im deutschen System der sozialen Sicherung keine Entsprechung hat. Es kann keine unabhängigen professionals der Sozialen Arbeit geben, weil die Klientel aus Menschen besteht, die gerade *nicht* in der Lage sind, selbst zu diagnostizieren, welche Probleme sie haben und zu welchen Fachleuten sie sich dann "privat" in Behandlung begeben könnten. Eine Professionalisierung (wie sie angestrebt wurde und teilweise noch wird) könnte vielleicht die berufliche Identität der Fachkräfte und ihrer Beraterinnen stützen,

---

13. Die deutschen Supervisorinnen haben daraus bekanntlich Konsequenzen gezogen und trennen strikt zwischen den Funktionen - mit der Folge, daß die auch wichtigen Anteile der Kontrolle und Überwachung Sozialer Arbeit brach liegen. Das führte zwischenzeitlich zu einer Abschottung der Bereiche Ausbildung und Praxis mit den bekannten Grabenkämpfen und gegenseitigen Vorwürfen, vgl. die legendäre Entschließung der Kommunalen Spitzenverbände zur "falschen" Ausbildung der Fachkräfte (1976, 16 ff.).

14. Vgl. Leube (1981, 171 ff.); Föllmer (1977, 14); zu politischen Gründen der Ablehnung von Supervision vgl. auch Kadushin (1990, 16).

hat aber m.E. keinen unmittelbaren Nutzen für die Klientinnen. Ich bin auch mit Siegers (1986a) der Meinung, daß die Professionalisierungsbemühungen der Supervision den Abstand zur Sozialen Arbeit vergrößert haben, und daß nun wesentliche Funktionen der Praxisanleitung brach liegen, die anderweitig abgedeckt werden müssen. Das ist zumindest ein Nachteil. Unabhängig davon sind jedoch Domänen in der beruflichen Landschaft der Sozialen Arbeit nicht zu wahren und auch nicht anzustreben. Gleiches gilt für die Qualifizierungstraditionen, deren einzelne Optionen und Rollen sich ohnehin stark überschneiden (vgl. den Abschnitt 5.3.4). M.E. sollten nicht die Interessen der Professionen im Vordergrund stehen, sondern gründliche Situationsanalysen. Aus diesen Analysen ergeben sich dann die notwendigen Arbeitsaufgaben und auch Qualifikationsforderungen für Fachkräfte und ihre Beraterinnen (vgl. Staub-Bernasconi 1986). Die grundständige Ausbildung, also der "Beruf" den jemand erlernt hat, ist dabei nicht so maßgeblich.

Nach der Sichtung der Beiträge zur beruflichen Handlungskompetenz von Fachkräften der Sozialen Arbeit habe ich nicht genau verstanden, wo der Unterschied zwischen alten und neuen Kompetenzmodellen liegt. Die Handlungskompetenz der friendly visitors bestand darin, sich Zugang zu Familien zu schaffen, sie persönlich zu beraten, Ressourcen im sozialen Netzwerk der Familien und der Nachbarschaft zu suchen und persönliche und materielle Hilfe zu geben. Dabei waren sie angewiesen, die begrenzten materiellen Ressourcen verantwortlich zu verwalten und in erster Linie denen zukommen zu lassen, die sich der Hilfe "würdig" erwiesen. Sie sollten möglichst "objektiv" und standardisiert vorgehen und eigene Vorlieben und Vorurteile beiseite lassen. Mit einem vergleichbaren Ziel ging es später darum, geeignete Theorien und Modelle zur Beschreibung, Erklärung und Beurteilung von Situationen und Personen aus den unterschiedlichsten wissenschaftlichen Disziplinen heranzuziehen. Ihre Auswahl und ihr Einsatz wurde durch eine ausgeprägte soziale Ethik, durch Erfahrung, Intuition und Charisma gesteuert. Nach meinem Eindruck sind die alten Kompetenzmodelle erstaunlich aktuell. Denn immer noch oder wieder neu ist die "Persönlichkeit" und ihre "Kunst" der wichtigste und zugleich am wenigsten der systematischen Bearbeitung zugängliche Faktor. Und ob der wissenschaftlich überarbeitete Kompetenzkatalog[15] weniger "schwammig" geraten ist als der traditionelle, sei dahingestellt. Peter mag mit der Einschätzung recht haben, daß sich die konkrete Aufzählung förderlicher Persönlichkeitsmerkmale besser für die *Ausbildung* operationalisieren läßt[16] als die ethischen Grundforderungen (vgl. Peter 1982, 28); ich kann aber nicht sehen, daß die Formel von der "beruflichen Identität als selbstreflexiver Aneignung der Berufsrolle" (Gildemeister 1983) oder die Rede von der "Person als Werkzeug" konkreter ist als die alte Methodenlehre[17]. Gebracht hat die Debatte eine Aufwertung der reflexiven Anteile der Berufsrolle, womit Verfahren wie Supervision und Selbstevaluation ein besserer Boden bereitet worden ist.

---

15. Vgl. die Erörterungen von Gildemeister (1983); Knüppel, Wilhelm (1987); Dewe, Ferchhoff (1986); Dewe, Wohlfahrt (1989); Olk, Otto (1989).

16. Der eigentliche Sinn von Kompetenzmodellen liegt darin, Elemente zur Strukturierung der Ausbildung zu gewinnen. Lau und Wolff kritisieren, daß Ausbilderinnen selten offenlegen, daß sie diese Modelle hauptsächlich entwickeln, um *ihre* Arbeitssituation zu strukturieren (vgl. Lau, Wolff 1982 b, 299 f.; vgl. auch Hinte 1984, 41 f.). Eine Verkettung von Kompetenzmodellen und Wirkung in der Praxis ist nicht anzunehmen.

17. Bemerkenswert finde ich, daß in der gesamten Kompetenzdebatte die Fähigkeit zum methodischen Arbeiten als Ausweis von Handlungskompetenz eher nebenbei erwähnt wird. Es ist zwar die Rede von notwendigen "Fertigkeiten" und "Techniken", die selbstverständlich erworben werden müssen (vgl. Gildemeister 1983, 121). Sie scheinen sich aber dem wissenschaftlichen Interesse (immer noch) weitgehend zu entziehen.

Hinzu kommt, daß die Kompetenzmodelle meist aus normativen und mehr oder weniger spekulativen Urteilen über die Realität Sozialer Arbeit abgeleitet sind und einseitig fachliche Standards zum Bezugspunkt nehmen. Das kann für die Planung von Ausbildung durchaus von Nutzen sein, hat aber nur begrenzte Orientierungsfunktion für das praktische Handeln, denn solche Modelle erfassen nur einen kleinen Teil der beruflichen Anforderungen in institutionellen Zusammenhängen. Die Fachkräfte Sozialer Arbeit beziehen sich durchaus nicht immer in "fachlicher" Weise auf ihre Klientinnen. Sie realisieren ihre Kompetenzen auf den verschiedensten Handlungsebenen. Ebenso wichtig wie die kommunikativen Kompetenzen, die sie im direkten Umgang mit Klientinnen realisieren (Mikro-Ebene), sind Fähigkeiten, innerhalb ihrer Institution und über diese hinaus mit Kolleginnen, Vorgesetzten und anderen Interessierten angemessen umzugehen (Mezzo-Ebene). Und sie müssen die spezifischen Schicksale, mit denen sie konfrontiert sind, immer auch als Resultat der individuellen Verarbeitung gesamtgesellschaftlicher Ursachenzusammenhänge verstehen und als solche bearbeiten (Makro-Ebene) (vgl. C.W. Müller 1988 d; Dewe, Ferchhoff 1986; Bader 1990). Reflektiert man die gesellschaftlichen und institutionellen Zusammenhänge nicht angemessen mit, erscheint jegliche Praxis Sozialer Arbeit defizitär. Es gibt kaum Untersuchungen darüber, wie gesellschaftliche und individuelle Probleme durch institutionelle Prozesse gebrochen, verändert, beeinflußt werden, bevor die Fachkräfte sie bearbeiten können. Und obwohl schon die Studien der 70er Jahre zeigen, wie stark das praktische Handeln mit den institutionellen Abläufen verwoben ist, gibt es immer noch wenig Gewißheit darüber, wie sich die institutionelle Eingebundenheit im Bewußtsein und dem praktischen Handeln der Fachkräfte niederschlägt (vgl. Gaertner 1978; Dewe, Wohlfahrt 1989).

Aus direkten Begegnungen und Kooperationen zwischen Wissenschaftlerinnen und Fachkräften ist auch nicht viel Positives zu berichten. Z.B. wünschen sich Fachkräfte in Projekten, die mit einer Begleitforschung laufen, Hilfen zur "Umsetzung" wissenschaftlichen Wissens für ihre konkrete Praxis oder doch wenigstens Beratung durch die Wissenschaftlerinnen. Statt dessen empfinden sie Wissenschaftlerinnen eher als Fremdkörper oder Parasiten und sich selbst als Forschungsobjekte und Lieferantinnen für Material, über dessen weitere Verwendung sie keine Verfügung haben. Da wissenschaftliche Begleitung schon wegen der hohen Kosten häufig "von oben" in Auftrag gegeben wird, mißtrauen sie den außenstehenden und in der Regel höherqualifizierten Expertinnen. Sie unterstellen der Leitung ihrer Organisation Kontroll- und Rationalisierungsabsichten, die sie mit ihrem eigenen fachlichen Interesse polarisieren (vgl. Hamburger 1989). Sie nehmen die Forscherinnen als Kontrolleurinnen wahr, die ihre Arbeit beurteilen und deren Goodwill sie in gewisser Hinsicht ausgeliefert sind. Sie fühlen sich verpflichtet, ihnen "gute" Praxis vorzuführen, um der Leitung keine Informationen zu geben, die gegen sie ausgenutzt werden können. Im besten Falle hoffen sie, daß alles so bleibt, wie es ist. Es ist zwar nicht so, daß Fachkräfte *keine* Qualifizierungs- und Nutzenerwartungen haben, diese werden aber oft durch die Modalitäten der "Hilfsangebote" konterkariert. Das zentrale Postulat der Hilfe zur Selbsthilfe scheint auf die Fachkräfte der Sozialen Arbeit keine Anwendung zu finden. Nimmt man also die Fachkräfte selbst zum Bezugspunkt, bleiben viele Probleme und offene Fragen.

5.2.2 Rollenbild und Wissensbasis von Fachkräften

Aus der Untersuchung von Klüsche geht hervor, daß die meisten Fachkräfte in hierarchischen Strukturen (81 %) und/oder in Teamarbeit (76 %) arbeiten, wobei sich nur knapp die Hälfte in eindeutig abhängiger Funktion einstuft[18] (vgl. Klüsche 1990, 20). Viele arbeiten selbst in verantwortlichen und einflußreichen Positionen. Sind sind mehrheitlich (zu 59 %) ihren Vorsitzenden, Dezernentinnen oder Leiterinnen direkt unterstellt und nicht durch blockierende Zwischenebenen behindert. Mehr als die Hälfte ihrer Vorgesetzten ist in einem sozialen Beruf ausgebildet, und nur 16 % aller Fachkräfte ist direkt von Verwaltungsbeamtinnen abhängig (vgl. Klüsche 1990, 21). Die Hälfte aller Befragten stuft den Arbeitsplatz als eher unabhängig ein, und ebenfalls die Hälfte ist u.a. gegenüber Mitarbeiterinnen aus Verwaltungsberufen weisungsberechtigt, was Klüsche zu dem Kommentar veranlaßt, daß der "Kampf" der Sozialberufe gegen die Bürokratie eher Vorurteilen geschuldet sei (vgl. Klüsche 1990, 23). Ein großer Teil der Fachkräfte verfügt über eine Palette von Einflußfeldern, die ihnen ausreichend Gestaltungsraum zum Einsatz ihrer personalen Kompetenzen und Chancen zu einer individuell ausgerichteten Profilierung bietet. Die Fachkräfte kommunizieren im Dienst mit durchschnittlich vier verschiedenen Organisationen und mit 11 - 50 (fachlichen und fachfremden) Gesprächspartnerinnen. Sie kommunizieren intensiv mit Fachkolleginnen; bemerkenswert ist, daß sie dazu die Kolleginnen aus anderen Einrichtungen vorziehen. Die direkten Kolleginnen werden weniger angesprochen. 80 % der Befragten verwendeten nur 5 % ihrer Arbeitszeit auf Gespräche mit Vorgesetzten, was auch bedeutet, daß Vorgesetzte ihren Fachkräften offenbar sehr viel Gestaltungsspielraum lassen (vgl. Klüsche 1990, 28). "Eine abschließende Beurteilung der Zufriedenheit mit der institutionellen Einbindung des Arbeitsplatzes zeigt, daß 84 % die Rangstellung ihres Arbeitsplatzes, dessen Freiheitsgrad und die kommunikativen Erfahrungen als mindestens zufriedenstellend einstufen. Demnach können in sozialen Arbeitsfeldern die Vielzahl der Berufskontakte und deren Verteilung das Grundbedürfnis der dort Tätigen nach abwechslungsreichen Interaktionen in hohem Maße befriedigen" (Klüsche 1990, 30).

In der Gewichtung der gesellschaftspolitischen Berufsaspekte variieren als Kernpunkte des Selbstverständnisses soziale Stützung, Krisenintervention und Erziehungsauftrag (vgl. Klüsche 1990, 51). Ihre persönlichen Schwerpunkte sehen die meisten Fachkräfte (95 %) in der "direkten Arbeit mit Klientinnen. 80 % betrachten sich auch als Vermittlerinnen in der Zusammenarbeit mit anderen Institutionen. Gut die Hälfte ist bemüht, das Umfeld der Klienten zu beachten, faßbar an der Arbeit mit Familienangehörigen. Über 80 % der Fachkräfte setzen die Arbeit mit den Klientinnen auch auf den ersten Rangplatz. An zweiter und dritter Stelle rangiert die Zusammenarbeit mit anderen Institutionen, was zeigt, für wie wichtig die Fachkräfte ein umfassendes Beziehungsnetz halten. Nur ein kleinerer Prozentsatz sieht in der Gestaltung der internen Organisationsstrukturen eine wichtige Aufgabe (vgl. Klüsche 1990, 52 f.).

Zum Rollenbild der Fachkräfte erhob Klüsche Angaben zum reflektierten Fremdbild und zum Selbstbild. Ein Vergleich von Selbstbild und vermutetem Fremdbild zeigt Diskrepanzen. Die Fachkräfte sehen sich im Blick der Klientinnen etwa zu gleichen Teilen als Beraterinnen, Helferinnen, Vertraute und Kontrolleurinnen; sie selbst empfinden sich überwiegend als Helferinnen. "Die aktive Betreuung und das Zupacken gehören als erstes zum sozialen Beruf. Die Beraterrolle tritt in den Hintergrund und die Haltung eines Vertrauten und die Position des Kontrolleurs werden gewichtiger. Man ist sich bewußt, eine Beziehung anbieten zu wollen, aber auch verantwortlich eingreifen zu müssen. Der nüchterne Expertstatus wird im Selbstbild unbedeutend, vor allem aber die Komponente der Gegnerschaft zur Klientel. Sie ergibt sich wohl im Alltag, ist aber nicht gewollt". Klüsche vermutet, solche Diskrepanzen könnten im Einzelfall zu Verunsicherungen führen, "da man sich anders gesehen glaubt als man ist und

---

18. Zur Untersuchungspopulation und Durchführungsmodalitäten vgl. Abschnitt 3.2. Ich erinnere noch einmal daran, daß für alle benannten Kategorien Mehrfachnennungen abgegeben wurden (ausgewertet wurden ca. 300 umfangreiche Fragebögen). Die Prozentzahlen habe ich der Übersichtlichkeit wegen jeweils abgerundet.

Erwartungen gegenübersteht, die mit dem Selbstverständnis nicht ohne weiteres in Einklang zu bringen sind. Eine Irritation darüber, welchem Bild zu folgen ist, kann belastend sein" (Klüsche 1990, 80).

Die Fachkräfte wurden auch dazu befragt, welche ihrer persönlichen Leistungen ihrer Meinung nach den Klientinnen am meisten zugute kämen. Sie nannten Wissen (78 %), Anteilnahme am Schicksal des Klienten (69 %), persönliche Festigkeit und Stärke (52 %), Ratschläge (48 %), Anleitung (43 %), Kreativität (34 %), Zielvorgaben (32 %), institutionelle Macht (28 %), methodische Gesprächsführung - Therapie (7 %), Konfrontation und persönliche Auseinandersetzung (1 %), Lebens- und Berufserfahrung (1 %). In der Rangordnung nahm die Anteilnahme am Schicksal des Klienten den höchsten Platz ein, gefolgt von Wissen und persönlicher Festigkeit und Stärke (vgl. Klüsche 1990, 87). Die sog. individuellen Haltungen und Persönlichkeitsmerkmale, die auch in der alten Methodenlehre eine Rolle spielten, werden von den Fachkräften nach wie vor als wichtig eingestuft. Bzgl. der Kategorie "Wissen" ist leider nicht zu erkennen, welches Wissen die Fachkräfte meinen, ob wissenschaftliches oder erfahrungsbezogenes Erklärungswissen (vgl. Abschnitt 5.5.2). Bezogen auf ihre persönliche Entwicklung und Entfaltung am Arbeitsplatz bejahten 85 % der Fachkräfte die Frage, ob ihre Arbeit sie persönlich bereichere. Sie nannten die menschliche Begegnung, die Entwicklung der personalen Fähigkeiten, die Auseinandersetzung mit der eigenen Person und auch eine "vertiefte Einsicht in die menschliche Existenz" (vgl. Klüsche 1990, 135). Eine Selbstwertsteigerung empfinden ebenfalls über 90 % der Befragten (vgl. Klüsche 1990, 142). Über 80 % der Befragten haben auch das Gefühl, daß ihre Kompetenz wächst, vor allem bzgl. ihrer Kenntnis von Methoden und erweiterten Handlungsalternativen, ihrer Berufserfahrung, ihres Fachwissens und ihrer Reflexionsfähigkeit. Die meisten (87 %) fühlen sich und ihre Arbeit anerkannt; am stärksten von Klientinnen (63 %), gefolgt von Kolleginnen (40 %) ihren Arbeitgeberinnen (27 %) und ihren direkten Vorgesetzten (19 %) (vgl. Klüsche 1990, 139). Sie sprechen vorwiegend mit ihren Kolleginnen (92 %) und ihren Angehörigen (57 %) über ihre beruflichen Probleme. Vorgesetzte werden selten zur Aussprache aufgesucht, sie sind nur für 20 % der Befragten die drittwichtigste Gesprächspartnerin.

In der Literatur wird immer wieder verbreitet, daß Fachkräfte nicht besonders erpicht auf das Lesen und Beherzigen von Lehrbüchern und akademischen Ausführungen seien, daß sie von Theorien selten Hilfe erwarteten und das auch nicht problematisch fänden[19]. In den 70er Jahren ging Elisabeth Ebert der Frage nach, auf welche Quellen die Fachkräfte ihre Erklärungen und Strategien stützen[20]. Danach sind die "wissenschaftsfähigen Aussagen und Konzepte" mit 52 % am stärksten vertreten. Es folgen "Leerformeln und Alltagsweisheiten (mit 29,5 %) sowie "pseudowissenschaftliche Aussagen" (mit 11 %) und "wissenschaftliche Aussagen und Konzepte" mit 7 % (vgl. Ebert 1975, 306). Sie behauptet (wahrscheinlich in Anlehnung an die 1971 von Peters formulierte These von der mißlungenen Professionalisierung), daß eine solche Haltung auch funktional sei, denn wenn die Fachkräfte sich stärker an sozialwissenschaftlich

---

19. Jill Kagle berichtet von einem Nebenergebnis ihrer Studie über die Evaluationskriterien von amerikanischen workers, nach dem die meisten Praktikerinnen ein großes Selbstbewußtsein bzgl. ihrer Fallarbeit an den Tag legten. Die meisten workers stuften sich kompetenter ein als die Fachkolleginnen, deren schriftlich vorgelegte "Fälle" sie evaluieren sollten; Kagle fragt, ob die Praktikerinnen ihre Fähigkeiten überschätzen: "Are social workers complacent, as some suggest (Briar 1974), unable to use the results of research to inform practice (Kirk & Fischer 1976), unaccustomed to using research to inform practice (Rosenblatt, 1968), or unconvinced by research findings? Are social workers uninformed about the effectiveness studies or do they choose to overlook their implications?" (Kagle 1978, 70).

20. Elisabeth Ebert wertete für ihre Diplomarbeit 200 Jugendgerichtshilfeberichte inhaltsanalytisch aus. Sie kategorisierte den Status der Wissensformen der Fachkräfte sowie ihre jeweilige Argumentationsebene. Weiterhin untersuchte sie, welche Erklärungsansätze jugendlicher Delinquenz herangezogen wurden.

erzeugten Theorien orientierten, müßten sie erkennen, daß die Interventionen, die sie in ihrem Verwaltungskontext anböten, im Gegensatz stünden zu den Maßnahmen, die aus den Forschungsergebnissen abzuleiten seien (z.B. zu den Verursachungsfaktoren von Jugendkriminalität). Auch Klüsche berichtet, daß Fachwissen das letzte von sieben Handlungskriterien war und nur von 2 % der Fachkräfte benannt wurde (vgl. Klüsche 1990, 94). Möglicherweise liegt die Nicht-Nutzung von Forschungsergebnissen daran, daß die beiden "Welten" Wissenschaft und Praxis sehr voneinander getrennt sind. Viele der publizierten Forschungsergebnisse sind auch in einer Sprache abgefaßt, die die Fachkräfte nicht verstehen. Weil sie sich weigern, so etwas zu lesen, kennen sie viele interessante neuere Ergebnisse nicht, und sie können somit auch die potentiellen Möglichkeiten der Theorienutzung für ihre Praxis nicht ermessen. Was gelesen und rezipiert wird, sind Praxisdokumentationen von Kolleginnen, die als Erfahrungsberichte aufbereitet sind[21]. Die Theorie-Abstinenz könnte auch ein Produkt der Sozialisation der Fachkräfte in ihre Berufsrolle sein. Viele hegen zunächst die (falsche) Hoffnung, das in der Ausbildung gelernte Wissen in der Praxis "umsetzen" zu können, und sie "erleben" dann (und es wird ihnen von berufserfahrenen Kolleginnen auch vermittelt), daß diese Hoffnung trügerisch ist[22]. Gildemeister glaubt, daß die Fachkräfte diese "Erkenntnis" über alle inhaltlichen Positionen und Arbeitsbereiche hinweg innerhalb der Profession und gegenüber Klientinnen und Außenstehenden zur Immunisierung und Kritikabwehr nutzen. Mit solchen "selbstabdichtenden Formen professionellen Bewußtseins" stärken sie ihr Selbstbewußtsein, laufen aber Gefahr, ihre eigene Praxis zu mystifizieren[23] (vgl. Gildemeister 1983, 65). Es ist aber nicht so, daß die Fachkräfte Theorien und wissenschaftliches Erklärungswissen überhaupt nicht benutzen; sie gebrauchen sie nur anders als von den Wissenschaftlerinnen gewünscht, nämlich als Sprachspiel, als "sozialpädagogischen Code" (Lau, Wolff 1982 a). Dieses Sprachspiel dient ihnen zur Legitimation dessen, was sie tun und zur Vergewisserung ihres professionellen Selbstverständnisses[24].

---

21. Böhnisch und Schefold stellen dazu fest, daß auch die sozialpädagogische Fachdiskussion über angemessenes Handeln in Deutschland nicht an vorliegenden Forschungsergebnissen orientiert wird; man setzt sich statt dessen über ideologische Standpunkte (programmatische Vorgaben, normative Theorien) auseinander (vgl. Böhnisch, Schefold 1982, 563). Ähnlich findet Meinhold, daß Theorien oder Wissensfragmente als "handlungsbewertende Stereotypien" ("Einzelhilfe ist schlecht", "Stadtteilarbeit ist gut") eingesetzt werden. Sie glaubt, daß diese Verwendung auch durch die Entstehungsbedingungen mancher Forschungsergebnisse begünstigt worden ist, weil viele Ergebnisse aus einer kritischen Perspektive gegenüber der Sozialen Arbeit zustande gekommen seien, was ihre moralisierende Verwertung nahelege (vor allem, wenn ihre Praktikabilität gering sei) (vgl. Meinhold 1990, 2).

22. De facto gibt es auch nicht viele Ergebnisse, auf die die Fachkräfte sich beziehen könnten. Böhnisch und Schefold meinen, daß Wissenschaftlerinnen meist punktuell, nach ihren Interessen forschen, und daß die Ergebnisse wenig miteinander korrespondieren. Sie kritisieren auch das Mißverhältnis von Forschungsaufwand und praktisch verwertbaren Ergebnissen (vgl. Böhnisch, Schefold 1982, 563; vgl. auch Meinhold 1990, 2). Filsinger und Hinte sprechen ebenfalls (1988, 38) davon, daß viele Forscherinnen "tote Datenberge" produzieren, also Ergebnisse, die keinen Handlungsdruck erzeugen. Andererseits wird auch immer wieder die naive Vorstellung verbreitet, man könne Theorien umstandslos und linear in Anwendungskonzepte transferieren. Manche Forscherinnen erwecken den Eindruck, sie könnten Daten produzieren, die ohne Schwierigkeiten in Handlungsanweisungen überführt werden könnten oder diese sogar schon beinhalten, was die Enttäuschungen immer wieder neu bestätigt (vgl. Filsinger, Hinte 1988, 37).

23. Sie bilden sog. Praxistheorien, die sie aus ihren Erfahrungen im Umgang mit Klientinnen, Kolleginnen und Vorgesetzten, ihrem Helferselbstverständnis, Wissensbruchstücken aus der Ausbildung und Erwartungen der Institution (realisiert in Handlungsnormen, Erfolgserwartungen und -kriterien) zusammensetzen. Da diese Theorien wie gesagt selbstevident wirken, sind sie nicht vergleichbar und auch nicht kritisierbar. So werden Reibungsstellen innerhalb der Institution vermieden. Die dennoch auftretenden Probleme sollen die Sozialarbeiterinnen individuell lösen, und nur Klagen über Druck, zu viele Fälle, die bürokratische Verwaltung und ihre Anforderungen verraten etwas über die durch den Mechanismus der Individualisierung bewirkten Probleme.

24. Am Beispiel des Begriffs "Sozialisation" zeigen Böhnisch und Schefold, daß die Fachkräfte nicht mit den durch Forschung zutage geförderten *Inhalten* umgehen, sondern daß sie mit diesem Begriff die *Ziele* bezeichnen, die sie verfolgen wollen. "Zielformulierungen dienen so eher der intersubjektiven Verständigung über die Intention von Maßnahmen, nicht aber als analytische Konstrukte, die gerade die Wirksamkeit dieser Intentionen in Frage stellen könnten. Sie dienen der Vergewisserung von professionellem Selbstverständnis, der Legitimation der Institution nach außen. ... 'Sozialisation' hat offenbar die Funktion einer für die Profession identitätsstiftenden

Bei aller positiven Einschätzung der Arbeit gibt es doch einige Bereiche, die als problematisch empfunden werden. Ca. ein Viertel aller Befragten klagten über Probleme. An erster Stelle monieren sie das Gefühl, sich selbst überlassen zu sein (28 %, gegenüber 51 %, die dieses eher verneinen), und sie wünschen sich mehr Austausch, also intensivere Kontaktmöglichkeiten mit Kolleginnen, gemeinsame Fallbesprechungen, mehr und echte Teilnahme an aktuellen und konzeptionellen Fragen, mehr Interesse an den Aufgaben und klärende Gespräche, vor allem mit Vorgesetzten, die ihnen die Rahmenbedingungen für ihre eigene Position aufzeigen können (vgl. Klüsche 1990, 147). Für 23 % der Fachkräfte ist auch die unklare Definition des Arbeitsauftrages ein Problem. Bemängelt werden fehlende bzw. unklare Formulierungen bei den Arbeitsanweisungen, fehlende Spezialisierung und Überschneidungen in Arbeitsgebieten, mangelnde Festlegung von Kompetenz und Entscheidungsbefugnis, die Allzuständigkeit der Fachkräfte, eine unklare Definition von Sozialarbeit/Sozialpädagogik, das Fehlen einer Arbeitskonzeption und unvorhersehbare Änderungen in den Arbeitsanforderungen (manche wünschen sich auch eine größere Unabhängigkeit von institutionellen Vorgaben). Ein Fünftel aller Fachkräfte problematisiert eine mangelnde Verständigungsmöglichkeit mit den Kolleginnen und nennt als Gründe persönlichkeitsspezifische Konflikte, Rivalitäten, Kontaktschwierigkeiten, unterschiedliche Arbeitsbereiche, persönliche und formale Vorbehalte gegen Teamarbeit, Zeitmangel und eine ungenügende Anerkennung fachlicher Belange. Ebenfalls ein Fünftel klagt über Gefühle des Zukurzkommens, wegen hoher zeitlicher Beanspruchung, Überforderung durch einen zu hohen Arbeitsanspruch, hoher Belastung durch personales Gefordertsein, Mangel an Feedback und Anerkennung und auch wegen der Erfolglosigkeit der Arbeit. Die Hälfte derjenigen, die Probleme eingestehen, fühlen sich auch durch Vorgesetzte unzureichend abgesichert, wenn sie eigene Entscheidungen beim Einsatz für Klientinnenbelange treffen müssen, bei Außenvertretungen und Öffentlichkeitsarbeit, bei der Aufsichtspflicht und in Versicherungsfragen, bei der Entwicklung von Arbeitskonzeptionen, der Formulierung eines Arbeitsauftrages, den Rahmenbedingungen und auch bei Erfolglosigkeit. Immerhin 18 % der Fachkräfte hält sich auch für unzureichend qualifiziert (vgl. Klüsche 1990, 146 ff.). Als individuelle Belastungen nannten die Fachkräfte eine emotionale Überforderung (30 %), die Vielseitigkeit der Aufgaben (23 %), Mängel in der Zusammenarbeit (18 %), die zeitliche Beanspruchung, die eine psychische Überforderung mit sich bringt (17 %) sowie die Erfolglosigkeit der Bemühungen (12 %) (vgl. Klüsche 1990, 158 ff.).

Gefragt nach behindernden Bedingungen für die Erfüllung des Arbeitsauftrages trugen die Fachkräfte eine lange Liste zusammen, die ich hier nicht wiedergeben kann (vgl. Klüsche 1990, 152). Klüsche schreibt, daß "alle aufgelisteten Elemente, wenn auch individuell sehr unterschiedlich, zum stärksten Behinderungsfaktor werden [können], was für ein sehr subjektiv geprägtes Herangehen an die Arbeitsbedingungen spricht. Neben der Unlösbarkeit der Klientenkonflikte und den geringen Veränderungsmöglichkeiten werden die gesellschaftlichen Bedingungen wieder stärker verantwortlich gemacht. Äußere Arbeitseinflüsse wie Klientenzahl, Personalmangel und Zeitdruck bilden einen weiteren negativen Erfahrungspool" (Klüsche 1990, 152). Die ebenfalls lange Liste der Problemstrukturen der Arbeitsplätze (vgl. Klüsche 1990, 154) hat (nach Meinung der Befragten) in erster Linie Auswirkungen auf die Qualität der Hilfeleistungen (54 %) und die Befindlichkeit der Helferinnen (31 %) und bringt Nachteile für Klientinnen (14 %). Klüsche hält das Leiden daran, daß die Situation der Klientinnen nicht bzw. nur schwer zu verändern sei, für charakteristisch und den Wunsch nach einer Handlungs-

---

gesellschaftlichen Ortsbestimmung gewonnen, eine Modernisierung des mit negativen Konnotationen beladenen Begriffs 'Erziehung'" (Böhnisch, Schefold 1982, 565).

freiheit, die durch keinerlei institutionelle Einbindung eingeschränkt sei für einen Kompensationseffekt (vgl. Klüsche 1990, 156).

Die Vorschläge zur Überwindung der berufsspezifischen Problemstrukturen zitiere ich ausführlich, weil sie auch Hinweise auf das Problembewußtsein der Fachkräfte gestatten. Genannt wurden: Personalvermehrung (20 %), strukturelle Verbesserung von Institution und Arbeitsorganisation (16 %), räumliche Verbesserungen - örtliche Verlagerung der Arbeitsräume (15 %), Senkung der Fallzahlen - Arbeitsverringerung - Arbeitsentlastung (13 %), Verbesserung von Zusammenarbeit, Teamarbeit, Absprachen (13 %), Konkretisierung und Abgrenzung des Arbeitsauftrages/Aufgabenbereiches (10 %), Supervisionsangebote (10 %), bessere Qualifizierung - Möglichkeiten zur Fortbildung (10 %), Entwicklung eines Arbeitskonzeptes - Planungsverbesserung (9 %), Kompetenzklärung - Statusverbesserung (8 %), Verbesserung der Arbeitsausstattung und der Arbeitsmittel (7 %), Entlastung von Verwaltungsaufgaben (6 %), Intensivierung des Kontaktes zu Klientinnen (5 %), Verbesserung der finanziellen Mittel - Verfügungsgewalt über Ausgaben (4 %), bessere Bezahlung (2 %), mehr Flexibilität und Entscheidungsfreudigkeit der Institution (1 %), Verbesserung der Arbeitsmotivation der Mitarbeiterinnen, Sicherung des Arbeitsplatzes (jew. unter 1 %) und keine Verbesserung nötig (2 %). Die Fachkräfte fordern also vorrangig institutionelle Verbesserungen (incl. besserer räumlicher Bedingungen); und sie fordern eine Verbesserung der internen Zusammenarbeit, sowohl auf horizontaler wie auf vertikaler Ebene, wobei die Klärung von Zuständigkeiten besonders hervorgehoben wird (vgl. Klüsche 1990, 157).

Sehr grob zusammengefaßt bedeutet das, daß die Fachkräfte überwiegend mit ihrer Rangstellung, ihrer Freiheit und den Kommunikationsmöglichkeiten zufrieden sind, daß sie sich persönlich entwickeln können und Kompetenzzuwachs verzeichnen. Getreu ihres Selbstbildes der unterstützenden Begleitung ihrer Klientinnen legen sie ihren Schwerpunkt hauptsächlich auf die Arbeit mit Klientinnen und die Zusammenarbeit mit anderen Organisationen Sozialer Arbeit. Ihr Handwerkszeug sehen sie stärker in persönlichen Leistungen und wissenschaftliches ist immer noch das letzte der Handlungskriterien, auf das Fachkräfte zurückgreifen. Problematisch ist häufig die Zusammenarbeit mit Kolleginnen, die unklare Definition der Arbeitsaufträge und -anforderungen, eine fehlende Unterstützung und Absicherung durch Vorgesetzte. Als Behinderung erleben sie überwiegend strukturelle Defizite ihrer Organisation und in der Zusammenarbeit mit Kolleginnen.

5.2.3 Erfolgskriterien von Fachkräften

Nach der Untersuchung von Klüsche machen die meisten Fachkräfte ihre subjektive Zufriedenheit vom *Erfolg ihrer Klientinnen* abhängig, denn von 12 zu bildenden Kategorien bezogen sich 8 auf die Situation der Klientinnen. Die Fachkräfte betrachten es demnach als Erfolg, wenn sie das Klientinnenverhalten verbessern können (33 %), wenn die Klientinnen zufrieden sind und dankbare Rückmeldungen abgeben (24 %), wenn sie reale Veränderungen und Verbesserungen bei den Klientinnen bewirken können (21 %), wenn sie sich selbst als Verursacherinnen von Hilfe erleben können (19 %), wenn sie eine geplanten Hilfsmaßnahme erfolgreich abgeschlossen haben (16 %), wenn ihnen Kompetenz zugeschrieben wird, und wenn sie dadurch Anerkennung erfahren (15 %), wenn ihnen Beweise des Vertrauens und der Zuneigung entgegengebracht werden und wenn sie persönliche Beziehungen herstellen können (13 %), wenn sie generell Erfolgserlebnisse verzeichnen können (11 %), wenn sie eine tiefergehende Verständigung mit den Klientinnen erleben (10 %). Hinzu kommen Angaben zu einer harmonischen Teamsituation und eine gute Zusammenarbeit mit den Kolleginnen (9 %), gute zwischenmenschliche Kontakte und Beziehungen (8 %) und die freie Gestaltung einer fortlaufenden methodischen Arbeit (7 %) (vgl. Klüsche 1990, 136). Beim näheren Hinsehen stellt sich heraus, daß es nicht so sehr die erreichten Veränderungen bei den Klientinnen sind, sondern daß die Beziehungen zu ihnen im Mittelpunkt stehen. Das deckt sich mit den Einschätzungen von Bader (1987). Dieser kritisiert jedoch, daß die Betonung des Bedürfnis- und Beziehungsaspektes an die Stelle von Inhalten tritt (vgl. Bader 1987). Gerade weil den Fachkräften ein großes Harmoniebedürfnis nachgesagt wird, geht es manchmal nur noch darum, einen möglichst "guten Draht" zu den Klientinnen zu haben, ohne daß darüber nachgedacht wird, wozu diese Beziehung dienen soll. Hafeneger findet, Beziehungsarbeit solle oft die Konzeptionslosigkeit, die fehlende Anstrengung und Reflexion übertünchen. Er behauptet, in der Praxis dominierten entweder überfordernde und überzogene normative Selbstkonzepte oder eine routinisierte Konzeptionslosigkeit und Geschäftigkeit mit Akzenten wie Unverbindlichkeit, Unzuverlässigkeit, Ordnungslosigkeit, Lustlosigkeit, und es gäbe selten eine praktikable Arbeits- und Beziehungsstruktur. Zudem mangele es weniger an postulierten Zielen als an operativen Ideen der Umsetzung und Absicherung der Ziele (Hafeneger 1988, 55 f.).

Klüsche berichtet jedoch auch, daß gut die Hälfte der Befragten auch faßbare Auswirkungen ihres methodischen Arbeitens auf die Klientinnen nennen kann; Er ermittelte folgende Erfolgsindikatoren: Persönlichkeitsentfaltung (50 %), Verhaltensverbesserung - Erhöhung der Handlungskompetenz (32 %), Verbesserung des Beziehungsverhältnisses Klient/Betreuer (22 %), motivierende Effekte (17 %), strukturierende Orientierung für den Klienten (17 %), Verbesserung des sozialen Umfeldes - Reintegration (11 %), Erfolge (unspezifiziert) (6 %), Auswirkungen sind schwer feststellbar (3 %), zunächst Verschlechterung/Steigerung des Fehlverhaltens (1 %), keine Auswirkungen feststellbar (3 %) (vgl. Klüsche 1990, 94). Fachkräfte, die ein methodenorientiertes Vorgehen *nicht* für nötig halten, orientieren sich an Kriterien wie dem Entwicklungsstand der Klientinnen (87 %), wechselnden Situationsbedingungen (82 %), persönlichen Erfahrungen (73 %), Teamabsprachen (55 %), Vorschriften (33 %), Intuition (4 %) und Fachwissen (2 %), wobei in der Wertungstabelle die Orientierung an den Situationsbedingungen vor dem Entwicklungsstand der Klientinnen rangiert. Zusammenfassend läßt sich festhalten, daß Beziehungen und eine gute Arbeitsatmosphäre als wesentliche Voraussetzungen für eine gute fachliche Arbeit gelten können. Der Entwicklungsstand der Klientinnen und situative Bedingungen sind darüber hinaus wesentliche Orientierungspunkte für Fachkräfte.

5.3 Optionen der Qualifizierungstraditionen

In der Literatur aller Qualifizierungstraditionen ist davon die Rede, daß jede Beraterin und jede Fachkraft im Laufe der Zeit ein spezifisches Verständnis ihres Berufes entwickelt, innerhalb dessen sie wiederum Präferenzen für die Übernahme von Rollen, für die Auswahl des Erklärungswissens, der Arbeitsformen, der Methoden und Verfahren usw. entwickelt. Die Praktikerinnen aller Traditionen wählen das aus, was sie zu verstehen glauben, was ihnen wichtig erscheint und was sie mit ihren Erfahrungen in Einklang bringen können. Auch als Essenz aus der Darstellung der Qualifizierungstraditionen stelle ich nun sog. "Verständnisse" oder Optionen von Supervision, Organisationsberatung und Evaluation zusammen und zähle stichwortartig auf, welche (freiwilligen und unfreiwilligen) Rollen und Aufgaben diese Optionen jeweils implizieren. Solche Vorverständnisse steuern die Aufmerksamkeit der jeweils Handelnden. Da sie nur das deuten, bewerten und bearbeiten können, was sie wahrnehmen, helfen ihnen die Optionen bei der Entscheidung, welche Bedeutung sie den Prozessen und Situationen geben sollen[25]. Die Überschneidungen und Widersprüche in den Rollenvorgaben zeigen auch, daß sich in der täglichen Arbeit immer wieder ähnliche Aufgaben ergeben, die - von welcher Profession auch immer - bearbeitet werden müssen. Diese Schwerpunkte, die durch den Gegenstand der Arbeit entstehen, relativieren die persönliche Auswahl (Willkür) oder konkurrieren doch mit ihr. Denn selbst, wenn man sich mit einer besonderen Option *seiner* Qualifizierungstradition identifiziert, kann es doch sein, daß man die Aufgaben, die sich aus dem Prozeß ergeben, integrieren muß. Zum Abschluß dieses Abschnittes stelle ich die Gemeinsamkeiten in den Rollenvorgaben der Qualifizierungstraditionen heraus. Ich will damit nicht deren Eigenarten und Spezifika verwischen, mein Ziel ist jedoch hier, Ansatzpunkte für die Einordnung der Selbstevaluation zu finden.

5.3.1 Optionen von Supervision

a) Supervision als Qualifizierung

Supervisorinnen mit diesem Verständnis sorgen als "Anwältinnen der Fachlichkeit" indirekt dafür, daß den Klientinnen die "bestmögliche Hilfe" (materiell und methodisch) zukommt. Sie begleiten Supervisandinnen in der grundständigen Ausbildung, helfen bei der Einführung neuer Mitarbeiterinnen und beraten berufserfahrene Praktikerinnen in ihrer täglichen Arbeit. Sie zeigen ihnen, wie sie ihr vorhandenes Wissen und ihre Fähigkeiten gezielt einsetzen und die Ressourcen und Handlungsspielräume der Institution unter fachlichen Gesichtspunkten ausnutzen können. Die Fachkräfte können lernen, ihre Erfahrungen, ihr Wissen, ihre Ziele und die Notwendigkeiten im Feld zu integrieren. Da die Integration der teilweise disparaten Elemente nicht problemlos geschieht, greifen sie Konflikte auf und bearbeiten sie so, daß die praktische Arbeit nicht gefährdet wird.

Sie agieren dazu in verschiedenen Rollen:

- Als *Prozeßbegleiterinnen* tragen sie dem Bedarf nach Orientierung der Supervisandinnen Rechnung: Sie unterstützen die Supervisandinnen bei ihrer Suche nach Problemlösungen, reflektieren kritisch mit, machen auf Kosten und Nutzen der angezielten Lösungen auf-

---

25. Je nach Verständnis oder Standort wird man entscheiden, wer im Konfliktfall als Klientin betrachtet werden soll. Erfahren Supervisorinnen bspw. in der Teamberatung Dinge, die potentiell den Bestand der Institution gefährden, macht es einen Unterschied, ob sie sich der "Aufklärung" der Teilnehmerinnen oder der "Kontrolle" verpflichtet fühlen (vgl. Leuschner 1988, 13).

merksam, nehmen Akzentuierungen vor, bringen unbeachtetes Material und nichtgestellte Fragen ein, machen Motivationshintergründe transparent, bringen Ängste und Wünsche zur Sprache und kontrollieren, ob die Supervisandinnen ihre eigenen Absichten ernst nehmen.

- Als *Lehrerinnen* machen sie auf fehlendes Wissen (Theorie und Information über Klientinnen und Situationen) aufmerksam und zeigen Wege auf, wie sich die Supervisandinnen dieses erschließen können.

- Als "*change-agents*" konstruieren sie Lernsituationen, in denen Entschlüsse und Erkenntnisse reifen, die zu neuen Entwicklungen führen.

- Als *Evaluatorinnen* bringen sie fachliche Standards in die Diskussion und regen die Supervisandinnen an, ihre berufliche Arbeit an diesen Standards zu überprüfen, statt sich der ausschließlichen Kontrolle durch Verwaltungen auszusetzen. Sie tragen somit auch dazu bei, daß professionelle Maßstäbe entwickelt werden.

- Als *Initiatorinnen eigener Suchbewegungen* schulen sie die analytischen Fähigkeiten der Supervisandinnen, ermutigen sie, Wissenslücken aus eigener Initiative zu füllen, aus ihren Erfahrungen zu lernen und ihr eigenes Urteilsvermögen zu schärfen.

b) Supervision als Kontrolle

Für solche Supervisorinnen gelten die (fachlichen) Imperative der Institution. Sie orientieren sich an den institutionell definierten Zielen und dem Fortbestand der Institution. Sie leiten Berufsanfängerinnen an, arbeiten neue Fachkräfte ein, begleiten erfahrene Mitarbeiterinnen und verpflichten alle auf die "Philosophie" des Unternehmens. Sie tragen Verantwortung für die fachliche Qualität der Arbeit und kontrollieren und beurteilen die Fachkräfte auch in diesem Sinne. Sie müssen dazu die institutionellen Arbeitsaufträge überschauen und vertreten und die Tätigkeiten der Mitarbeiterinnen an den Normen und Standards der Institution prüfen. Sie können ihnen die Orientierung erleichtern und ihre Auseinandersetzung mit den Zielen der Institution fördern.

Für diese Option sind folgende Rollen erforderlich:

- Als *Trainerinnen* strukturieren sie das Arbeitsfeld, schaffen eine Lernatmosphäre und vermitteln neuen Mitarbeiterinnen die Richtlinien der Institution. Sie üben institutionell gebräuchliche Methoden und Verfahren und auch neue Sichtweisen und Methoden ein und/oder trainieren einzelne Fähigkeiten der Supervisandinnen.

- Als *Evaluatorinnen* sind sie gehalten, zu überprüfen, ob die Arbeit der Fachkräfte den Standards der Institution entspricht. Dazu schaffen sie eine Atmosphäre, die es ermöglicht, die eigenen Standards offenzulegen und Verantwortung für die Qualität der Arbeit zu übernehmen.

- Als *Reflexionshelferinnen* ermöglichen sie den Mitarbeiterinnen, die institutionelle Wirklichkeit wahrzunehmen und Zusammenhänge von eigenen Erfahrungen *mit* Institutionen, das konkrete Erleben *der* Institution und das Handeln *in* dieser Institution reflexiv zu bearbeiten. Sie würdigen die Leistungen der Supervisandinnen, beachten sie auch persönlich, loben und kritisieren und bearbeiten Blockaden und Widerstände.

- Als *Therapeutinnen* sind sie manchmal auch gehalten, schwierige und problembehaftete Teammitglieder oder ganze Teams aufzufangen und damit institutionelle Psychohygiene zu betreiben.

c) Supervision als Aufklärung

Unter dieser Option konzentrieren sich Supervisorinnen auf die berufliche Persönlichkeit ihrer Supervisandinnen. Deren Lernbedürfnisse, Lerntempo und Lernweise geben Inhalt und Struktur des Lerngeschehens vor und bilden gleichzeitig den Gegenstand der Reflexion. Im Mittelpunkt steht das emotionale Empfinden der Supervisandinnen. Sie sollen ihre Wahrnehmung um diejenigen Aspekte ihrer beruflichen Wirklichkeit erweitern, die sie nicht (mehr) zur Kenntnis nehmen, also die "blinden Flecken", die gefühlsmäßigen Barrieren und Konflikte, die eine kompetente Arbeit erschweren. Die Supervisorinnen begleiten den konflikthaften Reflexionsprozeß und müssen mit Ängsten, Widerständen und Übertragungen umgehen können.

Dieses Verständnis impliziert u.a. folgende Rollen:

- Als *Diagnostikerinnen* erarbeiten sie mit den Supervisandinnen eine Analyse der Ausgangssituation bzw. eine Ausbildungsdiagnose und legen somit die Richtung der Arbeit fest.

- Als *Reflexionshelferinnen* fördern sie die Selbstwahrnehmung der Supervisandinnen als notwendige Basis für kritisches und analytisches Denken. Sie arbeiten an Wahrnehmungs- und Kommunikationsbarrieren und unterziehen die gegenwärtige Praxis und die Einstellungen der Supervisandinnen einer kritischen Überprüfung.

- Als *Initiatorinnen eigener Suchbewegungen* regen sie die Auseinandersetzung der Supervisandinnen mit problematischen Situationen, mit ihrem Menschenbild und ihrer Berufsethik an und tragen so zur Entwicklung einer beruflichen Identität der Supervisandinnen bei.

- Teilweise fungieren sie auch als *Therapeutinnen*, wobei sie darauf achten, daß das Verfahren auf die Reflexion beruflichen Handelns bezogen bleibt.

- Als *Konfronteurinnen* treten sie in Funktion, wenn es gilt, Harmonie und Stillstand in der Supervisionsgruppe zu vermeiden.

5.3.2 Optionen von Organisationsberatung

a) Organisationsberatung als Kontrolle

Organisationsberaterinnen, die sich als Expertinnen verstehen, untersuchen die Struktur und die Beziehungen einer Institution. Sie diagnostizieren mithilfe von Befragungsaktionen und Beobachtungen Schwächen und Fehler und geben der Leitung Empfehlungen und methodische Hinweise für Umstrukturierungen, auch Rationalisierungen, ohne sich selbst am Prozeß zu beteiligen. Dabei orientieren sie sich vor allem an den Effizienz- und Effektivitätszielen der Organisation. Die Belange der Mitarbeiterinnen werden berücksichtigt, wenn dieses den Organisationszielen dienlich ist.

Folgende Rollen gehören zu dieser Option:

- Als *Praxisforscherinnen* erheben sie Daten über den Ablauf der gesamten Organisation, die als Material zur Effektivierung von Arbeitsabläufen dienen sollen.

- Als *Evaluatorinnen* bewerten sie die erhobenen Daten an Prüfkriterien für eine sinnvolle Organisationsstruktur. Teilweise überprüfen sie auch, ob die vorhandenen und/oder einzuleitenden Maßnahmen den Zielen der Organisation bzw. der Führungsspitze dienen und die Effizienz und die Effektivität der Organisation steigern.

- Als *Spezialistinnen* für Organisationsfragen vermitteln sie dem Personal der Hierarchiespitze Führungswissen und Managementwissen. Sie machen Vorschläge zur Veränderung von Strukturen, zur Rationalisierung der Arbeitsorganisation, zur Auswechselung und/oder zur Einsparung von Personal.

- Als *Trainerinnen* schulen sie das Personal in neuen Methoden und Techniken der Betriebsführung, der Konflikt- und Problemlösung und der Entscheidungsfindung.

b) Organisationsberatung als Qualifizierung

Beraterinnen mit diesem Verständnis richten ihr Augenmerk auf die *Institution als Ganze*. Sie arbeiten mit den Mitarbeiterinnen aller Hierarchieebenen an der Humanisierung der Arbeitsbedingungen und an der Effektivierung der Arbeitsprozesse. Sie setzen ihr Organisations-, Fach- und Methodenwissen dazu ein, Struktur und Dienstleistungen der Organisation den veränderten gesellschaftlichen Anforderungen und denen der Klientel anzupassen. Sie arbeiten an der Lösung von Konflikten und Problemen und an den Modalitäten des Umgangs untereinander.

Entsprechende Rollen sind:

- Als *Diagnostikerinnen* suchen sie nach zentralen Konflikten und Kommunikationsbarrieren zwischen Personen, Teams und Hierarchieebenen.

- Als *Trainerinnen* üben sie in Fortbildungen und Trainings mit Mitarbeiterinnen und Leitungspersonen neue Möglichkeiten der Kommunikation, Entscheidungsfindung, Konflikt- und Problemlösung ein. Gelegentlich helfen sie auch Leitungspersonen bei ihrer Rollendefinition, -gestaltung und -durchsetzung.

- Als *Lehrerinnen* vermitteln sie den Mitarbeiterinnen fachlich relevante Inhalte (wissenschaftliches Erklärungswissen, Organisationswissen u.a.).

- Als *Prozeßbegleiterinnen* machen sie methodische Vorschläge zur Bewältigung schwieriger Situationen.

- Als *Initiatorinnen eigener Suchbewegungen* veranlassen sie die Mitarbeiterinnen, selbst die Probleme der Institution zu diagnostizieren und nach Lösungen zu suchen.

- Als *Reflexionshelferinnen* gestalten sie Gespräche über die Organisationsphilosophie, über persönliches Wertwissen, über die Geschichte und die Mythen der Organisation.

- Als *Konfronteurinnen* polarisieren sie Unternehmensziele und private Belange der Mitarbeiterinnen, um falsche Harmonisierungen aufzudecken und zu einem konstruktiveren Umgang mit unvereinbaren Zielen zu gelangen.

c) Organisationsberatung als Innovation

Diese Option impliziert, daß Organisationsberaterinnen sich daran beteiligen, neue Konzeptionen und Strukturen zu implementieren. Sie entwickeln die Innovationen teilweise selbst oder arbeiten sie zumindest so um, daß sie in der betreffenden Organisation eine Chance auf Realisierung haben. Gleichzeitig erheben sie auch Daten, die den Prozeß der Innovation fundieren sollen.

Organisationsberaterinnen übernehmen dazu folgende Rollen:

- Als *Trainerinnen* führen sie die identifizierten Innovationen ein, schulen das Personal im Umgang mit den Neuerungen und arbeiten ggf. auch mit.

- Als "*change-agents*" suchen und fördern sie betriebsinterne Promotorinnen in allen fachspezifischen Abteilungen und auf allen Hierarchieebenen, die die Innovation tragen.

- Als *Prozeßbegleiterinnen* wecken sie individuelle Ressourcen und ermutigen die Mitarbeiterinnen, Ideen zur Umstrukturierung der Institution beizutragen. Sie helfen beim Aufbau alternativer Institutionsstrukturen und/oder bei der Einführung neuer Methoden.

- Als *Praxisforscherinnen* fördern sie im Laufe ihrer Beratungsarbeit vielfältiges Material und Wissen über institutionelle Strukturen und Prozesse und ihre Verarbeitung durch die Institutionsmitglieder zutage, welches aufgearbeitet und ausgewertet anderen Kolleginnen als Grundlagenwissen wieder zur Verfügung gestellt werden kann.

5.3.3 Optionen von Evaluation

a) Evaluation als Kontrolle

bedeutet, Abläufe und Ergebnisse an vorher festgelegten, z.B. aus dem Programm abgeleiteten Kriterien oder auch externen Standards zu messen. Gegenstand der Untersuchung sind die Effekte eines Programms, die Effizienz der Entwicklung und die Feststellung der Gültigkeit von Annahmen.

Die Evaluatorinnen agieren dazu in folgenden möglichen Rollen:

- Als *Diagnostikerinnen* arbeiten sie die Ziele der Organisation und ihrer Mitarbeiterinnen heraus und leiten daraus Indikatoren für Erfolg bzw. Zielerreichung ab.

- Als *Praxisforscherinnen* erheben sie Daten auf dem Hintergrund überwiegend experimenteller Designs und werten diese mit Blick auf die obigen Fragestellungen aus.

- Als *Spezialistinnen* für Organisationsfragen kennzeichnen sie die bestmöglichen realisierbaren Alternativen und schaffen somit die Grundlage für Entscheidungen sowie für die Einschätzung der Wirksamkeit eines Programms.

- Als *Evaluatorinnen* bewerten sie die Effizienz und/oder die Effektivität eines Programms.

b) Evaluation als Aufklärung

Solche Evaluatorinnen wollen hauptsächlich herausfinden, wie Interventionen wirken und wie demzufolge soziale Prozesse beeinflußt werden können. Sie dokumentieren und rekonstruieren das Vorgehen der Fachkräfte, untersuchen den sozialen Kontext, in dem Veränderungen stattfinden und suchen nach unabhängigen Wirkfaktoren. Sie wollen das Veränderungswissen für die soziale Praxis vermehren und kooperieren mehr oder weniger eng mit der Praxis.

Rollenangebote sind hier:

- Als *Diagnostikerinnen* entwickeln sie Theorien und Modelle des jeweiligen Forschungsgegenstandes, anhand derer eine Forschung über Wirkungen überhaupt stattfinden kann.

- Als *Praxisforscherinnen* erheben sie Daten auf dem Hintergrund überwiegend qualitativer Designs und werten sie im Hinblick auf obige Fragen aus.

- Als *Initiatorinnen eigener Suchbewegungen* agieren sie, wenn sie bei den Fachkräften die Motivation zu eigenen Forschungsaktivitäten wecken und deren Beobachtungen und Anregungen ernst nehmen.

- Als *Trainerinnen* unterweisen sie die Fachkräfte darin, selbst Daten zu erheben und ihre eigene Praxis zu erforschen.

- Als *Lehrerinnen* versorgen sie die Fachkräfte mit Erklärungswissen aus der Grundlagen- und der anwendungsorientierten Forschung, das diesen aufgrund von Zeitnot und Zugangsschwierigkeiten nur schwer zugänglich wäre.

- Als *Reflexionshelferinnen* bieten sie den Fachkräften alternative Deutungsmuster an, um ihr Selbstverständnis mit den Sichtweisen anderer Beteiligter oder mit "harten" Daten zu konfrontieren. Sie interpretieren die Umsetzung der innovativen Ideen und vermitteln gewonnene Erkenntnisse weiter.

c) Evaluation als Innovation

betreiben solche Forscherinnen, die sich in den Dienst sozialer Reformen stellen und daran interessiert sind, Strategien der Veränderung sozialpädagogischer Praxis zu entwickeln und umzusetzen. Gegenstand der Arbeit sind in diesem Fall oft die Fachkräfte (die eine Innovation tragen und umsetzen müssen) und ihre Widerstände gegen eine Veränderung. Die Evaluatorinnen begleiten den gesamten Prozeß der Planung, Implementation, Durchführung und Etablierung einer Innovation.

Die Wissenschaftlerinnen agieren hier in folgenden Rollen:

- Als *Diagnostikerinnen* analysieren sie die institutionellen Strukturen und die Beziehungsstrukturen der Einrichtung, um geeignete Ansatzpunkte für die Innovationen zu identifizieren.

- Als *Spezialistinnen* für Organisationsfragen helfen sie bei der inhaltlichen Erarbeitung der einzuführenden Elemente. Dabei prognostizieren sie mögliche Prozeßverläufe und antizipieren Ergebnisse.

- Als *Lehrerinnen* vermitteln sie fehlendes fachliches Wissen, das zur Bewältigung der neuen Aufgaben notwendig wird.

- Als *change agents* setzen sie Transferstrategien ein, um die Fachkräfte zur Mitarbeit zu gewinnen.

- Als *Prozeßbegleiterinnen* reflektieren sie mit den Fachkräften Fehler und Schwierigkeiten während des Implementationsprozesses. Sie fördern die Kommunikation und helfen bei Entscheidungen und Konfliktlösungen. Sie diagnostizieren den Prozeßverlauf und zeigen Korrekturnotwendigkeiten an. Manchmal beraten sie auch in Beziehungs- und gruppendynamischen Fragen.

- Als *Praxisforscherinnen* dokumentieren sie den gesamten Ablauf und erheben punktuell während des Prozesses Daten über Wirkungen und Nebenwirkungen der Innovationen.

- Als *Evaluatorinnen* bewerten sie die Ergebnisse der Arbeit fortlaufend und geben ihre Daten in den Prozeßverlauf ein.

5.3.4 Gemeinsamkeiten der Qualifizierungstraditionen

Aus dieser (nicht vollständigen) Zusammenstellung der Optionen und einer vergröbernden Vereinheitlichung der Funktions- und Rollenbezeichnungen läßt sich entnehmen, daß es eine Reihe von Funktionen gibt, die (mit unterschiedlicher Akzentuierung) in den Qualifizierungstraditionen immer wieder auftauchen. Im wesentlichen sind es vier Funktionen, auf die die Qualifizierungstraditionen schwerpunktmäßig konzentriert sind:

1. *Kontrolle* bezieht sich immer auf die Sicherung der (fachlichen) Belange der betreffenden Organisation, ihre Ziele, ihre Normen, ihre Standards, ihre Effektivität und Effizienz sowie ihren Fortbestand. Sie spielt in allen Traditionen eine wesentliche Rolle:

   - In der Supervision werden die Fachkräfte mithilfe der Praxisanleitung auf die Belange der Organisation orientiert.

   - Organisationsberaterinnen vermitteln den Leitungsgremien Empfehlungen und methodische Hinweise zur Änderung der Strukturen ihrer Organisation .

119

- Evaluatorinnen prüfen und bewerten Ergebnisse der durchgeführten Programme, was Folgen für Inhalte und methodische Vorgehensweisen haben kann.

2. *Aufklärung* soll das Wissen über Prozesse und Vorgänge in den Organisationen und bei den Menschen selbst vermehren:

- In der Supervision steht die Persönlichkeit der Fachkräfte und die Arbeit an ihrer beruflichen Identität im Mittelpunkt.

- Mithilfe von Evaluation werden Erkenntnisse über die Art und Weise der Wirkung von Interventionen in einem bestimmten Kontext gesammelt.

3. *Qualifizierung* betont die Dienstleistungsperspektive. Die Strukturen und Ressourcen der Organisation und die Fähigkeiten der Fachkräfte sollen möglichst adäquat (materiell und methodisch) auf die Belange der Klientinnen abgestimmt werden:

- In der Supervision werden die Kompetenzen der Fachkräfte mit den Notwendigkeiten der Dienststelle und der Klientinnen abgestimmt und verbessert.

- In der Organisationsberatung werden die Belange aller Beteiligten mit Blick auf Klientinnenbedürfnisse koordiniert.

4. *Innovation* meint die Entwicklung und Einführung neuer Konzepte und Strukturen, um soziale Reformen durchzusetzen, um die Organisationsstrukturen bzgl. veränderter gesellschaftlicher Anforderungen und neuer sozialer Aufgaben leistungsfähiger zu machen:

- Evaluatorinnen legen darüber hinaus Wert auf die Dokumentation und Auswertung des gesamten Prozesses.

- Organisationsberaterinnen legen bei der Entwicklung solcher Strategien und ihrer Implementation den Schwerpunkt auf Prozeßbegleitung;

Neben vergleichbaren Funktionen kommen auch vergleichbare Rollenanteile in jeder Qualifizierungstradition vor, lediglich ihre Schwerpunktsetzung variiert:

1. In allen Qualifizierungstraditionen wird daran gearbeitet, die Ausgangssituation der Bemühungen gründlich zu *diagnostizieren*. In der Supervision geschieht das hauptsächlich mit Blick auf die Fähigkeiten und Bedürfnisse der Supervisandinnen, in der Organisationsberatung stehen die zentralen Konflikte im Vordergrund, und in der Evaluation werden zunächst einmal die Ziele der Auftraggeber und ihre Evaluierbarkeit analysiert.

2. *Spezialistinnen für Organisationsfragen* müssen die Beraterinnen mindestens für Organisationsberatung und Evaluation sein. In der Organisationsberatung müssen sie über Managementwissen verfügen und eine gute Kenntnis der Strukturen und Abläufe der zu beratenden Organisation haben. Sie müssen Konflikte auch inhaltlich verstehen und beurteilen

und Vorschläge zur Umstrukturierung machen können. In der Evaluation brauchen sie dieses Wissen, um ihre Ergebnisse zu bewerten und die Wirksamkeit von Programmen einschätzen zu können.

3. Die Rolle der *Trainerin* müssen die Beraterinnen relativ häufig übernehmen. Supervisorinnen übernehmen sie zwar nur dort, wo sie als Praxisanleiterinnen fungieren; in der Organisationsberatung besteht jedoch ein großer Teil der Arbeit im Einüben neuer Methoden und Techniken auf allen Hierarchieebenen, sowohl bzgl. inhaltlicher Belange als auch zwischenmenschlicher Probleme. Ähnliches gilt für die Evaluation, wo sie mit Fachkräften Fähigkeiten im Umgang mit Innovationen einüben und sie anhalten, ihre Arbeit zu dokumentieren und auszuwerten.

4. Die Rolle der *Lehrerin* konzentriert sich stärker auf die Vermittlung wissenschaftlichen Erklärungswissens. In der Supervision vermittelt sie Hintergrundwissen zur Erklärung problematischer Verhaltensweisen von Klientinnen und verweist auf neue methodische Möglichkeiten. In der Organisationsberatung vermittelt sie Erklärungswissen aus der Grundlagen- und anwendungsorientierten Forschung, das den Fachkräften und ihren Vorgesetzten aufgrund von Zeitnot und Zugangsschwierigkeiten bisher nicht zur Verfügung stand. In der Evaluation erklärt und interpretiert sie ihre Ergebnisse vor dem Hintergrund von Forschungsergebnissen.

5. Über *change agent*-Qualitäten müssen die Beraterinnen zumindest in der Supervision und der Organisationsberatung verfügen. In der Supervision geschieht die Veränderung eher indirekt, über die Konstruktion von Lernsituationen, die die Supervisandinnen zu Veränderungen ihres Verhaltens veranlassen. In der Organisationsberatung setzen sie mehr oder weniger direktiv Veränderungs- und Transferstrategien ein, um festgefahrene Konstellationen in Bewegung zu bringen.

6. Damit hängt die Fähigkeit zusammen, *eigene Suchbewegungen zu initiieren*. Die Veränderungen sollen möglichst von den Beteiligten selbst ausgehen. Supervisorinnen wollen den Supervisandinnen durch ihr Nicht-Handeln und ihr Nicht-Kontrollieren möglichst viel Raum zur Eigeninitiative schaffen, damit sie sich selbstreflexiv mit ihrem Tun auseinandersetzen. In der Organisationsberatung haben Prozesse der Veränderung besonders dann Erfolg, wenn es den Beraterinnen gelingt, die Beteiligten dazu zu bringen, die Probleme der Institution selbst zu diagnostizieren und an deren Veränderung zu arbeiten. Evaluatorinnen motivieren die Fachkräfte in den Organisationen (hoffentlich) zur Selbstevaluation.

7. Qualitäten der *Prozeßbegleitung* dienen in allen Qualifizierungstraditionen der Unterstützung der eigenen Bemühungen der Beteiligten. Die Beraterinnen geben jeweils methodische und inhaltliche Hilfen bei der Durchführung der jeweils angestrebten Veränderungen. Sie reflektieren mit ihnen Schwierigkeiten und Fehler, diagnostizieren den Prozeßverlauf und zeigen Korrekturnotwendigkeiten auf.

8. *Reflexionshelferinnen* helfen den Beteiligten bei der individuellen Be- und Verarbeitung der wahrgenommenen Realität. In der Supervision liegt der Fokus auf der Selbstwahrnehmung und der Integration der institutionellen und gesellschaftlichen Anforderungen mit den persönlichen Bedürfnissen und Kompetenzen. Organisationsberaterinnen reflektieren mit den Interessengruppen die Geschichte von Konflikten zwischen Einzelnen und Gruppen, über Philosophie und Mythenbildung innerhalb der Organisation. Und Evaluatorinnen

reflektieren mit ihren Auftraggeberinnen über die Ergebnisse ihrer Recherchen und sie bieten ihnen alternative Deutungsmuster über institutionelle Konflikte und Strukturen an.

9. *Konfrontierende Rollenanteile* realisieren Supervisorinnen und Organisationsberaterinnen, die einen, um Reflexionsprozesse zu vertiefen, die anderen, um auf reale Unvereinbarkeiten, z.B. in Zielen und Bedürfnissen hinzuweisen.

10. Die Rolle der *Therapeutin* bietet sich überwiegend in der Supervision an. Supervisorinnen balancieren zwischen der Bearbeitung der persönlichen Anteile ihrer Supervisandinnen, die für die Klärung der beruflichen Situationen notwendig sind und expliziten Therapiebedürfnissen, die nicht in die Supervision gehören.

11. Die Philosophie der Supervisorinnen verbietet es ihnen meist, sich als *Praxisforscherinnen* zu betätigen. Entsprechende Qualitäten von Organisationsberaterinnen liegen leider auch oft brach, weil sie zwar eine Unmenge an Daten erheben, diese aber nicht nach wissenschaftlichen Kriterien auswerten. Lediglich Evaluatorinnen arbeiten mit Blick auf die Vermehrung des Wissens über Organisationszusammenhänge und die Wirksamkeit von Prozessen und Interventionen.

12. Die Rolle der *Evaluatorin*, wenn man sie hauptsächlich als bewertende versteht, wird ebenfalls in allen Qualifizierungstraditionen gebraucht. Supervisorinnen sorgen in ihren Sitzungen für eine mündliche Selbstevaluation, zumindest, wenn sie die Rede auf professionelle Maßstäbe bringen. Wenn sie sich stärker als Praxisanleiterinnen verstehen, messen sie die Leistungen ihrer Supervisandinnen auch an den Standards der Organisation. In der Organisationsberatung bewerten sie Prozesse und Strukturen an fachlichen Prüfkriterien oder zumindest den organisationseigenen Standards, und für (klassische) Evaluatorinnen ist die Bewertung von Effizienz und Effektivität ihre Hauptrolle.

5.4 Definition und Optionen von Selbstevaluation

Es gibt zwei Argumentationslinien, die auf die Etablierung des Konzeptes der Selbstevaluation hinauslaufen. Die erste Linie bezieht sich auf die Qualität der fachlichen Arbeit: In der Organisationsberatung machte man die Erfahrung, daß Veränderungen im kleinen und dort in Gang gesetzt werden müssen, wo sie wirken sollen, nämlich vor Ort. Und Evaluatorinnen mußten lernen, daß die interessanten *Ergebnisse* zur Wirkung von Interventionen und zur Bewertung von Programmen von den Fachkräften selbst hervorgebracht werden. Darum muß jede solide arbeitende Evaluatorin die Bedingungen der zu evaluierenden Arbeit in der konkreten Organisation studieren und von vorneherein auch die Fachkräfte in die Arbeit der Datenerhebung einbeziehen. Die zweite Linie nimmt die Fachkräften der Sozialen Arbeit selbst zum Ausgangspunkt. Die Grundlage dieser Argumentation ist, daß eine qualitativ gute Soziale Arbeit nur von qualifizierten Fachkräfte geleistet werden kann. In der Literatur ist bisher viel darüber zu lesen, welche Defizite die Fachkräfte aufweisen, und es wird unter strategischen Gesichtspunkten darüber diskutiert, wie man sie in Veränderungsprozesse einbeziehen kann oder wie man von ihnen verläßliche Daten geliefert bekommt. Ihre eigenen Interessen wurden jedoch wenig berücksichtigt (vgl. Abschnitt 5.2).

Meine Überlegungen bauen hauptsächlich auf dieser zweiten Argumentationslinie auf. Mich interessiert die Qualifizierung der Fachkräfte, als deren Auswirkung vielleicht gute Ergebnisse der Sozialen Arbeit zu verzeichnen sind. Darum ordne ich die Selbstevaluation auch dem methodischen Arbeiten zu. Wäre ich primär an den Ergebnissen interessiert, müßte ich das Konzept als Nebenlinie der Evaluationsforschung verorten, wie es überwiegend in der amerikanischen und englischen Evaluationsliteratur geschieht[26]. Eine für meine Zwecke ebenfalls nicht integrierbare Linie verfolgt Siegfried Prell in dem einzigen deutschsprachigen Aufsatz, den ich außerhalb des Diskussionszusammenhanges von Maja Heiner und C. Wolfgang Müller fand. Für Prell dient Selbstevaluation der *Selbsterkenntnis*[27]. Aus seinen Darlegungen läßt sich entnehmen, daß er Selbstevaluation überwiegend als Feedbackmethode in der Hochschuldidaktik und in der Schule versteht. Brauchbar ist sie s.M. auch als Methode der Selbstein-

---

26. In den USA werden inzwischen auch interne Evaluatorinnen in lokalen Projekten eingestellt, weil man annimmt, daß sie die lokalen Gegebenheiten und Eigenarten einer Organisation besser kennen. Ihnen traut man die Motivierung von Fachkräften am ehesten zu und man hat die Erfahrung gemacht, daß sie wesentlicher Daten sammeln können als externe Evaluatorinnen. Sie sollen die laufenden Projekte verbessern und ggf. erst in einer vergleichenden Evaluation zur Veränderung der großen Programme beitragen. Ein Nachteil der "internen" Evaluatorinnen ist, daß die Fachkräfte sie oft als Verbündete der Vorgesetzten sehen, die im Machtkampf auf der Seite der Leitung stehen und/oder deren Tätigkeit lediglich der Legitimation der Arbeit der Einrichtung in der Öffentlichkeit dient (vgl. Cook, Shadish 1987, 39). - Eine andere Variante ist, die social workers konsequent als Praxisforscherinnen auszubilden und einzusetzen. Howe schlägt vor, "that social casework and social research are fully compatible and that resolution of current practice and research issues may have to await the time when practice activities are rigorously evaluated by the caseworker himself. The casework practioner would then become a caseworker-researcher. Since he is likely to be sensitive to the subtleties of the data, the caseworker's systematic self-evaluation may be one method of assessing current practice theory and technique and developing an explicit, transmittable, social casework theory" (Howe 1974, 3).

27. "Sie zeigt sich literarisch in Biographien, Bekenntnissen und nicht zuletzt in Selbstportraits. Selbstevaluation verlangt Selbstwahrnehmung bzw. -aufmerksamkeit (Duval u. Wicklund 1972), eine Zentrierung auf das Selbst. Prototypisch ist der Blick in den Spiegel oder die Konfrontation mit dem Spiegel, real oder vorgestellt. Der Andere, das Du kann auch Spiegel sein. Im Volksmund 'wird jemandem ein Spiegel vorgehalten'. Das Selbst soll sein Spiegelselbst mit einem Idealselbst vergleichen. Nach Kellys Ansatz der 'Personalen Konstrukte' (1955) bildet jeder Mensch Hypothesen, prüft, evaluiert und revidiert sie. Selbstevaluation ist im wesentlichen Rekonstruktion, wobei retrospektiv Daten (nach eigenen Regeln aufbereitet und) mit einem individuellen Normprofil verglichen werden. Die Phasen jeder Selbstevaluation bestehen 1. im Aufsuchen eines Informationsgebers für die Rückmeldung, 2. in der Sensibilisierung für Hinweisreize einer Rückmeldung, 3. im Entschlüsseln der Bedeutung der Hinweisreize aufgrund individueller Problemlagen und Zielvorstellungen, 4. im Verarbeiten der Hinweisreize und ihrer Deutung zu 'Tatsachen', 5. in der Selbstzuschreibung des eigenen Handlungsanteils am Ereignis, 6. in der Bewertung des Handlungsergebnisses aufgrund interner Maßstäbe sowie 7. in der Bedeutung des Selbstbewertungsaktes für künftiges Handeln. Selbstevaluation ist ein unverzichtbarer Ablaufschritt eigenverantwortlichen Handelns" (Prell 1987, 1 f.).

schätzung von Studentinnen und Schülerinnen (vgl. Prell 1987, 11 ff.). Ich lasse daher diesen, von ihm auch nicht weiter ausgearbeiteten Ansatz unberücksichtigt.

Meine Definition von Selbstevaluation basiert auf den umfangreichen Arbeiten von Maja Heiner (1982, 1983, 1986 a, 1987, 1988 a, 1989) und C. Wolfgang Müller (1978, 1980, 1983, 1988 c) sowie Erfahrungen aus den Qualifizierungstraditionen. Zur weiteren Konkretisierung entwerfe ich mögliche Optionen von Selbstevaluation und vergleiche sie mit denen der etablierten Qualifizierungstraditionen.

5.4.1 Zur Definition von Selbstevaluation

Soziale Arbeit ist berufliche Arbeit, und somit erwarten ihre Auftraggeberinnen von ihren Fachkräften (wie es in allen anderen Arbeitsverhältnissen ebenso üblich ist), daß sie ihre Leistungen rechtfertigen und Kontrollen zulassen. Da jede berufliche Handlung auch eine Folge von Wertentscheidungen ist, sind Kontrolle, Legitimation und Revision von Handlungsweisen unumgänglich. Fachkräfte der Sozialen Arbeit sollten ihren normativen Standpunkt ausweisen und ihre Handlungen begründen können (vgl. Geißler, Hege 1991), denn sie tragen in ethischer Hinsicht Verantwortung für diejenigen, die von ihrer Arbeit betroffen sind (vgl. Schreyögg 1990; Engelhardt 1991). Darüber hinaus gibt es auch ein fachliches Interesse an der Überprüfung professioneller Tätigkeit, schon allein, um den "emanzipatorischen" Anteilen der Sozialen Arbeit gegenüber ihren verwaltenden Anteilen Vorrang zu verschaffen (vgl. Hamburger 1989). Es gibt allgemein fehlerhaftes Verhalten von Menschen, das nicht etabliert werden sollte, und es gibt auch Fehlerquellen, die aus dem Einsatz falscher Methoden (oder dem falschen Einsatz von Methoden) erwachsen. "Wer dies übersieht, herunterspielt oder leugnet, muß sich die Frage nach der Seriosität seines Berufsbildes gefallen lassen" (Engelhardt 1991, 254). Eine fachliche Kontrolle ist mit administrativen Mitteln nicht zu leisten (und erfolgt auch kaum), so daß die Fachkräfte in ihrer täglichen Arbeit über große Handlungsspielräume verfügen (vgl. Heiner 1989; Klüsche 1990). In der Literatur wird auch immer wieder berichtet, daß die Fachkräfte jegliche Form von Kontrolle als "unzulässige Herabsetzung und Einschränkung eigener Fachkompetenz" brandmarken und informell und auch in institutionalisierter Form, z.B. mit Hilfe des Personalrates versuchen, Arbeitskontrollen zu minimieren (Engelhardt 1991, 253). Gleichzeitig gehört es zu den vornehmsten Pflichten einer Profession (nach amerikanischem Vorbild), daß ihre Angehörigen sich selbst bzw. gegenseitig kontrollieren und somit ihre professionellen Standards überwachen. Wie auch deutlich wurde, zeigen viele Fachkräfte gerade angesichts der fortschreitenden Spezialisierung und Zersplitterung der Arbeitsfelder, vor dem Hintergrund der wenig definierten Arbeitsaufträge und auch wegen fehlender genuin sozialarbeiterischer Methoden einen hohen Bedarf an persönlicher Rückmeldung und Selbstvergewisserung (vgl. Abschnitt 5.2). Kontrolle und Bewertung ist also aus vielerlei Gründen unabdingbar und auch erwünscht, sie soll aber nicht als Fremdkontrolle mit all den unabsehbaren unangenehmen Folgen auftreten.

Hier setzt Selbstevaluation an[28]. Als systematische Nach-Denk- und Bewertungs-Hilfe macht sie Handlungen in Situationen reflektierbar, diskutierbar und somit auch kontrollierbar. Das Ziel der Selbstevaluation ist die Qualifizierung der beruflichen Handlungskompetenz der Fachkräfte. Wie in der Supervision geht es um Selbstreflexion und darum, fachlich begründetes, situationsentsprechendes, persönlichkeitsadäquates Handeln zu realisieren. Wie in der Organisationsberatung sollen Fachkräfte Notwendigkeiten der Veränderung erkennen und

---

28. Wesentliche Bestandteile der folgenden Definition wurden schon veröffentlicht (vgl. v. Spiegel 1991, 525 ff.).

selbst einleiten. Wie in der Evaluation sollen sie die eigenen Arbeitsprozesse bewerten und optimieren. Wesentlich für Selbstevaluation ist, daß die Fachkräfte alle Arbeitsgänge selbst durchführen. Sie und ihre Handlungskompetenz, ihre Erwartungen und Interessen sind Ausgangspunkt und Ziel der Bemühungen. Zentrale Kriterien der Bewertung sind darum auch selbstreferentielle - jedoch in Kenntnis der Geschichte dieser Kriterien und in Relation zu fachlichen Standards. Somit verlieren die Fachkräfte ihren Objektstatus und werden zu Subjekten und Forscherinnen in eigener Sache (vgl. Heiner 1988 a).

Selbstevaluation konzentriert sich auf die eigenen Arbeitsvollzüge und deren kontextuelle Umstände. Sie werden dokumentiert, ausgewertet, bewertet und ggfs. verändert. Das Setting gleicht einem Forschungsdesign, am ehesten dem der Praxisforschung (vgl. Heiner 1988 b; Filsinger, Hinte 1988; v. Kardorff 1988). Der Untersuchungsgegenstand bleibt an seine Situation gebunden; es entstehen also Fallstudien, die im weiteren einer komparativen Evaluation unterzogen werden können. Ein Großteil der Methoden und Verfahren, die in Supervision, Organisationsberatung und Evaluation zur Anwendung kommen, kann für selbstevaluative Zwecke umgearbeitet werden. Brauchbar sind qualitative und quantitative Methoden der empirischen Sozialforschung, Methoden der Prozeßsteuerung, der Analyse von Arbeitsprozessen u.a.. Wichtig ist, daß ihre Handhabung so wenig aufwendig ist, daß sie von den Fachkräften in der täglichen Arbeit eingesetzt werden können. Eine zentrale Bedingung für jede Selbstevaluation ist die Dokumentation der Arbeit mithilfe von Tagebüchern, Protokollen, Tonband oder Video. Denn da man schwerlich gleichzeitig involviert handeln und distanziert beobachten und urteilen kann, muß man die Rollen zeitlich trennen (vgl. C.W. Müller 1988 c).

Fachkräfte, die ihre Arbeit selbst evaluieren wollen, brauchen eine motivierende Begleitung. Die wissenschaftlichen Beraterinnen helfen bei der Klärung von Ziel und Gegenstand der Untersuchung, bei der Konkretisierung der Untersuchungsfragen und der Auswahl geeigneter Methoden. Eine ihrer wesentlichen Aufgaben ist es, brauchbare Untersuchungsmethoden für selbstevaluative Zwecke umzuarbeiten. Dabei wenden sie nicht einfach Theorien und Methoden aus den Wissenschaftsdisziplinen an, sondern sie "verwandeln" das Wissen mit Blick auf die situativen Erfordernisse (vgl. v. Kardorff 1988, 76 f.). Sie sollen die Fachkräfte *nicht* zu möglichst perfekten Forscherinnen ausbilden oder gar die Meinung zu verbreiten, "jede" könne forschen. Wissenschaftliches Vorgehen gründet auf erkenntnisleitende Interessen und ist an das strenge inhaltliche Moment der "Wahrheitsfähigkeit" von Erkenntnissen und Einsichten geknüpft, während die Fachkräfte in ihrer täglichen Arbeit handlungsleitenden Interessen folgen und ihren beruflichen Alltag möglichst gut bewältigen wollen. Beides zusammen läßt sich schwer vereinbaren, und man kann die Fachkräfte nicht mit Maßstäben (wie dem der Objektivität) unter Zugzwang setzen, die allein an wissenschaftliches Vorgehen angelegt werden dürfen (vgl. Geißler, Hege 1991; Howe 1974). Die Entscheidung, "in welchem System ein hoher Standard erreicht werden soll" (Hamburger 1989; v. Kardorff 1988), fällt hier zugunsten der Praxis. Die Beziehung zur wissenschaftlichen Forschung ist eher eine indirekte[29]. Das, was

---

29. Vgl. dazu auch die umfangreichen Ausführungen von Heiner 1992, 25 ff. Sie schreibt zusammenfassend: "Wissenschaft hätte ... für die Praxis eine dreifache Funktion: (1) Ihre Aussagen können den Wahrnehmungs- und Deutungsprozeß strukturieren, indem sie Tatbestands- und Wertewissen und in Grenzen Erklärungs- und Verfahrenswissen liefert und insofern handlungsorientierend wirkt. Ihre Vorgehensweise ist (2) geeignet, eine reflexive und selbstkritische "Tatbestandsgesinnung" zu vermitteln, die offen ist für eine kontinuierliche Überprüfung der eigenen Ansichten und Absichten durch systematische Beobachtung und Introspektion. Ihre empirischen Untersuchungen erfolgreichen oder erfolglosen Handelns in der Praxis tragen (3) zur Entwicklung von Handlungskompetenz bei, indem sie (z.B. über Fallstudien) Verfahrenswissen produziert und der Praxis Fragestellungen zur Anpassung dieser exemplarisch gewonnenen Handlungsregeln an ihre eigene spezifische Situation liefert. Schon ein lediglich deskriptives Wissen um die Möglichkeiten der Einflußnahme zur Erreichung bestimmter Ziele auf der Grundlage bisheriger Erfahrungen ermöglicht ohne verallgemeinerbare, kausale Erklärungen ein gezielteres reflektiertes Handeln, das dem beliebigen, unsystematischen Ausprobieren überlegen ist. Die Wissenschaft liefert keine Gewißheiten, sie

Schein für die Organisationsberatung beschreibt, geschieht auch in der Selbstevaluation. Sie ist "wissenschaftlich mit einem Gewicht auf sorgfältiger Beobachtung und vorsichtiger Untersuchung der Auswirkung eigener Aktionen ... . Im gewissen Sinne versuchen wir, ... [die Fachkräfte] dazu zu bringen, wissenschaftlicher über ihre eigenen Aktionen zu denken und weniger aus der Sicht von Vorurteilen, mehr auf der Basis beobachteter Daten zu arbeiten" (Schein 1990, 418).

Das Plädoyer für Selbstevaluation setzt auch bei der Überlegung an, daß Widerstände jeglicher Art geringer sind, wenn die Betroffenen selbst *Subjekte* ihrer Forschung sein können. Sie können ihre eigene Praxis schonungslos unter die Lupe nehmen, ohne daß das ungewollte Folgen hätte. Sie kontrollieren zu jeder Zeit selbst ihre Methoden und Ergebnisse, und sie allein entscheiden unter Berücksichtigung ihrer Arbeitsplatzinteressen, was und wo sie rationalisieren wollen bzw. welche Ergebnisse sie zu ihrer Selbstdarstellung und Legitimierung weitergeben. Sie produzieren auf der Grundlage ihrer reflektierten Erfahrungen Ideen für Veränderungen und Innovationen und sind darum auch an neuen Strategien und Techniken interessiert. Sie können mit Veränderungen experimentieren und diese wieder rückgängig machen, wenn sie sich nicht bewähren. Der Prozeß der Selbstevaluation konzentriert die Bemühungen auf identifizierbare Arbeitsprobleme statt auf die Persönlichkeit der Fachkräfte. Ihre Normen, Deutungsmuster und Bedürfnisdefinitionen werden nicht "entlarvt", sondern sie bleiben erhalten und sind Ausgangspunkt (und oft auch Ziel) der Bemühungen. Psychohygienisch betrachtet stärken die Fachkräfte damit ihr Bewußtsein einer positiven Kontrollüberzeugung. Mit Selbstevaluation können sie das eigene berufliche Handeln bilanzieren und qualifizieren und sich somit ein fundiertes realitätsgerechtes Selbstvertrauen erarbeiten. Sie klären ihre Bewertungskriterien, können ihren persönlichen Anteil am Erfolg der Institution definieren und ihre Leistung gegenüber der Leistung der Kolleginnen (anderer Abteilungen) beurteilen. Auf der Basis ihrer Ergebnisse können sie ihre Defensive gegenüber den häufig unrealistischen und fiskalisch begründeten Erfolgserwartungen von Trägern und Öffentlichkeit aufgeben und diesen begründete, qualitative Erfolgskriterien entgegensetzen. Sie werden sicherer im Einsatz gezielter Interventionen und erwerben eine reflexive Distanz zu ihren täglichen Arbeitsvollzügen. Sie lernen, ihre Fälle in ihrem Kontext zu sehen, ohne daß ihnen das Bewußtsein für deren "Einmaligkeit" verlorengeht. Indem sie systematisch arbeiten, Dokumentationen und Planungsvorgaben erstellen und Ergebnisse veröffentlichen, qualifizieren sie sich für Führungs- und Planungsarbeit.

Jedoch gewährleistet auch eine Selbstevaluation nicht, daß die Fachkräfte im Sinne ihrer eigenen Ergebnisse handeln. Auch sie werden diese Ergebnisse ignorieren, selegieren, frisieren oder zur Legitimation ihrer bisherigen Arbeit benutzen. Sie gewinnen aber während des Prozesses zwangsläufig Klarheit darüber, *welche* Ziele und Interessen sie de facto verfolgen. Hier wirkt also der Prozeß genauso wie die Ergebnisse: Der *Prozeß* verursacht die Distanzierung, die zur Professionalisierung beiträgt. Die Fachkräfte gewinnen hauptsächlich Erkenntnisse darüber, was sie wie tun. Weil die Ergebnisse auf dem Level des Handlungswissens und an Situationen gebunden bleiben, die die Fachkräfte selbst erlebt haben, sind die Daten weiterhin in emotionale Erlebnisse des Erfolgs und des Versagens eingebettet, was ihre Akzeptanz und auch die Motivation zur Veränderung entscheidend beflügeln kann.

---

liefert aber Methoden, wie Menschen mit Unklarheiten, mit Nicht-Wissen und auf der Grundlage begrenzter Wissensbestände mit Unsicherheiten und Überraschungen produktiv umgehen können" (Heiner 1992, 30).

5.4.2 Optionen von Selbstevaluation

Wenn ich die oben extrahierten Optionen der Qualifizierungstraditionen an die Selbstevaluation anlege, ergibt sich folgendes Bild:

a) *Kontrolle* umfaßt ähnlich wie in der Evaluation Bilanzierungsprozesse im Hinblick auf Effekte, Effizienz und die Gültigkeit von Annahmen. Mit der Selbstevaluation messen die Fachkräfte die *eigene* Arbeit an selbst erarbeiteten fachlichen *und* selbstreferentiellen Standards. Böse Zungen könnten behaupten, daß die Selbstevaluation die (mit bürokratischen Methoden schwer mögliche) Fremdkontrolle durch Selbstkontrolle ersetzt, und daß die Fachkräfte nun die organisatorischen und teilweise auch interaktionellen Konflikte selbst lösen, die ihre Produktivität und Kreativität hemmen. - Der Verfügung von Vorgesetzten und Trägern über die Ergebnisse sind aber insofern Grenzen gesetzt, als die Fachkräfte selbst bestimmen, welche Daten sie weitergeben. Darum können sie mit Erwartungen an Resultate positiv umgehen. Im günstigsten Falle nutzen sie diese Erwartungen zur Selbstdarstellung und Legitimation ihrer Forderungen. Aus diesen Gründen können ihre Ergebnisse auch kaum zu Rationalisierungen und Einsparungen in ihrer Organisation führen, es sei denn, die Fachkräfte schlagen solche Maßnahmen selbst vor. Selbstevaluation bringt im übrigen auch keine gesicherten Erkenntnisse über die Angemessenheit und Wirksamkeit umfangreicher Programme hervor, die als Grundlage für Politikentscheidungen benutzt werden könnten. Sie kann also nur in den seltensten Situationen zum Mittel der Politik oder zum Spielball von Träger- oder Vorgesetzteninteressen werden.

b) Die Option der *Aufklärung* hat zwei Foki. Sie ist (wie in der Supervision) zuerst auf die Fachkräfte selbst bezogen. Sie erweitern ihre Wahrnehmung auch im Hinblick auf die affektive Dimension ihrer Arbeit, denn es ist evident, daß sie den Zugang zu ihren *eigenen* Gedanken und Gefühlen haben, den sich Supervisorinnen mithilfe ihrer Einfühlung und Wissenschaftlerinnen mithilfe ausgeklügelter (Kontroll-)Verfahren mühsam erschließen müssen. Im Unterschied zur Supervision erfolgen die Reflexionen jedoch schriftlich. In der zweiten Perspektive sammeln die Fachkräfte über die Dokumentation und Auswertung ihrer Handlungen Informationen über den Verlauf von sozialen Prozessen und die Wirkung von Interventionen in ihrem institutionellen Kontext und/oder dem lebensweltlichen Kontext ihrer Klientinnen. Sie erweitern damit ihr erfahrungsbezogenes Erklärungswissen und überprüfen und modifizieren, verifizieren oder falsifizieren so immer auch das wissenschaftliche Erklärungswissen. Ihre persönliche Recherche liefert Daten, die auf anderen Wegen nicht zu haben sind, denn sie bezieht die Qualität der Ereignisse ein. - Selbstevaluation ermöglicht im wesentlichen eine rationale Auseinandersetzung mit der Arbeit. Grenzen tun sich dort auf, wo die Fachkräfte ihre Regressionsbedürfnisse ausleben möchten, wie sie in Supervisionen und Fortbildungen deutlich werden. Sie eignet sich auch nur begrenzt zur Durchleuchtung komplexer Beziehungen und überhaupt nicht zur Bearbeitung *unbewußter* Prozesse; dazu bedarf es der Hilfe von Analytikerinnen. Man kann aber sehr wohl *nicht* bewußte oder nicht *reflektierte* Aspekte und auch Lücken im Erklärungswissen finden, die ebenso gravierend wirken können.

c) Eine *Qualifizierung* bzgl. der fachlichen Aspekte erfolgt über die umfangreichen Recherchen zur Analyse der Rahmenbedingungen der eigenen Arbeit und der verfügbaren Ressourcen. Im Abgleich mit konzeptionellen Zielen der Organisation, eigenen, normativ begründeten Zielen und den Interessen und Bedürfnissen von Klientinnen ergeben sich Perspektiven zur Umstrukturierung von Arbeitsprozessen, zum Erwerb von fachlichen Kompetenzen oder zur Änderung von Konzeptionen. - Die Selbstevaluation stößt an Grenzen, wo ganze Organisationen verändert werden müßten, und ihre Ergebnisse zeitigen auch nicht per se eine strukturelle Wirkung. Die Fachkräfte müssen im Gegenteil aufpassen, daß sie nicht die Verantwortung für Orientierungen und Leistungen übernehmen, die nicht in ihrem Verantwortungsbereich liegen. Selbstevaluation ist auch nicht zwangsläufig auf die Verbesserung der Situation der Klientinnen orientiert, sondern sie hilft in erster Linie den Fachkräften und deren Interessen.

d) *Innovationen* können über Selbstevaluation eingeführt werden, sofern dieses in der Verfügung der Fachkräfte selbst liegt. Dort, wo sich Änderungsbedarf herausgestellt hat, können sie z.B. neue Handlungsmodelle in ihre routinemäßigen Abläufe einfügen und die Wirkungen beobachten. Sie können diese Innovationen selbst entwickeln oder aus anderen Arbeitszusammenhängen auf ihre Organisation übertragen. - Hier ergeben sich Grenzen durch Widerstände von Vorgesetzten und/oder anderen Abteilungen, durch politische Einschränkungen oder fehlende Ressourcen. Es wäre ein Fehler, sich *nur* auf die Hoffnung zu verlassen, daß eine Veränderung der eigenen Person oder der eigenen Arbeitsprozesse auf Dauer auch die Organisation verändert. Die Fachkräfte müssen also abschätzen, wie weit ihr Einfluß geht und wo sie andere Konsequenzen anstreben müssen.

5.5 Methodisches Arbeiten als Collage

Methodisches Arbeiten und Selbstevaluation befruchten sich gegenseitig. Ohne methodisches Arbeiten kann man keine Bilanzierung vornehmen und die methodischen Möglichkeiten der Selbstevaluation strukturieren gleichzeitig den Interventionsprozeß. Darum entfalte ich in diesem Abschnitt eine Integrationsperspektive für methodisches Arbeiten. Ich widme mich zu diesem Zweck zunächst der Literatur über Integration und unterscheide vorliegende Vorschläge bzgl. ihrer Integrationsebene. Da die Fachkräfte in ihrer praktischen Tätigkeit meist "collagenhaft" vorgehen, favorisiere ich eine problemorientierte eklektische Methodenintegration (5.5.1). Getreu meinem Vorschlag des collage-orientierten Vorgehens skizziere ich im Abschnitt 5.5.2 zentrale Begriffe methodischen Arbeitens, die je nach angezieltem Zweck (Analyse der Rahmenbedingungen, Situationsanalyse, Zielbestimmung, Handlungsplanung, Handeln in Situationen) und mithilfe von Basisregeln methodischen Handelns miteinander in Beziehung gebracht werden können.

5.5.1 Eklektisches, problemorientiertes Vorgehen als Integrations-   perspektive

Das Verhältnis von "Theorie und "Praxis" in der sozialen Arbeit hat sich im Laufe der letzten zwanzig Jahre perspektivisch geändert. Von Theorien wird nicht mehr verlangt, daß sie anwendungsbezogen sein sollen, es geht auch nicht mehr um einen Wissenstransfer, sondern um eine Wissenstransformation (vgl. Olk, Otto 1989). Die neue Vermittlungsperspektive besteht in dem Anspruch, disparate Theoriestücke, institutionelle Imperative und persönliches Erfahrungswissen situationsadäquat zu "integrieren", aber nicht zu "addieren". Eine "sinnvolle" *Integration* des verfügbaren Wissens auf möglichst vielen Ebenen gilt als fachliches, *Addition* als voluntaristisches Handeln, wobei die Frage nach der Integrationsperspektive unterschiedlich (und teilweise mit Rückgriff auf ein wissenschaftliches Bezugskonzept) beantwortet wird. Ich fand in der Literatur eine Vielzahl an Vorschlägen zum integrativen Vorgehen für die Qualifizierungstraditionen[30]. Sie lassen sich m.E. nach drei Standpunkten unterscheiden: Integriert wird (a) vom Standpunkt verschiedener Theorien her, (b) vom persönlichen Standpunkt der Anwenderinnen und (c) problemorientiert auf der Ebene der Methoden (teilweise auch umfassender).

(a) "Theoretische" Integrationsvorschläge

Unter die theoretischen Integrationsvorschläge fasse ich diejenigen, die ohne Rückgriff auf praktische Erfahrungen eine Synthese verschiedenster Theoriengebäude bzw. Konzepte und damit ein neues Modell schaffen wollen. Diese Vorschläge wollen den "Methodenmonismus"[31]

---

30.   Manche Autoren diskutieren das Integrationsproblem auch unter dem Oberbegriff des "eklektischen Ansatzes". Dabei wird der bisher negativ gewertete Ausdruck "Eklektizismus" beibehalten und als "Eklektischer Ansatz" positiv konnotiert. Nestmann stellt bspw. in seiner Sichtung klassischer und aktueller Veröffentlichungen zum Thema Eklektizismus fest, daß die Diskussion um Methodenintegration und eklektische Intervention sich noch "in einem frühen Stadium auf dem Weg von der subjektiven Eklektik zu einer theoriegeleiteten und empirisch untermauerten Theoriekombination" befindet (Nestmann 1985, 14).

31.   Unter "methodenmonistischen" Modellen versteht Staub-Bernasconi "allumfassende Supermethoden", die auf einem "global-integralen Wirkungsmechanismus fußen, der alle individuellen Einheiten über alle Ebenen und Teil-Systeme hinweg unterschiedslos determiniert und damit keine individuelle Autonomisierung oder gar Pluralisierung zuläßt" (Staub-Bernasconi 1986, 48). Eine Abwandlung des Methodenmonismus besteht darin, einem dominierenden Ansatz wirkungsvolle Verfahren anderer Konzepte unterzuordnen und damit gleichrangige Methoden ohne Berücksichtigung ihrer konzeptuellen Kontexte zu hierarchisieren (vgl. Richter 1990, 65).

überwinden. Das geschieht bspw. durch Bemühungen, unabhängige Konzepte durch eine zusätzliche Verbindungstheorie pragmatisch miteinander zu verknüpfen und damit grundsätzliche Widersprüche der unterschiedlichen Konzepte zu "übertünchen", wie Richter (1990, 64) kritisch anmerkt. Eine zweite Form besteht aus einer Vermischung oder Synthese zweier oder mehrerer Theorieelemente bzw. Handlungskonzepte zuzüglich eigener Erfahrungswerte und Alltagstheorien. Nestmann bezeichnet diese als "theoretische Eklektizismusposition" (vgl. Nestmann 1987, 14). Hier ordne ich Richters Integrationsmodell ein. Er strebt die "Entwicklung einer mehrperspektivischen Sichtweise und ein multimethodisches Vorgehen in der Supervision ... [an, als] Versuche der Annäherung an die Vielfalt, ohne dabei dem Mythos und der Magie des Ganzheitsbegriffes zu verfallen" (Richter 1990, 64). Integrierbar sind s.M. folgende Dimensionen:

- die Ebene der Weltanschauung, also des Welt- und Menschenbildes;
- die Theorieebene, also die Entwicklung einer integrativen Supervisionstheorie;
- die Möglichkeiten und Grenzen der Supervisorinnen selbst im Hinblick auf die Vereinigung verschiedener Konzeptanteile in ihrer Person;
- die Prozeß- bzw. Situationsebene, also bzgl. der Frage, welche Interventionen zum jeweiligen Beratungsgeschehen "passen";
- Integration als Synergie, also als Herstellung optimalen Zusammenwirkens der einzelnen Interventionen;
- die Integrationsmöglichkeiten des Kontextes, d.h. der Arbeits- und Umfelder der Supervisandinnen (vgl. Richter 1990, 64 f.).

Nach Richters Anspruch verändern sich im integrativen Supervisionskonzept alle bestehenden Elemente (Konzepte) auf allen Ebenen, so daß ein wirklich neues Konzept entsteht. Wie diese Integration nun de facto vonstatten gehen soll, darüber schreibt Richter aber nichts.

Die "theoretischen" Integrationsperspektiven sind m.M. am ehesten verwandt mit den Bemühungen von Verfasserinnen aller Qualifizierungtraditionen, eine einheitliche (Meta-) Theorie zu konstruieren, die den Rahmen für einheitliche und ableitende Interpretationen von Erklärungen und Handlungen abgibt. Solche Bemühungen finde ich für meine Zwecke am wenigsten relevant. Eine Meta-Theorie oder Meta-Konzeption würde verlangen, daß alle bisherigen Theorien, Begriffe und Methoden unter einem einheitlichen System reformuliert werden müßten. Das könnte im einen oder anderen Falle zwar heuristische Erkenntnisse bringen, aber alle Fachkräfte müßten eine neue Fachsprache lernen ("Esperanto" der Sozialen Arbeit), ohne daß schon klar wäre, daß diese neue Sprache auch einen Nutzen hat[32]. Im Gegenteil, ein einheitliches System würde notwendigerweise Vergröberungen bringen, weil die Eigenheiten, die jedes Konzept hervorgebracht hat, nicht alle zu integrieren wären. Die einheitliche Begrifflichkeit böte hauptsächlich die Möglichkeit, auf einer hohen Ebene der Verallgemeinerung miteinander zu kommunizieren. Die begrifflichen Verschiedenheiten und Spezialisierungen, die sich in den einzelnen Arbeitsfeldern und den Methoden herausgebildet haben, müssen aber beibehalten werden, schon allein, weil sie "kraftvoller und verständlicher" sind und auch stärker differenzieren (vgl. Specht 1980, 136; Plaum 1981 b, 223). Eine einheitliche und umfassende Sichtweise kann zwar unzählige Perspektiven eröffnen, aber man erfährt kaum, was nun eigentlich getan werden soll und wer es tun soll. Die Möglichkeiten des Eingreifens bleiben in der Regel weit hinter den Möglichkeiten der Problemeinschätzung und -bewertung zurück. Ich schließe mich Specht an, der resümiert, daß eine einheitliche Methode das Handeln erschwert statt erleichtert und durch die Vergrößerung des Entscheidungsspielraumes Probleme schafft, die sehr viel

---

32. Sinnvoller könnten da schon Versuche sein, sog. Referenzrahmen anzugeben, in denen die Theorien zusammengestellt sind, die für das methodische Arbeiten oder die Qualifizierungstradition von Belang sind, vgl. Eck (1990 a) für die Supervision.

schwerer wiegen als das Problem der Auswahl einer bestimmten Theorie und eines bestimmten Erklärungswissens (vgl. Specht 1980, 340).

(b) Der persönliche Standpunkt der Anwenderinnen als Integrationsperspektive

Staub-Bernasconi definiert solche Modelle (kritisch) als "methodenpluralistische". Hier liegt es allein in der Entscheidung der Fachkräfte, die nach dem Prinzip von Versuch und Irrtum untereinander unverbundene Elemente zusammenstellen (vgl. Staub-Bernasconi 1986, 48). Auch Richter kritisiert Fachkräfte, die "pragmatisch-additiv" und "alternierend" vorgehen, die also Methoden und Techniken abwechselnd und nach ihrer "Wirkung" einsetzen, und dieses nur mit ihrer "Erfahrung" legitimieren (vgl. Richter 1990, 65). Es wird immer wieder beschrieben, daß Fachkräfte und ihre Beraterinnen im Laufe der Zeit ein gewisses Repertoire an Verfahren ausprobieren, sich (mit persönlichen Variationen) zu eigen machen und dadurch lernen, methodisch vorzugehen (vgl. für die Supervision Wieringa 1983, 14). Weigand meint, dieser Prozeß der Integration von Methoden, an dessen Ende dann die "Person als Methode" stehe, sei nicht zu verwechseln mit dem isolierten Einsatz von Techniken. Da die Supervisorinnen die Ordnungsprinzipien zur Selektion des Angebots ihren "persönlichen" Theorien entnehmen, sollten sie aber "die ihrer Praxis zugrundeliegende Theorie und das diese Praxis bestimmende Handlungskonzept möglichst klar, umfassend und genau benennen" und auch reflektieren und vertreten können (Weigand 1987 b, 155; 1984, 54) und das mindestens auf fünf Ebenen: Sie sollen sich (a) darüber im klaren sein, welche Theorie der Person und welche Theorie der Beziehung ihr Handeln in der Supervision bestimmt. Sie sollen (b) ihre Theorie der Institution (als Repräsentanz gesellschaftlicher Realität) benennen können. Sie sollen (c) ihre Feldtheorie offenlegen und (d) ein Verständnis für die im Arbeitsfeld vorherrschenden Produktionsbedingungen entwickeln. Und sie sollen (e) ihre Theorie der Beratung, die die Grundlage ihrer speziellen Diagnose, ihres Interventionskonzeptes und ihres Settings der Beratung hergibt, explizieren[33] (vgl. Weigand 1987 b, 155).

Mit Bezug auf die Handlungskompetenzdiskussion denke ich, daß eine personenbezogene Integrationsperspektive zwar diejenige ist, die von den Fachkräften in jeder Praxis bevorzugt wird, daß sie aber wesentlichen Verkürzungen unterliegt. Mit der Konzentration auf die Persönlichkeit der Fachkräfte könnten wesentliche Feldbezüge verlorengehen. Das fördert die Gefahr, daß die Fachkräfte nur diejenigen Konzepte, Methoden und Techniken präferieren, die ihnen "liegen" oder die ihnen zufällig bekannt sind. Daraus kann folgen, daß sie nur diejenigen Arbeitsaufträge bearbeiten, die sie mit ihrem Instrumentarium bearbeiten können, oder daß sie die vorliegenden Aufträge so umdeuten, *daß* sie sie mit ihrem Instrumentarium bearbeiten können. Diese Perspektive konzentriert m.E. die Fachkräfte so sehr auf sich selbst, daß sie möglicherweise den institutionellen Kontext der Sozialen Arbeit, den lebensweltlichen Kontext ihrer Klientinnen und auch gesellschaftliche Verursachungszusammenhänge aus dem Blick verlieren. Der ausschließliche Fokus "Handlungskompetenz" überfordert die Fachkräfte, denn er unterstellt implizit, es läge allein in ihrer Kompetenz und an ihrer "Kunst", ob sie die vorgegebenen Probleme lösen, und er berücksichtigt zu wenig, daß die Fachkräfte nur ein Teil des Ganzen und nicht die mächtigsten Akteurinnen in einem großen Netz von Beeinflussungsfaktoren sind.

---

33. Nach meiner Erfahrung fällt es Praktikerinnen sehr schwer, ihre Theoriebezüge zu verorten. Denn allzu oft haben sie ihre Erklärungsmuster übernommen, ohne daß ihnen bewußt ist, woher sie stammen. Weigand fürchtet auch, daß Berufsanfängerinnen angesichts der Pluralität der Konzepte überfordert sind. Er schlägt daher vor, das Ausbildungskonzept einheitlich und kongruent zu strukturieren, damit sich die Lernenden zunächst mit einem Konzept identifizieren können. Mithilfe ihrer Praxiserfahrungen können sie im weiteren die grundständige Orientierung modifizieren und so zu einer eigenen Supervisorinnenidentität gelangen (vgl. Weigand 1984, 55).

Eine weitere Kritik der persönlichen Integrationsperspektive gilt den Konnotationen des Integrationsbegriffs. Integration beeinhaltet die Vorstellung des Zusammenfügens disparater Teile zu einem harmonischen Ganzen. Zur Relativierung dieses vorschnellen Eindrucks erlaube ich mir mit Karl Josef Pazzini[34] (1986) einen kleinen Exkurs zur Kritik der "zentralperspektivischen Sichtweise" der Welt: Pazzini bringt die in der Aufklärung entstandene rationalistische Sicht auf die Welt, der als bildliche Struktur die "Perspektive als symbolische Form" (Panofsky 1929) entspricht, mit dem Zielbegriff von Erziehung und Bildung, nämlich der Leitvorstellung von persönlicher, individueller Identität in Zusammenhang. Identität transportiert die Illusion einer ganzheitlichen harmonisierenden Integration widersprüchlicher und bruchstückhafter Sozialisationserfahrungen. Identitätsarbeit heißt, sich innerhalb der gegebenen gesellschaftlichen Bedingungen eine eigene unverwechselbare "Biographie" zu schaffen. Es lassen sich zwar unterschiedliche "Identitätszustände" (Marcia 1964) und auch Identitätskrisen (Erikson 1968) ausmachen (und insofern ist Identität nichts Statisches); wegweisend scheint aber die (Zentral)-Perspektive. Pazzini stellt diese Perspektive in Frage. Er referiert, daß sie zumindest in der Literatur, der Musik und der bildende Kunst schon seit Beginn unseres Jahrhunderts kritisiert und ersetzt wird durch die "symbolische Form der Collage" (Pazzini 1986, 22). Collage "hat keinen 'Standpunkt' - wie den, den die zentralperspektivische Raum- und Zeitauffassung verlangt - sie bewegt sich selber. Dieser Bewegung kann der Betrachter im Bild nachgehen, im Fluß der Farben und Formen, in den Übergängen zwischen den einzelnen Collage-Elementen. Die Trennung zwischen den Realitätsfragmenten ist erhalten, nicht verklebt, nicht geglättet. Die Synthese aus Fragmenten ist erkennbar. Sie kann auch unterhalb der einen Idee, der einem Thema zuzuordnenden Stimmigkeit genossen werden" (Pazzini 1986, 21). Pazzini schlägt vor, dieses bildnerische Verfahren auf die Pädagogik zu übertragen, er bezeichnet "die Collage" mangels geeigneter sozialisationstheoretischer Begrifflichkeit als "geliehenen Begriff" für das Verfahren, "Begriffe zu bilden, zu denken, wahrzunehmen, zu handeln, zu leben" (Pazzini 1986, 21). Er will berücksichtigt wissen, daß die Menschen inzwischen selbst collageartig oder auch montageartig leben. Collage will er metaphorisch verstehen und bezeichnet damit nicht nur das "Objekt der Betrachtung, Momente der äußeren Realität, sondern ebenso das Subjekt, dessen Persönlichkeitsstruktur, und den collageartigen Charakter der Beziehung zwischen Subjekt und Objekt" (Pazzini 1986, 22). Pazzini glaubt, die Pädagogik habe diesen Paradigmenwechsel verschlafen und basiere ihre Vorstellungen weiterhin auf Identität bzw. Zentralperspektive als symbolische Form, während doch collage- und montageförmige Sichtweisen die zentralperspektivische zu einer unter vielen machten.

Nimmt man dieses Collagebild zum Vorbild für das (integrative) Handeln im berufspraktischen Alltag, kommt man zu einer "Zusammenschau", ohne daß man den Fachkräften einen umfassenden Anspruch an die Integration der gesamten Komplexität des Handlungsfeldes aufbürdet. Die Collage kann auch Zerrissenheit und nichtintegrierbare Fragmente aushalten und die Perspektive wechseln. - Alternativ zur Collage ist auch das Bild vom "Mosaik" denkbar (vgl. C.W. Müller 1987, mdl.). Wobei man als Mosaik eher ein vereinheitlichtes Gesamtgemälde assoziieren kann, in das alle wichtigen Forschungsergebnisse, die zu verschiedenen Zeiten mit unterschiedlichen Schwerpunkten und auf dem Hintergrund unterschiedlicher Theorien hervorgebracht wurden, eingeordnet werden. Dieses kann man m.E. mit dem vorliegenden wissenschaftlichen Erklärungswissen machen, nicht aber mit Alltagshandeln unter Entscheidungszwängen. Denn ein großer Teil dessen, was im Berufsalltag zusammengebracht werden muß,

---

34. Pazzini ist ein psychoanalytisch orientierter Wissenschaftler, der sich im wesentlichen mit allgemeiner Pädagogik bzw. Schulpädagogik befaßt. Seine Übertragung von Diskussionsteilen aus der Kunstgeschichte auf die Pädagogik finde ich aber beachtenswert.

bleibt notwendig disparat. Mit methodischem Arbeiten richtet man im besten Falle den Fokus auf Ausschnitte der Collage und trägt so zur Erhellung der einzelnen Bruchstücke bei. Ich selbst würde kein "Mosaik" anstreben; Collage "leben" zu können, ohne an den Widersprüchen zu zerbrechen, scheint mir vordringlicher.

(c) Problemorientierte Integration auf der Ebene der Methoden

Nestmann subsummiert unter das Stichwort des "praktischen" oder "pragmatischen", eher methodenbezogenen Eklektizismus eine problem- und klientenbezogene Auswahl und Kombination von Verfahren aus verschiedenen Schulen und Richtungen, z.T. ohne Berücksichtigung der ursprünglichen Theoriekonzeption (vgl. Nestmann 1987, 14). Garfield unterscheidet den eklektischen Ansatz von anderen "vor allem durch den Versuch einer stärkeren Spezifikation der Ziele und Verfahren und einer Bereitschaft, sich spezifische Verfahren jeglicher Orientierung ... zu Nutze zu machen. Ausschlaggebend für die Auswahl ist ihre Zweckdienlichkeit" (Garfield 1982, 238). Staub-Bernasconi favorisiert "integriert-pluralistische" Modelle, die eine "integrative Problemschau oder -theorie als auch eine integrative Konzeption von Methoden-Elementen ermöglichen" (vgl. Staub-Bernasconi, 1986, 48). Sie schlägt vor, "nach dem Gegenstand und den Elementen oder Instrumenten einer Handlungstheorie Sozialer Arbeit zu fragen. ... Es geht darum, zu wissen, *was* problematisch ist und deshalb nach verändernder Praxis ruft, *warum* etwas im Sinne seiner Verursachung problematisch ist, aber auch aufgrund welcher *Werte* ein Sachverhalt als problematisch beurteilt wird. Es geht aber im weiteren auch darum, zu bestimmen, *wer, womit, woraufhin* und *wie* etwas zu verändern suchen soll, und dies mit welchem *Ergebnis*" (Staub-Bernasconi 1986, 8). Zu diesem Zweck legt sie "Konstruktionselemente einer Handlungstheorie" vor, eine elaborierte Übersicht und Klassifizierung von maßgeblichen Elementen methodischer Arbeit, die eine Kombination "soziale(r) Problemlagen, Ressourcen, Interventionsebenen, Akteur-Systemen und Arbeitsweisen - unter Beachtung realer Behinderungen wie realer Handlungsspielräume" ermöglicht. Sie legt ihr Modell als "Denkwerkzeug" an, das umfangreiche Analyse- und Handlungskriterien liefert (vgl. Staub-Bernasconi 1992).

Als "generisch" bezeichnen Pincus und Minahan (1980) ihr "Praxismodell" für die Soziale Arbeit. Hauptsächlich in den USA und in Großbritannien arbeitete man in den 70er Jahren an gemeinsamen Grundsätzen und Konzepten, auf die sich alle Fachkräfte beziehen könnten, die mit sozialen Problemen befaßt sind. Dazu wären allgemeine Grundsätze und theoretische Grundlagen, die genügend Durchschlags- und Überzeugungskraft besitzen, um sich in der Masse der Spezialisierungen, Methoden und funktionalen Bereiche als nützlich durchzusetzen" (Specht, Vickery 1980, 14) nötig. Ähnlich einzuordnen ist auch das methodenintegrierte Konzept des niederländischen Wissenschaftlers Marinus van Beugen (1972). Beide Konzepte wollen die Begrenzungen der klassischen Methoden überwinden, innerhalb derer Techniken und Methoden mit sehr spezifischen Bestimmungen isoliert für einen jeweils spezifischen Zweck entwickelt wurden; beide wollen wissenschaftlich fundierte, soziale Techniken und Methoden mit einer möglichst neutralen Bestimmungsfunktion herausarbeiten, die auf einem Kontinuum angesiedelt werden können, das von der persönlichen Hilfe für einzelne Klientinnen über eine gezielte Einflußnahme auf die sie belastenden Lebensumstände, eine Aktivierung bzw. Koordination der sozialen Ressourcen ihrer Umgebung bis hin zu Strategien zur Veränderung des Dienstleistungssystems und Anstößen zu gesellschaftlichen Veränderungen reicht (vgl. van Beugen 1972, 166 ff.; Pincus, Minahan 1980, 14). Ebenfalls unter die Kategorie der Methodenintegration sind auch die Arbeiten von Rothman, Erlich und Joseph (1979) einzuordnen, die generalisierbare Handlungsleitlinien entwickelt haben, die i.M. über alle Arbeitsformen hinweg und in allen Organisationen eingesetzt werden können.

Die methodische Integrationsperspektive ist diejenige, die am stärksten als "technizistische" verurteilt wird. Die Kritikerinnen unterstellen den Fachkräften, sie hätten keine handlungsleitende Theorie bzw. würden diese nicht ausweisen, und das führe dazu, daß Menschen beliebig (und in jedem Falle negativ) manipuliert würden. Plaum schreibt aber, daß es bisher keine Forschungsergebnisse gäbe, die auf ein atheoretisches Vorgehen, also eine rein mechanische Anwendung von Techniken hindeuteten[35]. Auch bei der Durchsicht der methodenintegrierten Modelle fällt auf, daß keiner der Vorschläge wirklich auf eine allgemeine theoretische Orientierung verzichtet. Alle Verfasserinnen, die methodenintegrierte Vorgehensweisen vorschlagen (Pincus, Minahan 1980; Goldstein 1980; van Beugen 1972; Staub-Bernasconi 1986), fordern, daß man zwar die Wirksamkeit der Interventionen genau erforschen solle, daß man aber immer die Wertorientierung ausweisen solle, die die Auswahl und den Einsatz der Techniken steuert. Van Beugen kritisiert an einigen Protagonistinnen des planned change, daß sie ihre Ziele formal mit "Verbesserungen" bzw. "Verbesserung der Funktionsfähigkeit in einem System" beschreiben. S.M. kann erst unter Anwendung normativer Kriterien beurteilt werden, ob eine Verbesserung als solche bezeichnet werden kann[36]. Er fordert, daß die Arbeitsziele immer auf ihre Wertkomponenten hin analysiert werden müssen, auch um die strukturell vorhandene Machtausübung zu kontrollieren. Den Einsatz von Macht läßt er nur als instrumentale Komponente gelten, niemals als Selbstzweck (vgl. van Beugen 1972, 39 ff.). Pincus und Minahan werden konkreter. Sie benennen die i.M. wichtigsten Wertvorstellungen der Sozialarbeit[37] und meinen, die Rolle des change-agent sei in ethischer Hinsicht nicht eindeutig bestimmbar, denn der Glaube an die geplanten Veränderungen entspringe selbst gewissen Wertvorstellungen[38] (vgl. Pincus, Minahan 1980, 128 ff.).

---

35. Schon die Ergebnisse empirisch-experimenteller Forschungen, auf die Fachkräfte zurückgreifen, sind durch Theorien beeinflußt. Der Einfluß wirkt auf die begrifflichen Definitionen, die der Datenerhebung zugrunde liegen, auf die Bedingungen der Untersuchung und auf die Auswahl der Versuchspersonen und Untersuchungsmethoden sowie das experimentelle Setting. Man muß also immer auch die Voraussetzungen der herangezogenen Ergebnisse untersuchen. Plaum zeigt auf, daß die *Resultate* wissenschaftlicher Untersuchungen jedoch höchst selten in ihrer Faktizität angezweifelt werden, so daß die zugrundeliegenden Theorien nicht für eine Nichtanerkennung vorliegender Resultate verantwortlich gemacht werden. - Die *Interpretation* solcher Befunde ist dann schon wieder ein Resultat der unterschiedlichen theoretischen Standpunkte. Aus diesem Grunde ist es auch nicht möglich, aus einem Therapie-Erfolg die "Richtigkeit" einer Theorie abzuleiten. Plaum meint, eine Eklektikerin versuche, diesen theoretischen Aspekt auszuklammern und sich zunächst einmal auf vorliegende Fakten zu stützen, ohne sie in Beziehung zu einem bestimmten theoretischen System zu sehen. Eine solche Theorieunabhängigkeit ist s.M. keineswegs realitätsfern, denn es gibt offensichtlich empirische Befunde, die zwar unter einer bestimmten theoretischen Voraussetzung zustande gekommen sind, denen aber Allgemeingültigkeit zugebilligt wird. Plaum fordert daher eine Erweiterung der Grundlagenforschung, um zu einem größeren Fundus von Ergebnissen zu gelangen, die die Basis für diagnostische und therapeutische Maßnahmen bilden können (vgl. Plaum 1981 a, 52).

36. In diese Kriterien sollen die Wertvorstellungen des Klientsystems (also ihre persönlichen und sozialen Normen), die des Dienstleistungssystems (berufliche Normen der Fachkräfte sowie institutionelle Richtlinien) und auch die Basiswerte des gemeinsamen Kulturkreises, in dem sich beide bewegen, eingehen.

37. nämlich die Pflicht der Gesellschaft, ihren Mitgliedern den Zugang zu Mitteln, Leistungen und Möglichkeiten, ihre Lebensaufgaben zu erfüllen zu gewähren, Not und Kummer zu lindern, ihre Bestrebungen und Wertvorstellungen zu sichern sowie Würde und Individualität der Menschen bei der Vermittlung gesellschaftlicher Ressourcen zu respektieren (vgl. Pincus, Minahan 1980, 127).

38. Sie diskutieren dann einige Dilemmata, in die Fachkräfte geraten können, wenn sie einerseits den Wert der Selbstbestimmung der Klientinnen priorisieren und andererseits in der Praxis feststellen, daß diese vielleicht nicht in der Lage sind, ihre Ziele selbst festzusetzen - womit die Fachkräfte Gefahr laufen, den Klientinnen ihre Wertvorstellungen aufzuzwingen und damit per se den Wert der Selbstbestimmung konterkarieren (vgl. Pincus, Minahan 1980, 128 ff.). Pincus und Minahan identifizieren sich - wie mehr oder weniger alle Autorinnen des Sammelbandes - mit einer Sichtweise Sozialer Arbeit, die die Stärkung der Eigenkräfte ihrer Klientinnen *und* die Mobilisierung ihrer Ressourcensysteme im Fokus hat (vgl. Specht, Vickery 1980, 17 f.). Das Prinzip der Ressourcenarbeit greifen auch Meinhold (1992), Heiner (1992) und Staub-Bernasconi (1992) auf.

Alle hier aufgezählten Verfasserinnen beziehen sich eher vage auf die allgemeine Systemtheorie als handlungsleitende Theorie. Folgt man Plaum, sind (abgesehen von der berechtigten Kritik an unberechtigten und vorschnellen Übertragungen und Verallgemeinerungen) die theoretischen Vorannahmen nicht ohne Grund so vage und unvollständig, denn sie sind als Rahmenkonzeptionen im Sinne eines "antizipierenden Schemas" zu verstehen, "das anhand vorliegender Daten aufzufüllen bzw. zu konkretisieren wäre und welches lediglich Richtlinien im Hinblick auf Einordnung sowie Stellenwert derselben innerhalb eines neuen Systems anbieten könnte. ... Da neu hinzukommendes Wissen immer wieder integriert werden muß, ist das hierdurch entstehende eklektische System als ein offenes zu betrachten, welches im Zuge der fortschreitenden Weiterentwicklung dann an die Stelle des ursprünglichen 'Schemas' tritt" (Plaum 1981 a, 53). Man braucht aber Theorien, um Kriterien zur *Auswahl* der unübersehbar vielen möglichen Beobachtungen zu gewinnen, und um ein naiv-empirisches Faktensammeln zu vermeiden (vgl. Plaum 1981 b, 223). Fachkräfte verfügen zudem neben ihrer Kenntnis von Theorien und Forschungsergebnissen über Erfahrungen im täglichen Umgang mit ihren Klientinnen. Plaum meint, wenn sie über breite und vergleichbare Erfahrungen verfügten, würden sie sich hinsichtlich ihrer Auffassungen einander annähern.

Zusammengefaßt fordert der eklektische Ansatz, daß man der Diagnose und dem Prozeß der Zielbestimmung sehr viel Aufmerksamkeit widmen muß. Für die *Diagnose* (oder Situationsanalyse) gilt, sich der begrenzten Aussagekraft einer einzigen Gruppe diagnostischer Verfahren bewußt zu sein und keine der Methoden (etwa projektive Techniken) aufgrund bestimmter theoretischer Positionen von vorneherein grundsätzlich abzulehnen. "Als Kriterium der Brauchbarkeit gilt allein, ob ein Instrument bzgl. der notwendigen Informationsgewinnung unmittelbar oder auf indirekte Weise weiterhelfen kann. Es muß aber gewährleistet sein, daß die unterschiedlichen Verfahren die gleichen Tatsachen erfassen. (Man kann z.B. nicht mit Hilfe projektiver Techniken auf ein reales Verhalten in einer völlig anderen Situation schließen). Andererseits lassen sich Daten, die über unterschiedliche diagnostische Methoden gewonnen wurden, aber in die gleiche Richtung weisen, im Sinne des Konvergenzprinzips (...) als einigermaßen gesicherte Informationen auffassen" (Plaum 1981 b, 224 f.). Bei der *Zielbestimmung* kommen deutlich nicht nur wissenschaftliche, sondern auch ethische und gesellschaftspolitische Kategorien ins Spiel. Eklektisch vorgehen heißt, daß die Fachkräfte die Handlungssituation und die entsprechende Problemkonstellation so adäquat wie möglich erfassen müssen, um dann sehr klare und explizite Ziele festzulegen. Mit einem solchen Vorgehen halten sie die Borniertheit in Grenzen, die sie mit dem Bezug auf ein spezifisches Konzept eingehen würden. Und sie bleiben erinnert an eigene Beschränkungen, Wissenslücken und Unsicherheiten. Sie müssen ihre Vorgehensweise ständig reflektieren und kritisch evaluieren (vgl. Garfield 1982, 239; Nestmann 1985, 16). Sie sollten möglichst alle Ansätze und Forschungsergebnisse für ihre Zwecke prüfen, nämlich für die Analyse einer Situation, für die Zielbestimmung und auch die Wahl der Interventionstechniken. Ich stimme Plaum zu, daß die Grundlagenforschung weiter ausgebaut und auch von Fachkräften rezipiert werden müßte. Da aber die allgemeinen Ergebnisse nicht einfach auf die individuellen Gegebenheiten ihrer Klientinnen übertragen werden können, erklärt Plaum: "Solange kaum Anhaltspunkte hinsichtlich differentieller Indikationen von Therapiemaßnahmen vorhanden sind, steht es dem eklektisch orientierten Kliniker aber durchaus zu, in eigener Verantwortung spezifische therapeutische Methoden aus vorliegenden Forschungsresultaten abzuleiten, anzuwenden und ihre Effektivität zu untersuchen" (Plaum 1981 b, 224).

Ich halte aus dem Abschnitt über Integrationsperspektiven für meine weiteren Überlegungen fest, daß es ich kein Meta-Modell der Methodenintegration anstrebe, in das alle anderen Theorien, Konzepte und Methoden eingeordnet werden könnten. Ich verfolge auch keine "ganzheitliche" Integrationsperspektive, sondern bleibe beim Bild der Collage, nach dem die Fachkräfte *subjektiv* Teilstücke aus Konzepten und Modellen auswählen und *subjektiv* problemorientiert montieren. Ich gehe davon aus, daß Fachkräfte keine umfassende Integrationsperspektive entwickeln, sondern Fragmente verwenden. Fragmente, die nicht immer zusammen "passen", die sie aber einzeln mit Bedeutung versehen und die sie situativ und jeden Tag anders zusammenstellen - collagenhaft eben. Eine Beobachterin wird das "Bild" einer Situationsgestaltung niemals so empfinden und interpretieren, wie es die Urheberin plante (und wie es sich schon während des Handelns in der Situation veränderte); denn die Beobachterin versieht es mit eigenen Bedeutungen (was im übrigen eine Fremd-Evaluation so schwierig macht). Methodisches Arbeiten soll m.E. dazu führen, daß die Fachkräfte die "subjektive Auswahl" ihrer Konzepte und Arbeitsprinzipien stärker theoriegeleitet betreiben, und daß sie ihre Persönlichkeit und ihre Kompetenzen weniger egozentrisch und mehr problemorientiert bzw. situationsorientiert einsetzen. Methodisches Arbeiten trägt dazu bei, daß sie sich ihrer impliziten Theorien und Handlungsregeln bewußt werden und somit prüfen können, ob sie dem Gegenstand und dem Ziel ihrer Arbeit sowie ihren eigenen Wertvorstellungen gerecht werden. Auf dieser Grundlage können sie ihre Handlungen begründen, rechtfertigen und bilanzieren. "Methodisch" kann man das Handeln nennen, das transparent und intersubjektiv überprüfbar gemacht wird. Die durch Dokumentation nachvollziehbar gehaltenen "Montagen" bilden die Grundlage für die Selbstevaluation. Darum bilden methodisches Arbeiten und Selbstevaluation ein Kontinuum.

5.5.2 Grundbegriffe und Basisregeln methodischen Arbeitens

Eine Collage kann schwerlich als "Rahmenmodell" oder gar als "Phasenkonzept" präsentiert werden; man könnte eher von "Eckdaten" oder von Grundbegriffen sprechen, die je nach Situation, Ziel und Gestaltungsfähigkeit verschieden zusammengestellt werden. Ich führe daher in diesem Abschnitt sog. Grundbegriffe und Basisregeln[39] methodischen Arbeitens auf. Sie sind als Handwerkszeug gedacht, das die Fachkräfte für ihre Entscheidungs- oder Reflexionsbedürfnisse einsetzen können. Die Fachkräfte können mit dem Begriffsinventar Prozesse auf mehreren Handlungs-Ebenen (interpersonell, inner- und interinstitutionell) und in ihren vertikalen (Macht) und horizontalen (Verknüpfung, Austausch) Dimensionen (vgl. Staub-Bernasconi 1986) beschreiben und analysieren. Je nach Fokus eröffnen sie Möglichkeiten der Erörterung, des Abwägens und der Variation von Situations- bzw. Problemdefinitionen, Handlungsmodellen und Verfahren. Darüber hinaus sollen sie die Analyse gelungener und fehlgeschlagener beruflicher Handlungen und ihre Bilanzierung anleiten.

a) Soziale Probleme

Leben heißt, Anforderungen gegenüberzustehen, die damit verknüpften Empfindungen in Worte zu fassen, sie zu begreifen und zu bewältigen versuchen. Je mehr sich die reale, zu

---

39. Die Grundbegriffe sind Produkte der Übereinkunft von Maja Heiner, Marianne Meinhold, Hiltrud v. Spiegel und Silvia Staub-Bernasconi über ein gemeinsames Verständnis für ihre jeweils verwendeten zentralen Begriffe, ohne die vorhandene Vielfalt und auch Widersprüchlichkeit reduzieren zu wollen. Ein großer Teil der Grundbegriffe erscheint im Frühjahr 1994 im Sammelband der genannten Autorinnen (Heiner u.a. 1994), ein kleinerer Teil ist ebenfalls in diesem Zusammenhang entstanden, wurde aber nicht in das Glossar übernommen. Die Basisregeln wurden hauptsächlich von Marianne Meinhold und Maja Heiner in diesen Diskussionszusammenhang eingebracht. Sie wurden von Maja Heiner gesammelt und komplettiert (vgl. Heiner 1992).

erkennende wie zu verändernde Situation dem Bild nähert, das sich ein Mensch von ihr macht, umso größer die Chance einer Lösungsmöglichkeit - vorausgesetzt, daß die Ressourcen hierzu vorhanden sind. Soziale Arbeit setzt dort ein, wo diese Ressourcen fehlen. Oftmals umfassen soziale Probleme nicht vermeidbare ethisch-moralische Dilemmata

- weil wir in einer Gesellschaft leben, in welcher mit der unterschiedlichen Verteilung von Ressourcen und entsprechenden Knappheiten umgegangen werden muß;
- weil die individuellen Wünsche grenzenlos sein können und mithin deren Erfüllung die Befriedigung der Bedürfnisse und der Wünsche anderer Menschen beeinträchtigen können;
- weil wir aber gleichzeitig die anderen für unser Überleben, die Befriedigung unserer Bedürfnisse und Wünsche brauchen;
- weil wir anderen Leid zufügen oder ihnen helfen, sie ausschließen oder mit ihnen kooperieren können;
- weil wir schließlich innerhalb bestimmter Grenzen frei sind, das zu wählen, was wir als richtig oder falsch erachten und hierfür behindernde oder begrenzende Regeln/Normen durchsetzen können.

Soziale Probleme sind in Sprache, Bildern und Konzepten erfaßtes, unter Umständen über lange Zeit hinweg stummes Leiden als Konsequenz

- nicht erfüllter Grundbedürfnisse und legitimer Wünsche und damit unzureichender Ausstattung von Menschen bei gleichzeitiger überdurchschnittlicher Ausstattung anderer Menschen und Gruppen;
- asymmetrischen Gebens und Nehmens und damit von Austauschbeziehungen, die nicht auf Gegenseitigkeit beruhen;
- behindernder Machtverhältnisse, und
- ethisch-moralischer Dilemmata und Asymmetrien im Hinblick auf die Ausbalancierung von Pflichten und Rechten gegenüber sich selbst und anderen Mitgliedern der Gesellschaft.

b) Wissensbestände

Die Wissensbestände, die im methodischen Arbeiten zur Geltung kommen, unterscheiden wir in Erklärungswissen, Kriterienwissen, Zustandswissen und Verfahrenswissen mit jeweils unterschiedlich gewichteten wissenschaftlichen und erfahrungsbezogenen Anteilen:

1. Das *Zustandswissen* oder auch Problem- oder Gegenstandswissen bezieht sich auf das Wissen über die aktuelle Situation. Zur Analyse schlagen wir folgende Dimensionen vor: die der Ausstattung (eines Individuums, einer Gruppe, eines Gemeinwesens, einer Organisation - und unterteilt in körperliche und soziomaterielle Ausstattung, Erkenntniskompetenzen, Bedeutungssysteme, Handlungskompetenzen, beziehungsmäßige Ausstattung); des Austausches, der Macht und der Kriterien (vgl. Staub-Bernasconi 1986, 53). Man kann diese Dimensionen *erfahrungsbezogen* interpretieren und die so beschriebenen Probleme mit den theoretischen Konzepten verknüpfen.

2. *Wissenschaftliches Erklärungswissen* meint Konzepte und Theorien der Grundlagendisziplinen zur Erfassung verschiedener Wirklichkeitsbereiche. Staub-Bernasconi zählt hierzu den anorganischen (Physik), den organischen bzw. biologisch-ökologischen (Biologie), den psychischen (Psychologie), den sozialen incl. ökonomischen und politischen (Soziologie) und den kulturellen (Anthropologie, Philosophie, Theologie, Ethik, Recht usw.) Wirklichkeitsbereich (vgl. 1986, 53). *Erfahrungsbezogenes Erklärungswissen* bezieht sich stärker auf Deutungen und Erklärungen alltäglicher Phänomene mithilfe des "gesunden

Menschenverstandes", des sog. common sense oder Alltagswissens. D.h. man systematisiert und interpretiert Erlebnisse und Beobachtungen mithilfe ad hoc verfügbarer unterschiedlicher und emotional eingefärbter Wissensbestände und Analogieschlüsse mit einem hohen Verallgemeinerungsgrad. Wissenschaftliches Erklärungswissen zeichnet sich durch die systematische Prüfung der Annahmen aus, die einer Erklärung zugrunde liegen, sowie durch die Offenlegung und Reflexion des Weges, der bei der Entwicklung und Prüfung der Erklärung eingeschlagen wurde. Die Reflexion und öffentliche Diskussion der Methoden des Erkenntnisgewinns sichert einen nachvollziehbaren, überprüfbaren Zuwachs an Erklärungswissen. Da mit wissenschaftlichem Erklärungswissen niemals *alle* bedeutsamen Aspekte einer Situation erfaßt werden können, ist eine Ergänzung der Begründungen durch erfahrungsbezogenes Erklärungswissen gerechtfertigt (vgl. Geißler, Hege 1991).

3. *Wertwissen* kann im strengen Sinne nicht *wissenschaftlich*, d.h. intersubjektiv nachvollziehbar richtig oder falsch sein. Es bezieht seine Postulate aus den Theorien für den kulturellen Wirklichkeitsbereich (s.o.). Gerade deswegen ist es unabdingbar, die den Konzepten inhärenten Menschenbilder und Wertorientierungen identifizieren zu können. Wir können auch davon ausgehen, daß sich im Laufe der Professionalisierung Sozialer Arbeit ein "Code of Ethics" herausgebildet hat, der - mit zeitgenössischen Varianten - als fachliche Leitlinie für Zielentwicklungen und Entscheidungen gelten kann. *Erfahrungsbezogenes* Wert- und Kriterienwissen wird durch biographische Komponenten geprägt, die auf der persönlichen Moralentwicklung beruhen und sich in ethischen, sozialen und politischen Orientierungen niederschlagen. Dazu zählen auch Erfahrungen mit Situationen, in denen man um der eigenen Selbstbehauptung willen normative Leitlinien verlassen hat. Kriterienwissen bildet in jedem Falle das Reservoir für die *Rechtfertigung* der Sinnhaftigkeit von Zielen und Aktivitäten in der Sozialen Arbeit (vgl. Geißler, Hege 1991).

4. *Verfahrenswissen* beinhaltet die Verfügung über ein Set von Methoden, Fertigkeiten, Techniken, Strategien und Mittel sowohl bzgl. direkter Intervention als auch des Arrangements von Bedingungen. Dabei unterstellen wir, daß die Fachkräfte in der Lage sind, die Verfahren in ihrem Herstellungskontext, ihrer Reichweite, ihrer Angemessenheit und ihrer Wirksamkeit einzuschätzen und zu unterscheiden (*wissenschaftlicher* Aspekt). Der erfahrungsbezogene Aspekt realisiert sich in einem situations- bzw. problemangemessenen Einsatz der Verfahren auf der Grundlage persönlicher Wertvorstellungen und im Rahmen einer institutionell eingebundenen je individuellen Handlungskompetenz.

c) Konzeptionen

Wir unterscheiden zwischen professionell begründeten und politisch ausgehandelten Konzeptionen[40]. Unter *professionellen* Konzeptionen (oder Handlungsplänen) verstehen wir die *Analyse* gesellschaftlicher und sozialer Probleme bzw. Anforderungen (z.B. Drogenabhängigkeit, Jugendarbeitslosigkeit, Pflegebedürftigkeit alter Menschen, Obdachlosigkeit, frühkindliche

---

40. In der Methodenliteratur findet man viele solcher Konzeptionen. Es gibt arbeitsfeldspezifische und arbeitsfeldunabhängige Konzeptionen, nach denen die Anwenderinnen gehalten sind, Ziele, Inhalte und Methoden als "Paket", also im *sinnhaft begründeten* Zusammenhang zu benutzen. Das kann zur Folge haben, daß die mitgelieferte theoretische Orientierung bzw. das inhärente Menschenbild auch die Definition des Problems und die Anwendung bestimmter Methoden und Techniken vorschreibt. Solche professionellen Konzeptionen beziehen sich häufig nur auf den wissenschaftlich und/oder normativ begründeten Teil der beruflichen Arbeit. Alle Aktivitäten, die sich aus dem inner- und interinstitutionellen Umgang mit Kolleginnen und Vorgesetzen incl. der dazugehörigen politischen und Verwaltungsarbeit ergeben, geraten dabei leicht aus dem Blick.

Erziehung), inclusive Vorschlägen zu ihrer *Bearbeitung*. Dazu gehören auch die Definition der Probleme, die Formulierung der Ziele, die mit der Konzeption verfolgt werden sollen und der Werte, auf denen die Ziele beruhen. Professionelle Konzepte können Handlungspläne für ein Problem oder mehrere Probleme (z.B. Wohnraumversorgung und Sucht), für eine oder mehrere *Institutionen* enthalten (z.B. stationäre und ambulante Hilfen); sie können sich aber auch auf Teilbereiche eines sozialen *Problems* oder einer sozialen *Aufgabe* beschränken (z.B. auf nicht-therapiemotivierte, verelendete Drogenabhängige). Wir halten es für unabdingbar, daß die Fachkräfte beim Entwurf einer professionellen Konzeption ihren spezifischen Teilbereich (z.B. "niedrigschwellige Drogenarbeit") möglichst umfassend analysieren und ihr Handlungsprogramm und ihre Lösungsansätze und Angebote innerhalb eines *sinnvollen Gesamtzusammenhanges* entwickeln[41] (z.B. Drogenbus, Street Work, Suppenküche und Wundversorgung, Sleep-in). Professionelle Konzeptionen sind theoretisch begründet. Sie basieren auf wissenschaftlichem Erklärungswissen, Wertvorstellungen, Zustands- und Verfahrenswissen und damit ebenso auf persönlichen Erfahrungen wie auf theoretischem Wissen.

Von diesem Konzeptionsbegriff zu unterscheiden sind *politisch ausgehandelte* Konzeptionen (oder Handlungspläne). Sie dienen der Herstellung eines Minimalkonsensus zwischen den Beteiligten innerhalb eines Arbeitsfeldes oder einer Organisation und sollen das Verhalten von Organisationen, Abteilungen oder Arbeitsgebiete innerhalb einer Organisation aufeinander abstimmen bzw. steuern. Politisch ausgehandelte Konzeptionen enthalten daher meist mehr oder minder differenzierte *Aufgabenzuschreibungen* und *Arbeitsaufträge*, die die Fachkräfte in einem sozialpolitischen Handlungsfeld berücksichtigen müssen. Die Unterscheidung zwischen professionell begründeten und politisch ausgehandelten Konzeptionen ist auch deshalb hilfreich, weil festgestellt werden kann, ob und inwiefern die ausgehandelte von der professionellen Konzeption abweicht.

d) Arbeitsprinzipien[42]:

Arbeitsprinzipien enthalten grundlegende und umfassende Aussagen über das Selbstverständnis und die Ziele der Fachkräfte. Sie können problemfeld- und institutionenübergreifend formuliert sein (z.B. "Parteilichkeit", "Anfangen, wo der Klient steht", "Hilfe zur Selbsthilfe", "Kontextbezogen denken") oder auch problem- und/oder institutionenspezifisch (z.B. "Nutzungsbarrieren abbauen" bei der niedrigschwelligen Drogenarbeit oder "Drehtüreffekte verhindern" bei der Gemeindepsychiatrie). In Arbeitsprinzipien sind Aussagen und Ansätze zur Lösung sozialer Probleme auf einen prägnanten Begriff hin komprimiert. Ihre besondere Wirkung ergibt sich aus der Suggestivkraft abstrakter Handlungsmaximen, die universale Werte und Zielvorstellungen berühren, ohne Festlegung auf einen bestimmten Lösungsweg, aber mit

---

41. Eine Analyse des Handlungsbedarfs, die sich an den Mitteln und Begrenzungen der Institution bzw. des Arbeitsplatzes orientiert, statt auf das Gesamtproblem bezogen und mehrdimensional ausgerichtet zu sein, ist in unserem Sinne keine Konzeption.

42. Der Begriff der Arbeitsprinzipien wurde von Boulet u.a. (1980) im Zusammenhang mit der Gemeinwesenarbeit geprägt und von Meinhold für das methodische Handeln fruchtbar gemacht (vgl. 1988). Nach Boulet u.a. sind sie in gewisser Weise eine Einheit von Theorie und Praxis, denn sie sind das Ergebnis theoretischer Reflexionen und praktischer Erfahrung und werden auch durch diese weiterentwickelt. Andererseits sollen sie eine Integration von Theorie und Praxis leisten und damit das erreichen, was die Methoden und Verfahren allein nicht können (vgl. Boulet u.a. 1980, 146 f.). Sie sollen eine "Lehre" bzw. eine "Theorie" für die Methoden (als typologisierte Verfahrensweisen) darstellen, "die die jeweilige Vermittlungsleistung zwischen Denken und Handeln untermauert und gleichzeitig 'kanalisiert'", um die Beliebigkeit ihres Einsatzes zu verhindern. Boulet u.a. fordern, "daß ein Arbeitsprinzip jeweils entwickelt werden muß aus gesellschaftstheoretischen und handlungstheoretischen Ableitungen im historischen Zusammenhang. Erst dann kann in Form von Strategien die Verbindung von Theorie und Praxis und die Integration der Methoden im Rahmen eines Arbeitsprinzips erreicht werden" (Boulet u.a. 1980, 151).

Bezug auf konkrete Handlungsalternativen. Arbeitsprinzipien enthalten zentrale Orientierungen und grundlegende Aussagen, die den Fachkräften jenseits aktueller Konzeptionsänderungen und institutioneller Anforderungen dauerhafte Identität vermitteln können. Sie sind in der Form einer (normativ begründeten) Aufforderung zum Handeln formuliert, die Klarheit darüber verschafft, wie dieser Maxime durch praktisches Handeln nachzukommen sei. Beim Versuch der Konkretisierung zeigt sich jedoch, daß sehr unterschiedliche Umsetzungen denkbar sind. Diese unterschiedlichen Konkretisierungen sind daher jeweils gesondert zu begründen. Arbeitsprinzipien enthalten im Gegensatz zu Handlungsregeln einzelfall- und situations*übergreifende* Aussagen zu Zielen und Methoden. Konzeptionen können, müssen aber keine Arbeitsprinzipien enthalten.

e) Arbeitsformen

Als Arbeitsformen[43] kennzeichnen wir einzelfall- und situationsübergreifende *Verfahrensvorschläge* und *Techniken* zur Erreichung bestimmter Ziele. Sie können ein ganzes *Bündel* von methodischen Empfehlungen und Regeln umfassen, die konzeptionell aufeinander abgestimmt sind (z.B. themenzentrierte Interaktion oder psychoanalytische Techniken) oder auch als *Einzeltechniken* formuliert sein. Neben einer Reihe spezifischer Arbeitsformen für soziale Berufe (z.B. der nichtdirektiven Gesprächsführung oder der Aktivierung von Gemeinwesen) existieren zahlreiche Arbeitsformen, die auch in anderen Berufen verwendet werden können (z.B. Verfahren der Schuldenregulierung, der Durchsetzung von Rechtsansprüchen, Methoden der Verhandlungsführung und Sitzungsgestaltung, der Öffentlichkeitsarbeit und der empirischen Datensammlung). Auch hier kann die Bandbreite von einer Reihe eher technischer Empfehlungen (z.B. zur Vorbereitung einer Pressekonferenz) bis zu einem vollständigen Konzept (z.B. der Öffentlichkeitsarbeit) reichen. Wir gehen davon aus, daß konzeptionell ausgearbeitete Arbeitsformen immer auch Aussagen zu *Zielen, Rahmenbedingungen* und *Konsequenzen* ihres Einsatzes enthalten. Verfahren und Techniken sind aber auch dort, wo dies nicht explizit geschieht, nicht als inhaltsunabhängige, beliebig einsetzbare Werkzeuge zu verstehen. Die Fachkräfte müssen die Arbeitsformen immer mit den übergeordneten Zielen und Arbeitsprinzipien der Konzeption abstimmen und im Rahmen von Handlungsmodellen oder Handlungsregeln situationsspezifisch konkretisieren.

f) Handlungsanweisungen

In Handlungsanweisungen (bezogen auf eine oder mehrere Handlungen) *konkretisieren* die Fachkräfte professionelle (und politisch ausgehandelte) Konzeptionen und Arbeitsprinzipien (z.B. "die Eigenverantwortung fördern" oder "über die Medikation entscheidet die Klientin selbst") in Bezug auf die Handlungssituation ("diese Woche soll die Klientin die Medikamente immer in Anwesenheit einer Betreuerin einnehmen") oder setzen sie auch außer Kraft. Handlungsanweisungen enthalten also auch die möglichen (und notwendigen) Variationen oder Abweichungen von Arbeitsprinzipien; die Fachkräfte entwickeln spezifische, situationsbezogene Anleitungen, wie etwas gesagt oder gemacht werden soll. In Handlungsanweisungen mischt sich erfahrungsbezogenes Kriterienwissen (also die situative Begründung und Rechtfertigung des eigenen Handelns) mit erfahrungsbezogenem und wissenschaftlichem Erklärungswissen. Handlungsanweisungen werden im Vorhinein, also zur Planung des beruflichen Handelns entworfen; man kann aber auch abgelaufene Situationen in einer nachträglichen Reflexion im

---

43. Staub-Bernasconi verwendet den Terminus "Arbeitsweisen" mit einem ähnlichen Verständnis (vgl. Staub-Bernasconi 1986 u.ö.).

Hinblick auf eigene oder fremde implizite Handlungs*regeln*[44] untersuchen. Ein Ziel methodischen Handelns sollte sein, das erfahrungsbezogene Erklärungswissen mit wissenschaftlichem Erklärungswissen zu konfrontieren und somit beides reflexiv zu qualifizieren.

g) Basisregeln methodischen Handelns

1. Zeitinseln für die Reflexion der Intervention während des Interaktionsprozesses schaffen;

2. Den konfigurativen und sozialökologischen Charakter sozialer Prozesse beachten;

3. Mehrdimensionale und multiperspektivische Erklärungen mit den Beteiligten erarbeiten;

4. Situationsdefinitionen bis zum Eintreffen weiterer Informationen offenhalten;

5. Handlungen kontextbezogen interpretieren;

6. Biographische Erfahrungen und kulturelle Prägungen berücksichtigen;

7. Umfeldbezogene, ressourcenerschließende Problemlösungen erarbeiten;

8. Reziprozität der Perspektiven sichern und so weit wie möglich die Entwicklung symmetrischer Interaktionsprozesse fördern;

9. Arbeitsbündnis mit den Klientinnen fortlaufend überprüfen und erneuern;

10. Institutionelle Zwänge im Verlauf des Hilfeprozesses wiederholt analysieren und gegenüber den Klientinnen offenlegen;

11. Bereitschaft zur Übernahme von Risiken und die Fähigkeit zum Handeln bei unvollständiger Information entwickeln;

12. Gesellschaftliche Normalitätserwartungen und individuelle Bedürfnisse sowie Fähigkeiten der Klientinnen balancieren (vgl. Heiner 1992, 40).

---

44. Handlungsregeln sind Vorschriften, die mit der Alltagserfahrung, dem gesellschaftlichen Konsens oder/und wertmäßig wie theoretisch-wissenschaftlich begründet werden können. Eines der Probleme der heutigen Praxis der Sozialen Arbeit ist (a) der magere Fundus an wissenschaftlich und wertmäßig begründeten wie überprüfbaren und überprüften Regeln, (b) die Ablehnung der Entwicklung solcher Regeln durch die Ausbilderinnen selbst als zu banal oder trivial, (c) die verbreitete Skepsis in die Möglichkeit solcher Regeln und damit (d) die wilde, willkürliche, unreflektierte Übernahme therapeutischer, pädagogischer, politischer oder juristischer Regeln, was zur Stagnation der Entwicklung einer handlungstheoretischen Basis der Sozialen Arbeit beiträgt.

6. Methodisches Arbeiten als Ausgangspunkt für Selbstevaluation

Aufgabe und Ziel des methodischen Arbeitens ist, den beruflichen Alltag zu organisieren und praktische Probleme zu lösen. Die Aufgaben ergeben sich aus *allen* Bereichen, die das berufliche Handeln tangiert, also dem Umgang mit Klientinnen, der Kommunikation mit Vorgesetzten und Kolleginnen, mit Politikerinnen und Öffentlichkeit. Die Fachkräfte gehen kasuistisch vor; sie können sich kaum auf eine feststehende Abfolge von Handlungsschritten beziehen, und sie können ihr Handeln zumindest in den inhaltlichen Dimensionen nicht standardisieren (vgl. Engelhardt 1991). Theorieverstehen als instrumentell-technisch orientierte Komponente und Fallverstehen als verständigungsorientierte Komponente "stehen quasi in logischem Widerspruch zueinander und sind nicht dauerhaft miteinander in Einklang zu bringen, sondern nur situativ" schreiben Dewe u.a. (1987, 35), und ich bin mit ihnen einer Meinung, daß wissenschaftliche Regeln im praktischen Handeln nicht befolgt, sondern ausgenutzt werden müssen. Die Verfügung über wissenschaftliches Erklärungswissen macht also nur eine Komponente des Handelns aus; die Entscheidungen über das, was geschieht, treffen die Fachkräfte autonom und in jeder neuen Situation anders.

Ich habe schon im Abschnitt 5.4.1 darauf hingewiesen, daß die Fachkräfte auch von der Art und Weise profitieren können, mit der wissenschaftliches Wissen produziert wird. Diese "Regeln zum Erheben, Formulieren und Lösen von Problemen, das systematische Beobachtungen, Sammeln, Zergliedern", die in der Didaktik "Prozeßfertigkeiten" genannt werden, sollten auch für das methodische Arbeiten übernommen werden, empfiehlt Meinhold, "als eine zusätzliche Art und Weise, die Realität wahrzunehmen, zu dokumentieren, zu befragen, als ein 'Denkmodus'". Sie fördern den "autonomen Umgang mit wissenschaftlichem Wissen", indem sie bei der Auswahl der benötigten Wissenselemente jede Entscheidung als eine nachvollziehbare und zu revidierende ansehen (Meinhold 1992, 3). Wissenschaftlich kann prinzipiell jeder Mensch vorgehen, denn alle Menschen "nehmen Wirklichkeit über ihre Sinne wahr und verknüpfen sie im Prozeß der Wahrnehmung zu Kausalketten. Sie speichern ihre Wahrnehmungen und Beobachtungen im Gedächtnis und benutzen deren Ergebnisse in neuen Situationen, die ihnen *ähnlich* erscheinen. Dabei können sie sich täuschen. Hauptursachen für Täuschungen sind vorschnelle *Verallgemeinerungen* und *Mißachtungen des Zusammenhangs* (Kontext), in dem sie ihre bisherigen Erfahrungen gemacht haben" (C.W. Müller 1988 c, 9; Hvh. im Original). Forscherinnen verhalten sich im Unterschied zu Laiinnen *mißtrauisch* gegenüber ihren Erfahrungen. Sie prüfen, ob verschiedene Versuche und veränderte Umständen sie zu gleichen Ergebnissen bringen. Sie *dokumentieren* den Verlauf ihrer Forschungsarbeit und die Methoden, mit denen sie zu ihren Wahrnehmungen, Schlußfolgerungen und Vermutungen kommen und machen ihn so (zumindest fachöffentlich) überprüfbar (vgl. C.W. Müller 1988 c, 10 f.). Wissenschaftliche Theorien sind ebenso wie praktische (oder Alltags-)Theorien das Ergebnis von Spekulationen, mit denen die gesammelten Daten erklärt werden. Um solche Theorien zu gewinnen, müssen Forscherinnen von scheinbar sicheren Ergebnissen und Erfahrungen (dem gesunden Menschenverstand) abstrahieren. Das Spezifikum der empirischen Sozialforschung besteht in der strengen *Prüfung* der Theorien (vgl. Layer 1987, 410).

Auch die Fachkräfte unterlegen ihrem Handeln Annahmen über Ursache-Wirkungs-Zusammenhänge; im Unterschied zu Wissenschaftlerinnen explizieren sie ihre Annahmen jedoch kaum, und sie hinterfragen sie selten[1]. Ihre ungeprüften Annahmen können (wie die Annahmen der Forscherinnen) als solche falsch sein. Der Hinweis auf die Erfahrungen hilft da nicht weiter, weil Erfahrungen Ergebnisse einer Selektion von Ereignissen sind (und weil die Selektionsperspektiven wiederum durch Erfahrungen geprägt werden)[2]. Also können auch Erfahrungen und Beobachtungen von Einzelfällen, die induktiv zu (praktischen) Theorien zusammengeführt werden, falsch sein[3]. Wenn also Fachkräfte ihre Theorien, die sie aus ihren Erfahrungen mit vergleichbaren Fällen gebildet haben, nicht systematisch überprüfen oder eine Überprüfung gar mit dem Hinweis auf ihre Erfahrungen abblocken, laufen sie Gefahr, zu beobachten, was sie erwarten und anderslautende Annahmen als "bloße Theorie" abzuqualifizieren (vgl. Layer 1987, 411). "Erfahrung" kann im übrigen zu allem immer auch gegenteilige Annahmen ins Feld führen und schon allein damit Theorien entwerten. Fachkräfte, die methodisch arbeiten, sollten daher die ihrer Erfahrung und ihrem Handeln zugrundeliegenden Annahmen explizit formulieren, die in den Annahmen benutzten Begriffe definieren und die gemeinten Tatbestände (z.B. Ursachen und Wirkungen), die sie mit ihren Begriffen beschreiben, beobachtbar machen und zwar, *bevor* sie Annahmen an neuen Fällen prüfen. Damit schaffen sie gleichzeitig die Basis für Selbstevaluation, denn erst so kann man nicht mehr beliebig "Ergebnisse" als Beweis des zuvor angegebenen Zieles interpretieren (vgl. Layer 1987, 412).

Eingedenk dieser Empfehlungen beschreibe ich in diesem Kapitel typische Tätigkeiten des methodischen Arbeitens, die ich im wesentlichen aus verschiedenen Modellen methodischen Arbeitens und aus dem methodischen Repertoire der Supervision und der Organisationsberatung extrahiere. Ihre Reihenfolge ist orientiert an einem allgemeinen Handlungsmodell[4]. Die Überlegungen und Vorschläge können unter Verwendung der Grundbegriffe und Basisregeln je nach angestrebtem Zweck verwendet werden. Die Zusammenstellung soll aber nicht als Phasenmodell[5] verstanden werden. Auswahlkriterien waren für mich, ob die Empfehlungen und Hinweise eine Basis für Selbstevaluation abgeben. Entsprechend können viele der hier zusammengestellten Vorschläge zum methodischen Arbeiten für Zwecke der Selbstevaluation wieder aufgegriffen werden. Ich ordne sie bezogen auf die Analyse der Rahmenbedingungen (6.1), die Situations- oder Problemanalyse (6.2), Überlegungen zur Bestimmung und Explikation von Zielen (6.3), zur Handlungsplanung (6.4) und zum methodischen Handeln in Situationen (6.5).

Weil sich mein Fokus auf die Selbstevaluation richtet, fehlt hier ein Abschnitt zur Auswertung. *Unsystematische* Reflexionen erfolgen zu jeder Zeit des Prozesses. Sie geschehen meist situativ

---

1. Böhnisch und Schefold kritisieren diesen Sachverhalt am Vorgehen der Supervision. Sie meinen, daß die impliziten Persönlichkeits-, Sozialisations- und Devianztheorien der Fachkräfte in der Supervision zur Geltung kämen und Plausibilität strukturierten, ohne daß diese Theorien selbst systematisch im Austausch mit den Betroffenen überprüfbar gemacht werden könnten (vgl. Böhnisch, Schefold 1982, 565).

2. Gegen solche erwartungskonformen Beobachtungen schützen sich die Forscherinnen durch diverse Kontrolltechniken.

3. Manche soziale Sachverhalte sind *vor* einer theoretischen Spekulation gar nicht beobachtbar und können demzufolge auch nicht Gegenstand von Interventionen sein, vgl. den von Layer angeführten mangelnden Schulerfolg von Kindern aus unteren Schichten, der auf die niedrigeren Leistungserwartungen von Lehrerinnen zurückzuführen ist (vgl. Layer 1987, 410).

4. Ein solches Handlungsmodell beschreibt bspw. Martin. Er gliedert den Prozeß der didaktischen Reflexion in vier Schritte: (1) Analysieren (mit den Teilschritten "Beschreiben" und "Erklären"); (2) Planen (mit den Teilschritten "Entscheiden" und "Vorbereiten"; (3) Handeln (praktisches Umsetzen der Planung) und (4) Auswerten (Kontrollieren, das in die erneute Analyse einmündet) (vgl. Martin 1989, 60).

5. Phasenmodelle bringen Ziele, Inhalte und Methoden in eine *handlungslogische Abfolge*. Sie vermitteln den mißverständlichen Eindruck, daß sich bei sachgerechter Anwendung die Ereignisse so abwickeln, wie vorweg geplant. Das berufliche Handeln in der Sozialen Arbeit gestaltet sich zu komplex, als daß es exakt geplant werden könnte und die eine Phase "wartet" nicht, bis man mit der vorhergehenden fertig ist. Und meist bewegen sich die Fachkräfte mit jeder Situation und bei jedem "Fall" in unterschiedlichen Phasen, so daß eine Koordination unmöglich wäre (vgl. Pincus, Minahan 1980, 120).

und aus einer bestimmten Gefühlslage heraus. Reflektiert wird beim Kaffeetrinken mit Kolleginnen und allein, in Gedanken, während der Autofahrt nach Hause. Meist geht es dabei um das "Überleben" oder positiver gesagt darum, in normalen und schwierigen Situationen den Überblick zu behalten, glaubwürdig in den Augen aller Beteiligten zu bleiben und die am Tag erfolgten Handlungen daraufhin zu bewerten, ob sie in Situationen und gegenüber Personen "angemessen" waren. Empfehlungen zur *Auswertung* der Arbeit finden sich in fast jeder Methodenlehre (vgl. bes. Martin 1989). Sie folgen zwar auch bestimmten Regeln; es gibt auch ein ganzes Set an Auswertungstechniken (z.B. Feedback-Techniken), und die Auswertungen haben auch Konsequenzen für die Anordnung von Handlungen[6]. Selbstevaluation und Auswertung bedeuten aber nicht dasselbe. Eine Selbstevaluation ist stärker regelgeleitet, und sie stellt Fragen zum *Zusammenhang* von Prozeß und Ziel. Die Selbstevaluation strukturiert Reflexion und Auswertung und verhilft ihr somit zu einer Richtung.

6.1 Analyse der Rahmenbedingungen

Soziale Arbeit findet in Organisationen und in einem gesellschaftspolitischen Zusammenhang statt. Professionelle Konzeptionen sind häufig zu wenig auf diese Zusammenhänge bezogen, und sie thematisieren hauptsächlich die Beziehung von Klientinnen und Fachkräften. Diese einseitige Sicht ist m.E. durch mehrere Umstände verfestigt worden:

a) Zum einen konzentrieren viele Fachhochschulen ihre Ausbildung immer noch überwiegend auf das Verhältnis von Fachkräften und Klientinnen, und sie leiten fachliche Standards, normative Anforderungen und Zielvorstellungen von gesetzten oder erhobenen Bedürfnissen der Klientinnen ab[7].

b) Weil es leichter war, sich Zugang zu den Produkten der Fachkräfte zu verschaffen, als die Wirkung institutioneller Bedingungen zu untersuchen, galt das Forschungsinteresse in den 70er Jahren und später ebenfalls hauptsächlich den Handlungsvollzügen von Fachkräften.

c) Wahrscheinlich hat die "Institutionenfeindlichkeit" der Fachkräfte zumindest in den 70er Jahren einiges dazu beigetragen, daß man sich nur dann mit den Organisationen beschäftigt, wenn es nicht zu umgehen ist, wenn man sie bekämpfen oder "unterwandern" will[8].

d) Es ist auch zu fragen, ob die deutschen Fachkräfte und Supervisorinnen mit ihrer Ablehnung der verwaltungsmäßigen Anteile der Sozialen Arbeit nicht vorschnell auf Aspekte ihrer Arbeit verzichtet haben, die ihnen nun als "Feinde" gegenübertreten.

---

6. Selbstevaluation, wie Prell (1987) sie definiert, ist bspw. eine Form der Selbstreflexion.

7. Ein herausragendes Beispiel für diese Perspektive bietet die heute naiv anmutende Forderung des Teams um Blinkert (1979), das als Konsequenz des festgestellten "Plausibilitätsverlustes" von Berufsanfängerinnen forderte, die Arbeitsfelder der Sozialen Arbeit mit "politischen Strategien" zu verändern, um den Absolventinnen "die Arbeitsmöglichkeiten zu sichern, auf die sie vorbereitet wurden" (Blinkert u.a. 1979, 154).

8. Die "positiven" Anteile einer Organisation blieben lange Zeit unsichtbar. Eine Organisation "ernährt" als Arbeitgeberin ihre Fachkräfte, und sie vermittelt den Angehörigen, die ihre Philosophie teilen, auch ein berufliches Selbstwertgefühl. Mithilfe der institutionellen Ressourcen lassen sich ideelle und materielle Hilfen realisieren und politische und öffentlichkeitswirksame Wege beschreiten, die einzelnen Menschen ohne institutionelle Macht nicht offen stünden.

e)   Auch die von vielen Fachkräften geliebten therapeutischen Konzepte abstrahieren meist von jeglichem Kontext und nehmen lediglich das beraterische bzw. therapeutische Verhältnis in den Blick.

f)   Möglicherweise hat die Arbeitsform der Fallsupervision in der Vergangenheit zu stark die beruflichen Beziehungen fokussiert und deren institutionelle Bedingtheiten vernachlässigt.

Kagle kommt (1978) im Resümee ihrer Studie über die Evaluationskriterien von social workers[9] zu dem Schluß, daß in Zukunft die Forschung über Einflußfaktoren auf Erfolg im social work wesentlich erweitert werden muß. Wenn man die Untersuchungen weiterhin allein auf die Wirksamkeit des Verhaltens und der Interventionen von social workers konzentrierte, würde man den workers auch weiterhin die alleinige Verantwortung für Mißerfolge zuschreiben, prophezeit sie. Es könne aber durchaus sein, daß die falsche Fokussierung der Forschung dafür verantwortlich sei, daß die workers für ihre ineffektive Praxis gescholten würden. Man müsse auch den Einfluß anderer unabhängiger Variablen studieren, wie z.B. den Einfluß derjenigen, die das sog. Aktionssystem ausmachen, die Institutionspolitik, gesetzliche Vorhaben, die politische Umgebung, die gegenwärtigen gesellschaftlichen Ereignisse und auch den Einfluß der Klientinnen und ihrer Lebensumstände[10]. Solange die Praxisforschung nicht herausgefunden hätte, was gute Praxis sei, und solange man nicht wirksame Prozeßkomponenten isoliert habe, solle man die Ergebnisse bisher evaluierter Strukturen nicht überbetonen. Man müsse die behindernden Faktoren wirksamer Praxis in der weiteren Umgebung der Praxis aufspüren und deren Veränderung anzielen (vgl. Kagle 1978, 72 f.). Das "Werkzeug" der Sozialen Arbeit besteht also nicht nur in der eigenen Person, sondern ganz wesentlich auch in den Ressourcen, die man zur Verfügung hat.

Zum methodischen Arbeiten gehört unabdingbar, daß man sich (nicht erst für evaluative Zwecke) den institutionellen und gesellschaftlichen Kontext[11] erschließt, in dem man tätig wird. Bevor Überlegungen über Strategien der Gesprächsführung mit Klientinnen aktuell werden, muß man die Bedingungen erfassen, unter denen eine Begegnung von Klientinnen und Fachkräften überhaupt zustande kommt. Die Fachkräfte können zu diesem Zweck von Vorarbeiten der Organisationsberaterinnen und der Evaluatorinnen profitieren; auch in der Methodenliteratur finden sich einige Vorschläge für Analysen des Organisationskontextes. Ich liste im folgenden eine Reihe von Vorschlägen auf, die Aspekte des gesellschaftlichen, institutionellen und lebensweltlichen Kontextes einer beruflichen Tätigkeit fokussieren.

Die Rahmenbedingungen der beruflichen Arbeit kann man mithilfe einer Analyse der Arbeitsaufträge ausloten. Im Begriff der Arbeitsaufträge konkretisieren sich verschiedene und auch disparate persönliche und strukturelle Erwartungen. Nicht nur die Organisation mit ihren bürokratischen Erfordernissen beeinflußt die Arbeit; professionelle Konzeptionen heben auch und gerade die "Bedürfnisse" und "Interessen" derer hervor, die als "Klientinnen", "Adressatinnen", "Betroffene", "Teilnehmerinnen" gelten. Aus dieser "Dienstleistungsperspektive"

---

9.   Kagle legte praktisch arbeitenden social workers Prozeßmaterialien aus der Fallarbeit (mit positivem sowie mit negativem Ausgang) vor mit der Bitte, dieses Material zu beurteilen. Die Ziele waren jeweils in einer Sprache benannt, die auf eine behavioristische, eine ich-psychologische oder einer familientherapeutische Vorgehensweise hindeutete. Es sollte untersucht werden, ob die Beurteilenden zu Übereinstimmungen in der Beurteilung der Materialien kämen bzw. welche Unterschiede festzustellen wären.

10.   Kagle zitiert eine Bemerkung eines potentiellen Befragten, der seinen unausgefüllten Fragebogen zurückschickte: "Why don't you or someone else do research on the constraints on quality social work practice imposed by budget cuts, increasing job loads, fear of job loss. ...? The evaluation of social work practice in a political and economic vacuum really evaluates a vacuum practice" (Kagle 1978, 73).

11.   Zur Begrifflichkeit von "Kontext", "Konstellation" und "Konfiguration" vgl. die umfassenden Ausführungen von Heiner (1992, 12 ff.).

können also auch deren Erwartungen als "Aufträge" aufgefaßt werden. Die weltanschauliche Ausrichtung des Trägers einer Einrichtung, gesetzliche Vorgaben, Verwaltungsvorschriften, administrative Verfahrensregelungen und die verfügbaren institutionellen Ressourcen, Erwartungen der Kolleginnen, Vorgesetzten und außenstehenden einflußreichen Personen prägen das institutionelle Setting[12], ohne daß sie jeweils ausdrücklich als Einflußfaktoren analysiert würden. Ich bezeichne alle diese Erwartungen als "vorgegebene" Arbeitsaufträge. Sie bilden kein homogenes "Paket" und sie wirken auch nicht mit gleicher Intensität. Welche Orientierungen letztlich für die Arbeit maßgebend werden, ist ein Verhandlungsergebnis, auch wenn das Verhandeln nicht immer als solches erlebt wird. Der Ausgang der Verhandlung hängt wesentlich von Machtkonstellationen[13] ab. In den klassischen Feldern der Sozial*arbeit* verfügen die Fachkräfte selbst über eine umfangreiche Definitionsmacht gegenüber ihren Klientinnen, während die Professionellen im sozial*pädagogischen* Bereich stärker von der Akzeptanz aller Beteiligten abhängig sind; im Jugendzentrum müssen die Fachkräfte immer die sog. Abstimmung ihrer Besucherinnen mit den Füßen einkalkulieren. Es gibt nun mehrere Möglichkeiten, die Arbeitsaufträge zu analysieren:

Sinnvoll ist zunächst eine umfassende Bestandsaufnahme der eigenen Organisation und ihres Umfeldes. Für eine solche Bestandsaufnahme ist eine mehr oder weniger umfangreiche Recherchetätigkeit notwendig, die einmal geleistet und in größeren Abständen aktualisiert werden muß. Martin entwickelte für solche Zwecke einen "gegliederten Fragebogen zur gesamtdidaktischen Analyse". Dieser strukturierte Fragebogen "enthält Suchbereiche, Fragestellungen und Untersuchungsbegriffe, die dabei helfen können, für spezielle Praxissituationen dann die tatsächlich wichtigen Gesichtspunkte zu finden" (vgl. Martin 1989, 67 ff.). Der Bogen umfaßt acht Fragenkomplexe[14], nämlich (1) Aspekte der Zielgruppe (mit Fragen zur Lebenswelt der Gruppenmitglieder, der Gruppensituation, dem Einfluß der Gruppe auf die Persönlichkeit der Mitglieder und zu den Bezugsgruppen der Mitglieder; (2) Persönlichkeitsaspekte der Fachkräfte (mit Fragen zu den Fähigkeiten für den pädagogischen Umgang im Alltag, für die Gruppenarbeit, Kompetenzen für Programm-Aktivitäten und in der Elternarbeit sowie zum beruflichen Selbstverständnis des Sozialpädagogen); (3) institutionelle und organisatorische Aspekte (mit Fragen zu den gesellschaftlichen Rahmenbedingungen der Einrichtung, zur offiziellen, formalen Organisationsstruktur, zur Kommunikation der Mitglieder und zur Einrichtung als sozialem Erfahrungsraum); (4) räumliche Aspekte (mit Fragen zum Standort der Einrichtung, vorhandenen Räumen und Flächen, zum Zusammenhang und den Nutzungsmöglichkeiten zur Einrichtung der Räume und Freiflächen); (5) Zielaspekte (mit Fragen zu Normen und Erwartungen aus dem sozialen Umfeld, zu den Beteiligten an der Formulierung von Lern- und Erziehungszielen und zur Zuordnung der Ziele zu unterschiedlichen Zielbereichen); (6) Aspekte des Inhalts (mit Fragen zur Bedeutung des Inhalts in Einrichtung und Lebenswelt, zu notwendigen Voraussetzungen in der Gruppe, zu methodischen Möglichkeiten zur Verwirklichung und zu räumlichen, organisatorischen, materiellen und persönlichen Vorbedingungen

---

12. Ein Setting umfaßt mehr als die gegenständlichen Bedingungen eines Ortes. Es ist (nach Barker 1968) ein soziales und räumliches Milieu, das bestimmte Handlungen herausfordert (sog. Rituale), die die Menschen unabhängig von der Persönlichkeit an diesem Ort ausführen. Man kann Settings danach unterscheiden, wie sehr sie das Handeln der Personen festlegen, wie groß also ihre individuellen Spielräume bleiben. Ein Setting muß immer mehrdimensional betrachtet werden (vgl. Meinhold 1986, 65 f.).

13. Vgl. ausführlich dazu die Vorschläge zur Machtquellenanalyse von Staub-Bernasconi (1992, 7 ff.).

14. Martin lehnt seine Gliederung stark an das didaktische Modell der Berliner Schule der Didaktik (vgl. Schulz 1979) an. Er läßt den Fachkräften mit diesem Fragebogen einen großen Raum; sie sollen die Fragen multifunktional nutzen (für die Analyse des Kontextes und die verschiedensten Planungsvorhaben). Sie sollen aus dem Gesamtfragebogen jeweils die Fragen heraussuchen und beantworten, die für das Anliegen relevant sind - wobei der Qualitätsmaßstab nicht in der Anzahl, sondern in der Adäquanz der bearbeiteten Fragen liegen soll (vgl. Martin 1989, 67).

und Vorbereitungen); (7) Aspekte des methodischen Handelns (mit Fragen zu Voraussetzungen der Gruppe für gewählte Vorgehensweisen, zur Gliederung des gesamten Handlungszusammenhanges in eine Abfolge von einzelnen Situationen, zu Spielraum, Alternativen und Offenheit der Planung und zur Beteiligung und Selbständigkeit der Gruppenmitglieder); (8) Aspekte der Medien (mit Fragen zur pädagogischen Funktion der Medien, zu Medien als Bestandteilen methodischen Handelns und weiterer Kriterien der Medienwahl) (vgl. Martin 1989, 67 ff.).

Stärker auf die Organisation bezogen ist die als Raster angelegte "Analyse der Arbeitsaufträge" von v. Spiegel (1992). Zu erkunden wären demnach (1) konzeptionelle Ziele, (2) erwartete Tätigkeiten (incl. der Erfolgskriterien der Organisation), (3) individuell modifizierte Trägeraufträge (also persönliche Erwartungen wichtiger Personen in der Einrichtung), (4) personelle Ressourcen, (5) öffentliche Vorgaben (also Erwartungen aus dem Kontext der Organisation), (6) Interessen, Bedürfnisse und Erwartungen der Klientinnen (incl. Wissen über ihre Lebenswelt), (7) Erwartungen und Interessen aus dem Kontext der Klientinnen, (8) Lage und Zugangsmöglichkeiten zur Organisation, (9) rechtliche Vorgaben, (10) materielle Ressourcen (vgl. v. Spiegel 1992). Das Raster fordert dazu auf, die Ergebnisse der Recherchen (die mit der Vorgabe "ich soll" übertitelt sind) zu beurteilen ("ich will") und zu überlegen, mit welchen der Arbeitsaufträge man sich *identifizieren* kann und wo man *eigene* und auch abweichende Vorstellungen entwickelt[15]. Mit den Überlegungen während des Ausfüllens der leeren Spalten handelt man (stellvertretend) die Erwartungen und Ansprüche der Beteiligten (Menschen und Strukturen) aus. Eine dritte Spalte des Diagramms dient dem *Vergleich* der vorgegebenen mit den eigenen Arbeitsaufträgen und einer *bewertenden Stellungnahme*. Hier kann man auch die "Realität" würdigen, die man selbst wahrnimmt, denn das, was täglich in der Einrichtung passiert, hat häufig wenig mit den Arbeitsaufträgen und manchmal auch nicht viel mit den eigenen Wünschen zu tun. Stichworte zur eigenen Zufriedenheit, zu Änderungswünschen, zu Widersprüchen und erwarteten Hemmnissen bei der Realisierung der Wünsche kann man ebenfalls in dieser Spalte unterbringen. Das Raster dient hauptsächlich zur Erfassung der institutionellen Realität und nicht zur Analyse dessen, was die einzelnen Beteiligten *tatsächlich tun*. Die Erfassung und Beurteilung der Arbeitsprozesse ist eine Aufgabe der Selbstevaluation.

Eine solche allgemeine Erhebung kann und sollte in mehrere Richtungen vertieft werden. Die Untersuchungen können sich (a) auf die Funktionsfähigkeit des Organisationssystems oder (b) auf Erwartungen und Bedürfnisse der Klientinnen, (c) auf den Zustand der "Aktionssysteme" (also meist des Teams), (d) auf gesellschaftliche Funktionen sowie (e) die eigene Position innerhalb dieses Zusammenhanges beziehen.

a) *Zur Funktionsfähigkeit des Organisationssystems* ist z.B. zu fragen, ob die Organisation von ihrer Struktur her überhaupt geeignet ist, ihre konzeptionellen Ziele zu realisieren. So berichtet Oppl von einer Untersuchung über Rahmenbedingungen der Dienstleistungserbringung vor Ort[16] (bei bayerischen Wohlfahrtsverbänden), daß die freien Träger sich hauptsächlich auf die Beschaffung finanzieller Ressourcen für den Fortbestand ihrer Einrichtungen und wenig um ihre Mitarbeiterinnen und das Alltagsgeschehen kümmern[17].

---

15. Die Gegenüberstellung der Arbeitsaufträge ist nicht wertend gemeint, denn vorgegebene Arbeitsaufträge sind nicht per se negativ und eigene Arbeitsaufträge nicht nur positiv zu sehen. Es geht um die Klärung der eigenständigen Position.

16. Die Untersuchung zu "Rolle und Stellenwert der freien Wohlfahrtspflege" wurde im Auftrag des Bayerischen Staatsministeriums für Arbeit, Familie und Sozialordnung durchgeführt (vgl. Oliva u.a. 1989).

17. Vor dem Hintergrund ihrer Monopolstellung als Anbieterinnen sozialer Dienstleistungsangebote zeigen die freien Träger offensichtlich wenig Interesse für die Bedürfnisse ihrer Klientinnen, was angesichts des prognostizierten Bewußtseinswandels der Leistungsnutzerinnen

Solche Defizite haben direkte Auswirkungen auf die Arbeitsmöglichkeiten der Fachkräfte, denn ein positives Binnenklima, eine gewisse Arbeitszufriedenheit und flexible Organisationsstrukturen bilden die wesentliche Voraussetzung für diese Arbeit (vgl. Abschnitt 5.2.3). Und: "... das Fehlen von Markt und Konkurrenz scheint Freiraum und Verhängnis gleichermaßen zu sein" (Belardi 1992, 184).

Es macht einen Unterschied, ob die Funktionsfähigkeit einer Einrichtung im Zusammenhang mit einer Organisationsberatung beurteilt wird, oder ob einzelne Fachkräfte die Abläufe aus ihrer subjektiven Sicht beurteilen. Es gibt aber doch einige Vorschläge, die auch einzelne Personen durchführen können. Hinweise auf die sog. "Firmenphilosophie" (weltanschaulich begründete institutionelle Ausrichtung des Trägers) können sie aus der Konzeption der Einrichtung, aus Statistiken und Jahresberichten sowie Zeitungsartikeln zur Selbstdarstellung der Organisation entnehmen. Informationen zur Organisationskultur finden sie durch die Identifikation von Bräuchen, Vorrechten und eingefahrenen Praktiken. Sie können formelle und informelle Dienst- und damit auch Kommunikationswege erkunden und fragen, ob Zuständigkeiten und Entscheidungsbefugnisse sachlich sinnvoll sind (oder ob bestimmte Mitarbeiterinnen bestimmte "Domänen" für sich in Anspruch nehmen oder sich profilieren wollen). Interessant sind auch Informationen zu Plänen oder Wünschen des Trägers, bezogen auf Rationalisierung, Innovation, Kontrolle unliebsamer Fachkräfte, Versprechen gegenüber der Öffentlichkeit oder finanzielle Einschränkungen (durch sinkende Steueraufkommen oder wachsende Sozialhilfeleistungen). Und nicht zuletzt ist eine "Inventur" der vorhandenen personellen, materiellen und räumlichen Ressourcen aufschlußreich.

Gerade, wenn man allein arbeitet, ist eine gewisse Strukturierung der Suche hilfreich, z.B. eine Fragenliste, die die Untersuchungen leitet oder auch eine "Meßlatte", anhand der man die Gegebenheiten einschätzen kann, ohne gleich eine Evaluierung einzuleiten. Große Einrichtungen verfügen oft über ein Organigramm, das als Ausgangspunkt für Überlegungen genommen werden kann (vgl. Sievers 1990); eine andere Möglichkeit bieten die "Prüfsteine" für eine sinnvolle Organisation, die Reinbold (1990) veröffentlicht hat. Eine graphische Darstellung von Kommunikationswegen, Organisationsschemata oder Konfliktstrukturen kann sehr aufschlußreich sein. Beispiele bietet Karnath (1989) mit dem "Mecker-Rückkoppelungskreis", Heiner (1992) mit der Kräftefeldanalyse eines Gemeinwesenarbeitsprojekts, Wellendorf (1985) mit der "Landkarte der Konflikte" einer Organi-

---

schwerwiegende Folgen haben könnte (vgl. Oppl 1992, 94 f.). Die Träger scheinen sich auch wenig um das Alltagsgeschehen (also die konzeptionelle Arbeit) in den Einrichtungen vor Ort und um die Belange der dortigen Mitarbeiterinnen zu kümmern. Die Fachkräfte stellen ihrerseits auch keine sonderliche Verbindung zu ihren Trägern her. Sie identifizieren sich wenig mit den Zielen ihres "Unternehmens". Ein eigenes Profil oder eine eigene Unternehmenskultur der Träger ist ohnehin kaum zu erkennen und ist auf der Arbeitsebene offensichtlich unrelevant. Oppl berichtet, daß die Fachkräfte ihre Arbeitsmotivation nicht aus der weltanschaulichen Bindung ihres übergeordneten Verbandes bezögen, sondern sich eher auf Sachzwänge der täglichen Arbeit, auf Organisationsprobleme und die Bedürfnisse der Betreuten beriefen (vgl. Oppl 1992, 94; vgl. auch Klüsche 1990). Zusammenfassend urteilt er, die Organisationstechnologie sei nicht gerüstet, "die gegenwärtigen, vielfach hausgemachten Probleme zu erkennen und zu lösen. Vielmehr dominieren problemerhaltende Problemlösungsmechanismen, weil es auf allen Ebenen an entschiedener Konfliktfähigkeit mangelt: Nämlich Probleme zu benennen und Konflikte so auszutragen, daß Lösungen gefunden werden, die nicht nur Symptome kurieren, sondern das Unternehmen aus einer möglicherweise fatalen Entwicklungsdynamik befreien. Vielmehr sind die Führungsebenen der Verbände der freien Wohlfahrtspflege in nichts geschickter als darin, Konflikte so auszutragen, daß niemand verletzt wird, alle das Gesicht wahren können. Unangenehme Wahrheiten werden in Scheinaktivitäten erstickt, die letztlich nur zeigen sollen, daß man die Dinge 'unter Kontrolle' habe. Den Verbänden der freien Wohlfahrtspflege mangelt es an zukunftsweisenden Unternehmens- und Managementkonzepten. Nach Einschätzung von prognos aus dem Jahre 1991 werden die Verbände, Einrichtungen und Dienste - trotz teilweise mehrstelliger Millionenumsätze - geführt wie 'stadtteilbezogene Freiwilligeninitiativen'. ... Durch Mängel in den Ablaufstrukturen dürften jährlich Beträge verlorengehen, die nach Einschätzung von Experten einstellige Milliardengrößen erreichen. Daher wären allein mit Investitionen in verbesserte Managementtechnologien erhebliche finanzielle Spielräume zu gewinnen ... "(Oppl 1992, 95).

sation[18], Thiel (1983) mit dem Soziogramm zum Betriebsklima oder einem Satellitenbild zur Verdeutlichung der Verflechtungen in der Organisation. In Nellessens (1984) Darstellung der Qualitätszirkel findet man Vorschläge für Erhebungsbögen, visuelle Techniken und Vorschläge zur Analyse und Bewertung erhobener Daten. Auch der semistrukturierte Fragebogen von Linder und Vater (1986) bietet ein "Suchprogramm" für die Stärken (Erfolgsfaktoren) und Schwächen (Problemfaktoren) einer Institution in Vergangenheit und Gegenwart, für die Identifikation von Abhängigkeiten der Abteilungen untereinander und gegenseitigen Erwartungen.

b) *Erwartungen und Bedürfnisse der Klientinnen* erfährt man, wenn man möglichst viele der beteiligten Personengruppen (Vorgesetzte, Kolleginnen, Kinder, Eltern, Nachbarinnen, Politikerinnen, evtl. auch andere Expertinnen im Stadtteil) befragt und authentische Aussagen in Form von Signalsätzen (Heiner 1989, 187) zusammenträgt. Man muß sich zu diesem Zweck auch den Stadtteil, in dem man arbeitet, gründlich erschließen, denn die Infrastruktur eines Stadtteils und die Einbindung der Einrichtung in den Stadtteil sind mit ausschlaggebend für die Nutzung der angebotenen sozialen Dienstleistungen. Eine umfassende Sozialraumanalyse ist im Zusammenhang mit dem methodischen Arbeiten jedoch kaum zu leisten (vgl. dazu auch Abschnitt 7.4).

c) *"Aktionssysteme"* (Pincus, Minahan 1980) sind Konfigurationen mit Menschen, die die Fachkräfte für einen spezifischen Zweck und zur Verfolgung ihrer Ziele bilden. Teilweise sind das die bestehenden Teams, oft stellen die Fachkräfte jedoch auch Bündnisse mit Mitarbeiterinnen anderer Organisationen (wenn verschiedene Träger in einer Familie tätig sind), mit der Öffentlichkeit (wenn es gilt, Druck auf Verwaltungen oder die Kommunalpolitik auszuüben) oder mit Eltern (wenn ihre Kinder beeinflußt werden sollen) her. Pincus und Minahan sind davon überzeugt, daß die Effizienz der Arbeit wesentlich von der Größe, Zusammensetzung und Vorgehensweise dieser Systeme abhängt (vgl. Pincus, Minahan 1980, 139 f.). Probleme der Funktionsfähigkeit ihrer Teams scheinen Fachkräften sehr häufig zu beschäftigen (vgl. Klüsche 1990). Aus der Literatur über die Teamberatung sind viele strukturelle Defizite der Teamarbeit bekannt, vor allem, wenn die Teams einen egalitären Anspruch verfolgen[19]. Viele dieser Schwierigkeiten können nur mit der Hilfe einer Teamberaterin bearbeitet werden, man kann aber über eine Analyse der Defizite zu der Einsicht kommen, *daß* ein bestimmtes Team professionelle Hilfe braucht[20]. Für das Funktionieren der Aktionssysteme, die die Fachkräfte situationsbezogen zusammenstellen, sind sie weitgehend selbst verantwortlich. Zur Aufrechterhaltung und Koordination müssen sie die Strukturen übersichtlich halten, die Bedingungen für ein Klima der gegenseitigen Akzeptanz herstellen, die Mitglieder des Systems bzgl. ihrer Qualifikation, ihrer Eigenarten und Fähigkeiten und auch ihres arbeitsrechtlichen Status einsetzen und fördern, die Aufgaben klar verteilen (also wer was tun darf, wer es tun kann und wer etwas tun muß), und sie müssen bei Konflikten vermitteln. Dabei müssen sie sowohl die evolutionäre

---

18. Zu unterscheiden sind Machtkonflikte, Konflikte um konzeptionelle Ziele, um die "Außenpolitik" der Organisation, um Innovationen, den Zugang zu Ressourcen und Informationen, um die Wertschätzung der Arbeit und Erfolgskriterien und dieses alles zwischen formellen und informellen Gruppen, auf verschiedenen Hierarchieebenen und quer zu diesen (vgl. Wellendorf 1985, 85 f.).

19. Über unklare Strukturen und eine fehlende Verteilung von Aufgaben, Rollen, Positionen und Verantwortung berichten u.a. Conen (1989) und Weigand (1982).

20. Heiner zeigt eindrucksvoll, wie man auch ohne Supervision die zentrifugalen Kräfte eines Teams und die Konflikte innerhalb des Teams mittels einer Kräftefeldgraphik darstellen kann, indem man Bündnisse und Koalitionen, Zentralkonfliktachsen und wesentliche Arbeits- und Kooperationsfelder aufzeichnet und die Mitglieder entsprechend ihrer Beziehung zueinander und zu den umgebenden Aktionsfeldern plaziert (vgl. Heiner 1992, 58 ff.).

Perspektive (also die Vergangenheit der Mitglieder) als auch die systemische Perspektive (also das interne Funktionieren in der Gegenwart) im Auge haben[21].

d) Wie sich *gesellschaftliche Funktionen* und *institutionelle Imperative* auf die professionelle Arbeit und die individuelle Befindlichkeit auswirken, dazu gibt es, wie schon ausgeführt, wenig Informationen[22]. Ich fand nur einen Vorschlag zur reflexiven Bearbeitung dieses Verhältnisses, nämlich Baders Modell der Arbeitsanalyse. Die Analyse dient der Klärung der subjektiven Verarbeitung institutioneller und gesellschaftlicher Anforderungen der Fachkräfte. Anhand eines konkreten Problems arbeiten sie ihre (wünschbaren und erreichbaren und nicht erreichbaren) Handlungsmöglichkeiten heraus. Sie beurteilen also die gesellschaftlichen und institutionellen Bedingungen ("Bedingungs- bzw. Bedeutungsanalyse") und finden die subjektiven Bedeutungen heraus, also die Gründe, warum sie unter den bestimmten Bedingungen in spezifischer Weise gehandelt haben[23] ("Begründungsanalyse") (vgl. Bader 1990, 58 ff.). Die Institutionsebene hat dabei eine "Entschlüsselungsfunktion", weil man auf dieser Ebene die allgemeinen Widersprüche arbeitsfeld- und institutionsspezifisch konkretisieren kann. Das Hintergrundwissen, das die Fachkräfte für diese "vertikale Vorgehensweise" der Analyse brauchen, liefern s.M. neben der (Kritischen) Psychologie hauptsächlich gesellschaftstheoretische Ansätze wie die politische Ökonomie (vgl. Bader 1989, 105). M.E. ist das Prozeßmodell von Bader sehr auf eine kompetente wissenschaftliche Begleitung angewiesen, denn die Fachkräfte sollen hauptsächlich verstehen, was sie tun und welche (gesellschaftliche und persönliche) Funktion ihr Handeln jeweils hat. Dazu brauchen sie eine "Lehrerin", die ihnen das entsprechende (soziologische und sozialpsychologische) Erklärungswissen vermittelt. Vielleicht kann man unter Zuhilfenahme der Erläuterungen von Bader die Stufen des Analyseprozesses aber auch allein durchschreiten.[24]

e) Zur *eigenen Position* innerhalb des institutionellen Zusammenhanges kann man Rückschlüsse aus der Reflexion aller vorher aufgeführten Analysefragen ziehen und auch selbst Recherchen anstellen. Hilfreich ist hier ein großer Teil der Fragen und Schritte, die auch in der Rollenberatung Anwendung finden. Man analysiert die Einflüsse von Situationen, Personen und der Organisation auf die Erwartungen an die eigene Berufsrolle und die Gestaltungsmöglichkeiten der Rolle. Zur Klärung des eigenen Standortes helfen die Fragen zur Rollenanalyse bzw. Rollendefinition, zur Rollengestaltung und der Rollendurchsetzung (vgl. Fatzer 1990 a; Eck 1990 b). Mithilfe der Fragen zur Herausarbeitung der "primary task" kann man eine Prioritätenliste der Aufgaben erstellen[25.] Zu Veränderungen der eigenen Rolle gibt die vorgeschlagene Handlungsleitlinie zur Verbesserung des Rollenverhaltens von Rothman u.a. (1979, 160 ff) Anregungen. Man kann auch "persönlicher" werden

---

21. Zur Zusammenstellung und "Pflege" der Aktionssysteme vgl. die Abschnitte 6.4. und 6.5..

22. Vgl. dazu Sievers Hinweis, daß personale und soziale Systeme inkompatible Größen sind, die nicht dauerhaft miteinander zu vermitteln sind und immer neu koordiniert und interpretiert werden müssen (1977, 22).

23. Bader versteht die gesellschaftlichen Bedingungen nicht nur als Behinderungen, sondern hebt auch ihren Aufforderungscharakter hervor. Wenn man die Bedeutungen und Widersprüchen erkennt, kann man auch Handlungsspielräume und alternative Entscheidungsmöglichkeiten erarbeiten (vgl. Bader 1990, 58).

24. Vgl. dazu die Instanzen des Analyseprozesses (Bader 1989, 103 f.).

25. Das Konzept der primary task bezieht sich auf diejenigen Aufgaben, die eine Organisation erfolgreich erfüllen muß, um ihre Existenz zu sichern; die primary task bezeichnet also die Kernelemente einer Organisation, um die herum Organisationseinheiten gebildet werden (vgl. Fatzer 1990 a, 43 f.).

und die eigene Kompetenz beurteilen. Hierfür eignen sich die Fragen zur Ausbildungsdiagnose der klassischen Praxisberatung (welche Fähigkeiten haben die Fachkräfte und wie gut setzen sie sie ein?) (vgl. Austin 1970 a; Hester 1970).

f) Schließlich gehört zur "Inventur" der Rahmenbedingungen auch die Analyse der *Ressourcen*. Von diesen ist abhängig, welche der zusammengetragenen Aufträge überhaupt im Rahmen dieser besonderen Einrichtung erledigt werden können. Häufig sind die materiellen und rechtlichen Rahmenbedingungen gar nicht so restriktiv, wie die Fachkräfte annehmen. Die Einschätzungen der Leistungsfähigkeit und der Ressourcen ihrer Organisation und der dementsprechenden eigenen Möglichkeiten können also falsch sein. Hier bietet sich die Matrix zur Ressourcenanalyse von v. Kardorff (1988, 89) an. Die Felder der Matrix bezeichnen Ressourcen der Einrichtung, des Personals, der Klientinnen und der "Umwelt" und sollen jeweils klassifiziert werden (vorhanden, knapp, fehlt, herstellbar). Weil die Suche nach Ressourcen eine Suche nach Benefiten ist, hofft v. Kardorff, daß man mit einer solchen Analyse auch einer einseitigen Defizitfixierung entgehen kann.

Aus der Auflistung ergeben sich unzählige Reflexionsfragen. Meinhold entwickelte Fragen zur Einschätzung der Handlungsspielräume innerhalb einer Organisation, die den Fachkräften für den Prozeß der *Ausgestaltung* der "offiziellen" Arbeitsaufträge verbleiben[26]: "Wer definiert, ob ein Ereignis 'erfolgreich' war; wer bewertet die Qualität unserer Arbeit; können wir selbst entscheiden, in welcher Reihenfolge wir die einzelnen Arbeiten erledigen; können wir entscheiden, ob und wie wir mit Klienten sprechen, welche Hilfen wir anbieten oder organisieren?" (Meinhold 1992, 12). Die meisten Fachkräfte scheinen jedoch trotz Personalnot, Finanzmangel und administrativer Vorgaben über große Handlungsspielräume zu verfügen, auch weil es nur begrenzt möglich ist, ihre konkreten Tätigkeiten zu kontrollieren (vgl. Klüsche 1990; Heiner 1991; Engelhardt 1991). Manchmal müssen die Fachkräfte mit ihren Vorgesetzten oder Kolleginnen überhaupt erst einmal eine Arbeitsplatzbeschreibung aushandeln, um ihre eigene Unsicherheit einzudämmen[27].

Weitere Reflexionfragen ergeben sich, wenn man die vielen Informationen in Beziehung zueinander setzt. Der Vergleich der *Erwartungen und Sichtweisen* der Beteiligten zeigt *Differenzen* auf, die zu erörtern sind. Ein Vergleich der *konzeptionellen Zielsetzungen* und der vorhandenen materiellen und personellen *Ressourcen* incl. der persönlichen Kompetenzen der betreffenden Kolleginnen kann ergeben, daß Ziele nicht realisierbar sind, oder daß die Fachkräfte bestimmte Kompetenzen neu erwerben müssen. Ein Vergleich der *Erfolgskriterien* der Teammitglieder mit denen von Vorgesetzten oder Trägern kann Strategien der Öffentlichkeitsarbeit beeinflussen. Ein Vergleich der von Träger und/oder Team *gewünschten Zielgruppe* und den Klientinnen, die *tatsächlich* betreut werden, kann zur Revision der Konzeption oder des Angebots (oder der Suche nach anderen Zielgruppen) führen. Man kann Faktoren wie Zugänglichkeit, Öffnungszeiten, Angebote, Anmeldeprozeduren, Freundlichkeit des Personals oder die Architektur der Einrichtung in Relation zu den Möglichkeiten und Wünschen der Klientinnen bringen und prüfen, ob diese strukturellen Faktoren selektive Wirkungen auf die Klientel haben. Man kann die Faktoren unter dem Gesichtspunkt der Stärke des Einflusses der

---

26. Offizielle Arbeitsaufträge sind hauptsächlich administrative und rechtliche Vorgaben, während "pädagogische" Arbeitsaufträge aus dem beruflichen Selbstverständnis der Fachkräfte entstehen und "klientennäher" sind (vgl. Meinhold 1992).

27. Enzmann berichtet als Resultat seiner Untersuchung über das Burn-out-Syndrom, daß unstrukturierte Arbeitsverhältnisse und eine alltagsnahe Arbeit mit komplexen Problemen das Syndrom verstärken. Ein großer Handlungsspielraum kann darum die Unsicherheit vergrößern, während Einschränkungen durch Kontrolle von außen externale Attributionen fördern und helfen, die Verantwortung abzuwälzen (vgl. Enzmann 1989, 42 f.).

verschiedenen Beteiligten gewichten und eine Analyse der Machtfaktoren vornehmen. Man kann auch danach fragen, wer die Angebote der Einrichtung nicht nutzt und warum. Viele der Fragen können mit den Mitteln des methodischen Arbeitens nicht befriedigend beantwortet werden. Hier bieten sich Ansatzpunkte für selbstevaluative Recherchen (vgl. dazu besonders den Abschnitt 7.3).

Bei anderen Fragen müssen die Fachkräfte überlegen, auf welcher Ebene und in wessen Verantwortung die wahrgenommenen Defizite (und Benefite) liegen und ob und wie es möglich ist, sie zu beeinflussen. Es wird sich herausstellen, daß die strukturellen Einflüsse manchmal so stark sind, daß einzelne Fachkräfte keine Verantwortung für negative Folgen und auch Mißerfolge der Arbeit tragen können. Dort, wo die Strukturen unveränderbar erscheinen, sollte man kein Engagement verschwenden. Wo Änderungen möglich erscheinen, kann man die eigenen Änderungswünsche mit den (möglichen bzw. drohenden) *Sanktionsmechanismen* von Träger und Team abgleichen, denn die Realisierungschancen von Veränderungen sind auch von der Konfliktbereitschaft (bzw. dem Harmoniebedürfnis) und der Frustrationstoleranz derjenigen abhängig, die etwas verändern wollen.

Ähnlich wie in der Organisationsberatung müssen die Fachkräfte einschätzen, welche Veränderungsbereitschaft in der Organisation besteht. Sie müssen entscheiden, ob es sich lohnt, sich für Veränderungen einzusetzen, oder ob sie keine Verbündeten finden (vgl. Lippitt, Lippitt 1977). Sie müssen wissen, wieviel Zeit und Energie die Beteiligten für Veränderungen opfern wollen, welche Personen sich besonders für Veränderungen engagieren, ob sie Vorgesetzte einbeziehen können und welche Möglichkeiten sich überhaupt bieten, effektivere Arbeitsbeziehungen einzuführen. Wo es möglich ist, kann man die Arbeitsabläufe umstrukturieren; in einzelnen schwierigen Fällen kann man vielleicht Anregungen aus der Interventionstechnik des Rollenverhandelns übernehmen (vgl. Eck 1990 b).

6.2 Situations- oder Problemanalyse

Fachkräfte der Sozialen Arbeit haben es nicht immer mit Problemen zu tun, wohl aber mit sozialen Situationen. Weiter oben habe ich für ein eklektisches und collagenhaftes Vorgehen und eine situations- und problemgerechte Wahl der Interventionen plädiert (vgl. Abschnitt 5.5.1). Daher müssen Probleme und Situationen gründlich und genau analysiert werden[28]. Eine Situationsanalyse dient darüber hinaus als Grundstein für die Selbstevaluation. Die Fachkräfte steigen ja immer in einen schon laufenden Prozeß ein, und sie sind (hoffentlich) nicht für die Entstehung der Probleme ihrer Klientinnen verantwortlich. Sie können die Situationsanalyse benutzen, um den Ausgangspunkt ihrer Aktivitäten zu fixieren. Dieser Ausgangspunkt bildet dann die Marge, an der sie später ermessen können, ob sich Veränderungen ergeben haben (vgl. bes. Abschnitt 7.1), und sie sehen, für welchen Zeitabschnitt sie eine Mitverantwortung tragen (vgl. Schreyögg 1990). Eine "Bestandsaufnahme" erinnert sie ferner daran, daß in den wenigsten Fällen eine vollständige "Lösung" von Problemen in Aussicht steht; die Fachkräfte können aber besser beurteilen, ob sie "nur" helfen, einen Zustand zu balancieren, zu perpetuieren oder ob Verbesserungen zu erwarten sind.

---

28. Zur Definition sozialer "Probleme" vgl. Abschnitt 5.5.2. Die Ausgangssituation zu analysieren, ist nicht gleichzusetzen mit der Suche nach Problemen und Defiziten. Man kann auch Erfolgsfaktoren und Benefite identifizieren. Aber in jedem Fall werden *Situationen* gedeutet und definiert.

Bei der Analyse von Situationen sollten die Fachkräfte bedenken, daß jeder Mensch mit einem erfahrungsbedingten und theoretischen Vorverständnis an Situationen herangeht. Dieses Vorverständnis prägt wesentlich die Suche nach Informationen, und es beeinflußt das, was man als situationsrelevanten Sachverhalt oder als Problem wahrnimmt. Die Fachkräfte nehmen also vorzugsweise das wahr, was sich mit ihren bisherigen Einschätzungen deckt, und was sie auch mit den zur Verfügung stehenden Methoden und Mitteln der Einrichtung bearbeiten können. Neben Erfahrungen und Routinen wird das Vorverständnis auch durch die individuelle Problemlösungskapazität der Fachkräfte beeinflußt, z.B. durch die erlernte Beratungsrichtung mitsamt ihrem theoretischen Überbau (vgl. Meinhold 1986; Heiner 1982). Dieser Selektionsmechanismus fällt am ehesten auf, wenn man die gleiche Situation von verschiedenen Menschen beurteilen läßt (vgl. Meinhold 1986, Kagle 1978). Aufgrund dieser Selektion liegen dann auch schon bestimmte Interpretationen zu Ursachen und Problemen nahe, was im weiteren Auswahl, Ziele und Richtung der Interventionen steuert. Mit jeder Situationsanalyse, mit jeder Intervention, mit jedem zeitlichen Engagement treffen die Fachkräfte gleichzeitig Entscheidungen gegen die Beachtung eines anderen Aspektes einer Situation und für die Bearbeitung eines Teilbereiches aus einem umfassenden Zusammenhang. Mit solchen Selektionen helfen sie sich bei der Reduktion von Komplexität und erhalten sich dadurch ihre Handlungsfähigkeit. Sie können aber falsch oder zumindest dem Gegenstand unangemessen sein. Darum sollten sie ihr Vorverständnis, das sie bei der Suche nach Informationen über die besondere Situation oder das Problem leitet, und mithilfe dessen sie interpretieren und beurteilen[29], klären.

Meinhold unterscheidet zwei Deutungsmuster bei der Interpretation von Problemen, nämlich Common sense-Konzepte (Rückgriff auf Erfahrungen) und psychologisierende Deutungsmuster. Mit psychologisierenden Deutungsmustern bezeichnet sie (nach Dörner 1983) eine "verkürzte - d.h. aus dem Kontext ihres Entstehens herausgelöste - Verwendung psychologischer Begriffe, die sich als besonders geeignet erweisen, um mittels eindimensionaler Ursachenzuschreibung die Sicherheit zu erzeugen, komplexe Probleme 'erklären' zu können" (Meinhold 1986, 53). Dieser Deutungstyp ähnelt Ausschnitten psychologischer oder pädagogischer Theorien, die beobachtbare Ereignisse vorzugsweise als Ausdruck psychischer Phänomene erklären. Fachkräfte, die solche Deutungsmuster bevorzugen, fragen selten nach inhaltlichen Aspekten eines Gegenstandes, weil sie in jeder Situation zuerst die Beziehungsanteile fokussieren (vgl. Meinhold 1986, 54). Die scheinbar theoriegeleitete Argumentation entpuppt sich als "Alltagspsychologie" und das Verhängnis für die vom Psychologisieren Betroffenen besteht darin, daß Bedingungen der Umgebung oder sachliche Gründe wie Arbeitszeiten oder geringes Einkommen als unbedeutend und zweitrangig eingeschätzt werden. Gerade dort, wo Ziele oft vage und auch Wege heftig umstritten sind, wird der Sachaspekt, also die Qualität des Inhalts von Argumenten häufig zugunsten des Beziehungsaspekts vernachlässigt. Die Fachkräfte brauchen zwar gesichertes wissenschaftliches Erklärungswissen zur Erweiterung ihres Erklärungs- und Deutungsrepertoires (und damit indirekt zur Gewinnung von Kriterien für ihr Handeln und ihre Entscheidungen), aber man kann auch mit dem Einsatz wissenschaftlichen Erklärungswissens eine Situationsanalyse verfehlen. Das passiert, wenn man die Reichweite einer für plausibel befundenen Theorie über ihren Geltungsbereich hinaus ausdehnt oder einzelne Erkenntnisse verabsolutiert. Manchmal merken Fachkräfte, die keinen direkten Zugang zu neueren Forschungsergebnisse haben, auch nicht, daß gewisse, aus den Bezugsdisziplinen "geliehene" Theorien überholt sind (vgl. Meinhold 1986, 64).

---

29. Eine Anleitung bietet der bei Meinhold beschriebene Orientierungsleitfaden, den sie entwickelte, um die Alltagstheorien von Studentinnen offenzulegen und durch wissenschaftliche Theorien zu erweitern (vgl. Meinhold 1986, 64 f.).

Eine verantwortungsvolle Beurteilung einer Situation oder eines Problems besteht aus einer Beschreibung von Verhaltensweisen oder sozialen Bedingungen, einer bewertenden Meinung und einer Begründung dieser Meinung (vgl. Pincus, Minahan 1980, 132). Ein großer Teil der in dieser Arbeit aufgeführten Verfasserinnen (Heiner 1986 b; Meinhold 1992; Pincus, Minahan 1980; Staub-Bernasconi 1983, 1986) legt sich explizit auf ein theoretisches Vorverständnis fest, das die Sichtweise der Situation steuern soll. Sie fordern, daß die Analyse der Ausgangssituation a) "systemisch", b) "mehrdimensional" sowie c) "ressourcenorientiert" ausgerichtet werden soll:

a) Eine *systemisch geleitete Analyse* soll zirkuläres Denken fördern und einseitigen Ursachenzuschreibungen im Sinne von "Opfer-Täter-Konstellationen" vorbeugen[30]. Immer wenn man eine bestimmte Sichtweise priorisiert, soll man die jeweilige Gegenstruktur konstitutiv mitdenken. Heiner schlägt vor dieses Denken zu trainieren, indem man "Gewinn- und Verlustbilanzen" erarbeitet. "Wie in einem Kassenbuch mit einer Soll- und Habenspalte wird für jede Person eingetragen, was sie verlieren würde, wenn sich die beobachtete Struktur verändern, das Problem oder der Konflikt gelöst würde. Diesem 'Verlust' wird der 'Gewinn' gegenübergestellt, den die derzeitige Situation den Beteiligten garantiert. Diese Übung öffnet den Blick für die wechselseitige Bedingtheit und viele verdeckte Motive des Verhaltens" (Heiner 1986 b, 164). Auch Pincus und Minahan betrachten Probleme nicht als Attribute der Menschen, sondern als solche der sozialen Situation. Die Fachkräfte sollen nicht fragen, "wer das Problem *hat*, sondern wie das Zusammenspiel der Elemente in der jeweiligen Situation (einschließlich der persönlichen Merkmale der beteiligten Menschen) die Menschen an der Bewältigung ihrer Lebensaufgaben hindert" (Pincus, Minahan 1980, 106). Sie analysieren die "Dynamiken der sozialen Situation" und fragen, "wie die Gesamtheit der beteiligten Systeme zum Zustandekommen und Weiterbestehen der Verhaltensweisen oder sozialen Bedingungen beitragen" (Pincus, Minahan 1980, 132). Die Fachkräfte sollen Daten aus einer großen Zahl von Systemen zusammentragen und immer auch Informationen heranziehen, die eine gegenläufige Interpretation unterstützen. Staub-Bernasconis Kategorien zur Identifizierung von Problemen entstanden ebenfalls aus einer systemischen Sichtweise von Situationen. Je nach Verhältnis der Elemente einer Situation kann man die zu bearbeitenden Probleme als Ausstattungsprobleme, Austauschprobleme, Verknüpfungs-Probleme oder als Wert-Probleme klassifizieren[31] (vgl. Staub-Bernasconi 1986).

b) Ein *mehrdimensionales Vorgehen* soll ebenfalls einseitige personale Attribuierungen vermeiden[32]. Vor allem beim "Psychologisieren" ist die Verführung groß, die Position der

---

30. Zum didaktischen und analytischen Nutzen der Verwendung des Systembegriffs und des systemtheoretischen Denkmodells vgl. Heiner (1986 b, 161). 1992 konkretisiert sie den funktionalistischen Systembegriff mit den Begriffen der Konfiguration, der Konstellation und des Kontextes. Diese sind i.M. besser geeignet, "die zirkuläre Dynamik von Interaktionsprozessen systemisch zu interpretieren", u.a. weil der Systembegriff dazu verführt, die Erhaltung von Systemen um ihrer selbst willen anzustreben (vgl. Heiner 1992, 13).

31. Zur Erläuterung der Problemkategorien (vgl. Staub-Bernasconi 1986, 50 f.). Eine umfassende Ausarbeitung ihrer Problemtheorie legt Staub-Bernasconi 1992 vor.

32. Heiner beobachtete, daß Fachkräfte bei der Beschreibung einer Situation häufig noch mehrdimensional vorgehen und neben einem problematischen Verhalten von Personen (oder Familien) auch ökonomische und soziale Hintergründe berücksichtigen; bei der Beurteilung der Situation kommen oft nur noch psychische Faktoren zum Tragen: "Diese Verschiebung der Problemsicht, die zwischen Beschreibung und Ursacheninterpretation stattgefunden hat, kann dazu dienen, die Entscheidungen des Sozialarbeiters für ein Leistungsprofil zu rechtfertigen, in dem pädagogische, therapeutische und kommunikative Leistungen häufiger erbracht werden als Konzeptions-, Durchsetzungs-, Verwaltungs- und Organisationsleistungen. Gerade die letztgenannten Leistungen aber könnten den Betroffenen zu verbesserten materiellen Lebens- und Arbeitsbedingungen verhelfen" (Heiner 1982, 126). Heiner ist davon überzeugt, daß die Fachkräfte sich insgesamt zu wenig um die Aktivierung sozialer Kontexte kümmern.

Gegenseite nicht auf ihre Berechtigung zu prüfen und einseitig Schuld zuzuschreiben - was in jedem Falle leichter ist, als das ganze Bedingungsgeflecht zu analysieren (vgl. Nellessen 1985). Mehrdimensionales Vorgehen erfordert, Interpretationen gegeneinander abzuwägen und zu gewichten und verfügbare Erklärungen, Informationen und Ansichten nicht nur danach auszusuchen, ob sie zusammen "passen", sondern kontrovers zu betrachten (vgl. Meinhold 1986, 64). Widersprüche und "Mißerfolge" und auch nicht-passende Handlungsregeln sollte man als wertvolle Informationen für eine Neubewertung der Situation verstehen und sich somit neue Suchrichtungen erschließen. Man sollte den Blick nicht nur auf die Beziehungen der Menschen richten, sondern die Inhalte beachten. Meinhold empfiehlt auch, die Einschätzung aus einer Situation nicht zu generalisieren, sondern "situationsspezifisch zu verallgemeinern". Man soll also aufgrund neu hinzukommender Informationen die Regeln, die man spontan und aus Erfahrungen über das Verhalten der Klientinnen bildet, ständig neu und umformulieren und dabei differenzieren. Statt eindimensionaler Erklärungen ("Entweder-Oder-Entscheidungen") sollte man mehrere und alternierende "gute" Gründe für das Verhalten anderer Personen anführen und sowohl persönliche Defizite als auch den sozioökologischen Kontext untersuchen (vgl. Meinhold 1992, 14 ff.). Zu jeder Analogie oder Verallgemeinerung, die vorgenommen wird, sollten immer gleich Differenzregeln entworfen werden, also Fragen nach Situationen, in denen die angewandten Analogien oder Verallgemeinerungen widerlegt werden. Als mehrdimensionale Vorgehensweise ist auch der Vorschlag für eine Situationsanalyse von v. Spiegel (1992) angelegt: Sie stellt ein Tableau vor, das mehrere Deutungen einer Situation miteinander in Beziehung setzt. Auf der Grundlage einer Entscheidungssituation[33] fühlt man sich (schriftlich und in der Ich-Form) parallel zur eigenen in mindestens zwei andere Situationen ein (etwa einer Vorgesetzten und einer Klientin oder in die Situation von Kolleginnen) und übt sich somit im gedanklichen Rollentausch und Perspektivenwechsel. Das Verfahren dient der emotionalen Distanzierung von der gewohnten Sichtweise und schafft Raum für alternative Situationsdeutungen[34] (vgl. v. Spiegel 1992). Ähnliche Absichten verfolgt ebenfalls v. Kardorff (1988, 84) mit seinem Tableau, das die Problemsichten, Handlungsstrategien und Zielperspektiven der Beteiligten präzisiert. Einen Vergleich der Deutungsmuster von Klientin und Fachkraft zum Gebrauch in der Einzelhilfe regt auch der Erhebungsbogen von Heiner an (vgl. Heiner 1992, 56).

---

33. Eine Entscheidungssituation ist eine (auf Minuten) begrenzte Situation, in der ein Handlungszwang vorlag. Sie soll möglichst authentisch beschrieben werden. Nach einer einleitenden Skizze des Situationskontextes soll man dazu (in möglichst wörtlicher Rede) die Handlungsabfolge und die Interaktionen incl. der erlebten eigenen Gefühle und der wahrgenommenen Gefühle der anderen Beteiligten festhalten.

34. Die Sichtweisen werden in folgenden Dimensionen miteinander verglichen: 1. wird aus jeder Perspektive das vermutliche Zustandswissen beschrieben, weil es keine "objektive" Beschreibung geben kann. 2. soll man den Geschehnissen in der Situation aus jeder eingenommenen Perspektive *Bedeutungen* unterlegen. Denn auch, was als Problem empfunden wird, wird unterschiedlich wahrgenommen (und wenn sich die Beteiligten über lange Zeiträume nicht auf eine gemeinsame Problemdefinition einigen können, bleiben sie unterschwellig immer Gegnerinnen). 3. begründet jede Beteiligte ihre Einschätzung anders, darum wird das unterstellte wissenschaftliche und erfahrungsbezogene Erklärungswissen zu ursächlichen Zusammenhängen abgefragt. 4. vergleicht man vermutliche und tatsächliche *Ziele, Interessen* und *Bedürfnisse* der Beteiligten, die ihrem Wertehintergrund zuzuordnen sind. 5. wird für alle Sichtweisen gefragt, wer "das Problem" hat. Da anzunehmen ist, daß die relevanten Beteiligten anderen "Schuld" zuschreiben, kann man auf diese Weise eine Zuschreibungskette offenlegen und möglicherweise auch schon Mechanismen aufdecken, die das Problem am Leben erhalten. 6. Die Frage "Wer soll was tun" soll unterstellte Veränderungswünsche und Ziele der Beteiligten vergleichen und bringt Perspektiven für die Wahl der Interventionsebene. Und 7. wird gefragt, wer welchen Nutzen aus der jetzigen Situation und aus in Aussicht stehenden Veränderungen zieht. - Da Situationsanalysen meist mit Blick auf anstehende Entscheidungen durchgeführt werden, beziehen sich die ersten vier Punkte des Tableaus stärker auf die Analyse der Situation, während man mit den Punkten 5 - 7 schon mögliche Aktivitäten antizipiert (vgl. v. Spiegel 1992).

c) Eine *ressourcenorientierte Situationsanalyse* soll der notorischen Neigung der Fachkräfte entgegenwirken, Probleme als persönliche Defizite zu verstehen. Sie sollen statt dessen nach Belastungen und Ressourcen im sozialen Umfeld der Menschen suchen und sie anregen, diese zu nutzen (vgl. Meinhold 1992; Pincus, Minahan 1980). Pincus und Minahan schlagen vor, die Interaktion von Menschen *innerhalb* des jeweiligen Ressourcensystems, diejenige *zwischen* Menschen und Ressourcensystemen und diejenige zwischen *verschiedenen* Ressourcensystemen zu untersuchen[35] (vgl. Pincus, Minahan 1980, 107). Auch eine Netzwerkanalyse[36] bringt Informationen für Ansatzpunkte. Kähler unterscheidet Strategien zum Ersatz für versagende Netzwerke, zur Verbindung zu nicht erreichbaren Netzen, zur Stütze vorhandener Netzwerkteile, zur Verbindung zwischen auseinandergerissenen Netzwerkteilen oder zur Beratung beim Verändern von Netzwerkstrukturen[37] (vgl. Kähler 1983, 232 ff.). Heiner trägt einen Untersuchungsbogen zur Deutungsmusteranalyse bei, mit dem dezidiert erhoben werden kann, wer mit welchen Fähigkeiten und Ressourcen zur jeweils angezielten Problemlösung beitragen kann (vgl. Heiner 1992, 53).

Eine Situations- oder Problemanalyse dient in erster Linie der Strukturierung komplizierter Situationen. Die Fachkräfte müssen sich auch während eines Prozesses zwischenzeitlich vergewissern, ob ihre Einschätzungen einschließlich ihrer Begründungen und Rechtfertigungen noch stimmig sind. Denn die Kontexte und Deutungsmuster aller Beteiligten verändern sich im Laufe der Zeit, und bisher unbekannte oder unbeachtete Faktoren wirken in einer Weise, die ihnen entgehen kann. Um handeln zu können, müssen sie auch Maßstäbe zur Selektion und Prioritätensetzung bei der Bearbeitung anstehender Situationen und Probleme haben. Häufig ist nämlich nicht klar, was das wesentliche, das "eigentliche" Problem ist. Manchmal haben die Fachkräfte auch das Gefühl, daß sie die "eigentlichen" Probleme nicht beeinflussen können, und sie arbeiten sich daher (bewußt oder nicht bewußt) an den "uneigentlichen" Problemen ab[38]. Aus diesem Grund werten sie vielleicht ihre Beziehung zu den Klientinnen als *Ursache*

---

35. Zur Analyse der Funktionsfähigkeit der Ressourcensysteme kann man den Katalog von Pincus und Minahan (1980) benutzen. Sie kennzeichnen die informalen und formalen Ressourcensysteme einer Gesellschaft und nennen Gründe, aus denen sie ihre Funktion vielleicht nicht erfüllen: Möglicherweise existieren sie nicht überall, genügen den Anforderungen nicht, sind nicht bekannt, sind desorganisiert, arbeiten dysfunktional, in Konkurrenz zueinander oder nicht problemangemessen. Für die Fachkräfte Sozialer Arbeit ergeben sich aus der Analyse der Ressourcensysteme vielfältige Funktionen, die Pincus und Minahan in sieben Kategorien einteilen: Sie helfen den Menschen, ihre Fähigkeiten zur Problemlösung und Lebensbewältigung zu erweitern und wirksamer einzusetzen (1); bahnen Kontakte zwischen Menschen und Ressourcenssystemen an (2); erleichtern und/oder modifizieren die Beziehungen zwischen Menschen und den gesellschaftlichen Ressourcensystemen (3) bzw. innerhalb der Ressourcensysteme (4). Sie bemühen sich um Förderung und Modifizierung sozialpolitischer Maßnahmen (5), verteilen materielle Ressourcen (6) und fungieren als Agentinnen sozialer Kontrolle (7) (vgl. Pincus, Minahan 1980, 100 ff.). Vgl. dazu auch die im Abschnitt 6.1 beschriebene Ressourcenanalyse von v. Kardorff (1988, 89).

36. Die "soziale Formation" Netzwerk unterscheidet sich von einer Gruppe insofern, als sie Menschen zusammenfaßt, die nur über das im Mittelpunkt stehende Individuum etwas miteinander zu tun haben und nicht unbedingt im direkten sozialen Kontakt stehen (vgl. Kähler 1983, 226). Eine Netzwerkanalyse bezieht sich auf folgende Dimensionen: (1) Erreichbarkeit, also die Zahl der Zwischenstationen, die notwendig sind, um eine spezifizierte andere Einheit zu erreichen; (2) Dichte, also das Ausmaß der wechselseitigen Kontakte zwischen den zu einem Netzwerk gehörenden Elementen, wobei die Dichte auch die soziale Kontrolle verstärken kann; (3) Reichweite, also Umfang und Zusammensetzung, wobei die Zahl der Beziehungen kein Zeichen für die Qualität und Tragfähigkeit ist; (4) Inhalt, also Beziehungen und tatsächliche Kontakte, Kommunikation und wechselseitiges Aufeinander-Eingehen statt Bekanntschaften; (5) Wechselseitigkeit, also Klassifikation nach Reziprozität oder Nicht-Reziprozität und Unterschieden in der Status-Hierarchie; (6) Haltbarkeit, wobei die Dauer einer sozialen Beziehung schwer zu prognostizieren ist, da soziale Netzwerke latent existieren und nur in einzelnen Ausschnitten aktualisiert werden (vgl. Kähler 1983, 227 f.).

37. Vgl. die methodischen Hinweise zum Verändern bestehender Netzwerkstrukturen bei Kähler (1983, 241); vgl. auch die Vorschläge zur Netzwerkanalyse von Heiner (1986 a, 98 sowie 1987, 87).

38. Sie beschäftigen sich dann mit den Problemen, die ihnen die Klientinnen *machen*, statt mit denen die sie *haben*. Sie wissen selbst, daß diese Probleme die "uneigentlichen" sind, argumentieren aber, daß die "eigentlichen" Probleme außerhalb der Einrichtung entstünden und ursächlich für die "uneigentlichen" seien, mit denen man sich herumschlagen müsse. Aus dieser Argumentation folgt, daß sie sich für beide

der Probleme, statt als *Methode* ihrer Bearbeitung. Über die Angemessenheit einer Situations-analyse geben auch die eigenen Gefühle Auskunft. Wenn man sich fragt, welche freudigen, belastenden, irritierenden Gefühle und Eindrücke bei der Analyse entstanden, erhält man wichtige Hinweise auf weitere Suchrichtungen.

Wenn man sein wissenschaftliches Erklärungswissen erweitern möchte, kann man das nahelie-gende erfahrungsbezogene Erklärungswissen zum Ausgangspunkt für "theoretische" Recher-chen nehmen und nachlesen, wie die in Rede stehende Situation vor dem Hintergrund (sozial)psychologischer oder soziologischer Forschungsergebnisse oder vor dem Hintergrund normativer sozialpädagogischer Theorien zu verstehen wäre. Man kann auch alternative und zunächst "undenkbare" und "unkonventionelle" Deutungen zusammentragen und somit festge-fahrene Vorurteile relativieren. Solche alternativen Deutungen gestatten es, die Situation in einem anderen Zusammenhang zu sehen, was manchmal schon die Lösung sein kann (vgl. Watzlawik u.a. 1974). Die Ressourcenorientierung der Situationsanalyse soll die Fachkräfte immer wieder daran erinnern, daß sie sich nicht nur auf Probleme und Defizite konzentrieren, sondern auch Benefite suchen sollen.

Situationsanalysen helfen auch bei der Einschätzung der Änderungsperspektive: So kann nicht nur gefragt werden, wer oder was sich ändern muß, sondern auch, ob die Mitarbeiterinnen überhaupt etwas ändern *können*. Das hängt zusammen mit der Frage, wer Macht über das Problem hat und ob die Machtverteilung legitim ist (vgl. Staub-Bernasconi 1992). Ebenfalls sollte man unterscheiden zwischen *Situationen*, die man beeinflussen kann und solchen, für die es keine Lösungen gibt. Die Frage "Was könnte im Falle einer Veränderung passieren - im besten Falle und im schlimmsten Falle?" kann Befürchtungen und Hoffnungen sinnvoll antizi-pieren. Letztlich bietet eine Situationsanalyse auch Ansatzpunkte zur Wahl der Interventions-ebene.

6.3 Fragen der Zielbestimmung

Methodisches Arbeiten fordert, daß die Fachkräfte ihre Ziele definieren. Ziele (bzw. Vorver-ständnisse) spielen schon bei der Situationsanalyse eine Rolle; von Zielen hängt die Wahl der Methoden und Inhalte ab, und ohne Ziele kann man bestimmte Formen der Selbstevaluation nicht durchführen. In der Praxis ist diese theoretisch evidente Forderung schwer umzusetzen (wovon auch die gesamte Evaluationsliteratur ein Zeugnis ablegt). In fast allen Arbeitsfeldern der Sozialen Arbeit ist umstritten, ob man überhaupt Ziele setzen *kann* und teilweise auch, ob man Ziele setzen *soll*.

Die Frage, ob man Ziele setzen *kann*, entsteht aus dem Wissen, daß die Fachkräfte in der Sozialen Arbeit in den wenigsten Fällen ergebnisorientiert arbeiten. Selten vermitteln sie bestimmte Inhalte (wie in der Bildungsarbeit) oder streben sie einen definierten Zustand an (wie teilweise in der Therapie). Selten können auch endgültige Problemlösungen erarbeitet werden; es geht meist um Teillösungen oder gar Notlösungen (vgl. Meinhold 1986; Gildemei-ster 1983). Meist begleiten sie Menschen in alltäglichen oder problematischen Situationen, und die spezifischen Lebenssituationen von Einzelnen oder Gruppen bilden gleichzeitig die Inhalte Sozialer Arbeit. Sie intervenieren eher indirekt, indem sie Rahmenbedingungen *arrangieren* und Prozesse anbahnen, die die Personen zu neuen Erfahrungen, Reflexionen und Verände-

---

Problemkategorien nicht richtig einsetzen. Für die "uneigentlichen" lohnt es sich nicht, und die "eigentlichen" können sie nich beeinflussen. Im Ergebnis weiß niemand, was warum zu tun ist und welches Problem mit welcher Priorität bearbeitet werden muß.

rungen anregen, ohne den Prozeßverlauf wesentlich bestimmen zu können (vgl. Martin 1989; Schilling 1982 b; Meinhold 1992). Methodisches Arbeiten erfolgt immer nur in kleinen und öfter eher zufälligen als systematischen Teilschritten. Manchmal verändern sich die Wege, auf denen man ein Ziel verfolgt, oder man muß Umwege in Kauf nehmen. Manchmal werden durch Umdeutungen des Problemkontextes völlig neue Problemdefinitionen und damit alternative Zielsetzungen nötig, und manchmal verliert man ein Ziel auch ganz aus den Augen. (vgl. Meinhold 1992). Änderungen werden auch nicht aus vorab festgelegten theoretischen Überlegungen oder Begründungen abgeleitet, sondern "der empirische Erfolgsnachweis begründet in jeder Etappe die Entscheidungen für das nächste Ziel, die nächste Interventionsform und belegt so die Angemessenheit des Vorgehens" (Heiner 1989, 181). Viele Ziele entstehen daher *während* des Prozesses. Man begibt sich - durchaus mit eigenen Zielen - in einen Handlungsablauf und erlebt, daß diese Ziele nur ein Element dessen sind, was eine Situation ausmacht. Es entwickelt sich eine gewisse Eigendynamik (vgl. Heiner 1988 a, 14 f.), denn Prozeßverläufe werden weniger von Zielsetzungen beeinflußt, als von dem, was die Personen tatsächlich tun (vgl. Rein 1984). Außerdem ändern alle Beteiligten ihre persönlichen Ansichten sowie Richtung und Intensität ihrer Zielsetzungen im Laufe der Zeit. Vor diesem Hintergrund formulieren fast alle Methodikerinnen und Evaluatorinnen den Anspruch, die Fachkräfte sollten lernen (und üben), Ziele zu formulieren.

Ziele als lineare Zuordnung von Ausgangspunkt und gewünschtem Zustand sind also in der Sozialen Arbeit nicht denkbar. Ein systematischer Bezug läßt sich nur idealtypisch herstellen. Ziele sind auch immer mit anderen methodischen Aktivitäten verquickt. Im Abschnitt 6.2 war von "Vorverständnissen" die Rede, die die Auswahl dessen steuern, was man überhaupt als relevant empfindet. Van Beugen meint gar, man müsse *zuerst* eine Bestimmung des agogischen Zieles vornehmen, bevor man eine Diagnose stellen könne. Zumindest gäbe es einen Interaktionsprozeß zwischen Zielsetzung und Diagnose, weil man die vorliegenden Informationen über die Problemsituation auch mithilfe der vorläufigen Zielsetzung gewichte (vgl. van Beugen 1972, 76 f.; vgl. auch Bader 1989, 107 f.). Zielfragen sind auch verquickt mit "Wegfragen"; Heimann und Schulz verweisen besonders auf den unaufhebbaren Zusammenhang von inhaltlichen und methodischen Entscheidungen. Sie zeigen, daß Ziele auf geeignete Mittel angewiesen sind, und daß man mit der Wahl der Methoden und der Gegenstände immer auch die Bearbeitungsrichtung festlegt[39] (vgl. Schulz 1979, 25; 30). Ebenso beeinflussen die vorhandenen oder zugestandenen Mittel ihrerseits entscheidend die Auswahl der Ziele. So viel zur Frage, ob man in der Sozialen Arbeit überhaupt Ziele setzen *kann*.

Die Frage, ob man Ziele setzen *soll*, betrifft in erster Linie die ethische Perspektive. In der amerikanischen Literatur wird eine Zielsetzung immer mit einer Veränderung gleichgesetzt, wobei Veränderung als Verbesserung zu deuten ist. Negativ ausgelegt impliziert diese Perspektive, daß die Fachkräfte das Privileg haben, zu bestimmen, was "Verbesserungen" sind, und daß sie die Menschen möglichst effektiv in Richtung der für sie gesetzten Ziele lenken. Ethische Postulate wie Selbstbestimmung und Emanzipation oder auch die Forderung nach einer Symmetrie der Beziehungen zwischen Fachkräften und Klientinnen verbieten eine solche "Manipulation". Die Fachkräfte müssen sich jedoch mit der Tatsache auseinandersetzen, daß jeder Eingriff in ein Prozeßgeschehen manipulative Elemente beinhaltet. Sie können lediglich versuchen, das Ausmaß und die Qualität der Manipulation zu kontrollieren[40] (vgl. Kelman

---

39. Schulz ist der Auffassung, daß man den Zusammenhang nicht linear, sondern komplex verstehen muß: "Ein Ordnungsgesichtspunkt ergibt sich nicht zwingend aus dem vorangegangenen, aber die Entscheidungen zu jedem Ordnungsgesichtspunkt interpretieren auch die anderen Aussagen mit" (Schulz 1979, 29).

40. Ich teile im übrigen nicht Schreyöggs Ängste vor einer "Modellierung" der Klientinnen. Meinhold spottet, daß Wissenschaftler, denen es an praktischen Erfahrungen mangele, die Wirkungen methodischer Arbeit dramatisch überschätzten, denn die immer wieder befürchteten

1972; Schreyögg 1990; Geißler, Hege 1991). Darüber hinaus meine ich mit Heiner, daß Fachkräfte auch für sich Ziele haben sollten, denn die Soziale Arbeit lebt von dem "Prinzip Hoffnung": Wenn sie nicht letztlich doch die "endgültige" Problemlösung (bzw. den Zuwachs an Problemlösungskompetenz ihrer Klientinnen) anstrebte, wäre sie absolut sinnlos (vgl. Heiner 1981, 223). Um die Manipulation abzuschwächen, rechtfertigen viele Fachkräfte ihre Ziele mit postulierten (oder erhobenen) Bedürfnissen ihrer Klientinnen (vgl. Abschnitt 7.4). Eine andere Strategie ist, übergeordnete ethische Standards bzw. Grundwerte zum Maßstab zu nehmen, um daran gesellschaftliche und persönliche Sachverhalte zu beurteilen und entsprechende Ziele zu formulieren[41] (vgl. Staub-Bernasconi 1986). Auch professionelle Konzeptionen enthalten normative Anteile und erheben somit handlungsleitende Ansprüche, die von Konzeption zu Konzeption erheblich voneinander abweichen (emanzipatorische Jugendarbeit; feministische Frauenarbeit).

Weil es letztlich keine universal gültigen Kriterien gibt, an denen sich Fachkräfte orientieren können, sollten sie selbst über eine ausgeprägte ethische Orientierung und ein anthropologisches Leitbild verfügen[42] (vgl. Schilling 1982 a, 142; vgl. auch die klassischen Methodenlehren). Und sie sollten ihre persönliche und ihre berufliche Ethik klären[43], indem sie offenlegen, welches Menschenbild sie präferieren und welche gesellschaftlichen Idealzustände sie anstreben. Gleichzeitig sollte ihnen bewußt sein, daß die Überzeugung, die richtige Wertentscheidung steuere auch die richtige Handhabung der Methoden, ein Mythos ist. Die ethischen Kriterien sind entgegen einer landläufigen Meinung eben nicht handlungsleitend; Handlungen kommen unter dem Einfluß situativer Bedingungen zustande und ihr Ergebnis steht oft konträr zu den ethischen Zielen. Daher sollten die Fachkräfte auch analysieren, welche Wertestandards sie in ihren *täglichen* Handlungen transportieren[44]. Eine Reflexion des Verhältnisses zwischen beiden kann sehr fruchtbar sein, etwa um das eine dem anderen anzunähern oder um sehr utopische Ideale abzubauen.

---

sozialtechnischen Manipulationen seien bisher noch nie gelungen (Meinhold 1992, 5 f.) Sie ist davon überzeugt, daß das Expertenwissen und die beruflichen Fertigkeiten der Fachkräfte bisher nicht besonders ausgeprägt sind und daß sich "nur Menschen mit hohen professionellen Standards und zahlreichen Kompetenzen ... einer Nutzerkontrolle aussetzen [können]" (Meinhold 1992, 17). Ich glaube auch nicht, daß sich Fachkräfte darauf beschränken sollten, ihre Beziehung zu den Klientinnen symmetrisch zu gestalten. Das könnte sehr schnell dazu führen, daß sie sich auf die ohnehin dominante "Beziehungsarbeit" verlegen und schon zufrieden sind, wenn sie überhaupt eine Beziehung zu Klientinnen haben (vgl. Bader 1987).

41. Staub-Bernasconi legt für jede Problemkategorie entsprechende Kriterien fest, an denen die Probleme gemessen werden können: Sie nennt (a) für die Diagnose sozialer Ausstattungsprobleme Werte wie individuelle Teilhabe, Bewußtheit, Sinnhaftigkeit, Leistungsfähigkeit und Beziehungsfähigkeit; (b) bzgl. sozialer Austauschprobleme Werte wie Reziprozität, Austauschgerechtigkeit und Begegnung; (c) bzgl. sozialer Verknüpfungs-Probleme Werte wie soziale und kulturelle Teilhabe und Teilnahme; soziale Holarchien anstelle von Hierarchien, Verteilungsgerechtigkeit und Dezentralisierung; und (d) Kriterien oder Wert-Probleme entstehen dann, wenn bestimmte menschen-, gesellschafts- und naturgerechte Werte oder Sollzustände fehlen oder nicht bzw. willkürlich angewendet werden (vgl. Staub-Bernasconi 1986, 50).

42. Wenn sich herausstellt, daß ihre Leitbilder unrealistisch sind (wenn sie z.B. alle Probleme aller Menschen dauerhaft lösen wollen), müssen sie daran arbeiten, ihre zu hohen Ideale zu relativieren. Denn wenn die Spanne zwischen dem Ideal und der alltäglichen Realität zu groß wird, wirkt sich das quälend auf ihr Selbstbewußtsein aus. Die Betroffenen klagen sich selbst und ihre Unfähigkeit an, resignieren oder werden aggressiv und unterziehen andere Menschen oder Gruppen denselben scharfen Urteilen wie sich selbst (vgl. Bopp 1986, 34; Schmidbauer 1980, 23 ff.).

43. Vgl. dazu auch die Forderung von Geißler und Hege, daß Fachkräfte ihre Ziele rechtfertigen sollten (Geißler, Hege 1991, 38).

44. Ich erinnere hier an die umstrittenen Aktenanalysen, die den Schluß nahe legten, daß die tatsächlichen Wertestandards der Fachkräfte sehr moralisierend und kontrollierend wirkten (vgl. Hollstein, Meinhold 1973).

Für jedes Arbeitsfeld und jedes Problemsyndrom kann man auch auf theoretische "Ansätze" zurückgreifen, in denen auf wissenschaftlicher Grundlage Probleme beschrieben werden und Lösungswissen vermittelt wird[45]. Es passiert auch (selten), daß Träger ihren Fachkräfte Zieldefinitionen oktroyieren[46], sei es aus legitimatorischen Gründen, sei es, daß sie sich auf eine besondere professionelle oder weltanschauliche Konzeption eingeschworen haben, die nun für alle Klientinnen in allen Situationen gelten soll. Fachkräfte müssen in solchen Fällen prüfen, ob sie die impliziten Arbeitsaufträge mit ihrer eigenen Ethik und der Situations- oder Problemanalyse vereinbaren können.

Ich halte fest, daß die Frage, ob man Ziele setzen *soll*, falsch gestellt ist. De facto gibt es kein Handeln ohne implizite Ziele. Methodisches Arbeiten bedeutet, sich diese Ziele bewußt zu machen, damit sie nicht unkontrolliert wirken, und damit man die Arbeit strukturieren und evaluieren kann. Sich selbst Ziele zu setzen ist auch nicht identisch mit "für Klientinnen Ziele zu setzen". Man kann schließlich auch anstreben, Klientinnen zur Formulierung von eigenen Zielen zu ermutigen und sie später bei der Realisierung dieser Ziele zu unterstützen. Es gibt auch andere Zielperspektiven als die der Veränderung. Wenn man sich am Arbeitsprinzip der Ressourcenarbeit orientiert, kann man sich darauf konzentrieren, Ressourcen "anzureichern", so daß die Klientinnen entscheiden können, ob sie sich verändern wollen, mit welcher Intensität und in welche Richtung. Man kann auch das Ziel verfolgen, sich "offen" in Situationen zu begeben (vgl. Zimmer u.a. 1973; ISSAB 1989). Das bedeutet niemals, auf eigene Ziele zu verzichten, sondern nur, daß man sie nicht vor allen Zielen der anderen Beteiligten durchsetzt. Viele Ziele von Fachkräften beziehen sich auch nicht auf Belange der Klientinnen, sondern auf das "Überleben" im Alltag, auf die Pflege der Aktionssysteme oder den Erhalt des Arbeitsplatzes. Denn aus systemtheoretischer Sicht hat jedes System zwei Anliegen, nämlich, "seine Endziele zu erreichen und als gut funktionierendes System weiterzubestehen" (Pincus, Minahan 1980, 122 ff.).

Die positive Antwort auf die Frage, ob man Ziele setzen *soll,* löst nicht die Schwierigkeiten aus dem ersten Fragenkomplex (ob man sie setzen *kann*). Das Zielesetzen im beruflichen Alltag und die Umsetzung der Ziele in spezifische Aufgaben ist ein kompliziertes Unterfangen. Eingedenk der Tatsachen, daß man Ziele weder aus der eigenen Ethik, noch aus einer (normativen) Theorie, noch aus einer besonderen Arbeitsmethode, noch aus politisch ausgehandelten oder professionellen Konzeptionen, noch aus Klientinnenbedürfnissen, noch spontan aus einer Situation allein ableiten kann, muß man die Vorstellungen aller Beteiligten miteinander in Beziehung bringen (vgl. Plaum 1981 a). Denn Ziele werden de facto (oder per Antizipation durch die Fachkräfte) zwischen Klientinnen, Fachkräften, Kolleginnen und anderen gesellschaftlichen Gruppen ausgehandelt[47] (vgl. Meinhold 1992), was auch zu Zielkonflikten führen kann (vgl. Heiner 1988 a). Versuche, mit der klassischen Methode des Zielbaumes zu arbeiten, also Ziele aus wie immer gearteten obersten Sinn-Normen oder normativen Vorgaben zu deduzieren, sind weder erfolgversprechend noch sinnvoll. Abgesehen davon, daß man bei einer

---

45. Dabei divergieren die therapeutischen Schulen erheblich in ihren Vorstellungen, was eine "Verbesserung" ist. Die Zielvorgaben schwanken "von der Eliminierung eines quantitativ faßbaren 'Symptoms' bis zur globalen Forderung nach 'Selbstverwirklichung'" (vgl. Plaum 1981 a, 60).

46. Häufiger ist jedoch zu beobachten, daß Fachkräfte die konzeptionellen Ziele ihrer Einrichtung gar nicht kennen, daß deren (politisch ausgehandelten) Konzeptionen veraltet sind oder gar nicht existieren. Die Träger scheinen ihren Fachkräften einen großen Spielraum bei der Ausgestaltung ihrer Arbeitsaufträge zu lassen (vgl. Klüsche 1990; Oppl 1992).

47. Immer mehr Empfehlungen gehen dahin, Klientinnen direkt am Prozeß der Zielbestimmung zu beteiligen (vgl. van Beugen 1972, den Großteil der Literatur zur Organisationsberatung sowie die Literatur zu Beratung und Therapie). Dieses ist in Beratungsstellen, manchmal in der Einzelhilfe und teilweise auch in (Jugend-)Gruppen möglich, jedoch nicht in allen Fällen durchzuführen.

genauen Ausdifferenzierung den Überblick verlieren kann, beeinflussen auf jeder Ebene andere Variablen die Möglichkeiten der Zielformulierung. Das methodische Arbeiten könnte aber doch entscheidend qualifiziert werden, wenn es gelänge, globale Ziele in gut definierbare Teilzeile zu zerlegen[48].

Ich fand in der mir vorliegenden Literatur mehrere Vorschläge, wie man Ziele von einem hohen Abstraktionsniveau in handhabbare Orientierungen verwandelt: Aus der Berliner Schule der Didaktik (vgl. Heimann u.a. 1979) übernahm Schilling (1982 a, 142) die Einteilung in drei Abstraktionsebenen von *Zielen*, nämlich (a) allgemeine Richtziele (also Leitbilder, Ideale, Realutopien, die aus Theorien abgeleitet werden müssen), (b) daraus abgeleitete Grobziele und (c) weiter abgeleitete Feinziele. In Grobzielen werden die Fähigkeiten, Verhaltensweisen oder Zustände aufgelistet, die die Personen, auf die sich die Ziele beziehen, im einzelnen erreichen wollen oder sollen. Feinziele beschreiben möglichst eindeutig das gewünschte Endverhalten, wobei die Fachkräfte die (hypothetisch gesetzten und durch Erfahrungen zu korrigierenden) Bedürfnisse und Interessen der Klientinnen berücksichtigen müssen. Da die geplanten Ziele ("Lehrziele") und die Absichten der Klientinnen ("Handlungsziele") differieren können, müssen Fachkräfte s.M. ihre Ziele in Kooperation mit diesen festlegen. Angesichts der oben angeführten Komplexität und Unübersichtlichkeit der beruflichen Arbeit finde ich aber zweifelhaft, ob eine solche Operationalisierung außerhalb von Arbeitsfeldern der Bildungsarbeit gelingen kann. Pincus und Minahan empfehlen den Fachkräften, für jede Aktivität die spezifischen Zwecke und Absichten festzulegen, die sie in ihrer täglichen Arbeit erreichen wollen und dabei auf eine Kongruenz der "*endgültigen Ziele* aller Systeme (des Klienten-, des Aktions-, des Zielsystems und des change-agent-Systems) und der *methodischen Ziele* des Sozialarbeiters" (Pincus, Minahan 1980, 120) zu achten. "Endziele" nennen sie Ziele, die sich auf den angestrebten wünschenswerten Zustand beziehen, und mit "methodischen Zielen" bezeichnen sie das, was geschehen muß, damit sich der erwünschte Zustand einstellt. Methodische Ziele sind also nicht mehr Ziele an sich, sondern Mittel zur Annäherung an die Endziele (Pincus, Minahan 1980, 122). Sie kommen damit dem Prozeßcharakter der Zielbestimmung in der Sozialen Arbeit schon näher, denn Ziele sind niemals statisch zu verstehen, als Wert an sich, oder als Anleitung zum Handeln, sondern als vorläufige Entscheidung, welche Richtung die Interventionen mittelfristig nehmen sollen. Ziele sind immer auch an die Phase des Prozesses und die Qualität der Beziehungen gebunden. Zudem widerspricht eine konsequente Verfolgung operationalisierter Ziele auch den Arbeitsprinzipien der meisten Fachkräfte. Sie brauchen kein hierarchisch gestuftes, vollständiges Zielsystem, wohl aber einige orientierende Fern- und Grobziele, an denen sie ihre Nahziele messen können (vgl. Heiner 1986, 92; Meinhold 1992, 12).

Am ehesten entspricht m.M. der Begriff der "Arbeitsprinzipien" dem, was in der praktischen Sozialen Arbeit brauchbar ist. Ihre Konkretisierung erfahren die Arbeitsprinzipien in den Handlungsanweisungen oder Handlungsregeln[49]. Manchmal sind Arbeitsprinzipien zwar sehr allgemein gehalten und man kann damit teilweise beliebige Handlungen und sogar konträre Arbeitsformen legitimieren, aber "je spezifischer Arbeitsprinzipien formuliert werden, desto mehr erhalten sie die Qualität von Zielen", schreibt Meinhold (1988, 4; vgl. auch Martin 1989,

---

48. Dörner u.a. schreiben, daß diese mühselige Arbeit leicht unterbleibt, da sie nicht zu den unmittelbar lösungsgerichteten Denktätigkeiten gehört. Wenn diese Tätigkeit entfällt, machen die Menschen den ersten, sich darbietenden Anlaß zum Objekt ihres Denkens (Dörner u.a. nennen dieses Denken das "Reparaturdienstprinzip"). Ohne Zielanalyse wechselt das Denken schnell von einem Denkobjekt zum anderen (das nennen sie "thematisches Vagabundieren"), und somit bleiben Bedeutungen und Beziehungen der Teilziele zum Gesamtziel unklar. Das gerade Sinnfällige gewinnt am meisten Bedeutung und verdrängt anderes (vgl. Dörner u.a. 1983, 72).

49. Vgl. dazu die Grundbegriffe im Abschnitt 5.5.2. Auf Arbeitsprinzipien beziehen sich Meinhold (1988, 1992), ISSAB (1989), v. Spiegel (1992), Bader (1989), Martin (1989).

15 ff.). Zum Zielesetzen fand ich darüber hinaus eine Reihe von Regeln und Empfehlungen, die ich im folgenden auflistе:

a) Die m.M. wichtigste Regel lautet, daß Fachkräfte ihre Ziele so formulieren sollten, daß sie sie *erreichen* können. Auch andere Berufsgruppen, wie Ärztinnen garantieren nicht, daß ihre Patientinnen *immer* geheilt werden. C.W. Müller erklärt dazu, daß Fachkräfte der Sozialen Arbeit immer noch "auf der digitalen Stufe der Alles-oder-Nichts-Entscheidung" stünden, obwohl seit langem bekannt sei, daß in einigen Problemfeldern eine hohe Rückfall-Quote zu verzeichnen sei (vgl. C.W. Müller 1988 c, 23).

b) Die Ziele sollten auch *realistisch* sein. Es gibt Fachkräfte, die nicht nur aus Idealismus ihre proklamierten Ziele sehr hoch hängen, sondern aus strategischen Gründen die Probleme übertreiben, mit denen sie zu tun haben[50]. Sie wollen ihren Vorgesetzten, der Öffentlichkeit und den Politikerinnen eindringlich vor Augen führen, wie wichtig ihre Arbeit ist. Sie versuchen, diese mit Versprechen der Abhilfe zu ködern, die sie nicht halten können. Das kann dazu führen, daß ihnen Aufgaben übertragen werden, die sie nicht bewältigen können, auch wenn sie sich noch so anstrengen. Realistische Ziele zu setzen, heißt also auch anzugeben, welche Ziele mit den vorgegebenen Mitteln *nicht* erreicht werden können[51].

c) Die Ziele sollten *situationsspezifisch* und *verhaltensnah* formuliert sein. Das bedeutet, daß die wünschbaren und angestrebten Zustände so beschrieben werden, daß man sie im Handeln oder den Einstellungen von Menschen oder in den Strukturen der Gruppen, Organisationen oder Gemeinwesen ausmachen kann. Eine Reflexionsfrage hierzu ist: "Woran würde ich merken, daß bei uns ressourcenorientiert gearbeitet wird?"

d) Sie sollten auch *konkret* formuliert sein, denn auf einer abstrakten Ebene lassen sich Unterschiede in dem, was unter bestimmten Arbeitsprinzipien verstanden wird, schwer ausmachen. Wenn man aber herausarbeitet, was jede Kollegin unter dem Arbeitsprinzip Stadtteilarbeit versteht, kommen meist drastische Meinungsverschiedenheiten zutage. Fragen dazu sind: "Wie sähe die ideale Stadtteilarbeit in meiner Einrichtung aus? Welche Aktivitäten fänden dann statt? Was läuft woanders? Was läuft schon bei uns? Wie können wir das, was läuft, erweitern? (vgl. Meinhold 1992).

e) Meist muß man die Ziele auch *klassifizieren* und *gewichten*, denn wenn Ziele konkurrieren, kann man sie nicht als gleichwertig und unabhängig voneinander anstreben. Darum sollte man Prioritäten bzgl. wichtiger und eher nebensächlicher Ziele setzen und diese koordinieren[52].

---

50. Teilweise schreiben Fachkräfte den Klientinnen zu diesem Zweck auch Probleme zu, die man bei genauerem Hinsehen auch anders beurteilen kann. Nach der Darstellung mancher Erzieherin ist jedes zweite Kind im Regelkindergarten verhaltensgestört; die Ursachen liegen selbstverständlich im Elternhaus. Daß einige der induzierten Probleme auch in der Einrichtung selbst entstehen könnten, wird in dieser Argumentation nicht vermerkt.

51. Heiner beschreibt drei Herangehensweisen, die zu einer realistischen Zielformulierung beitragen können: (a) eine *umfeldbezogene Zieldokumentation*, also eine Sammlung der Erwartungen an die Fachkraft; (b) eine *kontrastierende Zielanalyse*, die partielle Unverträglichkeiten der Erwartungen auch auf der Durchführungsebene untersucht; und (c) eine Konkretisierung der Ziele durch *Zuordnung exemplarischer Aktivitäten* (vgl. Heiner 1992, 47).

52. Zur Gewichtung der Ziele kann man auch Heiners Vorschlag der "Dimensionen der Prioritätensetzung" benutzen. In Beziehung gesetzt werden die Dimensionen: (a) Wichtigkeit der Aufgabe, (b) Schwierigkeit der Aufgabe, (c) Aufwand zur Lösung der Aufgabe und (d) Mögliches Ergebnis/Veränderung (vgl. ausführl. Heiner 1992, 44).

f) Man sollte zwischen *selbst-initiierbaren* ('primären') Zielen und *fremdbestimmten* ('sekundären') Zielen unterscheiden. Das Erreichen selbst-initiierbarer Ziele hängt primär von den Aktivitäten derjenigen ab, die das Ziel aufstellen, also zumeist den Fachkräften ('ich möchte der Stadträtin die Vorteile meines Vorschlages verdeutlichen'). Das Erreichen der fremdbestimmten, sekundären Ziele wird überwiegend von anderen Ereignissen und Personen bestimmt ('ich möchte, daß der Stadtrat meinen Vorschlägen zustimmt. Ob er das tut, hängt von seinen Zielen ab') (vgl. Heiner u.a. 1994).

g) In der Zielbestimmung sollten möglichst die Ziele aller am Prozeß Beteiligten integriert sein. Da das vielbeschriebene Aushandeln in der Realität häufig entfällt bzw. stellvertretend vorgenommen wird, sollten Fachkräfte darauf achten, daß die Belange der Schwächeren nicht zu sehr beeinträchtigt werden. Empfehlenswert ist u.U. auch eine Analyse der Zieldifferenzen[53] (vgl. Heiner 1992, 48 f.).

h) Eine weitere Frage ist, ob das angestrebte Ziel *ethisch richtig* ist[54] und ob man es verantworten kann. Gerade, weil Klientinnen in der Sozialen Arbeit nicht immer selbstverantwortlich handeln können, sollten sich Fachkräfte kontrollieren, ob sie etwa unverantwortlich handeln (also ihre Aufgaben nicht richtig erfüllen) oder gar verantwortungslos handeln (wenn sie sich über ihre Verantwortung hinwegsetzen oder sie nicht erkennen) (Schreyögg 1990, 14).

6.4 Handlungsplanung

Eine Planung dient dazu, mögliche Ereignisse, Reaktionen von Menschen oder Wirkungen von Methoden zu antizipieren und die eigenen Aktivitäten darauf einzustellen. Viele Fachkräfte meinen, man könne in der Sozialen Arbeit nicht planen, weil menschliches Verhalten in komplexen Situationen nicht vorhersagbar sei, weil Planungen der Manipulation dienten oder/und weil angemessenes Handeln situativ erfolgen müsse. Gegen die Annahme, daß sich Planen und situativ orientiertes Handeln ausschließen, argumentiert Heiner: "Planen heißt vorausdenken, Informationen beschaffen und sichten, um ein Problem zu verstehen, alternative Ziele vergleichen und die möglichen Mittel zu ihrer Erreichung untersuchen, ihre Verfügbarkeit klären und schließlich einen begründeten Standpunkt finden, warum man dieses und nicht jenes Ziel so und nicht anders erreichen möchte. Planen heißt nicht, im Vorhinein endgültige Entschei-

---

53. Heiner empfiehlt, verschiedene Zielbündel auf vier Ebenen miteinander zu vergleichen: "(1) Den offiziellen 'Paradezielen' werden die tatsächlichen Ziele gegenübergestellt, (2) Ziele von Mitarbeiterinnen in unterschiedlichen Funktionen werden auf ihre Stimmigkeit hin untersucht, (3) Binnenziele der Organisation werden mit Zielen der Umwelt (der Institution) kontrastiert und (4) frühere Ziele werden mit gegenwärtigen verglichen" (Heiner 1992, 48).

54. Zur Reflexion dessen, was eine ethisch "richtige" Arbeit ist, hat Schreyögg ein gedankliches Raster entwickelt, von dem ich meine, daß es auch im methodischen Arbeiten Anwendung finden kann: Die Fachkräfte sollen (1) ihr Vorverständnis von ethisch richtigem Handeln kritisch analysieren und bewerten. Dieses Vorverständnis ist ein Ergebnis der persönlichen und beruflichen Sozialisation mit seinen bewußten und unbewußten Anteilen, und es sollte i.M. besonders auch "in seinen dogmatischen Anteilen analysiert und in seiner ethischen Bedeutung bewertet werden" (Schreyögg 1990, 16). Sie sollten (2) die ethischen Implikationen ihrer aktuellen *Handlungen*, ihrer aktuell bevorzugten *professionellen Konzeption* und ihrer bevorzugten *Methoden* untersuchen, auf anthropologische Vorannahmen über Menschen, über professionelle Beziehungen etc., wobei i.M. auch das Postulat der Selbstverantwortlichkeit in den Ansätzen Humanistischer Psychologie nicht unproblematisch zu sehen ist (vgl. Schreyögg 1990, 16). Als weitere Untersuchungsrichtung nennt sie (3) die "Formulierung eines letzten Beurteilungsmaßstabes für ethisch richtiges Handeln" in spezifischen professionellen Situationen (Schreyögg 1990, 18). Da man nur situativ entscheiden kann, kann auch niemand verbindliche Maßstäbe im voraus setzen. Schreyögg empfiehlt, nach dem Vorbild des sokratischen Dialogs in Rede und Gegenrede Argumente über einen Sachverhalt ethischen Inhalts mit dem Ziel eines Konsenses auszutauschen, wobei immer auch erlebnisbezogen und emotional diskutiert werden soll.

dungen zu treffen und den Plan dann ohne Veränderungen auszuführen. Planen ist vielmehr ein kontinuierlicher Prozeß, bei dem eine ständige Korrektur der Zielsetzungen und der Methoden/Verfahren durch die Auswertung der neuesten Informationen über die Ergebnisse des eigenen Handelns und die Handlungssituation erforderlich ist. Dieses Verständnis einer offenen, kontinuierlich revidierbaren, mit Alternativen arbeitenden Planung steht nicht im Widerspruch zu alltagsnahem sozialpädagogischen Handeln. ... Vorausplanen und dennoch in der Situation aufgrund neuer Information 'spontan' (aber aufgrund der Vorarbeit informiert, nicht blind und willkürlich) den Plan ändern und anders zu handeln - das läßt sich durchaus vereinbaren" (Heiner 1981, 222). Planungen können die Gegenwart nicht extrapolieren und sie determinieren zukünftige Ereignisse nicht[55] (vgl. van Beugen 1972, 145; Geißler, Hege 1991, 32). Die berufliche Arbeit vollzieht sich "*in einem Spannungsfeld von Planung und Nichtplanung* ... . Der Widerstand, der Zufall und die notwendige spontane Reaktion (Improvisation) können, so gesehen, nicht als Störung betrachtet werden". Sie sind für Situationen konstitutiv, und darum wird die Planung in der Realität immer durchbrochen. "Das Ergebnis einer guten Planung erlaubt es, das Planbare vom Nichtplanbaren zu unterscheiden" (Martin 1989 a, 95).

Man kann in der sozialen Praxis keine umfassende Abfolge von Handlungsschritten planen und dazu noch hoffen, sie nacheinander abarbeiten zu können (vgl. Heiner 1981; Pincus, Minahan 1980; Martin 1989; Meinhold 1992). Auch hier geht es um das Verhältnis der Strukturmomente zueinander. Man untersucht Möglichkeiten und formuliert Hypothesen, um z.B. zu prüfen, was welche Methode zur Vermittlung eines bestimmten Inhaltes unter einer bestimmten Zielsetzung leisten kann. Mit der Planung verlassen die Fachkräfte zeitweise die gewohnten Denkwege und erfinden neue Möglichkeiten und Alternativen zur bestehenden Situation (vgl. Martin 1989 a, 65; Dörner u.a. 1983, 68 ff.). Wieviel sich planen läßt, wird in der Methodenliteratur unterschiedlich beurteilt. Meinhold glaubt, daß die Planungsmöglichkeiten in komplexen sozialen Situationen sehr begrenzt seien. Die Fachkräfte könnten sich "bestenfalls an allgemeinen Prinzipien orientieren, um zu vermuten, welche Bedingungen in jenen komplexen Situationen, die sie mitgestalten möchten, günstig wirken" (Meinhold 1992, 13). Andere Verfasser, wie Martin (1989 a) arbeiteten umfassende Planungshilfen aus.

Beim Planen muß man eine Reihe von Entscheidungen treffen: man beurteilt eine Situation, bevorzugt Ziele, priorisiert eine bestimmte methodische Vorgehensweise. Um handeln zu können, legt man sich auf eine Option aus mehreren Alternativen fest. In der Literatur fand ich mehrere Vorschläge, meist in Form von Checklisten, die wesentliche Elemente einer Planung aufzählen[56]. Die meisten Checklisten setzen eine Situationsanalyse und/oder eine Zielbestimmung voraus und leiten die Fachkräfte über eine Reihe von Fragen bis zur Auswertung der geplanten und durchgeführten Handlungen. Als Beispiel dienen mir die acht Orientierungsfragen[57] von Staub-Bernasconi (1983), die Regeln für die Arbeit mit Zielen und Wünschen[58] von

---

55. Künftige Ereignisse sind aber nicht völlig zufällig und auch im Alltagshandeln versucht man, Informationen über andere Menschen zu sammeln und das eigene Handeln auf vermutete Reaktionen des Gegenübers abzustimmen, durchaus in dem Wissen, daß sich die Interaktionspartnerinnen in der tatsächlichen Situation anders verhalten, als vorhergesehen. Man wertet alle verfügbaren Informationen gründlich aus, um möglichst viele Unsicherheitsfaktoren auszuschalten oder zumindest einzukalkulieren.

56. Fast alle Planungsmodelle sind an einem allgemeinen Handlungsschema orientiert. Darum ist die Verlockung, sie als Anweisung zum Handeln aufzufassen, besonders groß. Die hier vorgestellten Planungsüberlegungen sind aber wieder *nicht* als Anleitung zur Umsetzung einer Intention gedacht, sondern sie sollen die Reflexion über Planungselemente anregen und Hinweise für Ansatzpunkte von Selbstevaluation liefern.

57. Staub-Bernasconi strukturiert ihre Checkliste mithilfe von einprägsamen Fragewörtern: (1) Die "WAS-Frage" soll klären, was problematisch ist; (2) die "WARUM- oder WESHALB-Frage" zielt auf die Einfluß-Größen auf das beschriebene Problem; (3) die "WOHIN- oder WORAUFHIN-Frage" beschreibt das Unproblematische und zugleich Wünschbare; (4) die "WER-Frage I" ermittelt, welche Akteurinnen zum Problem, seinen Bedingungen, Folgen und zur Lösung gehören; (5) die "WER-Frage II" zielt auf Werte,

Meinhold (1992) sowie die Checkliste zur Handlungsplanung[59] von v. Spiegel (1992). Aus der Literatur zur Organisationsberatung bietet sich die Leitlinie zur Maßnahmenplanung[60] von Lindner und Vater (1986) an.

Ich greife in diesem Abschnitt einige Themen, die in Vorschlägen zur Planung diskutiert werden auf. Einschränkend ist zu sagen, daß sich alle hier dargestellten Empfehlungen explizit oder implizit auf das Handeln in problematischen oder konfliktreichen Situationen beziehen. Andere Arten der Planung[61] klammere ich hier aus Platzgründen aus. Planungen thematisieren das Verhältnis von Situation und Problem, eine Vorstellung über einen gewünschten Zustand sowie Überlegungen zum günstigsten Weg in Richtung dieses Zustandes. Angesichts der genannten Schwierigkeiten des Umgangs mit Zielen erinnere ich daran, daß Situationsanalysen, die Festlegung der Ziele und methodische Überlegungen sukzessiv erfolgen (müssen), denn jede neue Informationen und jede Entscheidung im Planungsprozeß hat Rückwirkungen auf andere und anscheinend schon geklärte Elemente[62].

Handlungskompetenzen und Ressourcen der zuständigen Fachkraft; (6) die "WOMIT-Frage" listet die materiellen, ideellen und kompetenzmäßigen Ressourcen für die Problemlösung auf; (7) die "WIE-Frage" konkretisiert die zu realisierenden Verhaltensschritte der Akteurinnen in Handlungsanweisungen; (8) die OB-Frage vergleicht die Ausgangsprobleme und den aktiv herbeigeführten Zustand bzgl. der angelegten Kriterien (vgl. Staub-Bernasconi 1983, 281 ff.).

58. Der Informationsbogen umfaßt folgende Fragen: (1) Ist das Ziel selbst-initiierbar? (2) Ist das Ziel sprachlich "positiv" formuliert? (3) Was muß ich tun, damit das Ziel erreicht wird? (4) Was habe ich bisher schon zur Ereichung des Ziels getan? (5) Wie kann ich das, was ich bisher schon mache oder getan habe, erweitern? (6) Worauf muß ich verzichten, wenn ich das Bestehende erweitere? - Wenn das Ziel nicht selbst-initiierbar ist, muß ich die Realitätsnähe einschätzen durch Fragen wie: (a) wer wird davon betroffen, wenn ich dieses Ziel anstrebe? (b) Wie werden die Betroffenen darauf reagieren? (c) Welchen Gewinn haben die anderen davon, und welche Verluste sie befürchten? (d) Gibt es Möglichkeiten, die Betroffenen davon zu überzeugen, daß für sie auch etwas dabei herauskommt oder daß sie nichts zu befürchten haben? (e) Welche Interessen oder Meta-Ziele haben die anderen; lassen sich diese mit meinem Ziel oder mit Unterzielen verbinden? (f) Wie kann ich die Befürchtungen der anderen entkräften? (g) Welchen Nutzen kann ich aus dem Widerstand der anderen ziehen (wenn ich hierauf eine Antwort finde, kann ich mich beglückwünschen)? (h) Warum hat bisher niemand anders versucht, dieses Ziel zu erreichen (habe ich Hindernisse übersehen)? (i) Was verliere ich oder gewinne ich, wenn ich dieses Ziel erst *später* anstrebe? (j) Welche Alternativen habe ich? (k) Will ich es noch anstreben? - Jetzt kann ich mich nur noch überraschen lassen (vgl. Meinhold 1992).

59. Die Liste bezieht sich - mit weiteren Einzelfragen auf folgende Bereiche: (1) Festlegung der Änderungsperspektive (incl. der Formulierung von selbstinitiierbaren und anderen Zielen); (2) Prozeß- und Beziehungsanalyse; (3) Ansatzpunkte der geplanten Aktivität; (4) Gruppierung der Beteiligten; (5) Konstruktion der erforderlichen Handlungsanweisung (incl. der Formulierung von Handlungsregeln); (6) Planung geeigneter Aktivität (incl. der Auswahl geeigneter Verfahren); (7) Überprüfung der vorhandenen Ressourcen und Kompetenzen; (8) Folgenabschätzung; (9) Zeit- und Organisationsplan (wenn nötig und angebracht); (10) Festlegung der Verantwortung für die Durchführung und Auswertung (vgl. v. Spiegel 1992).

60. Die folgende Frageliste soll für jedes identifizierte Problem (in Gruppen) beantwortet werden: (1) Seit wann besteht das Problem? (2) Wodurch wurde es ausgelöst? (3) Welche Lösungsalternativen gibt es? (4) Wie realistisch sind die Lösungsvorschläge? (5) Welche Lösung ist vorzuziehen und warum? (6) Was kostet eine Maßnahme? (7) Wer ist von einer Maßnahme betroffen? (8) Welche Widerstände sind zu erwarten? (9) Wer ist für die Durchführung verantwortlich? (10) Wer kann bei der Durchführung behilflich sein? (11) Wer kontrolliert die Durchführung? (12) Wie wird der Erfolg einer Maßnahme beurteilt? (13) Was verändert die Maßnahme im Gesamtsystem? Zur Durchführung soll jede Gruppe zwei Maßnahmen priorisieren, deren Umsetzung sie mit allen Kräften unterstützen würde (Linder, Vater 1986, 154).

61. Martin unterscheidet fünf allgemeiner Typen von Planung, die sich bzgl. ihrer Reichweite, ihres inhaltlichen Schwerpunktes und somit auch ihrer Reflexionsform unterscheiden, nämlich (a) Behandlung von Situationen, (b) Planung einzelner Vorhaben (Projekte, Aktionen), (c) Planung für die Beratung oder Erziehung einzelner Personen oder Familien, (d) Curriculumentwicklung, (e) konzeptionelle Planung. Vgl. seine ausführlichen Darstellungen zu diesen Planungskategorien in Martin (1989 a, 101 - 168).

62. Als Leitlinie zur Kombination der Elemente empfehlen Heimann und Schulz Prinzipien, nämlich das "Prinzip der Interdependenz" (also der widerspruchsfreien Wechselwirkung der Planungsmomente), das "Prinzip der Variabilität" (also der absichtsvollen Bereitstellung von Alternativen, der Zulassung von Variationen, der nachträglichen Korrektur von Unterrichtszielen und der Elastizität beim Ansteuern dieser Ziele) und das "Prinzip der Kontrollierbarkeit" (also letztlich der Evaluation) (vgl. Schulz 1979, 45). Auch Staub-Bernasconi formuliert ähnliche Prinzipien für die Gewichtung der Prioritäten, nämlich das "Prinzip der Berücksichtigung personaler wie gesellschaftlicher Ganzheit", das "Prinzip des ganzheitlichen Denkens und präzisen Handelns" das "Prinzip der Bestimmung einer Haupt- und verschiedener

Folgende Themen dürften für Planerinnen relevant sein:

a) Als Ausgangspunkte von Planung gelten meist Situationsanalysen und/oder Zielbestimmungen. Diese müssen zu Planungszwecken weiter vertieft werden. Da keine Arbeit beim "Punkt Null" beginnt, empfiehlt sich eine Analyse des bisherigen Prozesses und der Qualität der Beziehungen. Man sollte sich also vergegenwärtigen, *was bisher geschehen ist*. Fragen sind z.B.: "Wie ist die Kontaktaufnahme verlaufen? Welche Kontakte bestehen bisher zu wem? Haben schon andere Kolleginnen an dieser Situation gearbeitet? Mit welchen Folgen?" In vielen Fällen existieren dazu Akten oder andere Dokumente; häufig sind auch Gespräche notwendig. Eine Beurteilung der zurückliegenden Geschehnisse gibt Anhaltspunkte für die weitere Strategie, für deren Revision oder neue Ansätze.

b) Pincus und Minahan empfehlen eine *Analyse der Beziehungen*[63] zwischen den Beteiligten, denn Beziehungen sind das "Medium", über das die Fachkräfte ihre berufliche Arbeit gestalten. Jede Beziehung enthält Momente der Zusammenarbeit, des Aushandelns oder des Konfliktes[64], die man jeweils analysieren muß.

c) Zu fragen ist auch, welches *Interesse* die Beteiligten an einer Zusammenarbeit haben bzw. welchen *Nutzen* sie sich erhoffen können. Aus der Literatur zur Organisationsberatung ergibt sich, daß man besser nach der Motivation der Klientinnen für Veränderungen fragen sollte, als zu überlegen, wie man ihre Widerstände überwinden könnte[65]. Wenn man eine Vorstellung davon hat, worin der Nutzen der *bestehenden* Situation für die Beteiligten

---

Neben- oder Nachfolgestrategien" das "Prinzip der Bestimmung und Kombination von bestimmten Handlungsebenen" und das "Prinzip der Beharrlichkeit" (vgl. Staub-Bernasconi 1983, 291 f.).

63. Meist streben die Fachkräfte eine (a) *Zusammenarbeit* auf der Grundlage eines (unausgesprochenen) Kontraktes an. Sie entspricht den Wertvorstellungen von Fachkräften, und auch die Veränderungsbereitschaft von Klientinnen steigt mit ihrer Beteiligung an der Festlegung von Ziel und Weg. In die Situation des *Aushandelns* (b) geraten die Parteien, wenn sie eine Beziehung aufnehmen wollen oder müssen. Dann müssen die Fachkräfte denjenigen, die sie beeinflussen wollen vermitteln, daß ihnen die Zusammenarbeit nutzen kann, und daß beide Partnerinnen die gleichen Ziele verfolgen. Manchmal handeln die Fachkräfte die Beziehungen direkt mit den Klientinnen aus, manchmal vermitteln sie zwischen Parteien, und sie sind nicht immer neutral, sondern durchaus auch taktisch. Manchmal versuchen sie auch, eine Auseinandersetzung zu erzwingen. Eine *Konflikt-Beziehung* (c) tritt ein, wenn die Verhandlungsbeziehungen zusammenbrechen, wenn also die Auffassungen in den Zielen und Forderungen zwischen den Parteien unüberbrückbar erscheinen und/oder sich zur Bedrohung einer Seite ausweiten (vgl. ausf. Pincus, Minahan 1980, 117).

64. Zur Identifikation von Konflikten empfiehlt sich auch die Unterscheidung von Abele in kognitive Konflikte (als Meinungsverschiedenheiten über *Wege* zu einem gemeinsam geteilten Ziel) und Interessenskonflikte (als gegensätzliche Interessen bei gleichzeitiger Abhängigkeit voneinander). Schwierig zu unterscheiden ist ferner zwischen Inhalts- und Beziehungskonflikten, weil letztere oft auf einer sachlichen Ebene ausgetragen werden. Die Fachkräfte sollten solche Konflikte nicht verdrängen oder unterdrücken, sondern auf eine aktive Auseinandersetzung hinarbeiten. Um Machtkämpfe zu vermeiden, sollten sie Gewinner/Verlierer-Strategien (in denen die Streitpartnerinnen den eigenen Nutzen maximieren und gleichzeitig den Nutzen ihrer Gegnerinnen minimieren wollen) verhindern. Sinnvoller sind kooperative Lösungen, also Möglichkeiten, die für beide Parteien akzeptabel sind. Kompromisse bewältigen die Konflikte meist nicht dauerhaft, besser ist eine gemeinsame Herausarbeitung der Konfliktbereiche, Konfliktursachen und Lösungsalternativen (vgl. Abele 1980, 105 ff.).

65. Van Beugen zählt vier Kategorien zur "Analyse der Motivationskräfte" auf: (1) eine Unzufriedenheit und den Wunsch, etwas zu verbessern; (2) eine Diskrepanz zwischen Normen und Verhalten der Klientinnen; (3) Veränderungsdruck von außen (z.B. bei abweichendem Verhalten); (4) Veränderungsdruck von innen (z.B. als Folge von Wachstumsprozessen) (vgl. van Beugen 1972, 74). S.M. muß man auch zwischen der Motivation *vor* dem Zustandekommen einer Beziehung und *während* der Beziehung, sowie zwischen Kräften in Richtung der gewünschten Veränderung ("change forces") und hemmenden Kräften ("resistance forces") unterscheiden. Ein Bedürfnis nach Veränderung kann auch nur latent vorhanden und durch andere Faktoren überlagert sein, oder es ist *verdrängt* und nur in Abwehrmechanismen erkennbar. Je nachdem, ob ein Veränderungsbedürfnis manifest oder verdrängt ist, ergreifen die Klientinnen oder die Fachkräfte die Initiative. Ferner sollte man auch darauf achten, daß man eine *rational* bedingte Ablehnung nicht als Widerstand interpretiert (vgl. van Beugen 1972, 75).

liegt, kann man auch darüber nachdenken, mit welchem Nutzen der *angezielten* Situation man sie zur Veränderung animieren kann.

d) Prozeß- und Beziehungsanalyse und auch die Analyse der Motivationskräfte der Beteiligten sollen Informationen bringen, mithilfe derer man die *Ansatzpunkte der Interventionen*[66] festlegen kann. In Korrespondenz mit der Situationsanalyse müssen die Fachkräfte entscheiden, auf welcher Ebene sie arbeiten wollen[67], ob mit Einzelnen, Gruppen bzw. Familien, mit deren Nachbarschaft, bezogen auf das Gemeinwesen oder an Strukturen und Prozessen in Organisationen (vgl. Staub-Bernasconi 1986).

e) In Abstimmung mit Zielen, Ansatzpunkten und auch methodischen Überlegungen kann man die Beteiligten der in Rede stehenden Situation *gruppieren*[68]. Zumindest muß man sich entscheiden, in wessen *Sinne* man arbeitet (wen man also als Klientin betrachtet) und auf wen oder was man seine Aktivitäten ausrichten will (wer die "Adressatin" der Aktion ist). Oft müssen Ziele auf Umwegen angesteuert werden: man nimmt z.B. auf Angehörige Einfluß in der Hoffnung, daß diese dafür sorgen, daß die Klientinnen etwas tun oder unterlassen. Nicht immer sind also die Klientinnen auch diejenigen, auf die sich die geplanten Interventionen direkt beziehen. Das Aktionssystem (die Verbündeten) wird punktuell zusammengestellt. Je nach Zweck arbeiten andere hauptamtliche oder ehrenamtliche Mitarbeiterinnen, andere Institutionen, Politikerinnen oder auch Angehörige zusammen. Man sollte bei der Bildung von Aktionssystemen auch nach der Macht oder dem Einfluß der Personen schauen, die man im Aktionssystem zusammenführen möchte (vgl. Lippitt, Lippitt 1977, 102).

f) Auch die *Auswahl der Arbeitsformen* steht im engen Verhältnis zu den anderen Prozeß-Elementen. Nach den Leitlinien eklektischen Vorgehens ist es unzulässig, im Rahmen einer einzigen Arbeitsform zu bleiben. Das Spektrum der Möglichkeiten reicht vom einfachen Abwarten über das Trainieren von Verhaltensweisen, das Vermitteln von Informationen bis hin zu therapeutischen oder notfalls auch Zwangsmaßnahmen. Man muß also Arbeitsformen und Methoden aus den unterschiedlichsten Konzepten und Konzeptionen heraussuchen, in Kenntnis ihres konzeptuellen Kontextes, ihrer Reichweite und ihrer vermut-

---

66. Für die Suche nach Ansatzpunkten in der Beratungsarbeit mit einzelnen Klientinnen kann der "Leitfaden für die Praxis" von Plaum helfen. Abzuchecken sind (1) die Veränderungskapazität des Individuums; (2) die Prognose des Verlaufs (manche Probleme erledigen sich durch Reifungseffekte von selbst); (3) die Stärke der Abweichung des Verhaltens von Kollektivnormen; (4) auffällige Bereiche; (5) am ehesten einer Intervention zugängliche Bereiche; (die nicht den stärksten Störungen entsprechen müssen, denn Änderungen in einem Bereich können andere nach sich ziehen, oder Erschütterungen an einem Punkt lösen Spannungen an einem anderen des psychischen Systems); (6) emotional bedeutsame Inhalte (nicht alle Menschen möchten therapiert werden); (7) kognitive Differenziertheit; (8) Einstellungen (rationale Lebensleitlinien, Ziele, Normensysteme, weil die rationalen Begründungen hinter einer Modifikationsintention dem Wertsystem der Klientinnen entsprechen sollten), (9) die Veränderungsbereitschaft des Individuums; (10) und Veränderungsmöglichkeiten in der Umwelt. Alle Punkte von 1 - 9 sollte man auch auf die mitmenschliche Umgebung anwenden (vgl. Plaum 1981 b, 225 ff.).

67. Soll (a) an der individuellen Ausstattung, der persönlichen Handlungskompetenz einzelner Personen angesetzt werden? Handelt es sich (b) um Beziehungs- bzw. Austauschprobleme zwischen einzelnen und ihrer (personellen oder gebauten) Umgebung? Handelt es sich um ein Problem (c) der Hierarchie (zwischen Eltern und Kindern, zwischen Geschlechtern, zwischen Staat und einzelnen)? Oder geht es (d) um weltanschauliche/ethische/politische Fragen (vgl. Staub-Bernasconi 1986)?

68. Zur Idee der Gruppierung der Beteiligten vgl. Pincus, Minahan (1980); van Beugen (1972). Zu unterscheiden ist das "Klientensystem" (also diejenigen, für deren Nutzen man arbeitet) vom "Zielsystem" (also den Menschen oder Strukturen, die man zum Nutzen des Klientensystems beeinflußt). Der Ansatzpunkt für Interventionen wird "Zielscheibe" genannt und die Fachkräfte sind das "change-agent-system". Diejenigen, mit denen man für bestimmte Zwecke ein Arbeitsbündnis eingeht, bilden das "Aktionssystem". Je nach Ansatzpunkt und Ziel werden die Beteiligten einer problematischen Situation neu oder umgruppiert. Wenn man sich entscheidet, mit diesem Denkansatz zu arbeiten, sollte man m.E. die Begriffe "eindeutschen".

lichen Wirkung (vgl. Geißler, Hege 1991). Dabei muß man kontrollieren, ob die Methoden und Techniken gegenläufige Wirkungen haben, sich gegenseitig ausschließen oder unkoordiniert bleiben. Mehrdimensionale Vorgehensweisen haben den Vorteil, daß man für jeden besonderen Einzelfall eine angemessene und individuelle Strategie suchen kann[69] (vgl. Plaum 1981 b, 229; Dörner u.a. 1983, 78).

g) Da sich methodische Vorgehensweisen nicht selbstverständlich aus einem Vergleich von Situationsanalyse und Zielsetzung ergeben, sollte man die Suche nach geeigneten Interventionen sorgfältig betreiben, auch Alternativen in Erwägung ziehen und vor allem ihre *Folgen abschätzen*. Statt die erste beste Möglichkeit, die sich anbietet oder die man beherrscht, zu "setzen", empfehlen mehrere Verfasserinnen eine Hypothesenbildung[70] (vgl. van Beugen 1972, Dörner u.a. 1983; Martin 1989 a; Staub-Bernasconi 1986; Meinhold 1992). In Hypothesen sollte man möglichst viele alternative Strategien mit ihren möglichen Folgen zusammenfassen und dann entscheiden[71] (vgl. Meinhold 1992, van Beugen 1972). In die Antizipation der Folgen sollte man tatsächliche und vermutete Reaktionen der Beteiligten, Zufallswirkungen und natürliche Entwicklungen einbeziehen[72]. Eine andere Möglichkeit, die geeignete Arbeitsform auszusuchen ist das *interne Probehandeln*, also ein inneres Erproben von Verhaltensweisen an einem internen "Modell" (also einem Gedächtnisbild)[73]. Es ist gekennzeichnet durch Fragen wie: "Wäre es gut, dieses erst zu machen oder wäre etwas anderes besser?" (Dörner u.a. 1983, 78).[74]

---

69. Manchmal stellt sich auch heraus, daß bestimmte Probleme nicht zu bearbeiten, oder daß Klientinnen nicht "behandelbar" sind. Van Beugen findet, es sei aus humanitären Gründen zwar schwierig, eine solche professionelle Beziehung zu beenden, es wäre aber empirisch sinnvoll, die Zahl der "unbehandelbaren" Fälle zu ermitteln, um das Ansehen der jeweiligen Organisation zu erhalten (vgl. van Beugen 1972). Ich würde eine solche Einschätzung eher mit dem Ziel empfehlen, den Fachkräften den Druck zu nehmen, sie müßten alle Probleme lösen.

70. Vgl. dazu die "agogologische Arbeitshypothese" von Staub-Bernasconi im (1986, 54).

71. Nach Dörner u.a. (1983, 76) darf man seine Hypothesen nicht allzusehr lieben, sondern muß ein distanziertes Verhältnis dazu entwickeln und auch bereit sein, sie fallenzulassen, was Selbstsicherheit und heuristische Kompetenz voraussetzt. "Die heuristische Kompetenz stellt die Einschätzung eines Individuums dar, Situationen zu bewältigen, für die kein oder nicht genügend Operatorwissen vorhanden ist, also die Einschätzung, inwieweit es sich in der Lage fühlt, neuartige Situationen zu bewältigen. Solche Situationen fordern vom Individuum den Einsatz von Heurismen, durch die es sich dasjenige Wissen aneignen und diejenigen Operatoren konstruieren kann, die es benötigt. Es kann sich also nicht allein auf die Anwendung bekannter Operatoren verlassen, sondern muß ein Problem lösen" (Dörner u.a. 1983, 68). Heiner schlägt vor, die Reduktion von Komplexität durch den Einsatz von vier Heurismen vorübergehend wieder zu erhöhen. Es sind (a) die Umstrukturierung der Teile im Verhältnis zum Ganzen; (b) Erweiterung des Suchraums durch Analogien; (c) Wechsel der Suchrichtung und (d) Variation des Auflösungsgrades (vgl. ausführl. Heiner 1992, 36 ff.).

72. Zur Auswahl einer Strategie schlägt van Beugen vor, (a) die Chancen abzuschätzen, *daß* eine bestimmte Wirkung eintritt; (b) zu prüfen, ob die möglichen Wirkungen *wünschbar* sind und c) *Entscheidungskriterien* für die Wahl festzusetzen. Dazu kann man sich entweder an "Maximin-Richtlinien" (Maximieren der am stärksten gewünschten Resultate) oder an "Minimax-Richtlinien" (Minimalisieren des größten Risikos) orientieren (vgl. van Beugen 1972, 151). Van Beugen unterscheidet auch zwischen Anfangs- und Folgestrategien. Eine Anfangsstrategie ist noch sehr hypothetisch, weil sie vor allem auf diagnostischen Informationen und der Kenntnis der Situation aufbaut und tatsächliche Reaktionen nur antizipieren kann. "Erst in einer Folgestrategie können die *wirklichen* Reaktionen (feedback) bedeutungsvoll werden und zu einem genaueren Abschätzen zukünftiger Reaktionen beitragen" (van Beugen 1972, 151; Hvh. im Original).

73. Dörner u.a. vergleichen dieses mit dem Vorgehens eines Schachspielers, "der eine begrenzte Zahl von Handlungsmöglichkeiten hat, aus denen es eine auszuwählen gilt. Die Güte dieser Phase richtet sich nach der Tiefe der Vorausplanung und danach, ob man die 'richtigen' Stränge von Handlungsmöglichkeiten zum Probehandeln auswählt. Die Auswahl ist eine Sache der erlernten Kenntnisse über den jeweiligen Realitätsbereich" (Dörner u.a. 1983, 78).

74. Eine weitere Möglichkeit zur Antizipation möglicher zukünftiger Situationen bietet auch die Szenario-Technik, deren Kurzdarstellung in Wottawa, Thierau (1990, 80) abgedruckt ist.

h) Eine *praktische Vorbereitung* auf das Handeln ist, die gewählten Arbeitsformen in konkrete Handlungsanweisungen umzusetzen (vgl. Abschnitt 5.5.2). Dabei stellt sich heraus, ob die favorisierten methodischen Vorgehensweisen überhaupt realisierbar sind. Die Fachkräfte sollten ihre eigenen Fähigkeiten, die geplanten Veränderungen in Gang zu bringen, realistisch einschätzen. Dazu gehört auch die Antizipation möglicher *Sanktionen* von seiten aller Beteiligten und die Frage, ob sie erwartbare Sanktionen (z.B. Ablehnung, Mißbilligung und Maßregelungen) angesichts des angestrebten Zieles in Kauf nehmen wollen[75]. Sie checken ab, ob sie ihre Planungen mit den vorhandenen institutionellen Ressourcen (den materiellen Hilfsmitteln und den personellen Kapazitäten) realisieren können. Sie besorgen ggf. Material, treffen bestimmte Arrangements oder üben neue Techniken ein.

i) Nicht immer ist es notwendig, *Zeit- bzw. Organisationspläne* zu entwickeln. Ein dezidierter Ablaufplan empfiehlt sich, wenn viel zu organisieren ist, z.B. für die Durchführung von Projekten, Aktionen oder Festen (vgl. Martin 1989 a). Bezieht sich die Handlungsplanung auf eine bestimmte pädagogische Situation, sind Handlungsanweisungen angemessener. Unabdingbar ist jedoch, die eigenen Aufgaben und die Aufgaben für andere Beteiligte festzulegen, Verantwortlichkeiten auszuhandeln und Absprachen darüber zu treffen, in welcher Form und vom wem diese Verantwortlichkeit innerhalb welchen Zeitraumes kontrolliert wird. Denn jede Fachkraft plant für sich und in jeder Teambesprechung werden ständig neue Vorhaben und Pläne abgesprochen. Doch kaum jemals fragt jemand nach, was aus den Plänen wurde.

6.5 Methodisches Handeln in Situationen

Nach Martin bildet das praktische Handeln (streng genommen) den Endpunkt didaktischer Arbeit. S.M. wird im praktischen Handeln die Planung umgesetzt, wobei sich erweist, wie weit sie realisierbar ist, ob sie paßt und was dabei herauskommt (vgl. Martin 1989 a, 62). Ich glaube nicht, daß man einen direkten Zusammenhang von Planung und Handeln in Situationen herstellen kann. Situationen sind "dynamische Handlungseinheiten. Sie sind ein erfahrbarer Ausschnitt sozialer Wirklichkeit" und können nicht aufgrund vorab formulierter Handlungsimperative gesteuert werden (Geißler, Hege 1991, 33 f.), auch wenn die Fachkräfte ihre Handlungspläne noch so detailliert ausgearbeitet, begründet und gerechtfertigt haben. Eine "Umsetzung" von Planungen auf soziale Situationen mit der Absicht eines "Transfers" von der "Theorie" zur "Praxis" ist also nicht möglich. Auf jeder Handlungs-Ebene sind die konstitutiven Variablen anders zusammengesetzt. Man muß mit einer Vielzahl von (wechselseitig verknüpften) Einflüssen rechnen, die auch eigendynamische Wirkungen entfalten. Berufliches Handeln, das sich auf Menschen bezieht, ist besonders auf eine Mitwirkung der betreffenden Personen angewiesen und damit gewinnen sog. subjektive Faktoren, wie der Wille, Gefühle, Überzeugungen, auch Vorerfahrungen einen großen Einfluß auf den Ablauf und die Ergebnisse der Interaktion (vgl. Engelhardt 1991, 133 f.). Alle Beteiligten deuten die objektiv gleiche Situation unterschiedlich und entwerfen widersprüchliche oder zumindest alternative Ziele und Wege. Als "Beteiligte" interagieren Personen mit ihren Lebensgeschichten, ihren Interessen und ihren emotionalen Befindlichkeiten. Gesellschaftliche Sachverhalte und institutionelle Rahmenbedingungen wirken ebenfalls und können nicht immer alle identifiziert werden. Konfigurationen und Sachverhalte verändern sich ohne Einwirkung der Fachkräfte, so daß viele der Einflußfaktoren weder

---

75. Vgl. die Ausführungen von Bader zur Abhängigkeit der Fachkräfte von beziehungsmäßigen Sanktionen ihrer Kolleginnen (1987, 80 ff.).

berücksichtigt noch wirksam gesteuert werden können (vgl. Heiner 1988 a; Engelhardt 1991, 137).

Meine Ausführungen zum methodischen Repertoire der Fachkräfte sind bisher vage geblieben. Ich fand in der Methodenliteratur auch nur spärliche Hinweise auf den Einsatz von Methoden[76] und noch weniger darüber, was sich in Situationen abspielt. Geißler, Hege (1991) und Hinte (1985) meinen, Interventionen in Situationen seien "jenseits von gut und schlecht", oder von "richtig" oder "falsch". I.M. gibt es nur "situativ vergleichbares individuelles Verhalten". Als Ausweis ihrer professionellen Kompetenz sollen die Fachkräfte jedoch *ihren* Anteil an der Situation, also ihre Interventionen *rechtfertigen* und *begründen* und somit die *rationalen* Grundlagen ihrer Entscheidungen offenlegen[77] (Hinte 1984, 45; Geißler, Hege 1991, 33 f.). An den Begründungen kann man "gute" und "schlechte" Praxis unterscheiden und sie sind "unverzichtbar für den Ausweis von Sinn innerhalb des beruflichen Handelns"[78] (Geißler, Hege 1991, 40). Eine andere Gruppe von Methodikerinnen will die Qualität der eingesetzten Interventionen verbessern, indem sie die *Wirksamkeit* und *Brauchbarkeit* von Methoden und Techniken erforscht und somit den Fachkräften ein effizientes Handwerkszeug liefert, das sie unter Berücksichtigung von Leitlinien oder Prinzipien einsetzen können (vgl. van Beugen 1972; Rothman u.a. 1979; auch Staub-Bernasconi 1986). Die meisten Überlegungen konzentrieren sich mehr oder weniger auf die Persönlichkeit der Fachkräfte. In alten Konzepten zur Praxisberatung (vgl. den Sammelband von v.Caemmerer 1971) und neuen Überlegungen zur Handlungskompetenz (vgl. etwa Gildemeister 1983, Dewe u.a. 1987) wird an ihre Fähigkeit appelliert, die wesentlichen Variablen einer Situation angemessen, reflexiv, kreativ, theoriegeleitet, mit Intuition oder Charisma zu integrieren. Damit wird dem Umstand Rechnung getragen, daß Prozeß- und Kontextvariablen ebenso wirksam, wenn nicht wirksamer sind als gut vorbereitete Interventionen.

Ich werde in diesem Abschnitt keine neue oder "bessere" Zuordnung des bekannten methodischen Repertoires zu bestimmten Situationen vornehmen. Weil mich Möglichkeiten zur Untersuchung der *Wirkung* des methodischen Verhaltens der Fachkräfte interessieren, suche ich den Zugang hier über sog. Wirkfaktoren Sozialer Arbeit. Zu diesem Zweck unternehme ich einen Exkurs über einen disziplinären Zaun und benutze Ergebnisse aus der Therapieforschung[79] als heuristische Kategorien zur Einordnung methodischer Vorgehensweisen: In der

---

76. Die konsequenteste Zuordnung von Arbeitsweisen zu sozialen Problemen leistet Staub-Bernasconi: Bezogen auf "Ausstattungsprobleme" empfiehlt sie Arbeitsweisen der Ressourcenerschließung, der Bewußtseinsbildung, der Modell- bzw. Kulturveränderung, sowie Handlungs- oder Sozialkompetenztrainings. Angesichts der Diagnose von Austauschproblemen bietet sich die Vernetzung und Neuorganisation von Austauschbeziehungen an. Die Machtproblematik muß mit einer Neuorganisation der sozialen Anordnung von Menschen und Teilsystemen bearbeitet werden, und Kriterienprobleme sind mit Öffentlichkeits- und Kriterienarbeit zu lösen (vgl. ausführlich Staub-Bernasconi 1986, 52 sowie 1992, 24 ff.). Andere Verfasserinnen stellen Methoden und Verfahren im Zusammenhang von Konzepten vor, vgl. etwa Lüssi (1991) für die systemisch orientierte Soziale Arbeit; Geißler und Hege (1991) für unterschiedliche Bezugskonzepte oder Belardi u.a. (1980) für die Spezifikation von Methoden und Verfahren nach der klassischen Aufteilung in Einzelhilfe, Gruppenarbeit und Gemeinwesenarbeit.

77. Die Fachkräfte sollen den *Sinn* ihrer Ziele (Rechtfertigung) und auch den *Einsatz* einer bestimmten Methode bzw. Technik in einem bestimmten Zusammenhang darstellen können (Begründung). Zur Frage der *Rechtfertigung* vgl. Abschnitt 6.3. *Begründungen* sind Nachweise der Zweckmäßigkeit der erfolgten Interventionen. Meist greift man dazu auf wissenschaftliche Aussagen über die Erklärung von Wirklichkeit zurück. Sie "lassen sich auf Erfahrungsdaten, auf Gesetzmäßigkeiten und auf logische Ableitungszusammenhänge stützen, sie liefern zureichende Gründe, etwa Argumente für den Einsatz von Verfahren" (vgl. Geißler, Hege 1991, 38).

78. Rechtfertigungen und Begründungen tragen zwar noch nichts zur Wirksamkeit von Interventionen bei; eine Perspektive der Selbstevaluation ist jedoch, die faktische Wirkung mit den formulierten Ansprüchen in Beziehung zu setzen (vgl. Geißler, Hege 1991, 39).

79. Ich beziehe mich hierbei auf den Überblick über Fragestellungen, Methoden und Ergebnisse der Therapieforschung von Mariane Krause Jakob (1992, 17 ff.). Sie benutzt diesen Überblick zur Begründung und Konstruktion des eigenen Untersuchungsdesigns zur Erfassung von

Therapieforschung hat sich zwar gezeigt, *daß* Therapien "wirken", man weiß aber nicht richtig, *wodurch* sie wirken. Die Wirkfaktoren, die von den therapeutischen Schulen als wirksam postuliert werden, wirken jedenfalls nicht in der angegebenen Weise, und man kann auch nicht angeben, welche Intervention welche Wirkung zeitigt (vgl. Krause Jacob 1992, 19). Die Schwierigkeit, die ich schon für die Evaluation beschrieben habe (daß man schwerlich Faktoren isoliert erforschen kann, die nur in komplexen Wirkungsvernetzungen und multifunktionalen Zusammenhängen auftreten), gilt auch für die Therapieforschung. Einige Forscherinnen konzentrieren sich daher nicht länger auf die Suche nach *spezifischen* Wirkfaktoren, sondern sie widmen sich den *unspezifischen Wirkfaktoren*, die allgemein eher als Beweis für ein ungenaues Forschungsdesign gelten. Unspezifische Wirkfaktoren sind "allgemeine Bedingungen von Beratung/Therapie ..., wie es *die Struktur der Therapiesituation, die Funktion des Therapeuten, die Form der Interaktion und die Form, in der die therapeutischen Inhalte organisiert und vermittelt werden*, sind[80] (Krause Jacob 1992, 22, Hvh. im Original). Das bekannteste theoretische Modell über unspezifische Wirkfaktoren stammt von Frank (1981). Er identifiziert (ungeachtet der Therapierichtungen) folgende Faktoren:

a) eine emotional intensive, involvierende und vertrauensvolle *Beziehung* der Klientinnen zu ihren Helferinnen;

b) einen gesellschaftlich definierten *Rahmen* (Heilungs-Setting) mit bestimmten Rollenvorschriften und Regeln, der die Kompetenz der Helferinnen legitimiert, ihnen Macht gibt und damit ihre Einflußmöglichkeiten erhöht;

c) *konzeptionelle Schemata* oder "Mythologien", die den Klientinnen plausible Erklärungskonzepte ihrer Probleme bieten und bestimmte Vorgaben für die Handlungen der Therapeutinnen enthalten;

d) vorgesehenes therapeutisches Verhalten oder konkrete *Interventionen*, die als Veränderungsfaktoren postuliert werden.

Mythologien und Rituale haben sechs Funktionen: a) Sie stärken die Beziehung zwischen Therapeutinnen und Klientinnen; b) sie fördern und erhalten die Hilfeerwartungen der Klientinnen; c) sie ermöglichen neue Erfahrungen; d) sie fördern die Empfindung und den Ausdruck von Gefühlen im therapeutischen Setting; e) sie stärken das Gefühl der Klientinnen, ihre Probleme zu meistern (durch das Angebot eines plausiblen konzeptuellen Schemas, das die Probleme und Symptome der Klientinnen benennt, erklärt und bestimmte therapeutische Maßnahmen nahelegt sowie durch die Möglichkeit individueller Erfolgserlebnisse wie Einsichten, Gefühlsausdrücke oder neue Verhaltensweisen; f) sie bieten Möglichkeiten der praktischen

---

Veränderungsprozessen aus der Sicht von Klientinnen. Vorweg merke ich an, daß die bisher vorliegenden Theorien und Ergebnisse punktuellen Charakter haben, im wesentlichen fallbezogen sind und in strukturierten Situationen (nämlich in therapeutischen Sitzungen) erhoben wurden, als sie in der Sozialen Arbeit vorzufinden sind. Zum einen haben aber Fachkräfte der Sozialen Arbeit einen Großteil des methodischen Repertoires aus therapeutischen Konzeptionen entlehnt, zum anderen geht es in der Therapieforschung häufig um die Wirksamkeit einzelner therapeutischer Interventionen. Diese Forderung wird für Methoden der Sozialen Arbeit auch immer wieder erhoben. Ich glaube daher, den Ergebnissen (mit der gebotenen Vorsicht und unter Berücksichtigung der Unterschiede zwischen Sozialer Arbeit und Therapie) einige Anregungen entnehmen zu können.

80. Die unspezifischen Wirkfaktoren sind gewissermaßen das "Material", denen die spezifischen Faktoren die "Form" geben. So wie jedes Material eine Form hat, so erscheint jede unspezifische Wirkung in einer bestimmten Gestalt. Die spezifischen Inhalte und Techniken einer besonderen therapeutischen Schule wären demnach die Form (das Werkzeug, das den Therapeutinnen Sicherheit für ihre Interventionen vermittelt), über die das Material wirken kann (vgl. Krause Jacob 1992, 22). Vgl. auch die Erörterungen zum "hidden curriculum" von Zinnecker (1981).

Ausführung, die verstärkend wirken und eine Internalisierung der therapeutischen Botschaften ermöglichen (vgl. Frank 1981, 444).

Als wahrscheinlich wirksamste Veränderungsbedingung gilt die therapeutische Beziehung und besonders die "Passung" der Interaktionsstile von Therapeutinnen und Klientinnen. Als wesentliches Klientinnenmerkmal wird die "Demoralisierung" genannt, die sich durch Gefühle der Hilflosigkeit, des Kontrollverlusts, durch geringe Selbstachtung und mangelnde Sinnfindung ausdrückt. Eine erfolgreiche Therapie verringert diese Demoralisierung (vgl. Krause Jacob 1992, 24). In anderen Untersuchungen werden Einstellungen der Klientinnen zur Behandlungssituation sowie die Art und Intensität ihrer Partizipation an der therapeutischen Arbeit als Merkmale von Klientinnen genannt, die den Ausgang positiv beeinflussen. Diese Merkmale stellen einen Beitrag zum gemeinsamen Prozeß dar und existieren *nicht* vor und unabhängig von der Therapie (vgl. Krause Jacob 1992, 22). Untersuchungen, die sich direkt auf die Wirkung therapeutischer Techniken oder Interventionen bezogen, zeigten widersprüchliche Ergebnisse. "*... Interventionsformen [scheinen] nur eine von vielen Komponenten zu sein, während dem Kontext (den persönlichen Merkmalen, den situativen Gegebenheiten usw.) eine größere Relevanz in der Bestimmung des unmittelbaren Therapieeffekts zukommt*" (Krause Jacob 1992, 32, Hvh. im Original). Bedeutsamer sind besondere Elemente oder Episoden, die sich in Untersuchungen als veränderungsrelevant erwiesen, und die auch in der subjektiven Sicht von Klientinnen und Therapeutinnen als bedeutungsvoll verzeichnet werden. Als veränderungsrelevant eingestuft wurden Momente der Problemlösung, der Bewußtheit (awareness) und der Unterstützung; weiterhin Momente, in denen es zu Einsichten kommt, persönliche Inhalte besprochen, Gefühle beschrieben und exploriert sowie neue Verhaltensweisen erprobt werden (vgl. Krause Jacob 1992, 35).

M.E. orientieren sich Fachkräfte der Sozialen Arbeit (nicht immer bewußt und freiwillig) ebenso an den meisten der hier als wirksam identifizierten unspezifischen Wirkfaktoren. Wegen der Unterschiede zwischen Therapie und Sozialer Arbeit setzen sie teilweise andere Schwerpunkte[81]. Ich reformuliere im folgenden Anteile des praktischen Handelns der Fachkräfte in den oben herausgestellten zentralen Wirk-Dimensionen und unterscheide (a) das Setting; (b) die Beziehung; (c) die Beteiligung der Klientinnen am Prozeß; (d) Mythologien und (e) Rituale.

---

81. Aus der Untersuchung von Klüsche (1990) geht zumindest hervor, daß die Fachkräfte ihre Beziehung zu den Klientinnen als wichtigstes Werkzeug betrachten. Sie nannten folgende personale Anteile, die "Wirkungen" hervorbringen können: Kommunikationsfähigkeit (74 %), arbeitsbezogenes Erfahrungswissen (71 %), allgemeine Fachkenntnisse (71 %), Persönlichkeitsstruktur (65 %), Lebenserfahrung (51 %), Allgemeinbildung (40 %), Menschenkenntnis (40 %), Gesunder Menschenverstand (38 %), Praxiserfahrung (36 %), Weltanschauung (27 %), Charisma (16 %) (vgl. Klüsche 1990, 96). Danach befragt, auf *welche Interventionen* sie beobachtete Effekte bei Klientinnen zurückführen, gab es folgende Rollenhinweise: "Von der Mehrzahl wird die Rolle des Informationsgebers als entscheidend eingestuft. Die Befähigung zur Weitergabe von sachlich oder personal relevanten Hinweisen wird im Selbstbild erwartet. Von ähnlichem Gewicht ist der Status des persönlichen Vertrauten. Man sieht sich als Kommunikations- und Gesprächspartner und als entscheidende Bezugsperson. In der subjektiven Gewichtung der einzelnen Rollenmerkmale erhält die Stellung des persönlichen Vertrauten sogar den Rangplatz 1 vor der des Informationsgebers oder des Experten. Das Verständnis von Handlungskompetenz in der Sozialarbeit/Sozialpädagogik dürfte demnach vorrangig strukturiert sein durch das Aufbauenkönnen einer persönlichen Beziehung, das Verfügen über relevante Informationen und die Ausfüllung einer Expertenrolle ..." (Klüsche 1990, 97).

a) Das Setting

Das Setting der Sozialen Arbeit wird stark durch den Ort geprägt, an dem die Interaktionen stattfinden. Die Klientinnen suchen Ämter, Jugendzentren, Kindertagesstätten, Heime oder Psychiatrie freiwillig oder unfreiwillig auf ("Komm-Struktur") oder sie werden dorthin gebracht. An allen diesen Orten ist die Kommunikationsstruktur mehr oder weniger asymmetrisch (vgl. Jungblut 1982) und es gibt besondere Regeln und Vorschriften (Hausordnungen, Schlüsselgewalt, Entscheidungs- und Disziplinierungsbefugnisse), an denen erkennbar wird, daß es die Fachkräfte sind, die Macht, Einfluß und Kompetenz haben. Sie legitimieren ihre Kompetenz gegenüber ihren Klientinnen und auch anderen Berufsgruppen mit ihrem Fachwissen, das sich in ihrer Fach-Sprache ausdrückt (dem "sozialpädagogischen Code", vgl. Lau, Wolff, 1982 a). Wie wichtig dieses Setting für beide Seiten ist, zeigt sich an neueren Arbeitsfeldern wie dem street work. Ohne ihre "Insignien der Macht" müssen die Fachkräfte das Setting in ihrer Person transportieren, indem sie mithilfe ihrer beruflichen Fähigkeiten und Möglichkeiten Ressourcen organisieren, Verbindungen herstellen und vermitteln. Sie legitimieren sich als kompetente und vertrauenswürdige Vermittlerinnen zwischen disparaten Lebenswelten oder Subkulturen und zu sozialen Diensten. Indem sie Aktionssysteme (Pincus, Minahan 1980) zusammenstellen, spannen sie ein Netz, das als "Heilungs-Setting" wirkt.

b) Die Beziehungen

Beziehungen haben auch in der Sozialen Arbeit einen zentralen Stellenwert. Wie in der Therapie dienen sie als Medium der beruflichen Arbeit. Sie sind jedoch facettenreicher als dort, weil nicht nur die Beziehungen zu Klientinnen, sondern auch zu allen anderen Beteiligten gepflegt werden müssen. Im Unterschied zum therapeutischen Setting kommt bekanntlich ein Großteil der Beziehungen zu Klientinnen nicht freiwillig zustande. Schon die friendly visitors standen vor der Aufgabe, zunächst einmal Zugang zu Klientinnen zu erhalten und somit die Grundlage für die (historisch verschieden definierte) "helfende Beziehung" zu schaffen. Die Fachkräfte beweisen ihre Professionalität, wenn sie Beziehungen so intensiv (und gleichzeitig so distanziert) gestalten, daß sie ihre "heilende" Wirkung entfalten[82]. Die methodische Möglichkeit eines "Arbeitsbündnisses" beschreiben Pincus und Minahan (1980) mit dem Begriff des "Kontraktes". Das "Arbeitsbündnis", das in vielen therapeutischen Ansätzen eine wesentliche Rolle spielt, wird als explizites Konzept in der sozialpädagogischen Literatur selten genannt[83]. Eine ganz andere Art der Beziehungsgestaltung wird bedeutsam, wo das institutionelle Setting fehlt oder zumindest nicht im Vordergrund steht, wie in der stadtteilorientierten Arbeit. Hier liegt der Fokus auf dem Aufbau sog. nicht-intentionaler Kontakte. Die Fachkräfte knüpfen Kontakte, ohne schon zu wissen, wozu sie sie benützen wollen. Sie eruieren auf diese Weise Themen und Konflikte eines Stadtteiles, *bevor* sie sich Gedanken über ihre Vorgehensweisen machen (vgl. ISSAB 1989, 44). Manchmal muß der größte Teil der Beziehungsarbeit den Aktionssystemen gewidmet werden[84] (vgl. Abschnitt 6.1 sowie 6.4). Die Strategien zur Festi-

---

82. Das ist kaum möglich, wenn sie sich wie Privatpersonen mit "privaten" Bedürfnissen nach positiver Rückmeldung in die beruflichen Beziehungen einbringen. Die von Bader (1987) aufgezeigte emotionale Abhängigkeit vieler Fachkräfte von den Beziehungen zu ihren Klientinnen (und Kolleginnen) entspringt demzufolge einem falschen Berufsverständnis.

83. Eine Ausnahme bildet B. Müller (1991, 97 ff.).

84. Pincus und Minahan betrachten ein Aktionssystem als "soziale Wesenheit" auf dessen Funktionieren viel Aufmerksamkeit verwandt werden muß. Für die Analyse von Schwierigkeiten (wenn sich z.B. Aktionssysteme gegenseitig oder die Klientinnen behindern) liefern Pincus und Minahan einen umfangreichen Fragenkatalog. Sie listen Probleme im Funktionsbereich der Aktionssysteme auf und schlagen

gung der Beziehungen, die Fachkräfte gegenüber Kolleginnen und Vorgesetzten anwenden, sind nicht die gleichen wie die, die sie gegenüber Klientinnen einsetzen. Die Kommunikation mit den Beteiligten der Aktionssysteme ist mindestens symmetrisch strukturiert, wenn die Fachkräfte nicht sogar (gegenüber Vorgesetzten oder Politikerinnen) eine inferiore Position innehaben. Hier geht es um die Sicherung von Loyalität, Unterstützung und Zusammenarbeit. Unter strategischen Gesichtspunkten wehren die Fachkräfte auch Beziehungen ab, gehen Konflikte ein oder verweigern Informationen. Auf dieser Ebene sollte man die Beziehungs-arbeit wohl besser als Vermittlungsarbeit bezeichnen. Vermittlung wird notwendig zwischen verschiedenen Kontexten und Sprachen (vgl. Meinhold 1992; Lau, Wolff 1982 a), zwischen Generationen, zwischen lebensweltlichen und ökonomischen oder politischen Interessengegen-sätzen, bei Konkurrenzen zwischen Trägern Sozialer Arbeit und Selbsthilfegruppen oder zwi-schen Planungsinstanzen (vgl. ISSAB 1989, 21; Pincus, Minahan 1980; Vickery 1980).

c) Die Beteiligung der Klientinnen

In den beratungsintensiven Arbeitsfeldern sind ähnliche Wirkfaktoren anzunehmen wie in der Therapie. Darum plädiere ich dafür, die Ergebnisse der Therapieforschung zu beherzigen, die besagen, daß "Merkmale", die die Klientinnen "mitbringen", wie Alter, Geschlecht oder soziale Schicht weniger ausschlaggebend sind als solche, die die Fachkräfte beeinflussen können (ihre Einstellung zur Zusammenarbeit, ihr Engagement und ihre Partizipation am gemeinsamen Arbeitsprozeß) (vgl. Krause Jacob 1992, 22). Nähme man dieses Ergebnis ernst, müßte es möglich sein, mit *jeder* Klientin zu arbeiten - vorausgesetzt, es gelänge den Beziehungspartne-rinnen, eine gemeinsame Basis herzustellen. In neueren Konzeptionen wie der stadtteil-orientierten Sozialen Arbeit (ISSAB 1989) gelten Engagement und Partizipation als zentrale Arbeitsprinzipien. Diese (auch weltanschaulich begründeten) Prinzipien werden durch Unter-suchungen zur Veränderungsbereitschaft von Klientinnen gestützt. Sie setzen an der Beobachtung an, daß eine qualitative und dauerhafte Veränderung nur eintritt, wenn Klientin-nen sich selbst für ihre Belange einsetzen und selbst Entwicklungen in Gang bringen oder sie zumindest tragen. Die Fachkräfte fördern solche Lernprozesse, indem sie nicht direkt interve-nieren. Sie arbeiten an den Rahmenbedingungen, arrangieren Kontexte, in denen die Klientin-nen eigene Erfahrungen machen und selbst aktiv werden können, und sie unterstützen und begleiten diese Prozesse (vgl. Martin 1989 a; Meinhold 1992; ISSAB 1989). Dieses Arbeits-prinzip der Ressourcenarbeit steht trotzdem nicht in Konkurrenz zu dem der Beziehungsarbeit, denn Beziehungen entfalten sich in der Begleitung der Klientinnen.

d) Mythologien

Alle Konzepte Sozialer Arbeit sind insofern Mythologien, als sie ein besonderes Menschenbild beinhalten, besondere Erklärungen für Probleme und Situationen sowie den Einsatz besonderer

---

und Techniken zur Bewältigung dieser Probleme vor (vgl. Pincus, Minahan 1980, 138 ff.). Probleme entstehen durch (1) die Rollenverteilung, (2) die Kommunikation, (3) interpersonale Beziehungen, (4) die Machtverteilung, (5) konfligierende Loyalitäten, (6) konfligierende Werte und Einstellungen und (7) die Natur der Zwecke. Je nach Problem empfehlen sie bestimmte Techniken zur Bearbeitung: Man kann (1) eine andere Rolle übernehmen (2) die Vorgehensweise des Systems ändern, (3) Programme und Aktivitäten anders einsetzen, (4) die Zusammensetzung des Aktionssystems ändern oder (5) den Mitgliedern bei der Erkundung ihrer Probleme behilflich sein. Manchmal entstehen die Probleme auch unter Personen, die in verschiedenen Aktionssystemen arbeiten, so daß die Systeme auch gegeneinander arbeiten. In solchen Fällen ist eine Koordination unabdingbar (vgl. Pincus, Minahan 1980, 141). Vgl. auch die Handlungsleitlinie zur Förderung der Zusammenarbeit von Rothman u.a. (1979, 121 ff.); vgl. auch Vickery (1980, 322). Zur "Pflege" der Aktionssysteme vgl. auch die ausführliche Beschreibung von ISSAB (1989, 21).

Methoden und Techniken nahelegen. Wenn Fachkräfte vor dem Hintergrund ihres bevorzugten wissenschaftlichen oder normativen Konzeptes oder im Rahmen ihrer professionellen Konzeption die Ursachen einer Situation interpretieren, bringen sie diese Situation in einem "konzeptionellen Schema" oder einer "Mythologie" unter. Sie machen den Klientinnen ihre Interpretationen "plausibel", damit diese die von ihnen für notwendig gehaltenen Handlungen akzeptieren (die Herausnahme eines Kindes aus der Familie, die Vereinbarung einer Selbstbeobachtung über einen bestimmten Zeitraum oder die Organisation einer Spieltherapie). Diese Aktivitäten entfalten sie in den wenigsten Fällen unter strategischen Gesichtspunkten; lediglich systemisch orientierte Fachkräfte nutzen die Technik des positiven Umdeutens (Reframing) mit Kalkül. Die wesentliche Funktion einer Mythologie besteht also offensichtlich in ihrer Plausibiliät für Fachkräfte *und* Klientinnen. Wahrscheinlich ist die Pluralität der professionellen Konzeptionen eine Bereicherung für die Soziale Arbeit, denn angesichts der Wahlmöglichkeiten dürfte für jede eine angemessene Mythologie zu finden sein.

e) Rituale

Als Rituale können alle methodischen Vorgehensweisen, Methoden und Techniken wirken, die im Rahmen einer professionellen Konzeption als wirksam postuliert werden. In diesem Sinne *wirken* die Methoden und Techniken, die die Fachkräfte aus den therapeutischen Konzeptionen entlehnen (gleichgültig ob verhaltenstherapeutische, systemische oder gesprächspsychotherapeutische Vorgehensweisen) ähnlich wie bestimmte Interaktionsrituale und -routinen (vgl. J. Wolff 1984). Sie geben dem "Material" die "Form" (vgl. Krause Jakob 1992). Akzeptiert man diese Sichtweise, arbeiten Fachkräfte dann qualifiziert, wenn sie über genügend "passende" Möglichkeiten der Ritualisierung verfügen und sich somit auf die Stile ihrer jeweiligen Interaktionspartnerinnen (Klientinnen, Aktionssysteme *und* Zielsysteme) einstellen können. Die entscheidende Frage ist dann nicht mehr, ob und wie einzelne Verfahren oder Techniken *wirken* (vgl. van Beugen 1972; Rothman u.a. 1979), sondern die, ob sie ihre *Funktion* als Ritual erfüllen[85] und wie es mit ihnen gelingt, auf bedeutsame Episoden im gemeinsamen Prozeß hinzuarbeiten (Momente der Problemlösung, der Bewußtheit, der Unterstützung, Situationen, in denen die Klientinnen oder andere Interaktionspartnerinnen zu Einsichten gelangen oder persönliche Inhalte oder Gefühle einbringen können). Damit würde man der Erkenntnis gerecht, daß Prozeßvariablen wirksamer sind als Persönlichkeitsvariablen von Fachkräften und Klientinnen, und der, daß Interventionsformen nur eine Komponente des Prozesses ausmachen.

Zur Analyse und Reflexion des methodischen Handelns in Situationen bietet es sich an, die eigene Praxis zu studieren. Eine Möglichkeit bietet Patton (1982) mit seinem Vorschlag, ein formales Modell des eigenen typischen Handelns zu konstruieren. Meinhold (1992) schlägt vor, im Nachhinein Situationen zu beschreiben, in denen die Realisierung eines Arbeitsprinzips gut gelang und solche, in denen sie mißlang und dann die situativen Bedingungen zu vergleichen. Ein anderer Vorschlag bezieht sich darauf, die Handlungsregeln[86] zu analysieren, die jede Fachkraft in typisierten Situationen realisiert. Auf diese Weise gewinnt man Aufschluß

---

85. Man müßte z.B. fragen, ob eine methodische Vorgehensweise die Beziehung zwischen Fachkräften und Klientinnen stabilisiert, ob sie die Hilfeerwartungen der Klientinnen fördert, neue Erfahrungen ermöglicht, das Gefühl der eigenen "Wirkmächtigkeit" der Klientinnen stärkt, sie anregt, selbst tätig zu werden und somit durch Erfolgserlebnisse eine positive Verstärkung für neues Verhaltens bewirkt (vgl. Krause Jakob 1992, 23 ff.).

86. Handlungsregeln sind Maßstäbe, die die Fachkräfte aufgrund ihrer Erfahrung und aus verschiedenen Wissenskategorien für ihr Handeln in konkreten Situationen herausgebildet haben. Handlungsregeln reduzieren Komplexität und verhelfen ihnen zur Handlungsfähigkeit, vgl. die Definition im Abschnitt 5.5.2.

darüber, wie man sich in aktuellen Situationen (intuitiv oder gründlich vorbereitet) tatsächlich verhält. Die eigenen Definitions-, Interaktions- und Handlungsrituale und -routinen werden dingfest gemacht und können überprüft werden[87]. Solche Analysen tragen dazu bei, das berufliche Handeln *nachvollziehbar* und somit *überprüfbar* und *legitimierbar* zu gestalten.

---

87. Vgl. dazu den Vorschlag zur Analyse der Handlungsregeln von v. Spiegel (1992, 13 ff.). Sie schlägt vor, eine abgelaufene Entscheidungssituation mithilfe von sieben Fragen zu analysieren. Die Arbeit beginnt mit einer vorläufigen Formulierung von Handlungsregeln (im Sinne von Wenn-Dann-Hypothesen). Es folgt (1) eine Situationsdeutung (assoziierbares Zustandswissen), (2) die Zuordnung von erfahrungsbezogenem Wertwissen sowie (3) erfahrungsbezogenem Erklärungswissen. Im weiteren sollen Alternativen zu den praktizierten Handlungsregeln gesucht werden, indem man (4) das Zustandswissen und (5) das Wertwissen erweitert. (6) soll das erfahrungsbezogene Erklärungswissen mit wissenschaftlichem Erklärungswissen angereichert werden. Den Abschluß (7) bildet die Anregung, das Handlungsmodell mithilfe der zuvor angestellten Überlegungen neu zu formulieren (oder auch beizubehalten).

7. Evaluationsperspektiven

Für die Durchführung einer Selbstevaluation gilt wie für das gesamte methodische Arbeiten, daß Untersuchungsplan und methodische Vorgehensweisen sich erst in einem intensiven Klärungsprozeß und in Auseinandersetzung mit den institutionellen Bedingungen sowie den zeitlichen, methodischen und situativen Möglichkeiten der Fachkräfte ergeben und nicht vorab und "theoretisch" geplant werden können. Sehr konkrete Vorschläge zur tatsächlichen Durchführung[1], die auch das Für und Wider bestimmter Meßmethoden und Feinheiten der Auswertung einschlössen, würden im Zusammenhang dieser Arbeit zu weit führen. Ich stelle daher einige grundsätzliche Überlegungen zu Bedingungen der Erhebung, Sicherung und Auswertung in der Selbstevaluation an und beschreibe beispielhaft einige Vorgehensweisen[2]. Ich orientiere mich mit meinen Kategorien an den im Abschnitt 5.4.2 herausgearbeiteten Optionen und unterscheide Selbstevaluation als Kontrolle (7.1), als Aufklärung (7.2), als Qualifizierung (7.3) und als Innovation (7.4). Jede Option und jede Fragestellung fordert andere Evaluationsfragen, Erfolgskriterien und Untersuchungspläne.

7.1 Selbstevaluation als Kontrolle

Die Perspektive der Selbstevaluation als Kontrolle umfaßt Bemühungen, die auf eine Bilanzierung der eigenen Arbeit hinauslaufen, und die in der Evaluationsdiskussion als "summative" oder Zielevaluation bezeichnet werden. Die zentrale Evaluationsfrage heißt: "Was ist herausgekommen?" Die Ergebnisse helfen den Fachkräften, ihre Arbeit zu legitimieren und Entscheidungen über Richtung und Qualität der zukünftigen Arbeit zu treffen. Als Voraussetzung dieser Bilanzierung gilt eine präzise Zielbestimmung der konzeptionellen Ziele einer Einrichtung und der eigenen Ziele der Fachkräfte. In der Evaluationsforschung gilt diese Form als das Kernstück der Evaluation. Für die Selbstevaluation ist vorweg einzuschränken, daß sich die Untersuchungen nicht auf die Ergebnisse der Arbeit einer ganzen Einrichtung beziehen können; die Fachkräfte bewerten in der Hauptsache die Wirkung ihrer eigenen Interventionen.

Die Untersuchungsfragen für diese Option lassen sich grob in drei Kategorien einteilen: Die Fachkräfte können (a) prüfen, ob bzw. in welchem Ausmaß sie ihre *eigenen Zielsetzungen* erreicht haben. Dazu überprüfen sie ihre Ergebnisse an zuvor definierten Indikatoren der Zielerreichung. Sie können (b) Untersuchungen zur *Effektivität* ihrer Arbeit vornehmen. Hier geht es um Fragen nach dem Verhältnis von bestimmten methodischen Vorgehensweisen und dem Ziel. Sind die eingesetzten Interventionen optimal verlaufen - mit einem befriedigenden oder unbefriedigenden Ergebnis? Sind die Interventionen zu kritisieren, *obwohl* das Ziel erreicht wurde, oder haben die unpassenden Interventionen schließlich auch das Ziel verfehlt? Zusätzlich können sie prüfen, ob die bisherigen Zielsetzungen dem Gegenstand der Arbeit und

---

1. Anschauliche Hinweise und einen Vorschlag zum konkreten Vorgehen bei der Planung und Durchführung einer Selbstevaluation findet man bei Heiner (1988 a). Sie unterscheidet (a) Formulierung der Zielsetzung und Fragestellung; (b) Eingrenzung des Untersuchungsbereichs; (c) Präzisierung der Fragestellung; (d) Analyse der Informationsquellen; (e) Formulierung von Indikatoren; (f) Auswahl der Untersuchungsverfahren; (g) Durchführung und Auswertung der Untersuchung; (h) Darstellung der Ergebnisse; (i) Schlußfolgerungen für die eigene Praxis (vgl. Heiner 1988 a, 31 ff.).

2. Vgl. auch die Ausführungen von Heiner zur Hypothesenbildung, zur Standardisierung der Erhebungsinstrumente, zur Konstruktion von Stichproben und Untersuchungsplänen, zur Unterscheidung von deskriptiven und experimentellen Studien, zur Vorgehensweisen zur Sicherung der Zuverlässigkeit und Gültigkeit von Ergebnissen (wie Replikation und Prognose) (Heiner 1988 a, 17 ff.). Da sich im Prinzip fast alle Methoden der empirischen Sozialforschung auch zur Selbstevaluation eignen (sofern es Möglichkeiten gibt, sie für eine praxisorientierte Selbstevaluation umzuarbeiten), sind auch die Ausführungen zu Designfragen, Meß- und Auswertungsmethoden im Kapitel 6 dieser Arbeit hinzuzuziehen.

den bestehenden Möglichkeiten ihrer Verfolgung angemessen sind oder realitätsnäher formuliert werden müssen. In einer umfassenderen Perspektive ergeben sich aus diesem Fragenkomplex auch Entscheidungen, ob man die bisherige Richtung beibehält und die bevorzugten Methoden weiter einsetzt, oder ob neue konzeptionelle Überlegungen anstehen. In einer dritten Untersuchungsperspektive stellen sich Fragen nach der (c) *Effizienz* ihrer Arbeit. Diese Fragen beziehen sich auf das Verhältnis von Aufwand und Erfolg. Die Fachkräfte können untersuchen, ob sie den effizientesten Weg zur Erreichung der Ziele beschritten haben: Könnten sie mit weniger Aufwand die gleichen Ergebnisse erzielen oder bessere Ergebnisse ohne Mehraufwand erreichen? In der Konsequenz bieten sich (selbst initiierte) Rationalisierungsüberlegungen an. Die Fachkräfte können uneffiziente Arbeitsweisen umstellen oder ganz auf sie verzichten, um sich Raum für Innovationen zu schaffen. Darüber hinaus helfen ihnen diese Ergebnisse, ihre Arbeit gegenüber nicht fachlich begründeten Kürzungszumutungen zu legitimieren. Die Erfolgskriterien dieser Option werden im Abschnitt 7.1.1 genauer dargestellt. Es folgen Überlegungen zur Operationalisierung abstrakter Erfolgskriterien (Abschnitt 7.1.2). Da sich ein Großteil aller Evaluationsüberlegungen auf die Untersuchung von "Interventionen" konzentriert, versuche ich im Abschnitt 7.1.3 herauszuarbeiten, was überhaupt eine Intervention ist. Gesammelte Vorschläge für Untersuchungspläne, die Fragen aus der Kontroll-Option beantworten können, finden sich im Abschnitt 7.1.4. Einem Spezifikum der angelsächsischen Literatur zur Selbstevaluation, den experimentell orientieren Einzelplänen, widme ich einen weiteren Abschnitt (7.1.5). Einige Erörterungen zu den Gütekriterien dieser Option schließen den Abschnitt ab (7.1.6).

7.1.1 Erfolgskriterien

Wie in den Untersuchungsfragen schon dargelegt, gelten Zielerreichung, Effektivität und Effizienz als die wesentlichen Erfolgskriterien der Kontrolloption. Trotz der Schwierigkeiten, in den Arbeitsfeldern der Sozialen Arbeit überhaupt Ziele setzen zu können, ist das Kriterium der *Zielerreichung* zentral. Das Kriterium der *Effektivität* soll etwas darüber aussagen, ob die veranschlagten Ziele mit den gewählten Strategien erreicht worden sind. Dabei geht es auch um die Frage, ob ein Problem mit der eingesetzten Intervention *besser* gelöst bzw. bearbeitet werden kann. Dieses Kriterium kann ebenso wie das der Zielerreichung problematisch sein. Nicht in allen Arbeitsfeldern wird zielorientiert gearbeitet; in der Sozialisationsarbeit oder im Freizeitbereich begleiten die Fachkräfte hauptsächlich Entwicklungsprozesse. Es ist auch nicht so, daß immer eine Veränderung angestrebt wird; häufig geht es allein um den Erhalt des bestehenden Zustandes (z.B. die Aufrechterhaltung der Attraktivität eines Freizeittreffs, vgl. Achten, Strube 1988, 134). Meist stehen auch nicht (kognitive) Lernprozesse im Mittelpunkt, deren Ergebnisse man mithilfe von Tests oder objektiven Standards überprüfen könnte. Und doch sind die Kriterien der Zielerreichung und der Effektivität nicht so umstritten wie das der *Effizienz*.

Tillman vertritt die Auffassung, daß die politischen und administrativen Erfolgskriterien sich nicht sehr von den fachlichen Kriterien der Fachkräfte unterscheiden. Beide zielen darauf ab, "bedarfsgerechte Hilfe für diejenigen zu leisten, die sich selbst nicht helfen können, mit dem Ziel, sich von fremder Hilfe so weit wie möglich unabhängig zu machen". Ein Unterschied liegt dort, wo Politik und Verwaltungen "unter strukturellen Gesichtspunkten Effizienz und Effektivität der eingesetzten Mittel und Strukturen aufgabenkritisch diskutieren" (Tillmann 1988, 52). Politikerinnen und Verwaltungen sind für die Finanzierung, Strukturierung und Aufgabenentwicklung des Gesamtsystems der sozialen Sicherung zuständig, innerhalb dessen die individuell abgestimmte Hilfe erst möglich wird. Sie orientieren sich daher auf die Gestaltung der Rahmenbedingungen und die Koordination der Träger Sozialer Arbeit. Dabei sind sie von überörtlichen Problementwicklungen und Aufgabenstellungen und eben auch von Finanzkrisen abhängig. Seitdem die Kommunen stärker unter finanziellen Druck geraten, setzen Politikerinnen Prioritäten, ohne nach fachlichen Maßstäben zu fragen (vgl. Tillmann 1988, 61) und rufen immer häufiger nach Effizienzbeweisen. Effizienz heißt, daß die notwendige Arbeit mit den vorhandenen oder gekürzten Mitteln rationell, also in kürzester Zeit mit den geringstmöglichen Kosten zu leisten ist (vgl. Sengling 1987, 166; Gernert 1988, 8). Effizienz berechnet man mit Kosten-Nutzen-Analysen und auch der Erfolgsmaßstab der Teilnehmerinnen-Zahlen ist ein Effizienz-Kriterium[3]. Das Effizienz-Kriterium wird als wirtschaftliche Kategorie beurteilt, und viele Fachkräften weisen es kategorisch zurück (vgl. Engelhardt 1991, 11; Gernert 1988, 9). Maelicke z.B. ist überzeugt, daß sich Erfolg nur in den Auswirkungen materieller und sozialer Dienstleistungen beweisen läßt, nicht aber oder nur selten monetär. Er fordert, daß die Fachkräfte gegenüber betriebswirtschaftlichen, kameralistischen, fiskalischen und volkswirtschaftlichen Standards in die Offensive gehen sollen (vgl. Maelicke 1984, 131). Gründger kommentiert solche Weigerungen kritisch: "Es gehört geradezu zum Wesensgrund aller sozialen Berufe, ... helfen zu wollen, 'koste es, was es wolle'. Wo diese ethische Maxime in Frage gestellt oder relativiert wird, haben die ihrem Wesen her 'sozialen' Berufe zu existieren aufgehört" (Gründger 1988, 35).

Es gibt jedoch Gründe, die eigene Praxis unter Effizienz-Gesichtspunkten zu betrachten. Effizienz heißt auch, darauf hinzuarbeiten, daß alle Faktoren, die beim Hinarbeiten auf ein bestimmtes Ziel wirksam sind, optimal zusammenwirken (vgl. Engelhardt 1991, 11). Effizienzfragen könnten auch den Fachkräften nutzen, die ihre Arbeit überwiegend kausal, also mit den Ursachen der Probleme begründen und dabei die *finale* Frage, *wohin* sich ihr Tun orientieren soll, vernachlässigen (vgl. Tillmann 1988, 66). Darüber hinaus habe ich schon mehrfach erwähnt, daß die Soziale Arbeit mit öffentlichen Mitteln arbeitet. Die Fachkräfte müssen sich daher in gewisser Weise doppelt legitimieren, indirekt gegenüber Politik und Öffentlichkeit und direkt gegenüber dem Ressort, das die Haushaltsmittel bereitstellt. Die Rechnungsprüferinnen prüfen bisher nach ihren Kriterien, ob die Fachkräfte die Mittel rechtlich einwandfrei, zweckbezogen und wirtschaftlich einsetzen. Sie fragen zunehmend nicht mehr allein danach, ob die Mittel sparsam verwendet wurden, sondern auch nach dem Verhältnis von Kosten und Nutzen oder von Aufwand und Ertrag[4]; teilweise bewerten sie auch selbst die *Notwendigkeit* von Hilfsangeboten (vgl. Gernert 1988, 12). Gründger meint, daß viele Fachkräfte gerade noch ertragen könnten, daß ihre finanziellen Grenzen immer enger gezogen würden. Eine direkte Einmischung der Prüferinnen mit ihren betriebswirtschaftlichen Maßstäben betrachteten sie aber als äußerste Provokation, die sie nur mit einer absoluten Ignoranz ertragen könnten (vgl. Gründger 1988, 36 f.). Aber: "Sozialarbeit wird zunehmend entmündigt werden, wenn sie es den Ökonomen überläßt, ihre Wirksamkeit nachzuweisen, und dann auch noch versäumt, deren Denken verstehen zu lernen. Schon wer vom Stadtkämmerer mehr Mittel benötigt für sein Projekt, muß in der Lage sein, ihm seine Vorstellungen in dessen Sprache plausibel zu machen" (Gründger 1988, 47). Die Fachkräfte sollten also ihre emotionalen und professionellen Hemmungen zurückstellen und selbst Erfolgskriterien entwickeln, die auch das Effizienz-Kriterium berücksichtigen. Nur so werden sie in bevorstehenden Kürzungsdebatten überhaupt Chancen haben mitzuverhandeln.

---

3. Obwohl von Fachkräften immer wieder behauptet wird, daß Teilnehmerinnenzahlen kein Kriterium für die Qualität der Arbeit seien, führt fast jede Einrichtung eine Statistik über Fallzahlen bzw. Klientinnenkontakte; häufig sind diese Zahlen die einzige Legitimationsgrundlage der Arbeit. Obwohl sie genau wissen, daß Erfolge in der Sozialen Arbeit mit Zahlen kaum angegeben werden können, glauben sie fatalerweise oft selbst an diese Zahlen. Teilweise mangelt es ihnen auch an qualitativen Kriterien, und so reagieren sie gezwungenermaßen oft auf die Forderungen nach einer quantitativen Erfolgsbeschreibung.

4. Zur rechtlichen Grundlage der Rechnungsprüfung und zum Vorgehen der Rechnungsprüferinnen in der Sozialen Arbeit vgl. die Aufsätze von Paschen (1988) sowie Heyers (1988).

7.1.2 Zur Wahl der Indikatoren für Erfolg

Als Voraussetzung zur Ergebnisevaluation gilt (wie für das methodische Arbeiten), daß die Fachkräfte realitätsnahe und erreichbare Ziele ausgearbeitet haben[5] (vgl. Abschnitt 6.3). Zudem müssen sie ihre Ziele und Erfolgskriterien genau beschreiben, denn von der Auswahl der Indikatoren ist abhängig, ob man ein Ergebnis als Erfolg betrachten kann. Die Kriterien müssen zuverlässig, valide und sensitiv in Bezug auf die intendierten Effekte sein. Eine Möglichkeit ist, in (möglichst konkurrierenden) Hypothesen darzulegen, welche Veränderung welche Intervention bringen soll und dann zu prüfen, ob das vorhergesagte Ergebnis tatsächlich eintrifft (vgl. Layer 1987, 410). Dabei muß die gewünschte Veränderung so beschrieben sein, daß man sie aus einem bestimmten Verhalten, einer erfragbaren Einstellung oder einer Veränderung auf der kognitiven Ebene ablesen kann.

Da Ziele idealerweise ein Verhandlungsergebnis sind, sollten die Fachkräfte bei der Auswahl ihrer Indikatoren für Erfolg mehrere Dimensionen berücksichtigen. Neben den eigenen Einschätzungen sollten sie auch Indikatoren hinzuziehen, die von Klientinnen, von anderen Beteiligten oder außenstehenden Beobachterinnen formuliert werden. Das geschieht, indem sie Verhaltensereignisse, mit denen sie unzufrieden sind, mit solchen in Beziehung setzen, die sie für anstrebenswert halten. Ansatzpunkte können z.B. wiederkehrende Klagen und Ängste oder auch episodische Erzählungen über Alltagsabläufe und Erlebnisse sein. Heiner schlägt vor, Indikatoren zu wählen, die zum Zwecke ihrer Vergleichbarkeit quantifiziert werden können. So lassen sich viele alltägliche Ereignisse ohne großen Aufwand zählen (wie viele Stunden ein Kind vor dem Fernsehapparat verbringt, wieviel Geld jemand für Alkohol ausgibt, wie oft ein Mädchen die Schule schwänzt). Eine andere Möglichkeit ist, Ziele in skalierte Teilschritte zu zerlegen. Dazu entwirft man eine Schrittfolge für den Weg zum erwünschten Ziel und legt für jeden Schritt ein eindeutiges Kriterium fest. Man trägt die Kriterien auf einer 5-Punkte-Skala ein und kann dann einschätzen, wieweit die gesetzten Ziele erreicht worden sind. Dabei bezeichnet der Punkt 0 das erwartete effektive Ergebnis, die -1 und -2 werden angekreuzt, wenn die Intervention negativ endete; die Punkte +1, +2 entsprechend bei positiver Beurteilung. Zusätzlich kann man jeden Zielbereich nach seiner relativen Bedeutung und in Relation zu den anderen Bereichen gewichten, um den Wert dieses Zieles in Beziehung zu den anderen Zielen zu verdeutlichen. Mit dieser Technik kann man auch die Klientinnen an der Festlegung der Indikatoren beteiligen (vgl. Wottawa, Thierau 1990, 89; vgl. auch Bühringer 1990). Schätzskalen eignen sich auch, um die Intensität von Gefühlen (z.B. Angst oder Wut) aufzuzeichnen (vgl. Heiner 1989, 177).

Viele Fachkräfte haben große Schwierigkeiten mit der Festlegung der Indikatoren für eine Zielevaluation. Sie wehren sich, präzise oder gar quantifizierbare Entwicklungs- und Erfolgs-indikatoren für ihre Arbeit festzulegen, wie Heiner (1989) berichtet[6]. Sie argumentieren, daß man damit die vielschichtigen Lebenswelten und Beratungsverläufe "vergewaltige". Der Zwang zur Entscheidung für eine bestimmte Meßgröße (Zahl der lautstarken Auseinandersetzungen pro Woche) sei potentiell stigmatisierend und wenig aussagekräftig für die Gesamtentwicklung einer Klientin. Auch Schätzskalen zur Beurteilung der Intensität von Gefühlen seien

---

5.   Dieses ist längst nicht bei allen Zieldefinitionen der Fall, denn ein Teil der beruflichen Handlungen und eben auch der Ziel- und Problemdefinitionen dienen, wie gezeigt ganz anderen Zwecken. Manchmal benutzen die Fachkräfte sie zur Legitimation ihrer Arbeit, manchmal sind sie ihnen von ihren Auftraggeberinnen auch vorgegeben. Solche Ziele lassen sich verständlicherweise kaum in den tatsächlichen Handlungen wiederfinden.

6.   Heiner untersuchte im Rahmen ihres Forschungsprojektes über Selbststeuerungsprozesse in der Sozialen Arbeit, in welcher Form Fachkräfte gegenwärtig ihr berufliches Handeln reflektieren. Sie führte Gruppendiskussionen und Seminare über die Anwendbarkeit experimenteller und quasi-experimenteller Untersuchungspläne durch (vgl. Heiner 1989, 177 ff.).

unangemessen, weil sie die Motive, Ursachen und Deutungsmuster der Beteiligten nicht mit erfaßten. Unabhängig davon könne man Indikatoren der Zielerreichung nicht vorweg festlegen, sondern man müsse auch während des Prozesses bereit und in der Lage sein, eine Situation neu zu interpretieren und die Ziele zu ändern. Es könne sich ja herausstellen, daß das problematische Verhalten, auf das man sich zunächst konzentriere, lediglich ein Symptom sei, das auf ganz andere Probleme oder ganz andere Zielpersonen verweise. Eine präzise Fixierung von Teilen der Intervention entspräche daher nicht den Merkmalen professionellen Handelns (vgl. Heiner 1989, 178 f.).

Wenn man diese Kritik ernst nimmt, muß man sich also auf die Suche nach Indikatoren begeben, die die Realität nicht so stark reduzieren und die auch mehrere Deutungen zulassen. "Signalsätze" und "dichte Beschreibungen" (Heiner 1989, 188) können als solche Indikatoren benutzt werden. Signalsätze erfassen markante Entwicklungsetappen (Krisen, Einsichten, Veränderungen) oder Bewußtseinsprozesse in der Sprache der Klientin ("Früher habe ich gleich losgebollert, heute hole ich tief Luft"). Zusätzlich können sich die Fachkräfte Notizen zum Kontext des Verhaltens machen. Mit Signalsätzen kann man auch kleinste Entwicklungsschritte wesentlich genauer erfassen als mit abstrakt formulierten Indikatoren ("Disziplinschwierigkeiten"). Man kann aus den Sätzen meist auch schon auf Zusammenhänge schließen, z.B. zwischen dem Verhalten, der Problemsicht und dem Erleben der betreffenden Personen (vgl. Heiner 1989, 188). Heiner meint, daß Schilderungen von Problem*syndromen* noch informativer seien: "Es entstanden Formen, die in Anlehnung an einen Begriff der ethnologischen Forschung als 'dichte Beschreibungen' (Geertz 1983) bezeichnet werden können. Statt einzelner Entwicklungsindikatoren werden Faktorenbündel zusammengefaßt. In einer Reihe von Beschreibungen wird der (wechselnde) Zusammenhang zwischen diesen Einzelfaktoren verdeutlicht. Diesen Konstellationen entsprechen unterschiedliche Deutungen der Ursachen und des Entwicklungspotentials der Klientinnen mit den entsprechenden Interventionsmöglichkeiten" (Heiner 1989, 188). Da dichte Beschreibungen im Gegensatz zu scheinbar so eindeutigen Meßgrößen und Indikatoren mehrere Deutungen ermöglichen, kann man sie auch für alternative Hypothesen, Interpretationen und Bewertungen nutzen. Wenn man solche Aufzeichnungen nachträglich noch durch Unterüberschriften, Unterstreichungen wiederkehrender Leitbegriffe oder Randnotizen thematisch untergliedert, kann auch zusätzlich zur Herausarbeitung wiederkehrender Elemente nutzen.

Angesichts des Sachverhaltes, daß in einer spezifischen Handlungssituation neben der beabsichtigten Intervention auch noch viele andere Faktoren wirksam werden, muß man auch nach Indikatoren für *unbeabsichtigte* Effekte suchen. Neben Entwicklungen, die man aufgrund von Erfahrungen oder mithilfe von Theorien antizipieren kann, kann man auch mit Kolleginnen sprechen, die gegenüber den eigenen bevorzugten Interventionen Vorbehalte haben und die ganz andere methodische Vorgehensweisen präferieren. Solche Kolleginnen können sich wahrscheinlich eher Vorstellungen über unerwünschte Effekte machen als die Fachkräfte selbst. Um Wirkungen in verschiedensten Dimensionen zu suchen, kann man auch die "Wirkmatrix" von Will und Blickhan (1987, 47) umarbeiten: Auf die vertikale Seite der Wirkmatrix trägt man alle *Wirk- und Angriffspunkte* ein (worauf hat die geplante Selbstevaluation Einfluß?), also Klientinnen, Fachkräfte, Vorgesetzte, die geplante Intervention als Einheit, relevante Bezugspersonen der Klientinnen, Elemente des institutionellen Kontextes, die Lebenswelt der Klientinnen. In der Horizontalen vermerkt man die *Wirkfaktoren* (was wirkt?), also die Bestandteile der geplanten Intervention, die Vorgehensweise (das "Wie"), die Tatsache, daß man die eigenen Aktivitäten selbst evaluiert, die Beziehung zwischen Klientinnen und Fachkräften, die Indikatoren und Bewertungskriterien, das institutionelle Setting. Alle Wirkfaktoren und Wirkpunkte müssen auf Personen und die Situation hin konkretisiert werden. Wenn man in jedes Feld der Matrix mit + und - Zeichen vermutete Wirkungen zugunsten oder zuungunsten der angestrebten Ziele bzw. der Intervention einträgt, erhält man auch Hinweise auf unbeabsichtigte Effekte. Felder, die offen bleiben zeigen, über welche möglichen Wirkungen man noch nachdenken muß.

7.1.3 Was ist eine Intervention?

Im bisherigen Text ist durchgängig die Rede von methodischem Vorgehen und beruflichen Handlungen, die je nach Komplexität als Methoden, Verfahren oder Techniken bezeichnet werden (vgl. Geißler, Hege 1991). Ein Großteil der hier zitierten Verfasserinnen benutzt zusätzlich oder ausschließlich den Begriff der "Intervention" zur Beschreibung ihrer bewußt gesteuerten und fachlich begründeten Einflußnahme oder Vermittlung. Ich möchte an dieser Stelle einige Gedanken zur Präzisierung der Einheit, die in der Selbstevaluation immer wieder gemessen wird, zusammentragen. Der Begriff Intervention umfaßt meist *alle* Aktivitäten von Fachkräften, sowohl ausgewiesene Methoden und Techniken als auch alle anderen Strategien (oder "Rituale", vgl. Frank 1971), mit denen sie sich Zugang zu den Beteiligten erschließen, und die sie zum Umgang mit Problemen und Situationen nutzen. Das, was die Fachkräfte als Intervention ausgeben, umschließt meist ein ganzes Bündel von Verhaltensweisen, das sie individuell, situativ und variierend "zusammenbinden" (vgl. Kahn 1977, 289). Dabei variieren sie auch die Art und Weise einer Intervention wie Mimik, Gestik und Tonfall.

Die Bestandteile einer "Intervention" kann man mit Baackes Definition des Handlungsbegriffes[7] kennzeichnen. Er schreibt: "Eine Handlung wird von einem menschlichen Subjekt in konkreten Zusammenhängen, detailliert und möglicherweise in einer Abfolge realisiert, und dies in einer bestimmten Art und Weise und mit bestimmten Mitteln in einem bestimmten zeitlich-räumlichen und strukturell wie situationell näher angebbaren Kontext, mit bestimmten Absichten und aufgrund bestimmter Ursachen in einer bestimmten geistigen und psychischen Verfaßtheit, wobei eine prinzipielle Wahrnehmungsfähigkeit vorausgesetzt werden muß" (Baacke 1984, 150). Die Dichte der Definition zeigt, daß eine Intervention schwer zu operationalisieren ist. Sie umfaßt mehr als ein beobachtbares Verhalten, denn das, was die Fachkräfte als (eigene oder fremde) Handlung interpretieren, beruht auf Deutungen und Zuschreibungen. Aus handlungstheoretischer Sicht wird das, was Zufall oder Absicht ist, auch durch die "Beschaffenheit der Welt" bestimmt. "Diese legt fest, was als zusammenhängende Handlung anzusehen ist, wieweit dieser Zusammenhang reicht, welche Wirkungen sie hat, welche Wirkungen davon programmatisch oder absichtlich sind und welche dies nicht sind, sich zusätzlich ereignen, etc.. Die Identität von Handlungen ist nicht vorab oder nur aus dem semantischen Potential von Aussagen festlegbar, sondern nur kontextspezifisch zu interpretieren" (Baacke 1984, 156). Hinzu kommt, daß man es meist mit Handlungs*ketten* zu tun hat, die Gründe haben und zu Reaktionen und Resultaten führen. Man muß also im konkreten Fall komplexe Handlungen zerlegen und in ihren einzelnen Relationen untersuchen[8]. Je nach

---

7. Baacke definiert den Handlungsbegriff aus handlungstheoretischer Sicht, vgl. dazu seine elaborierten Erläuterungen im Zusammenhang der Diskussion um Handlungskompetenz (Baacke 1984, 147 ff.).

8. Als Möglichkeit der Analyse der Dimensionen von Handlungen in pädagogischen Feldern leitet Baacke aus der analytischen Handlungstheorie folgende Fragen ab: (1) Wer ist beteiligt (Personengruppen, Institutionen etc.); (2) Was geschieht, hat jemand getan (Handlungstypen, z.B. auf Personen, auf Vermittlungsprozesse, auf die Sicherstellung organisierter Leistungen gerichtet); (3) Wie hat jemand etwas getan (Modalitäten der Handlung, also auf welche Art und Weise und womit); (4) In welchem Kontext hat jemand etwas getan (wann, wo, unter welchen Umständen und auf welcher Ebene, also sozialstrukturell, organisatorisch-institutionell, situationell und individuell); (5) Warum hat jemand etwas getan (unterschieden nach (a) Kausalität, also was war die Ursache dafür, (b) Finalität, also angebbaren Zielbeschreibungen und (c) Intentionalität in welchem geistigen Zustand) (vgl. Baacke 1984, 151 f.).

(naturwissenschaftlicher und sozialwissenschaftlicher) Fragestellung[9] kann man Handlungen kausal *erklären* oder Regeln identifizieren, um sie zu *verstehen*. Eine Abfolge von Handlungen kann *Ursachen* haben, die mit Körperfunktionen zusammenhängen. Diese sind aber nicht mit *Gründen* zu verwechseln, aus denen heraus man seinen Körper in Bewegung setzt. Wenn man Handeln in sozialen Zusammenhängen analysiert, sucht man nicht nach den Ursachen von Körperbewegungen und Ausdrucksverhalten, sondern nach ihrer *Funktion*. Die Handelnden selbst und diejenigen, die das Handeln beobachten, interpretieren im Hinblick auf ihre Sinnwelt, was eine Funktion ist. Jedoch lassen sich Funktionalität und Intentionalität nicht trennen; jeder Mensch kann sein Handeln intentional erklären, also sog. gute Gründe angeben. (vgl. Baacke 1984, 159). Bei der Untersuchung und Interpretation von Interventionen suchen die Fachkräfte also auch nach Handlungsregeln. Diese Handlungsregeln sind nicht in jedem Kontext gleich, sondern beruhen auf gesellschaftlichen und subkulturell gefärbten Konventionen. Sie variieren also mit dem subkulturellen Kontext, in dem gehandelt wird. Dabei ist m.E. nicht nur zwischen sozialen Schichten oder ethnischen Kulturen zu unterscheiden, sondern auch zwischen der "Subkultur" der Sozialen Arbeit im Vergleich etwa zur "Subkultur" der Verwaltung[10].

Zur Auswahl, Abgrenzung, Beobachtung und Messung von Handlungen bzw. Interventionen, die andere Personen vornehmen, ist es also unvermeidlich, Setzungen vorzunehmen. Dazu eignet sich m.E. Flanagans Definition eines "kritischen Ereignisses"[11]. Als Ereignis bezeichnet dieser "... jede beobachtbare menschliche Aktivität, die in sich selbst hinlänglich abgeschlossen ist, um Schlüsse und Vorhersagen über die Person, die diese Handlungen ausführt, erlauben zu können" (Flanagan 1954, zit. n. Weinert 1979, 5). "Um 'kritisch' zu sein, muß ein 'Ereignis' sich in einer Situation zutragen, in der der Zweck oder die Intention der Handlung für den Beobachter klar ersichtlich ist, und in der die Konsequenzen hinlänglich bestimmt sind, um möglichst wenig Unklarheit über ihre Wirkung zuzulassen" (Weinert 1979, 5).

Eine Vorarbeit für die Selbstevaluation besteht in der Auswahl geeigneter Interventionen (oder "Inputs"), deren Wirkung man später messen will. Evident ist, daß die bevorzugte Intervention handhabbar sein muß, daß man prüfen muß, ob sie auch zur Erreichung des Zieles taugt und welche Wirkungen sie voraussichtlich auf die Klientinnen haben wird. Wichtig ist auch, daß die gewählten Interventionen von den Klientinnen verstanden werden und nicht ihre Wertvorstellungen oder die ihrer Umgebung verletzen. Fachkräfte, die ihre Arbeit selbst evaluieren, konzentrieren sich darüber hinaus auf Interventionen, die sie mit ihren Mitteln kontrollieren und manipulieren bzw. variieren können[12] (vgl. Gouldner 1975, 112 ff.). Kontrollierbar sind beobachtbare Verhaltensweisen, materielle Verhältnisse, Produkte der Klientinnen oder erfragbare kognitive Aspekte. Aus diesen Gründen wählen sie manchmal auch einen leichter zugänglichen Bereich bei den Klientinnen selbst oder in ihrem Kontext, in der

---

9.   Baacke unterscheidet zwei Möglichkeiten, über Welt zu sprechen: "Zur Ding-Ereignissprache gehören Begriffe wie: Ding, Ereignis, Naturgesetz, Ursache, kausale Erklärung; zur Person-Handlungs-Sprache gehören Begriffe wie: Person, Handlung, Regel, Motiv, Intention" (Baacke 1984, 158).

10.   Zur Notwendigkeit der Vermittlung zwischen beiden Kontexten vgl. Meinhold (1992).

11.   Flanagan entwickelte die "critical incident technique" als Methode zur Sammlung und Registrierung spezifischer menschlicher Verhaltensmuster am Arbeitsplatz (vgl. Weinert 1979, 5).

12.   Ich beziehe mich bei der folgenden Aufzählung von Kriterien zum Einsatz von Interventionen auf die Notizen von Gouldner (1975) und Bennis (1975). Beiden charakterisieren Forschungsstrategien der Verhaltenswissenschaft für Zwecke der Organisationsentwicklung. Dabei grenzen sie diese Strategien gegen solche der "reinen" Wissenschaft ab, die nach unabhängigen Variablen sucht, die Vorhersagen ermöglichen und einen hohen Korrelationskoeffizienten aufweisen. Gouldner meint sogar, "daß theoretische Verfeinerung und Interesse an kontrollierbaren Variablen ihrer eigentlichen Natur nach nicht miteinander vereinbar sind" (Gouldner 1975, 119). Ich meine, daß ein großer Teil ihrer Überlegungen auch für die Selbstevaluation nützlich sein kann. Bennis macht im übrigen deutlich, daß es sich bei seiner Aufzählung um *Ziele* handelt, nicht um Bedingungen, die real gegeben sind.

Hoffnung, daß sie (wie die Systemtheorie lehrt) auf diesem indirekten Weg ebenfalls oder besser zum Ziel kommen (vgl. Gouldner 1975, 122). Außerdem müssen sie berücksichtigen, was ihre Interventionen "kosten" (Arbeitszeit und Geld), und ob es nicht Möglichkeiten gibt, das skizzierte Ziel mit weniger Kosten zu erreichen (vgl. Gouldner 1975, 119 f.; Bennis 1975, 82 ff.). Ein weiteres Kriterium ist, daß der Prozeß in einer geeigneten Form aufgezeichnet und gemessen werden kann (vgl. Bennis 1975, 87).

7.1.4 Geeignete Untersuchungspläne

Zur Erinnerung: Die hier behandelte Option der Selbstevaluation als Kontrolle, wird in der etablierten Evaluationsforschung mit einem *experimentellen* Design bearbeitet. Wie ich aber im Abschnitt 4.2 schon aufgezeigt habe, stoßen die Methoden des kontrollierten, komparativen, produktorientierten Feldexperimentes, nämlich die Anordnung von Untersuchungs- vs. Kontrollgruppe sowie die entsprechenden Manöver zur Kontrolle oder Ausschaltung von Störvariablen in der praktischen Sozialen Arbeit auf erhebliche Schwierigkeiten. Man denke nur an den Versuch, einen Teil der Menschen, die sich in einem gemeinsamen Kontext bewegen (z.B. im Jugendzentrum), zu einer Untersuchungsgruppe zusammenzufassen, der man dann genau beschriebene, möglichst unveränderte Interventionen zukommen läßt, während die Kontrollgruppe "unbehandelt" bleiben soll (vgl. C.W. Müller 1988, 3). Es ist auch kaum möglich, die Bedingungen des institutionellen Kontextes oder gar ihrer Lebenswelt konstant zu halten, um dann ganz bestimmte Verhaltensweisen (z.B. das Nicht-Rauchen) den beschriebenen Interventionsstrategien einzelner Fachkräfte eindeutig zuordnen zu können. Eine Alternative zum experimentellen Design ist die *Kontrastgruppenanalyse*. Hier werden die Gruppen, die zu vergleichen sind, nicht zufallsmäßig gebildet. Die Fachkräfte stellen aufgrund von Forschungsfragen (Hypothesen) ihre Untersuchungseinheiten mit Blick auf die Effekte zusammen, die sie untersuchen wollen. Sie vergleichen eindeutig erfolgreiche Interventionen mit eindeutig erfolglosen. Sie vergleichen Personen, die ein bestimmtes Merkmal aufweisen mit solchen, die dieses Merkmal nicht aufweisen oder auch Menschen, mit denen sie eine gute Arbeitsbeziehung aufbauen konnten mit solchen, zu denen sie eine schwierige Beziehung haben. Zum Vergleich dieser Gruppen stellen sie wiederum Hypothesen darüber auf, was die Gruppen unterscheidet (demographische Zusammensetzung bei Menschen, strukturelle Unterschiede bei Interventionen) und analysieren dann Unterschiede und Gemeinsamkeiten der Kontrastgruppen.

Wenn man der Wirkung von Interventionen nachgehen will, steht man vor dem Problem, sinnvolle und meßbare Einheiten zu isolieren, die als "Wirkfaktoren" gelten können. Eine Standardisierung von Interventionen ist schwer möglich und es ist auch schwierig, mit Wenn-Dann-Hypothesen zu arbeiten. Die Alternative ist, eine Intervention so ausreichend zu beschreiben, daß man ihre Faktoren analysieren kann, und daß man sie im Idealfalle wiederholen kann. Externe Evaluationsforscherinnen haben bekanntlich Schwierigkeiten, Interventionen so zu typisieren, daß sie ihre Wirkung messen können; Fachkräfte können jedoch Typologien ihrer eigenen Interventionen und Handlungsregeln entwickeln (vgl. Abschnitt 7.1.3). Sie können das experimentelle Instrument der kontrollierten Variation für Zwecke der Selbstevaluation modifizieren, indem sie überschaubare und gut beschriebene Interventionen als unabhängige Variablen behandeln und einzelne Handlungselemente kontrolliert variieren (bezogen auf den Nachdruck, den sie einer bestimmten Handlung verleihen, ihre Mimik und Gestik oder die Begleitumstände ihrer Intervention). Alternativ können sie auch erforschen, wie groß ihre Bandbreite der Variation eines Arbeitsprinzips mit Blick auf das Ziel sein kann. Da es häufig schwierig ist, unter den Kolleginnen einen Konsens bzgl. geeigneter Ziele für die professionelle Arbeit zu finden, ergibt sich hier eine Möglichkeit, die Interventionen zu vergleichen (vgl. Heiner 1986 a, 86). Und eher "nebenbei" erfahren die

Fachkräfte etwas über die Bedingungen, unter denen ihre Interventionen (nicht) erfolgreich wirken.

Eine Möglichkeit der Überprüfung des Verhältnisses von Intervention und Ziel bietet auch die Methode der kritischen Ereignisse[13] nach Flanagan (1954). Analog zu dessen Vorgehen legen die Fachkräfte zunächst ihr Ziel fest, um an diesem Ziel effektives oder uneffektives methodisches Verhalten beurteilen zu können. Im weiteren beobachten sie sich selbst und zeichnen Situationen (kritische Ereignisse) auf, in denen sie mit ihrem Verhalten dem spezifizierten Ziel nahe kamen oder es verfehlten. Die aufgezeichneten Verhaltensweisen können in einer späteren Auswertung gebündelt und/oder auf ihre Gemeinsamkeiten hin untersucht werden (vgl. auch den ähnlichen Vorschlag von Meinhold 1992 zur Überprüfung der Arbeitsprinzipien).

Eine weitere Idee zur Überprüfung der Effekte von Interventionen fand ich bei Kahn[14] (1977). Übertragen auf die Soziale Arbeit könnte man Klientinnen, die ohne äußeren Antrieb für sich selbst Lösungen erarbeiten, einer master-Gruppe zuordnen, während man einer slave-Gruppe, die dieses nicht tut, vergleichbare Lösungen empfiehlt (oder "verschreibt"). Ein Vergleich zwischen den "Ergebnissen" der Gruppen könnte Hinweise darauf geben, was die Intervention "Ratschlag" oder "Anordnung" bewirkt.

Soviel zu den Erfolgs-Dimensionen der Zielerreichung und der Effektivität. Bezogen auf das *Effizienz*-Kriterium fand ich außer den im Abschnitt 7.1.1 zitierten eindringlichen Hinweisen darauf, daß die Fachkräfte sich solchen Prüfprozeduren unterziehen *sollen*, wenig brauchbare Hinweise für geeignete Forschungspläne. Idealerweise sollten Kosten-Nutzen-Schätzungen vor einer umfassenden Maßnahme erfolgen, also ex-ante. Da aber Schätzungen darüber, wieviel Zeit (und damit auch Kosten) die Arbeit mit einer bestimmten Klientin beanspruchen wird, fast unmöglich sind (vgl. Engelhardt 1991), können Effizienz-Analysen de facto nur ex post, also im Nachhinein vorgenommen werden (vgl. Rossi 1984). Auch einzelne Fachkräfte haben die Möglichkeit, Kostenberechnungen vorzunehmen. Sie können Zeitbudgetstudien anlegen und somit über einen längeren Zeitraum festhalten, wieviel Zeit (in Stunden gerechnet) sie mit einer Klientin direkt verbringen und wieviel Organisationsaufwand der gesamte "Fall" verschlingt[15] (Aktenführung, Telefonate etc.). Sie können mithilfe von Netzwerkanalysen (vgl. Kähler 1983) eruieren, welche anderen Kolleginnen darüber hinaus mit dem "Fall" befaßt sind und über Personal- und Materialkosten zu Hochrechnungen bzgl. der Kosten kommen. Dabei wäre

---

13. Flanagan konstruierte diese Methode zur Analyse des Arbeitsverhaltens bestimmter Personen. Die Arbeitsschritte der Methode sind folgende: (1) Das Ziel der Tätigkeit wird bestimmt, um Urteile darüber zuzulassen, ob ein beobachtbares Verhalten effektiv oder nicht effektiv für die Zielerreichung ist. (2) Es werden Beobachterinnen ausgewählt und trainiert, die das Arbeitsverhalten in Bezug auf das Arbeitsziel beurteilen. (3) Die Beobachterinnen erheben dann Ereignisse, die zu einer guten bzw. schlechten Ausführung des Auftrags führen. (4) Die Beobachtungen werden ausgewertet und (5) interpretiert, was in der Folge etwa zu einem spezifischen Trainingsprogramm - oder auch einem standardisierten Erhebungsbogen führen kann (vgl. Gebert, Rosenstiel, 1981).

14. Um zu messen, ob die vielfach propagierte "Mitbestimmung", also die Beteiligung von Klientinnen an Organisationsprozessen auch tatsächlich positive Auswirkungen hat, schlägt er vor, nach Zufall drei Arbeitsgruppen zu bilden, eine "master"-, eine "slave"- und eine Kontrollgruppe. Wenn eine Abteilung im Verlauf der Organisationsentwicklung aus eigenem Antrieb stark selbstbestimmt arbeiten möchte (master-Gruppe), ordnen die Vorgesetzten bei einer zweiten Abteilung (slave-Gruppe) in herkömmlicher Weise alle die Tätigkeiten an, die die master-Gruppe freiwillig tut. Die Unterschiede zwischen master- und slave-Gruppe könnten als Ergebnis von Mitbestimmungsprozessen aufgefaßt werden, da die Effekte der Inhalte der Entscheidungen zwischen den Gruppenpaaren konstant gehalten wurden. Zu weiteren Möglichkeiten der Interpretation vgl. Kahn (1977, 285).

15. Zur Berechnung der Effizienz hat Heiner einige Arbeitsbögen entwickelt, mithilfe derer die Fachkräfte die zeitliche Intensität einer Fallbearbeitung einschätzen und dokumentieren können. Sie sind bezogen auf das Arbeitsfeld der Altenhilfe und fordern dazu auf, Alternativen zu den geplanten Betreuungsmaßnahmen unter dem Gesichtspunkt der Arbeitsintensität zu erwägen (vgl. Heiner 1992, 58 a und b).

interessant, wenn sie die eigenen Kosten und die eigene Zeit mit einer Nutzung von Ressourcen des Umfeldes in Beziehung setzen könnten (vgl. Heiner 1992, 41). Bei ähnlich gelagerten Fallgeschichten kann man verschiedene Lösungsstrategien kostenmäßig vergleichen. In der Selbstevaluation halte ich es für sinnvoll, bei den Kostenrechnungen auf der Ebene der Budgets (der Arbeitszeit und der Haushaltsmittel) der eigenen Organisation zu verbleiben, weil für umfassendere Effizienzberechnungen (wie z.B. ein Vergleich zwischen sozialpädagogischer Familienhilfe und Heimeinweisung) Vergleichsgrößen herangezogen werden müßten, die einzelnen Fachkräften nur schwer zugänglich sind (vgl. Abschnitt 4.8). Doch allein schon das Nachdenken über Effizienzgesichtspunkte vor dem Hintergrund ihres Zeitbudgets kann Fachkräfte zu einer effektiveren Arbeitsorganisation führen.

7.1.5 Einzelfallpläne

In den angelsächsischen Ländern wurden Untersuchungspläne für die Arbeit mit einzelnen Personen oder "Fällen" entwickelt, die wesentliche Elemente des experimentellen Designs übernehmen. Sie sind bekannt unter dem Begriff "single-case-designs" (Einzelfallpläne) oder auch als "individual-control/applied-analysis strategy", (individuell kontrollierte angewandte Analysestrategie) (Howe 1974), und gelten offensichtlich als das wesentliche Arbeitsinstrument der Selbstevaluation[16] (vgl. Howe 1974; Ho 1976; Mutschler 1981; Richey u.a. 1987; Lowy 1988). Dazu arbeitet man zunächst mit verschiedenen Meßvorgängen über einen längeren Zeitraum eine Grundrate des zu verändernden Verhaltens heraus. Im weiteren beobachtet, mißt und beeinflußt man den Entwicklungstrend, wobei die Selbstbeobachtungen der Klientinnen als wesentliche Erhebungsmethode dienen. Man interveniert je nach Diagnose mit bestimmen Arbeitsmethoden und erhebt in regelmäßigen Abständen - meist mit reliabel und valide konstruierten und vorgetesteten Fragebögen, "ob an denselben abhängigen Variablen Veränderungen von Zeitpunkt I über Zeitpunkt II bis Zeitpunkt III (Häufigkeit hängt von der Länge der Intervention und des Kontraktes ab) eingetreten sind" (Lowy 1988, 147). Die Variationen der Interventionen werden so lange durchgeführt, bis signifikante Veränderungen eingetreten sind. Untersuchungsfragen sind: "(a) How stable is the intrasubject variation of the observed phenomena? (b) How does one know whether the experimental treatment was actually responsible for an observed change? and (c) How representative is a single case of the total population? (The first question relates to the reliability of single-subject data, the second to their reversibility (i.e., the internal validity of data), and the third to their generality (i.e., the external validity of data)" (Howe 1974, 6).

Das Vorgehen läßt sich etwa folgendermaßen beschreiben: Als stabilen Zustand kann man eine Situation verstehen, in der sich beobachtbare Phänomene über einen bestimmten Zeitraum nicht verändern, bspw. die Rate der Vergiftung einer Alkoholikerin, die Häufigkeit der Streite eines Paares oder die Bedingungen, unter welchen eine Mutter ihr Kind ermahnt (vgl. Howe 1974, 7; Mutschler 1981, 92). Man kann auf dieser Grundlage besser messen, welches Verhalten auf die eigenen Interventionen zurückzuführen ist und sich davor schützen, die Verantwortung für Entwicklungen zu übernehmen, die schon vor dem Kontakt zustandegekommen sind[17]. Howe ist überzeugt, daß man mit dieser Strategie die experimentelle Kontrolle durch eine statistische Kontrolle ersetzen kann. Wenn bspw. eine Klientin ihre Wut nicht beherrschen kann, muß man

---

16. Howe zeigt auf, daß die Methodologie der Einzelfallpläne ursprünglich von Skinner entworfen und dann auf die Praxis der Sozialen Arbeit übertragen wurde. Er merkt aber an, man müsse nicht unbedingt Skinner akzeptieren, um sie anzuwenden (Howe 1974, 10).

17. Heiner schränkt ein, daß es sehr schwierig werden kann, eine solche stabile Grundrate des Verhaltens zu erheben, wenn nämlich die Probleme der Klientinnen noch nicht klar zu erkennen sind, oder wenn die Klientinnen (noch) nicht bereit sind, mit den Fachkräften zusammenzuarbeiten (vgl. Heiner 1989, 173).

sich für die Variabilität der Wut interessieren und die Bedingungen herausfinden, unter denen sie auftritt. Wenn die Bedingungen veränderbar sind, kann man versuchen, sie experimentell zu verändern. Die fundamentale Frage ist nach Howe die, welche unabhängigen Variablen für beobachtete Veränderungen verantwortlich sind. Dieses wird nun nicht mit Kontrollgruppen, statistischer Analyse und Signifikanztests erhoben, sondern man dreht die Prozedur um und nutzt die individuelle Kontrolle der Klientinnen. Folgende Arten von Untersuchungsplänen werden vorgestellt:

a) Wenn man *ABAB-Umkehrungspläne* (ABAB reversal design) einsetzt, veranlaßt man die Klientinnen, ihr Verhalten systematisch zu verändern (in die erwünschte Richtung, zurück zum Ausgangspunkt und wieder in die gewünschte Richtung), um so die funktionale Beziehung zwischen Behandlungstechniken und individuellen Verhaltensfortschritten zu sichern. Dabei fungieren die Klientinnen als ihre eigene Kontrolle. Howe nennt als Vorteil dieser Methode, daß das Problem der Intrasubjektvariabilität entfällt. Nachteilig (für das Experiment) ist, daß es viele wichtige und notwendige Entwicklungsschritte gibt, die man nicht umkehren kann, und deren funktionale Beziehung man dann auch nicht beweisen kann (vgl. Howe 1974, 10 f.).

b) *Multiple Grundlinienpläne* (multiple-baseline design) werden benutzt, wenn eine Klientin eine Einzeltechnik oder ein Einzelverhalten in mehreren problematischen Situationen wiederholt. Man sammelt dazu Daten über die miteinander in Beziehung stehenden Verhaltensweisen, und versucht so, mehrere Grundlinien gleichzeitig zu erfassen. Auf dieser Grundlage wird dann das gleiche "Treatment", hier die neuen Verhaltensweisen der Klientin systematisch in jedem problematischen Bereich eingeführt. Sie versucht z.B. die neue Verhaltensweise zuerst mit Untergebenen, dann mit Kolleginnen, dann mit Vorgesetzten. Auch hier kontrollieren sich die Klientinnen selbst, es ist aber keine Wiederholung vorgesehen. Da die gleiche Strategie jedoch mit jeder zusätzlichen Grundlinie wiederholt wird, wird dem Design eine höhere interne Validität zugesprochen als einer einfachen AB-Prozedur. Diese Vorgehensweise wird bei irreversiblen "Behandlungstechniken" gewählt, oder in Fällen, in denen eine Umkehrungsprozedur unerwünscht ist (vgl. Howe 1974, 11 f.).

c) Auf der Grundlage von AB-Plänen mißt man (ausgehend von der vorher angelegten Grundlinie) die Veränderungen in der Situation der Klientinnen, die als Ergebnis der Interventionen zu werten sind, ohne daß Umkehrungsprozeduren vorgenommen werden. Howe meint, daß diese Pläne immer noch mehr experimentelle Kontrolle aufwiesen als rein qualitative Pläne oder solche, die nicht auf einer vorher angelegten Grundlinie basierten (vgl. Howe 1974, 12).

d) *Sukzessive Behandlungspläne mit Umkehrungen* (reversal successive-treatment design) beruhen wie ABAB-Umkehrungspläne auf einer Grundlinie, einer "Behandlung" und einer Umkehrungsphase. Hier nimmt man aber in ähnlich gelagerten Problemsituationen mit vergleichbaren Klientinnen die gleichen Interventionen vor und testet systematisch in einer kumulativen Form die Wirkung der spezifischen Intervention. Howe behauptet, damit könne man nicht nur Interventionstechniken vergleichen, sondern auch (durch die Grundlinienwiederholung) Kontrolle über die unabhängigen Variablen gewinnen (vgl. Howe 1974, 13; Mutschler 1981, 93).

e) Das "time lagged control design" sieht vor, daß man zwischen einer Intervention bzgl. einer Klientin und der gleichen Intervention bzgl. einer zweiten Klientin eine gewisse Zeitspanne einplant. Man hält eine Intervention also eine Zeitlang zurück. Die Fachkräfte können somit ihre Interventionen wiederholen, ohne daß die eine Auswirkungen auf die andere hat, und sie können beobachten, was in der Zeit dazwischen passiert[18] (vgl. Mutschler 1981, 93).

f)   Ein weiterer Vorschlag Mutschlers bezieht sich auf eine Methode, anhand derer zwei unabhängige Partnerinnen das Ergebnis einer Interaktion bewerten können: "Ein 'comparison level' ist ein subjektiv bestimmter Standard, an dem Erwartungen des Klienten gemessen werden können. Je nachdem, ob die Ergebnisse für ihn über oder unter diesem Standard liegen (im Vergleich zu seinen Erwartungen) werden sie als befriedigend oder unbefriedigend empfunden. Die *Attraktivität* einer Beziehung kann also daraus ersehen werden, ob die Resultate der Interaktion über oder unter dem 'comparison level' liegend eingeschätzt werden. Er ist das Kriterium, das von dem einzelnen Partner benutzt wird, die Ergebnisse im Verhältnis zu seinen Erwartungen in einer gegebenen Situation zu bewerten. Der 'comparison level for alternatives' ist ein Standard, der von den Partnern benutzt wird, um die Resultate in einer gegebenen Situation zu bewerten und in Vergleich zu setzen zu anderen wahrgenommenen möglichen Alternativen. Er ist deshalb ein Kriterium, das den Grad der Abhängigkeit von einer gegebenen Beziehung, die gute Resultate zeitigen soll, bezeichnet" (Mutschler 1981, 85; Hvh. im Original). Weil es in der sozialen Praxis immer um die Zielerreichung *und* eine gute soziale Beziehung geht, müssen die Fachkräfte immer auf ein mindestens akzeptables Minimum an unmittelbar positiven Erlebnissen achten. Nach Mutschler können sie die Variablen so operationalisieren, daß sie als Richtlinien zur Orientierung gelten können, um im weiteren und systematisch zu untersuchen, welche der Verhaltensweisen zum Erfolg führen (vgl. das Vierfelderschema 1981, 86).

Die Stärke der Einzelfallpläne liegt in der Erfassung einzelner Interventionen. Pläne zur Erfassung mehrerer interagierender Bedingungen sind laut Howe noch nicht gut ausgearbeitet. Weil Ergebnisse manchmal auch aufgrund von äußeren Einflüssen zustandekommen (wenn z.B. unkontrollierte Variablen mit der unabhängigen Variablen kovariieren), ist es da, wo die Ergebnisse nicht umkehrbar sind schwierig, herauszufinden, ob die eingesetzte Intervention tatsächlich für das Ergebnis verantwortlich ist. Problematisch wird es auch, wenn die abhängige Variable so stark variiert, daß es schwer oder unmöglich wird, eine Grundlinie anzulegen. Und nicht zuletzt kommen single-subjekt-Forscherinnen in Schwierigkeiten, wenn es keine substantiellen und systematischen Ergebnisse gibt, deren Zustandekommen sie erklären könnten (vgl. Howe 1974, 13 f.).

Als wesentliches Meßinstrument gilt bei allen angeführten Untersuchungsplänen die Selbstbeobachtung der Klientinnen. Dabei müssen die Fachkräfte darauf achten, daß die Ziel- und Ergebnisvariablen möglichst dem gewünschten Verhalten entsprechen und inkompatibel mit dem problematischen Verhalten sind, das verändert werden soll. Bei Absentismus sollten die Klientinnen also nicht die Tage ihrer Abwesenheit zählen, sondern die der Anwesenheit, und bei Konflikten sollten sie negative *und* positive Interaktionen beachten. Die Klientinnen registrieren mithilfe von Checklisten, Stoppuhren oder anderen geeigneten Instrumenten die Zeiten, zu denen das fragliche Verhalten auftritt. Zusätzlich zeichnen sie die Kontextbedingungen der Ereignisse und auch Gefühle, die mit der Situation zusammenhängen auf. Was im einzelnen gebraucht wird, ist abhängig vom festgelegten Ziel. Die Beobachtungseinheiten werden also nicht starr definiert und vorgeschrieben, sondern der Problemsituation der Klientinnen angepaßt. Da diese Berichte als primäres Werkzeug der Datensammlung gelten, müssen die Fachkräfte die Beobachtungsaufgaben sorgfältig, deutlich und genau organisieren (vgl. Howe 1974, 15).

---

18.   Mutschler beugt ethischen Bedenken vor, indem sie erklärt, daß die Intervention nur aufgeschoben würde, bis man wisse, ob sie sich im ersten Fall bewährte hätte. Vgl. dazu ihr Beispiel (1981, 94).

Einen ähnlichen Ansatz der Selbstbeobachtung, jedoch als *therapeutische* Intervention zur Selbstbewertung und Selbstverstärkung beschreibt Reinecker (1978). Auch er geht von einer gründlich erhobenen Baseline aus und davon, daß die Klientinnen genau und in Verhaltensbegriffen beschreiben, was sie ändern möchten. Mit verschiedenen Hilfsmitteln (Verhaltenstagebuch, verschiedene Zählweisen, Stoppuhr, graphischen Schemata) halten sie dann die Häufigkeit oder das Auftreten des fraglichen Verhaltens fest. Wenn das Verhalten als eine Funktion der Umgebung identifiziert wurde, sollten sie auch die Antezedenzien und die Konsequenzen erfassen, um herauszufinden, welche Ereignisse jeweils ein bestimmtes Verhalten auslösen oder doch begünstigen - oder umgekehrt, welche Konsequenzen der Umgebung ein bestimmtes Verhalten auslöst (vgl. Reinecker 1978, 194). Problematisch für die Erforschung des Prozesses ist, daß man schwer unterscheiden kann, welche Effekte durch Interventionen zustande kommen und welche allein dem Sachverhalt der Selbstbeobachtung und der damit verbundenen Bestätigung und Beachtung geschuldet sind. Reinecker hebt ferner hervor, daß es manchmal wichtiger sein kann, Antezedenzien (z.B. den Drang, zu rauchen) zu beobachten, als das problematische Verhalten (also das Rauchen) selbst (vgl. Reinecker 1978, 195).

Ein weiteres Instrument, das Klientinnen direkt in den Evaluationsprozeß einbezieht, ist der Praxis-Ergebnis-Fragebogen (Practice Outcome Inventory) von Ho (1976). Der Prozeß läuft über sechs Stufen: (1) Die Klientinnen sollen zunächst angeben, was sie gerne ändern möchten und zehn Charakteristika, Qualitäten oder Indikatoren nennen, die sie wichtig finden, unabhängig davon, ob sie über diese verfügen oder nicht. (2) Um klare Ziele herauszuarbeiten und Referenzpunkte für die spätere Evaluation zu gewinnen, spezifizieren die Fachkräfte mit den Klientinnen die Indikatoren in verhaltensmäßigen Verankerungen (was bedeutet Selbstvertrauen in Termini des aktuellen Verhaltens?). (3) Die Klientinnen rangordnen sodann die Indikatoren auf einer Skala von zehn Punkten, wodurch Prioritäten festgelegt werden. (4) Es folgt mithilfe weiterer Schätzskalen (von -5 bis +5) eine Selbsteinstufung, die von den Fachkräften akzeptiert werden sollte. (5) Ho schlägt vor, die Rangordnung und Einstufung zu bewerten, indem Klientinnen und Fachkräfte beide Werte miteinander multiplizieren (Problemgewicht x Abstand zum Ziel). Die Bewertungen sollten dann addiert werden, um zu einem Gesamtwert zu kommen und die Items herauszuarbeiten, die die größte Bedeutung haben. (6) Zum Schluß sollen die Klientinnen entscheiden, an welchen Items sie arbeiten wollen. Über die weiteren Methoden wird dann ein expliziter Kontrakt geschlossen (vgl. Ho 1976, 25).

Alle hier vorgestellten Untersuchungspläne haben gemeinsam, daß sie motivierte und engagierte Klientinnen voraussetzen, die in der Lage sind, valide und reliable Daten in den Prozeß einzubringen. Sie werden von den professionalisierten case workers eingesetzt, die ähnliche Arbeitsbedingungen haben wie in Deutschland die Psychologen in den Beratungsstellen (vgl. Abschnitt 2.1.1). Solche Bedingungen und solche Klientinnen sind in der Praxis der deutschen Sozialen Arbeit eher die Ausnahme. Ferner sind die meisten der Untersuchungspläne stark dem klassischen experimentellen Design verhaftet. Mit Blick auf Heiners Untersuchung (1989) finde ich es fraglich, ob deutsche Fachkräfte bereit sind, sich so intensiv auf eine forschungsmethodische Auseinandersetzung einzulassen, wie das bei der Anwendung dieser Pläne erforderlich ist. Ich gehe aber davon aus, daß man auch diese Pläne für Zwecke der Selbstevaluation "umarbeiten" kann.

7.1.6 Gütekriterien

Die Gütekriterien solcher selbstevaluativen Bemühungen sind an den klassischen Gütekriterien ausgerichtet:

a) Zur *Validität* merkt Reinecker an, daß die Beobachterinnen eines spezifizierten Verhaltens (also die Klientinnen selbst oder die Fachkräfte) sicherstellen müssen, daß sie auch das beobachten, was sie beobachten sollen. Wenn Klientinnen ihre Selbstverstärkungen aufzeichnen sollen und statt dessen die Reinforcements ihrer Therapeutinnen zählen, ist ihre Messung invalide (vgl. Reinecker 1978, 201). Beeinflußt wird die Validität der Beobachtung s.M. durch folgende Faktoren: (1) Es kann geschehen, daß die Beobachterinnen im Laufe der Zeit ihre Kriterien ändern (driften) und nicht mehr das beobachten, worauf sie geschult wurden. (2) Es hat sich auch gezeigt, daß sich ein Verhalten allein durch die Selbstbeobachtung im Laufe der Zeit verändert (Reaktivität), so daß nicht mehr deutlich ist, auf welche Prozesse die Veränderung zurückzuführen ist (zu Vorschlägen zur experimentellen Kontrolle vgl. Reinecker 1981, 202). (3) Man muß beachten, daß Erwartungseffekte die Beobachtung in eine bestimmte Richtung verzerren. Es kann (4) auch sein, daß die beobachteten Einheiten nicht relevant (repräsentativ) für das in Rede stehende problematische Verhalten sind und genauer definiert werden müssen (vgl. Reinecker 1978, 202 f.).

b) Zur Gewährleistung der *Reliabilität* ist darauf zu achten, daß Veränderungen in den identifizierten Zielvariablen nicht auf Veränderungen des "Meßinstrumentes" zurückgehen (vgl. Howe 1974, 15; Reinecker 1978, 203 f.). Die Fachkräfte sollen also den Gegenstand der Messung genau festlegen und prüfen, ob er dem entspricht, der geändert werden soll. Howe ist davon überzeugt, daß die Reliabilität das Rückgrat der Einzelfallforschung sei, daher müsse man gelegentlich die Selbstbeobachtungen mit externen Beobachtungen auf Übereinstimmung vergleichen (durch unabhängige Beobachterinnen, Fachkräfte, Familienmitglieder oder bedeutsame Andere). Aus praktischen und theoretischen Gründen müsse die Beobachtung so einfach, knapp und ökonomisch wie möglich gehalten werden (vgl. Howe 1974, 15).

c) Die *Repräsentativität* von Einzelfallplänen hängt nach Howe von Absichten der Forscherinnen und den untersuchten Bedingungen ab. Er plädiert dafür, daß die Klientinnen mit ihren speziellen Problemen Vorrang hätten. Man könne zwar nach Ähnlichkeiten der Probleme und nach gleichen Behandlungsbedingungen suchen; die Vergleichbarkeit sei aber begrenzt, und die Klientinnen seien mit sich konsistenter als mit anderen, auch wenn diese eine ähnliche Symptomausprägung zeigten. Daher müsse jeder Fall individuell bemessen werden. Wenn auch vielleicht die Streubreite möglicher Techniken begrenzt sei, ihre Kombination sei es nicht. Wenn man schon nach Generalisierung suche, müsse man sich zunächst entscheiden, für welche Daten oder Variablen dieses gelten solle, ob bspw. für die Interventionen der Fachkräfte oder die Reaktionen der Klientinnen und dann nach geeigneten Methoden suchen (vgl. Howe 1974, 8).

d) Eine *Verallgemeinerbarkeit* entsteht nach Howe dadurch, daß diejenigen Methoden, die sich im Einzelfall als effektiv erwiesen haben, in vergleichbaren Fällen weiter angewendet und damit repliziert werden. Mit jeder Wiederholung unter sich ständig leicht ändernden Bedingungen würden die in Rede stehenden Interventionen weiter eingesetzt und verifiziert. Am Ende könnten funktionale Beziehungen zwischen bestimmten Interventionen und Reaktionen von Klientinnen nachgewiesen werden (vgl. Howe 1974, 9).

7.2 Selbstevaluation als Aufklärung

Unter diese Kategorie subsummiere ich evaluatorische Bemühungen, die die *Bedingungen* rekonstruieren, unter denen Prozesse abgelaufen sind. Die Evaluationsfrage heißt hier: "Was ist passiert?" Die Ergebnisse helfen, das Wissen über das, was sich täglich in der praktischen Arbeit abspielt, zu erweitern. Dabei gewinnen die Fachkräfte ganz allgemein Wissen über die zeitliche Dimension und den Verlauf von sozialen Prozessen in institutionellen Zusammenhängen, und sie erfahren speziell etwas über sich selbst und ihre konkreten Arbeitsweisen. Die Prozeßevaluation gilt als die dem Gegenstand der Sozialen Arbeit angemessenste Art der Evaluation, auch wenn ihre Ergebnisse nicht immer direkt verwertbar sind. Diese Perspektive berücksichtigt den Beitrag der Klientinnen am Zustandekommen von Ergebnissen und den Sachverhalt, daß professionelle Einwirkungen nur einen kleinen Bestandteil des Lebens eines Menschen ausmachen.

Die Rekonstruktion des Prozeßverlaufs kann die Ausgangsbasis für vielerlei Untersuchungsfragen sein. Die Fachkräfte können (a) ihre *Aktivitäten* rekonstruieren. Dabei stellen sie fest, was sie tatsächlich tun und setzen dieses vielleicht in Beziehung zu dem, was sie tun *möchten* (was sind meine Ziele, was tue ich tatsächlich). Solche Studien sind sinnvoll, wenn sie zweifeln, ob ihre Theorien und Arbeitsprinzipien noch mit dem Ablauf der Ereignisse übereinstimmen. Sie können (b) sich intensiv mit ihren *Klientinnen* befassen, beobachten, wie diese sich innerhalb der Institution und in ihrer Lebenswelt verhalten und ihre Eindrücke zum Prozeß aufzeichnen. Es ist möglich, die Interaktionen mit einzelnen Klientinnen oder Gruppen über einen längeren Zeitraum zu verfolgen. Sie können in Fallstudien den Verlauf eines Prozesses aus der Sicht einer einzelnen Klientin (oder einer Gruppe) festzuhalten und *ihre* Beurteilung der Veränderungen erheben. Sie können (c) die Beziehungen zwischen Kontext und Prozeß und zwischen Prozeß und Ergebnissen betrachten. Auf diese Weise identifizieren sie auch *verdeckte Prozesse*, unbeabsichtigte Wirkungen und sog. Spätfolgen, die man schwer finden kann, wenn man nicht weiß, wonach man sucht. Eine solche Vorgehensweise erlaubt auch, Situationen zu erkennen, die *nicht* problematisch sind, und lenkt den Blick auf die Stärken und Ressourcen aller Beteiligten. Die Fachkräfte können (d) nach *unspezifischen Wirkfaktoren* suchen, indem sie ihre Interaktion mit den Klientinnen und zwischen den Akteurinnen verfolgen und so Bewegungen, Beziehungsmuster und wiederkehrende Situationen erkennen. Sie können (e) *veränderungsrelevante Elemente* oder Episoden herausarbeiten und Aktivitäten, die ähnliche Wirkungen zeigen, in Gruppen zusammenfassen. Sie können (f) Selbstbeobachtungen und Selbsteinschätzungen von Klientinnen, Kolleginnen und Expertinnen mit Urteilen und Begründungen anderer Personen *vergleichen*. Eine Prozeßrekonstruktion ermöglicht evtl., (g) die Veränderungen *aller Beteiligten* incl. der Rahmenbedingungen innerhalb eines gewissen Zeitraumes zu erfassen. Die Fachkräfte können (h) auch fragen, was überhaupt bei der Arbeit "herausgekommen" ist, welche *Ergebnisse* also zu verzeichnen sind und diese Ergebnisse auf ihre Charakteristika untersuchen. Sie können die Qualität der erreichten Wirkungen beurteilen, zwischen angestrebten und unerwünschten Wirkungen unterscheiden oder untersuchen, ob diese Wirkungen kurz- und langfristig in das soziale Umfeld der Betroffenen integrierbar sind. Alles Material, das man auf diese Weise gewinnt, ist und bleibt vieldeutig und widersprüchlich und muß interpretiert werden. Das bedeutet also, daß die Fachkräfte ihre Ergebnisse in Kommunikation mit Kolleginnen oder Vorgesetzten auswerten.

Ich stelle in diesem Abschnitt zunächst wieder einige Überlegungen zu wesentlichen Erfolgskriterien der Aufklärungsoption an (Abschnitt 7.2.1). Im Abschnitt 7.2.2 stelle ich einige Untersuchungspläne für diese Form der Selbstevaluation zusammen, wobei Formen und Methoden der Dokumentation von Prozeßverläufen im Mittelpunkt stehen. Fallstudien können als Spezifikum der prozeßorientierten Selbstevaluation gelten, daher widme ich ihnen einen besonderen Abschnitt (7.2.3). Es folgen Vorschläge zur Kontrolle der Güte qualitativer Untersuchungen (Abschnitt 7.2.4) die sich wesentlich von den im Abschnitt 7.1.6 beschriebenen Gütekriterien unterscheiden.

7.2.1 Erfolgskriterien

Viele Fachkräfte führen die Ergebnisse ihrer professionellen Arbeit nicht nur auf ihre eigenen Interventionen oder die ihrer Team-Kolleginnen zurück. Sie wissen, wie vielfältig die Einflüsse in einer sozialen Situation sind. Erfolg ist die Konsequenz einer Kombination von internen und externen Faktoren, und er kann auch auf die Eigendynamik eines Geschehens oder auf Faktoren zurückgehen, die vor dem Tätigwerden der Fachkräfte bestanden (Heiner 1986, 159). Wenn man, wie im vorigen Kapitel nach der Effektivität einer Intervention im Bezug auf die Erreichung definierter Ziele fragt, bleibt unberücksichtigt, auf welche Art ein Ergebnis zustandegekommen ist. Wie schon erwähnt, "wirkt" aber gerade die *Qualität* der Beziehungen zwischen Klientinnen und Fachkräften (vgl. Abschnitt 3.5.2) oder die der einzelnen Interventionen. Die Beteiligten beurteilen die Qualität nach ihren subjektiven Nutzenerwägungen. Bewertet man also das Ergebnis eines Prozesses nur am Kriterium der gesetzten Ziele, negiert man die subjektiven Anteile aller beteiligten Personen. Heiner schreibt daher: "Erfolgskriterien sind retrospektiv zu definieren, nicht prospektiv. Was zählt, ist der zurückgelegte Weg, die Entfernung vom Ausgangspunkt, nicht der Abstand zum Ziel. Der retrospektive Bezug schließt Deutungen und Bewertungen aller Betroffenen mit ein. ... Selbstreferentialität verlangt die Berücksichtigung verschiedener Perspektiven und Bewertungsmaßstäbe ... der Erfolg ist daher nur selbstreferentiell als Fortschritt des Klienten im Rahmen seiner Biographie zu definieren" (Heiner 1986 a, 93 f.; vgl. Scriven 1984; Sengling 1987).

Das zentrale Erfolgskriterium der Aufklärungs-Option von Selbstevaluation ist also die *Selbstreferentialität*: Was Erfolg ist, bestimmen nicht die Fachkräfte allein und anhand wie immer begründeter Kriterien, sondern Erfolg wird jeweils im Einzelfall und unter Berücksichtigung der persönlichen Wertvorstellungen und Fähigkeiten der Klientinnen definiert. Dabei spielt das Referenzsystem der Klientinnen (ihr subkultureller Deutungshorizont) eine wesentliche Rolle[19]. Klientinnen und Fachkräfte beurteilen die zurückgelegte Wegstrecke und die bisherige Entwicklung. Manche, aus der Sicht von Fachkräften oder Unbeteiligten belanglose Veränderung empfinden Klientinnen als großen Schritt (auch wenn er nicht in die von den Fachkräften gewünschte Richtung ging). Manche empfinden es auch als Erfolg, wenn sie ein bis dato unlösbares Problem in einen anderen Deutungszusammenhang einordnen können. Obwohl sich in solchen Fällen äußerlich nichts verändert hat, geht es ihnen wesentlich besser[20].

Ein Vorteil dieser Sichtweise ist, daß die Fachkräfte ihr methodisches Vorgehen schrittweise beurteilen und der Entwicklung des Prozesses anpassen können[21]. Darum sind selbst-

19. Im übrigen sind auch die Kriterien, die Politikerinnen und Verwaltungsfachleute an die Soziale Arbeit anlegen, selbstreferentiell: Sie nehmen *ihre* Erinnerungen an Kindheit und Jugend zum Maßstab der Beurteilung von Jugendarbeit und legen *ihre* Vorstellungen von Normalität als Meßlatte an Klientinnen Sozialer Arbeit an.

20. Im übrigen erfahren manche Fachkräfte in der Praxis auch, daß Klientinnen "Erfolg" eher als Verbesserung ihrer materiellen Mangelsituation definieren, während sie selbst stärker auf "Erfolge" im Bereich einer Verhaltensänderung fixiert sind.

21. Das hat auch den Nebeneffekt, daß die Motivation aller Beteiligten durch die häufigere Erfahrung eines partiellen Erfolges verstärkt werden kann (vgl. Lippitt, Lippitt 1977, 103). Denn der Blick auf das, was man schon erreicht hat, ist beruhigender als der auf (weit entfernte) Ziele.

referentielle Erfolgskriterien wahrscheinlich auch realistischer als diejenigen, die aus normativen Fernzielen deduziert werden. Die Evaluationsperspektive der Aufklärung fordert also, die Kriterien von Klientinnen *und* Fachkräften offenzulegen und als Maßstäbe für die Evaluation zu gewinnen.

Ein zweites Erfolgskriterium neben der Selbstreferentialität bezieht sich auf die (soziale) *Verträglichkeit* der erfolgten Aktivitäten und Veränderungen. Dazu muß man die *Zusammenhänge*, in denen eine Wirkung zustande kam, rekonstruieren. Wenn die Fachkräfte die kontextuellen Bedingungen ihrer Arbeit und die der Klientinnen in den Blick nehmen, finden sie wahrscheinlich auch (erwünschte und unerwünschte) Nebeneffekte und Spätfolgen ihrer methodischen Vorgehensweise. Sie sollten also nicht nur darauf achten, daß und wie sich einzelne Menschen verändern, sondern auch darauf, wie diese Menschen mit veränderten Einstellungen und verändertem Verhalten in ihrer üblichen Umgebung zurechtkommen. Teilweise müssen sich auch untersuchen, welche Wirkung ihre Einrichtung oder einzelne Aktionen auf einen ganzen Stadtteil haben. Ein weiterer Aspekt ist das, was Bennis mit "Weitblick" bezeichnet hat, daß man nämlich gegenwärtige Handlungen vor dem Hintergrund größerer geschichtlicher Vorgänge in die richtige Perspektive rückt (vgl. Bennis 1972, 67).

7.2.2 Geeignete Untersuchungspläne

Die Untersuchungspläne, die in der aufklärungsorientierten Selbstevaluation zum Tragen kommen, sind meist am interpretativen Paradigma orientiert und betonen die wechselseitige Beeinflussung von situativem Kontext, Ereignis und Person. Nach Heiner (1986) sind drei Stichworte für diesen Ansatz zentral, nämlich Bedingungsgefüge (Kontext), Bedeutungszuschreibungen (Sinnkonstitution) und Besonderheit (Individualität). Weil die menschliche Wahrnehmung als das bessere Erhebungsinstrument für Muster und Episoden eines Prozesses gilt als standardisierte Methoden, wird man überwiegend qualitative Erhebungsmethoden benutzen, die jedoch mit quantitativen kombiniert werden können. Mit quantitativen Informationen kann man die Einzelfälle einordnen und ihre praktische Bedeutung einschätzen; sie erleichtern auch Längsschnittvergleiche (Zeitreihenuntersuchungen) (vgl. Brügelmann 1982, 69).

Wenn die Fachkräfte beobachten wollen, "was passiert", müssen sie explorativ vorgehen und offen für neue Fragestellungen und Hypothesen bleiben. Sie sollten aber bei aller Offenheit für den Prozeß nicht auf jegliche Eingrenzung der Untersuchungsfragen verzichten und sich auch auf eine bestimmte Form der Beobachtung und Dokumentation festlegen, weil ihnen sonst die Kriterien zur Sichtung des vielfältigen Materials fehlen. Eine Möglichkeit ist, zunächst ein Thema festzulegen, das den "Gegenstand" der Untersuchung bilden soll. Da die Fachkräfte ihre Arbeit verrichten *und* sie gleichzeitig untersuchen, ergeben sich im Prozeßverlauf Fragen, die (als Hypothesen formuliert) die weitere Datenerhebung leiten können. Wenn sie die Daten parallel zum Prozeß oder doch in kürzeren Abständen analysieren und mit ihren Hypothesen abgleichen, erhalten sie Informationen für die Korrektur des Prozeßverlaufes. Im weiteren können sie dann wieder ihre Datenerhebung auf die neuen Erfordernisse ausrichten[22]. Statt

---

22. Dieses Vorgehen entspricht der "grounded theory"-Methode (Glaser & Strauss 1967), in der die Entwicklung von Forschungsfragen (bzw. Hypothesen), die Datenerhebung und die Datenanalyse parallel und sukzessiv erfolgen. Die Fragen und Hypothesen, die sich aus der Datenanalyse ergeben, werden im weiteren Verlauf der Untersuchung kontrastiert und führen evtl. zu neuen Hypothesen, die wiederum kontrastiert werden. Krause Jakob beschreibt ausführlich das methodische Vorgehen nach diesem Ansatz der "entdeckungsorientierten Prozeßforschung" und dokumentiert den Weg und die Ergebnisse ihrer Studie zu "Veränderungsprozessen aus der Sicht von KlientInnen" der Psychotherapie (vgl. Krause Jakob 1992, 70 ff.). M.E. können Fachkräfte von diesem Forschungs-Ansatz profitieren, auch wenn er zu aufwendig ist, um neben der alltäglichen Arbeit direkt übernommen werden zu können.

Hypothesen von Theorien abzuleiten und sie dann zu überprüfen, werden bei diesem Vorgehen die Kategorien zur Ordnung des Materials aus der Beobachtung der Situationen entwickelt. Man kann dieses induktiv gewonnene Wissen dann mit vorliegenden Theorien konfrontieren und auf seine Plausibilität hin testen.

Jegliche Form der Selbstevaluation "lebt" von der Qualität der Datenerhebung. Nur auf der Grundlage aussagekräftiger Daten kann man die weiter oben aufgezählten Fragen beantworten. Heiner zeigt auf, daß die Fachkräfte für die Selbstevaluation Verfahren der Informationssammlung und -auswertung brauchen, die *begründungsorientiert* sind. Es geht nicht nur darum, Daten zu erheben, sondern die Verfahren sollen immer auch zur Erkenntnis der (impliziten) Annahmen der Handelnden und zur Erklärung ihrer Begründungs- und Deutungsmuster beitragen. I.M. sind dazu besonders solche Verfahren geeignet, die der emotionalen Distanzierung der Handelnden vom Gewohnten, dem Perspektivenwechsel und (gedanklichen) Rollentausch sowie der Entwicklung alternativer Bewertungen und/oder Begründungen des eigenen Handelns dienen (vgl. Heiner 1989). Darum sind auch viele Methoden der Supervision und der Praxisberatung brauchbar, wie Rollenspiel, Videofeedback, Zeichnungen und projektive Verfahren, Inhaltsanalysen von Tagebüchern, Protokolle des eigenen lauten Denkens etc.. Auch eher kognitive Problemlösungsstrategien wie Verfahren zum Entscheidungstraining (vom erwünschten Ziel rückwärts denken, bewußter Wechsel des Abstraktionsniveaus oder Analogieschlüsse eignen sich. Aufschlußreich sind darüber hinaus auch (chronologisch angelegte) Dokumentationen von Routinen (Briefe, Telefonate, Produktion von Arbeitspapieren), von Kontakten zu Klientinnen, ihrem sozialen Umfeld, zu anderen (Fach-) Institutionen und der Öffentlichkeit (Medien und Politik). Man sollte auch systematisch die Außen-Reaktionen (Presse, Funk, Politik, Bevölkerung) und ebenfalls "Produkte" der Klientinnen (Fotos, Videoclips, Musikkassetten, Zeichnungen) sammeln[23] (vgl. C.W. Müller 1988 c).

Mit dem Konzept der *Situationsporträts* entwickelte Heiner speziell für die Selbstevaluation ein Verfahren, das sie zwischen den konzeptorientierten Ratings (vgl. Abschnitt 7.1.2) und kompletten Fallstudien (vgl. Abschnitt 7.2.3) ansiedelt. Mit Situationsporträts sammeln die Fachkräfte (wie für die Schätzskalen) beispielhafte Verhaltensweisen oder wiederkehrende Situationen, die sie ändern möchten. "Sie beziehen sich aber auf je individuelle Erfahrungen, die nicht vorab kodifiziert werden, sie beschränken sich auch nicht auf ein einzelnes Kriterium ("Dominanz"). ... In ihnen sollen sich zugleich sein [des Klienten] persönlicher Entwicklungsstand, seine typischen Problemlösungsstrategien und zentrale Elemente seiner Lebensumstände widerspiegeln. Das situative Verhalten wird nicht nur beschrieben, sondern von einem oder mehreren Interaktionspartnern mit den eigenen Gefühlsreaktionen in Beziehung gesetzt, bewertet und gedeutet. Entsprechend kann es von einer Situation mehr als ein Porträt geben. Im Gegensatz zum Ratingverfahren bilden die Porträtschilderungen keinen gleichbleibenden Bewertungsmaßstab. Interessant ist vielmehr die Veränderung (einzelner Elemente) der Situation als Indikator einer Entwicklung" (Heiner 1986 a, 95; vgl. auch Heiner 1987, 85) Situationsporträts sind Instrumente, die die Fachkräfte zu mehreren Zwecken nutzen können. Eine

---

23. Ich verzichte an dieser Stelle auf die Aufzählung weiterer Methoden zur Erhebung und Auswertung von Daten. Viele Hinweise und Anwendungsbeispiele finden sich in den beiden von Heiner herausgegebenen Sammelbänden zur Selbstevaluation und zur Praxisforschung (1988 a und b); in den Sammelbänden, die von C.W. Müller (1978); vom ISA (1983); von Feltes (1988) und von Beerlage und Fehre (1989) herausgegeben wurden sowie in den beiden Aufsätzen von C.W. Müller (1988 c und d). Eine Zusammenstellung von achtzehn methodischen Möglichkeiten der Selbstevaluation findet sich auch im Anhang der "Analyseinstrumente methodischen Handelns" (v. Spiegel 1992) sowie im Aufsatz über die "Reflexion und Evaluation methodischen Handelns" (Heiner 1992). Brauchbar sind auch viele Methoden aus der Supervision und der Organisationsberatung, vgl. die fast 100 Seiten starke Methodensammlung von Klappenecker und Schramm (1982) am Ende ihrer Dissertation über Organisationsberatung in sozialpädagogischen Institutionen.

erste "Porträtaufnahme" dient der Erfassung der Ausgangssituation und gibt Anhaltspunkte für Interventionen. Wenn man in regelmäßigen Abständen (wöchentlich oder vierzehntägig) weitere Situationsporträts erstellt, kann man einen Zeitreihenvergleich vornehmen[24]. Situationsporträts werden von allen Beteiligten erstellt, von den Klientinnen selbst, von Fachkräften und auch von Wissenschaftlerinnen. Sie entstehen aus dem eigenen Erleben heraus oder auf der Grundlage von teilnehmenden Beobachtungen oder Interviews. Man kann sie mehr oder weniger stark standardisieren und mit quantifizierenden Verfahren kombinieren. Sie bedürfen jedoch der kommunikativen Validierung (in Teamgesprächen oder der Supervision). Sie sind auch insofern unvollständig, als sie hauptsächlich die Beziehung der Klientinnen zu ihrem unmittelbaren sozialen Umfeld thematisieren. Entsprechend müssen feldbezogene Überlegungen hinzukommen (vgl. Heiner 1986 a, 97 f.). Ebenfalls brauchbar als Erhebungsinstrumente sind "Signalsätze" und "dichte Beschreibungen" (vgl. dazu Abschnitt 7.1.2).

Zeitdauer und *Reihenfolge* der Erhebungen richten sich nach dem Gegenstand der Untersuchung. Feldnotizen sollten laufend während des gesamten Prozesses aufgezeichnet werden (vgl. Abschnitt 7.2.3). Andere Verfahren werden punktuell eingesetzt, während der Interventionen oder gleich danach, vielleicht auch erst einige Zeit später oder nach einigen Jahren (vgl. Heiner 1988 a, 28). Auch die Frage nach den *Informationsquellen* richtet sich nach dem Gegenstand der Untersuchung. Man kann die Klientinnen über sich selbst und ihre Situation befragen, das eigene Wissen und das der Kolleginnen auswerten, die mit diesen Klientinnen zu tun haben, Menschen aus dem sozialen Umfeld der Klientinnen interviewen u.a.m.. Stenhouse unterscheidet bei der Auswertung der Quellen "Zeugnisse" (aufgezeichnete persönliche Empfindungen und Überlegungen für sich selbst und andere) und "Zeugenaussagen" (Beweismittel, die Beobachtungen äußerer Ereignisse wiedergeben)[25]. Hinzu kommen als Produkt der Forschung "Dokumente" statistischer oder qualitativer Art (Erinnerungsberichte) (vgl. Stenhouse 1982, 40).

7.2.3 Fallstudien

Meist entstehen *Fallstudien*, also Einzelfalluntersuchungen, bei denen die Daten "als Ganzheit" erhoben, verarbeitet und auch dargestellt werden, d.h. ohne Bezug auf andere Fälle (vgl. Brügelmann 1982, 67). Man interpretiert diese Einzelfälle vor ihrem Hintergrund und bringt sie mit Theorien in Verbindung, die den Fall inhaltlich verorten. Man kann auch einschätzen, ob die Ergebnisse auf einen anderen Fall zu übertragen sind. Fallstudien helfen, Außenstehenden, wie Politikerinnen und Planerinnen "sinnlich" zu vermitteln, wie der Alltag der Sozialen Arbeit aussieht, und sie bieten somit ein Korrektiv zu ihren allgemeinen Richtlinien, Durchschnittswerten und Standards der Planung (vgl. Abschnitt 7.4).

Die beste Anweisung für diese Dokumentationsarbeit fand ich bei v. Kardorff (1988). Er empfiehlt, zunächst *Feldnotizen* anzulegen, die lediglich chronologisch geordnet sind. Die Fachkräfte sollen während ihrer Arbeitszeit (und wo notwendig, auch in ihrer Freizeit) stichpunktartig, spontan und unzensiert ihre Eindrücke notieren. Sie sollen nicht nur ihre Beobachtungen festhalten, sondern auch Empfindungen, Befürchtungen, Unsicherheiten,

---

24. Heiner schlägt vor, mit Situationsporträts auch die Wirkungen kontrollierter Variationen der eigenen Interventionen zu prüfen, indem man vergleicht, ob diese Interventionen etwas an den in den Porträts festgehaltenen wiederkehrenden Situationen ändern (vgl. Heiner 1986 a, 96).

25. Das Zeugnis und die Zeugenaussage sind oft miteinander verwoben: Vor Gericht dienen Fragen im Kreuzverhör über die Gefühle von Zeugen dazu, die Aussagefähigkeit und -tüchtigkeit der Zeugen und damit den Wert ihrer Aussage als Beweismittel beurteilen zu können (vgl. Stenhouse 1982, 40).

Spekulationen, Hypothesen, Einschätzungen, Reflexionen, Fragen, Phantasien und Wünsche. "Diese Arbeit hat einen eigenartigen Zwischenstatus zwischen dem 'freien Assoziieren' und einer zunehmenden Disziplinierung zu einer vollständigeren und präziseren Wahrnehmng sozialer Situationen. Nach einer gewissen Eingewöhnungszeit werden die beständigen Aufzeichnungen für die Praxisforscher zur 'zweiten Natur'[26]. Der Vorzug eines solchen Vorgehens liegt in einer Steuerung der latenten Aufmerksamkeit und in einer Sensibilisierung für komplexe Konfigurationen der sozialen Realität" (v. Kardorff 1988, 86). Die Feldnotizen sollen auch die Erinnerung leiten, wenn man sich bei Analysen im Kreise dreht, wenn man "Spuren sichern" und vergessene oder verdrängte Momente aufspüren will[27]. V. Kardorff fordert, die Feldnotizen durch eine *systematische Prozeßverlaufsdokumentation* zu ergänzen. S.M. wirkt eine Verlaufsdokumentation selbst als "Erkenntnisinstrument", weil sie auch die Reaktionsweisen der Umwelten spiegelt und somit durch Rückkoppelung die Handlungen der Fachkräfte beeinflußt[28].

Eine sinnvolle Aufarbeitung des auf diese Weise zusammengekommenen Materials bereitet vielen Fachkräften (und Feldforscherinnen) große Schwierigkeiten. Stenhouse[29] unterscheidet vier Kategorien der Aufbereitung des Materials: Alle vorliegenden Unterlagen, die die Beobachterinnen (Fachkräfte) im Feld gesammelt oder in der Untersuchung selbst produziert haben, gelten als *Fallmaterial* (1). Wenn sie das Material durch Auswahl und Ordnung zu einer handhabbaren Arbeitsgrundlage verdichten, ohne es jedoch schon zu kommentieren, haben sie einen *Fallbericht* erstellt (2). Als *Fallstudie* im engeren Sinne gilt, wenn sie den Fall auf der Grundlage ihrer empirischen Belege und eng auf den Fallbericht bezogen interpretierend darstellen und erörtern (3). Wenn sie versuchen, eine nachträgliche Verallgemeinerung über unterschiedliche Fälle hinweg herzustellen, unterziehen sie ihre Fallberichte einer *vergleichenden Fallanalyse* (4) (vgl. Stenhouse 1978, nach Brügelmann 1982, 73). Zur Darstellung und Erklärung der Ergebnisse eignet sich die folgende, an der Arbeitsweise der Historikerinnen orientierte Unterscheidung von Stenhouse: Man kann den Fall als *Geschichte* (1) darstellen, also als unmittelbar verständliche, doch mehrschichtige Darstellung, die keine Zuordnung von Ursache und Wirkung vornimmt. Man kann also "eine ganze Reihe von Informationen aufmarschieren lassen und dann den Leser dazu einladen, diese Informationen auf mögliche Ursache-Wirkungs-Beziehungen durchzumustern. Dabei ist der Autor so höflich,

---

26. Auch Howe fordert, daß Berichterstattung und Aufzeichnung ebenso ein Teil der Praxis der Sozialen Arbeit werden müßten, wie in der medizinischen Praxis. So wie Ärztinnen regelmäßig die Temperatur, den Puls und die Atmung ihrer Patientinnen kontrollierten, müßten auch die Fachkräfte entsprechende Prozeduren etablieren (vgl. Howe 1974, 20).

27. Zur Dokumentation vgl. auch die ausführlichen Hinweise von Stenhouse (1982, 42 ff.). Wahrscheinlich werden viele Vorhaben der Selbstevaluation letztlich an der Notwendigkeit schriftlicher Aufzeichnungen scheitern. Denn nicht nur deutsche Fachkräfte empfinden einen großen Widerwillen gegen jegliche Form der schriftliche Berichterstattung (vgl. Timms 1974, 55). Wahrscheinlich bevorzugen sie auch darum die Supervision, die auf schriftliche Berichte verzichtet. Einen informativen und auch für den Zusammenhang dieser Arbeit nützlichen Überblick über die "Geschichte der Berichterstattung" sowie über Schwierigkeiten, Formen und Kriterien eines guten Berichts liefert Timms (1974).

28. V. Kardorffs Vorschlag für eine Projektverlaufsdokumentation umfaßt - etwa auf Flip-Charts - Spalten für den *Verlauf* des eigentlichen Projekts (mit Angaben zu Zeitplan, Zielen, Maßnahmen und Kriterien), die *Dokumentation* des Projektverlaufs (mit Angaben zu Zeit, Maßnahmen, Reaktionen, Ereignissen aus der "Umwelt" des Projekts, Kontakten und ihrer Bedeutung für das Projekt) sowie zur *Forschungsdokumentation* (mit Angaben zum Forschungsplan, zur Untersuchungsrichtung und den Kriterien). Eine Zwischenbilanz soll sich auf den Zeitplan, die Maßnahmen, den Zielerreichungsgrad und Widerstände/Konflikte beziehen. Die Bewertung erfolgt in Gruppendiskussionen und erfaßt Fragen wie: Sind Zieländerungen notwendig? Sind Maßnahmenänderungen erforderlich? Reichen die Ressourcen? Sind die Forschungsinstrumente ausreichend sensibel? Eine derartige Dokumentation ermöglicht einen synoptischen Überblick über den Projektverlauf und einen beständigen Vergleich mit den Projektzielen (vgl. v. Kardorff 1988, 87).

29. Stenhouse ist Historiker. Seine und die Ausführungen Brügelmanns (1982) entstanden im Zusammenhang der Diskussion um "Fallstudien in der Pädagogik" (womit die Schule gemeint ist). Ich denke aber, daß ihre methodologischen Erwägungen zu Fallstudien auf die Soziale Arbeit zu übertragen sind.

den Leser mit Material für verschiedene Deutungen zu versorgen" (Stenhouse 1982, 48). Ein *Porträt* (2) gleicht einem Dokumentarfilm oder einem Rundfunkfeature. Die Verfasserin führt die Leserin durch den "Fall". Sie schildert die Beteiligten und ihre Tätigkeiten und ihr Umfeld als eine Ganzheit, deren Teile dynamisch aufeinander bezogen sind. Eine *Skizze* (3) deutet den Fall, denn die Auswahl des skizzierten Gegenstandes und auch der Zusammenhang, in den man eine Beobachtung oder ein Ereignis stellt, ist interpretationsabhängig. Eine *Analyse* (4) schreibt Ursachen klar zu, möglichst mit Rückgriff auf Belege. Die Sprache der Analyse ist definitorisch festgelegt (mit Begriffen einer sozialwissenschaftlichen Theorie), wodurch Analysen möglichst eindeutig und genau werden (vgl. Stenhouse 1982, 47 f.). Zum Verhältnis von Theorien und Fallstudien meint Stenhouse, daß man menschliches Verhalten nicht nur kausal-theoretisch, sondern auch deutend-final erklären könne, wodurch eine Deutung auch mehrdeutig bleiben dürfe, um das weitere Nachdenken anzuregen. Somit könnten die Ergebnisse kritisch erörtert werden, wobei eine Widerlegung eher durch sachkundiges Urteil als durch exakten Gegenbeweis geschehe. Im übrigen würde in der Geschichtswissenschaft die Urteilskraft umso sachkundiger, je besser das Hintergrundwissen ("second record") sei. Und dieses speise sich meist aus der intimen Kenntnis eines Spezialgebietes und weniger aus anderen Studien (vgl. Stenhouse 1982, 52).

7.2.4 Gütekriterien

Auch wenn man davon ausgeht, daß soziale Realität vor dem jeweils Beteiligten konstruiert wird und daher Objektivität als nicht erreichbar oder als "Standardisierung einer bestimmten subjektiven Wahrnehmung" (Brügelmann 1982, 74) einschätzt, muß es doch Standards geben, an denen die Qualität einer Forschungsarbeit beurteilt werden kann. Ich beziehe mich bei der Aufzählung "alternativer" Gütekriterien im wesentlichen auf v. Kardorff (1988)[30]:

1. Das Verfahren der *kommunikativen Validierung* beruht auf der Einschätzung, daß Daten und Ergebnisse sozial "hergestellt", also das Ergebnis sozialer Interaktions- und Kommunikationsprozesse sind. Darum gelten auch die Ergebnisse einer Untersuchung nicht als festes, endgültiges Resultat, sondern sollen in einem gemeinsamen Diskurs möglichst aller am Projekt Beteiligten (auch der von ihm Betroffenen) präzisiert, modifiziert, differenziert und vor dem Hintergrund des Praxisfeldes bewertet werden. Sie sollen die Argumentationslinien möglichst in Gruppendiskussionen rekonstruieren und die praktische Arbeit aus der interessierten "Innensicht" beurteilen. Dabei wird sich zeigen, inwieweit die Beteiligten die geleistete praktische Arbeit akzeptieren, wo sich Kompromisse gebildet haben und welche Dissense nicht aufgelöst werden konnten. Geprüft werden sollen die Akzeptanz und die wahrgenommene Problemnähe der Interventionen, ihre sozialen Nebenfolgen, die "Kosten" und (subjektiven) "Nutzendimensionen", die individuellen und kollektiven Präferenzen, die institutionellen Ansprüche, das Verhältnis von lokaler Wünschbarkeit und Verallgemeinerbarkeit usw. (vgl. v. Kardorff 1988, 93).

2. *Mit Perspektivenanalyse* ist gemeint, daß die "Forscherinnen" überprüfen sollen, inwiefern sie alle im Verlauf der Arbeit aufgetauchten Möglichkeiten der Interpretation in ihre Interpretation der Ergebnisse und die Abschlußdarstellung einbezogen haben. Sie sollen

---

30. Umfassender und dezidierter setzt sich Krause Jacob mit Gütekriterien für eine qualitative Prozeßforschung auseinander. Dabei äußert sie auch kritische Einwände gegenüber den hier empfohlenen Kriterien der kommunikativen Validierung und der Triangulation. Im einzelnen diskutiert sie: (1) Funktionsfähigkeit, Dichte und Tiefe der Ergebnisse (anstatt des traditionellen Validitätsbegriffs); (2) Transparenz und Kontextbezogenheit in Datengewinnung und -analyse (anstatt der traditionellen Reliabilität oder Replizierbarkeit); (3) Intersubjektivität (anstatt von Objektivität); (4) Repräsentativität und Verallgemeinerung (vgl. Krause Jacob 1992, 60 ff.). Eine ausführliche Würdigung ihrer Kriterien würde hier jedoch zu weit führen.

prüfen, ob Beobachtungen, die vom Ergebnis abweichen, Ausnahmen sind, oder ob sie ihnen gesondert nachgehen müssen. Darüber hinaus sollen sie sicherstellen, daß keine wichtigen Informationen "vernichtet", verdrängt oder einfach vergessen werden. Dazu stellen sie die Perspektiven nebeneinander und machen Überschneidungen und Differenzen deutlich.

3. Den *Sekundärmaterialvergleich* bezeichnet v. Kardorff als eine Art konsensueller Validierung. Die erzielten Ergebnisse sollen mit vergleichbaren praktischen Erfahrungen und vorliegenden wissenschaftlichen Untersuchungen verglichen und somit auf ihre Plausibilität befragt werden. Abweichungen sollen daraufhin überprüft werden, ob sie als lokalhistorische Ausprägung eines bekannten Phänomens zu werten sind, oder ob sie innovative Elemente enthalten.

4. *Triangulation* bedeutet, daß die Fachkräfte ihre Daten und Ergebnisse von unabhängigen Personen beurteilen lassen und auf der Grundlage unterschiedlicher Datenquellen auf Übereinstimmung und Unterschiede untersuchen. Sie holen z.B. Einschätzungen über Entwicklungsfortschritte ihrer Klientinnen auch von deren Angehörigen, deren Hausärztin oder deren Nachbarinnen ein und untersuchen diese auf Differenzen. Sie können auch vergleichen, wie ein Problem in den Akten der Behörde, den Verlautbarungen der Kommunalpresse oder den Beschlüssen von Politikerinnen definiert und beurteilt wird. Dabei müssen sie die Aussagekraft ihrer Informandinnen gewichten (vgl. v. Kardorff 1988, 94).

5. Bei alldem hält v. Kardorff in bestimmten Fällen eine Evaluation durch externe Wissenschaftlerinnen für unabdingbar (v. Kardorff 1988, 94; vgl. auch Heiner 1988 b).

Mit Brügelmann lassen sich folgende Vorschläge hinzufügen:

a) *Kombination unterschiedlicher Methoden:* Man sollte also nicht nur ein Verfahren und ein Instrument einsetzen;

b) *Vielfalt konkurrierender Perspektiven*: Man sollte nicht eine bestimmte Deutung als die authentische autorisieren, sondern den Pluralismus akzeptieren und konkurrierende Deutungen schützen. Das heißt auch, daß man nicht Beobachterinnen oder sich selbst auf die Standardisierung einer subjektiven Sichtweise festlegt, sondern unterschiedliche Perspektiven darstellt.

c) *Darstellung des Situationsbezuges*: Da Situationen nicht über längere Zeit stabil bleiben, sollte man die Abhängigkeit des Untersuchungsgegenstandes von seinem Umfeld erfassen und nicht durch Zufallsstichproben ausschalten.

d) *Streuung von Fällen*. Da Fallstudien den Einzelfall als bedeutsam ansehen und seiner Besonderheit gerecht werden wollen, sind Häufigkeit und Repräsentativität unzureichende Kriterien für die Auswahl von Untersuchungseinheiten. Also sollten die Fachkräfte gezielt Kontrastbeispiele suchen und darstellen und somit die Bandbreite der Phänomene dokumentieren (vgl. Brügelmann 1982, 76).

Brügelmann will die "Wahrheit" als Maßstab für die interne Validität einer Fallstudie durch das Kriterium *"Glaubwürdigkeit"* ersetzen. "Verallgemeinerung" als Maßstab für die Übertragbarkeit von Erfahrungen (externe Validität) wäre zu ersetzen durch *"Erkennbarkeit"*. Wer die Ergebnisse rezipiert, soll die eigenen Erfahrung zu den Beschreibungs- und Erklärungsmustern der Untersuchung in Beziehung setzen. Die Fallstudie fordert somit zum analogen statt zum

induktiv-deduktiven Denken auf (vgl. Brügelmann 1982, 77). Statt der *Generalisierbarkeit* wird auf dem Besonderen sozialer Situationen und pädagogischer Ereignisse bestanden. Weil der Einzelfall kontextgebunden ist und Randbedingungen sich ständig verändern, können Untersuchungen also kaum wiederholt und Ergebnisse nicht in Form allgemeiner Regeln gefaßt werden (Brügelmann 1982, 75).

7.3 Selbstevaluation als Qualifizierung

Der Qualifizierungsaspekt der Selbstevaluation fokussiert die Bedingungen und Ressourcen der Organisation, in der die Fachkräfte ihre Arbeit realisieren. Hier ist zu überlegen, wie die Qualität der professionellen Arbeit im Zusammenspiel mit den institutionellen Rahmenbedingungen zu bewerten ist. Als Motiv dieser Evaluationsperspektive kann die Optimierung der fachlichen Arbeit gelten. Auch der Wunsch nach einer fachlichen, qualitativ fundierten Argumentation gegenüber den meist quantitativ ausgerichteten Erfolgskriterien der Verwaltungen oder der Öffentlichkeit spielt eine Rolle. Untersuchungsfragen, die sich aus der Qualifizierungsperspektive ableiten lassen, betreffen zunächst die Leistungsfähigkeit der eigenen Organisation. Als Grundlage dafür kann eine allgemeine Erkundung der institutionellen Rahmenbedingungen dienen, wie sie im Abschnitt 6.1 für das methodische Arbeiten beschrieben ist.

Der Selbstevaluation zugänglich sind in erster Linie die Aktivitäten, die die Fachkräfte selbst in ihren Einrichtungen entfalten. Sie können (a) ihre tägliche Arbeit im Hinblick auf Art, Umfang, Qualität und die *Verteilung ihrer Arbeitskraft* untersuchen. Dadurch bekommen sie Aufschluß darüber, inwieweit sie sich an Ausgrenzungsprozessen oder der Benachteiligung bestimmter Zielgruppen beteiligen. Ein Ergebnis kann auch sein, daß sie Lücken in der eigenen Kompetenz oder bei der Ausstattung mit Ressourcen wahrnehmen und überlegen müssen, wie diese Defizite ausgeglichen werden können. Anhand der Ergebnisse und im Vergleich der Leistungsprofile mehrerer Kolleginnen können sie (b) nachvollziehen, wie sie durch die Verteilung ihrer Arbeitskraft das besondere *Profil* ihrer Einrichtung mit prägen. Die Fachkräfte können (c) mit ihrer Tätigkeitsdokumentation auch erheben, wieviele *Routinen* ihr Tagesablauf birgt und wieviel "freie" Zeit sie darüber hinaus für nicht-routinisierte Tätigkeiten haben. In anderer Perspektive können sie (a) darüber nachdenken, was für sie "gute Arbeit" ist und sog. *Arbeitsverhaltensmuster* konstruieren, die als Beschreibung von Arbeitsplätzen und auch als konzeptioneller Anreiz dienen können.

Für die Option der Qualifizierung sind, wie für die Kontrolloption hauptsächlich die Kriterien der Effektivität und der Effizienz relevant. Da ich diese schon beschrieben habe (vgl. Abschnitt 7.1.1), füge ich im folgenden Abschnitt (7.3.1) nur noch einige zusätzliche Bemerkungen zu Rationalitätskriterien öffentlicher Verwaltungen ein[31]. Im Abschnitt 7.3.2 stelle ich dann einige Untersuchungspläne und geeignete Erhebungsmethoden vor.

7.3.1 Erfolgskriterien

Aus der Sicht einer Verwaltung ist die Arbeit der Fachkräfte vor allem dann erfolgreich, wenn sie effektiv und rationell arbeiten (vgl. Hartmann 1991, 120). Im Abschnitt 7.1.1 habe ich jedoch schon darauf hingewiesen, daß die Organisationsstrukturen der etablierten Institutionen Sozialer Arbeit selbst offensichtlich in vieler Hinsicht die Aufträge, die sie erfüllen sollen, behindern oder doch zumindest erschweren (vgl. Oppl 1992). Man täte also gut daran, die Verwaltungen an ihren eigenen Ansprüchen zu messen. Insgesamt ist die institutionalisierte Soziale Arbeit ein komplexes interaktives Geschehen, das oft nur programmatisch den

---

31. Fragen zu Bedürfnissen und Interessen der Klientinnen, mit denen die Fachkräfte ihre eigene Tätigkeit und die Leistungsfähigkeit ihrer Organisation in Beziehung setzen könnten, behandele ich im Abschnitt 7.4.

Betroffenen dient[32]. In Wirklichkeit profitieren alle Beteiligten schon allein vom Fortbestand einer Einrichtung. Der Bestand der Arbeitsplätze, die Durchsetzung von Herrschaftsinteressen, die verwaltungsmäßige Erledigung der aufgetragenen Arbeiten beschäftigen oft die Beteiligten, ohne daß die Klientinnen überhaupt in Erscheinung treten müßten[33]. Darum verrichten die Fachkräfte viele ihrer Tätigkeiten im Alltag ohne Blick auf die Klientinnen. Häufig dienen sie eher der Legitimation ihrer Arbeit gegenüber Vorgesetzten, Politikerinnen und Öffentlichkeit. Die Arbeit der Fachkräfte und auch die Gesamtorganisation sozialer Institutionen verläuft also nach Maßstäben, die nicht systematisch mit den professionellen Konzeptionen der Institutionen verknüpft sind. Viele der Maßnahmen werden auch über den Sachverhalt der Intervention selbst legitimiert. *Daß* etwas mit Problemgruppen gemacht wird, *daß* Hilfen angeboten werden, scheint als Nachweis für eine erfolgreiche Sozialpolitik zu genügen (vgl. Böhnisch, Schefold 1982; Lau, Wolff 1982 b; Gildemeister 1983). Dann gelten noch nicht einmal die Kriterien der Effektivität und der Effizienz, sondern Rationalitätskriterien aus allgemeinen Verwaltungen und politischen Zusammenhängen, wie "Gleichbehandlung", "finanzielle Angemessenheit", "Öffentlichkeitsdruck", "Aufrechterhaltung der sozialen Ordnung", "interne Abstimmung" (vgl. S. Wolff 1983) oder auch "Krisenbewältigung", "Behebung von Desintegrationsphänomenen", "Normalisierung von Auffälligkeiten" (vgl. Böhnisch, Schefold 1982). Die Fachkräfte könnten dazu insofern eine Gegenposition beziehen, als sie diesen Kriterien eine fachliche Wertung zur Seite stellen und prüfen, ob die Tätigkeiten auch inhaltlichen, also Qualitätskriterien genügen.

7.3.2 Untersuchungspläne und Erhebungsmethoden

Rationalisierungen und Einsparungen sind nicht nur ungerechtfertigte Maßnahmen "von oben", die die betriebsinterne Harmonie stören und gegen die man sich wehren muß. Die zur Verteilung stehenden Mittel sind, wie schon beschrieben, nicht unbegrenzt, obwohl man über die Verteilungsentscheidungen der Politikerinnen durchaus streiten muß. Auch die Fachkräfte treffen Verteilungsentscheidungen, also Entscheidungen darüber, wie sie die Ressourcen, über die sie selbst verfügen (materielle Ressourcen, den bürokratischen "Apparat", ihre Arbeitszeit, ihre Aufmerksamkeit und Zuwendung) einsetzen. Indem sie eine Beratung ausdehnen oder nur flüchtig durchführen, sich gegenüber ("enervierenden") Klientinnen verleugnen lassen, eine Mutter zum Arbeitsamt oder einer psychologischen Beratungsstelle vermitteln, einer Familie helfen, eine Wohnung zu finden oder mit einer anderen Familie vielleicht gar Freizeitaktivitäten teilen, steuern sie die Verteilung von sozialen Ressourcen, nämlich Geld-, Dienst- und Sachleistungen (vgl. Heiner 1982). Nicht alle dieser "Dienstleistungen" beziehen sich direkt auf die Klientinnen. Viele werden von den Fachkräften auch nicht freiwillig geleistet, nicht alle sind erwünscht, und auch nicht alle sind angebracht oder hilfreich. Die Art und Weise, in der alle Beschäftigten einer Einrichtung diese Dienstleistungen "verteilen", prägt auf Dauer das Profil dieser Einrichtung. Bestimmte Klientinnen mit gemeinsamen Merkmalen profitieren von dieser Weise; andere werden ferngehalten oder zumindest weniger gefördert (vgl. Heiner 1982, 117 ff.).

---

32. Lau und Wolff meinen, die Klientinnen spielten bei der "akzeptablen" verwaltungsmäßigen Bearbeitung der Probleme wohl eher die Rolle des Arbeitsmaterials. Maßstäbe, die an postulierten Klientinnenbedürfnissen orientiert seien, würden nur dann berücksichtigt, wenn die (politische und ökonomische) "Konjunktur" günstig sei (vgl. Lau, Wolff 1982 b, 305).

33. Gildemeister vermerkt, daß sich Fachkräfte zufrieden und kompetent fühlen, wenn sie ihre täglichen Arbeitsabläufe ordentlich und routinemäßig bewältigen. Sie glaubt, die ordnungsgemäße Abwicklung der bürokratischen Anteile der Arbeit wirke "selbstvalidierend" und beweise "Evidenz aus sich selbst heraus" ohne daß man weitere fachspezifische Maßstäbe anlegen müßte (vgl. Gildemeister 1983, 86).

Eine sinnvolle Aufgabe für die Selbstevaluation ist, die eigenen Selektionsmechanismen und die Verteilung der Dienstleistungen zu untersuchen. Als Grundlage für eine Analyse der Verteilungstätigkeiten dient eine tagebuchartige Dokumentation aller Tätigkeiten über einen bestimmten Zeitraum (Zeitbudget). Zeitbudgets sollten mindestens über eine typische Arbeitswoche erstellt werden, möglichst aber länger[34]. Die Tätigkeiten werden dann nach Kategorien geordnet: Die Fachkräfte können (a) überprüfen, wie sie ihre Arbeitszeit auf die *"Leistungsadressatinnen"* verteilen, auf Betroffene, Familien bzw. Lebensgemeinschaften, das soziale Umfeld der Betroffenen, das berufliche Umfeld der Fachkräfte und das kommunal-politische Umfeld der Institution und der Betroffenen. Sie können den Blick auf die Aktionssysteme lenken und (b) auszählen, welche Arbeiten sie selbst erledigen und wieviel Zeit sie darauf verwenden andere *"Leistungserbringer"* zu motivieren, sich einzusetzen. In Frage kommen Kolleginnen, ehrenamtliche Mitarbeiterinnen in sozialen Einrichtungen, Selbsthilfegruppen, Bürgerinitiativen sowie Laien im Umfeld der Betroffenen. Sie können auch (c) ihre eigenen Leistungen *typisieren*, in Verwaltungs- und Organisationsleistungen, Betreuungs- und Pflegeleistungen, konzeptionelle Leistungen, Verhandlungs- und Durchsetzungsleistungen, pädagogische und therapeutische Leistungen sowie situative Kommunikationsleistungen (zur Erläuterung aller Kategorien vgl. Heiner 1982, 120 ff.). Ergänzend zu den Zeitbudgets können die Fachkräfte auch ihre Akten erforschen. Sie können die "Fälle" zunächst nach "erfolgreichen" und "erfolglosen" Prozeßverläufen sortieren, und diese Gruppen dann auf ihre Gemeinsamkeiten und Unterschiede untersuchen (bzgl. sozialer Schichtung, Nationalität, Geschlecht, Wohngegend, Familiensituation, Altersgruppe, Gesundheitszustand, Stellung im Erwerbsleben u.a.). Sie können sehen, wem sie mehr Aufmerksamkeit widmen, wer überhaupt eine Akte erhält und mit welchen Folgen.

Aus der Summe der Verteilungsentscheidungen können die Fachkräfte Profile bilden. Solche Profile helfen ihnen, ihre eigene Leistungsfähigkeit im Vergleich mit bzw. in Konkurrenz zu ihren Kolleginnen oder anderen Abteilungen einzuschätzen (vgl. Dewe, Wohlfahrt 1985). Sie können anhand der Profile auch beurteilen, wie vielseitig (oder einseitig) die eigene Arbeit ist. Es kann sich herausstellen, daß sie überdurchschnittlich häufig und lange "beraten" und wenig Sachleistungen verteilen, daß sie überwiegend mit Verwaltungs- und Organisationsleistungen befaßt sind, obwohl die Arbeit eigentlich nicht als "Schreibtischjob" konzipiert ist, daß sie die meisten Klientinnen weitervermitteln (zu anderen Dienststellen oder Selbsthilforganisationen), obwohl sie ihnen auch selbst helfen könnten, oder daß sie alles selbst erledigen, obwohl es genügend Ressourcen im Umfeld der Klientinnen gibt, die sie heranziehen könnten. Sie können auch die Profile auf Tätigkeiten untersuchen, die *nicht* stattgefunden haben.

Wenn sich bei den Leistungsprofilen Einseitigkeiten zeigen, können die Fachkräfte überlegen, ob diese in der professionellen *Konzeption* der Einrichtung[35] angelegt sind, ob sie den ungenügenden *Ressourcen* der Einrichtung geschuldet sind, und welche aus dem Umstand entstehen, daß sie die Ressourcen ihrer Einrichtung nicht genügend *ausnutzen*[36]. Sie können auch herausfinden, daß sie so überlastet sind, daß sie ihren Klientinnen gar nicht gerecht

---

34. V. Kardorff empfiehlt eine Tätigkeitsdokumentation auch als Antwort gegen die "zerstückelte Arbeitsanalyse industrieller REFA-Kontrollen". S.M. können die Fachkräfte damit selbst einen Überblick über Art, Umfang und Aufwand ihrer Tätigkeit bekommen. Eine Tätigkeitsdokumentation bildet auch die Voraussetzung für Aufwands- und Ertragsanalysen auf fachlicher Grundlage, vgl. das Beispiel in v. Kardorff (1988, 90).

35. Zur Beurteilung solcher Fragen können die Ergebnisse von Analysen der Arbeitsaufträge (v. Spiegel 1992) oder von Ressourcenanalysen (v. Kardorff 1988) dienen (vgl. Abschnitt 6.1).

36. Heiner zeigt, daß die Fachkräfte ihre Entscheidungen mit Bezug auf ihre vermeintliche Handlungskompetenz und die angenommene Problemlösungskapazität ihrer Einrichtung treffen. Das, was sie gut können, oder was die Einrichtung vermutlich gut kann, wird beachtet und bearbeitet. Sie glaubt, daß diese Eigenart einer Veränderung der Arbeitsorganisation wahrscheinlich stärker im Wege steht als tatsächliche materielle und rechtliche Einschränkungen (vgl. Heiner 1982, 128).

werden können. Eine eher politische Einsicht kann sich ergeben, wenn sie nachvollziehen, wie sie sich selbst mit ihren Entscheidungen an Stigmatisierungen und Aussonderungen ohnehin benachteiligter Gruppen beteiligen (vgl. Schwarz 1985).

Die Ergebnisse aus dem Abgleich der Analyse der Arbeitsaufträge und der Ressourcen, der Zeitbudgets und der Aktenanalyse geben Aufschluß darüber, ob Institution und Mitarbeiterinnen der Möglichkeit nach in der Lage sind, ihre gesetzten Aufgaben und Ziele zu verfolgen. Viele der identifizierten Einseitigkeiten und Einschränkungen können die einzelnen Fachkräfte nicht kurzfristig ändern. Sie können die Einseitigkeiten aber dokumentieren und verbreiten. Sie können ihren Vorgesetzten fundiertes Material für Haushaltsdebatten und kommunalpolitische Verteilungsentscheidungen vorlegen, auf Änderungen der Dienstvorschriften hinwirken, neue Arbeitsplatzbeschreibungen fordern und zumindest vermittelnd tätig werden. Einen großen Teil der Mängel können sie aber selbst beeinflussen. Wenn Angebote nicht zu den Bedürfnisse der Nutzerinnen passen, wenn das Angebot bei potentiellen Klientinnen nicht bekannt ist, wenn Entfernungen zu weit oder Öffnungszeiten ungünstig sind, können sie praktisch und konzeptionell Änderungen herbeiführen. Sie können sich fortbilden, um ihre persönlichen Kompetenzen zu erweitern, und sie können die eigenen Arbeitsabläufe rationalisieren, um Raum für neue Aktivitäten zu schaffen. Da die Fachkräfte immer Entscheidungen treffen müssen, können die Leistungsprofile Hinweise darauf geben, ob die gewählten Schwerpunkte angemessen sind. Sie müssen sich darüber klar werden, daß es zu jeder Entscheidung Alternativen gibt, und daß sie mit ihrer alltäglichen "Mikro-Politik" Wirkungen erzielen, die zusammengenommen weit über den einzelnen "Fall" hinausweisen.

Ein anderer Vorschlag ist, ebenfalls auf der Grundlage von Zeitbudgets die täglichen Verrichtungen auf ihre routinemäßigen Anteile zu untersuchen. Obwohl sie angeben, jeder Fall sei "anders", *routinisieren* die Fachkräfte ihre beruflichen Handlungen. Vergleichbarkeit entsteht schon allein durch die Vielzahl vorgegebener und damit strukturierender Einflußgrößen. Gesetze, organisatorische Vorgaben, vorhandene Ressourcen, das Interaktionsgefüge der Institution, Dienstwege, Prinzipien der Aktenführung und nicht zuletzt das begrenzte methodische Repertoire der Fachkräfte legen standardisierte Interventionen nahe[37]. Nach "fachlichen" Maßstäben sollten die Fachkräfte routinemäßiges Handeln möglichst vermeiden, weil zu befürchten ist, daß sie sich dann weniger engagieren und unsensibel für die individuellen Nuancen der Arbeit werden. Routinen bilden sich aber mit der Erfahrung und durch die Wiederholung von selbst und erfüllen arbeitsökonomische und stabilisierende Funktionen. Jörg Wolff unterscheidet drei Kategorien von Routinen: (a) *Definitionsroutinen* helfen, problematische oder dramatische Situationen mit Hilfe von vertrauten Definitionsmustern zu "normalisieren". Die nun gar nicht mehr so ungewöhnlichen Probleme lassen sich dann mit den

---

37. Engelhardt hat Tätigkeiten der Sozialen Arbeit bezüglich ihrer Standardisierbarkeit kategorisiert. Er stellt (idealistisch) fest, daß sich die Interaktionsarbeit selbst kaum standardisieren läßt. Auf mehreren anderen Ebenen findet sie aber durchaus statt. Wenn sich etwa eine ganze Organisation konzeptionell auf eine bestimmte Problemsicht oder besondere Methoden der Problembearbeitung festlegt, wenn sie einzelne Probleme mit Blick auf gesetzliche Bestimmungen oder zum Zweck ihrer verwaltungsgerechten Bearbeitung zu verallgemeinerten Problemtypen zusammenfaßt, standardisiert sie diese und verändert damit die subjektiven Problemdefinitionen der Betroffenen gravierend (vgl. Engelhardt 1991, 135 f.). Auch Verwaltungsvorschriften legen standardisierte Interaktionsabläufe nahe. Die Fachkräfte in den sozialen Diensten müssen prüfen, ob ein Bedarf bzgl. einer bestimmten Dienstleistung vorliegt, und ob sie dafür zuständig sind. Sie müssen einen Bedarf begründen und ihre Mittel nach den Regeln der Wirtschaftlichkeit verteilen (die Einhaltung dieser Vorschriften wird von den Rechnungsprüfungsämtern geprüft). Die Tätigkeit des Organisierens selbst ist wie pädagogische Arbeit nicht zu standardisieren, weil die einzelnen Teile immer neu und mit Berücksichtigung der situativen Bedingungen kombiniert werden müssen (vgl. Engelhardt 1991, 141). Auch sog. alltagsnahe Tätigkeiten verlaufen standardisiert. Der Tagesablauf in einem Heim (Essens- und Schlafzeiten), die Abfolge von Freispiel, gelenktem Spiel, Stuhlkreis im Kindergarten, sind nach einem mehr oder weniger sinnvollen (fachlich begründeten) zeitlichen Rhythmus angeordnet. Die standardisierten Teile ergeben den für alle überschaubaren Rahmen für die nichtstandardisierbaren, "sozialpädagogischen" Teile.

gewohnten Arbeitsprinzipien bearbeiten. (b) *Interaktionsroutinen* sorgen dafür, daß die Umgangsformen der Fachkräfte untereinander und mit Klientinnen weitgehend routiniert ablaufen. Die Fachkräfte können somit innerhalb des institutionellen Rahmens "normal" und damit selbstbewußt und überlegen agieren (vgl. J. Wolff 1984, 32 f.). Beide Kategorien bilden die Grundlage für (c) *Entscheidungsroutinen*. Nachteilig daran ist, daß sich die Fachkräfte mit ihrem routinierten Handeln zusätzlich zu den ohnehin geltenden institutionellen Reglements weiter einengen. Der Vorteil der Routinen ist, daß Kolleginnen, Vorgesetzte und Klientinnen die Verhaltensweisen der Fachkräfte in gewisser Weise vorhersehen, sich darauf vorbereiten und so ihre eigene Unsicherheit abbauen können.

Die Fachkräfte sollten ihre Routinen herausarbeiten und beurteilen, ob diese fachlich gerechtfertigt sind (oder vielleicht eher aus tarifrechtlichen Erwägungen entstanden, wie z.B. ein Schichtwechsel im Krankenhaus). Sie sollten jedoch auch prüfen, ob sie nicht andere (verwaltungsmäßige) Tätigkeiten stärker standardisieren können, um Raum für innovative Aktivitäten zu gewinnen (vgl. Engelhardt 1991, 139). Diese Art von Rationalisierung hat den Sinn, die eigenen Rahmenbedingungen flexibler zu machen und unnötige finanzielle, organisatorische, ressortmäßige und rechtliche Hindernisse abzubauen. Die Fachkräfte können zusammen mit ihren Kolleginnen planen, ob sie Aufgabenbereiche und Interventionsformen unter dem Aspekt ihrer Situations- und Problemangemessenheit zusammenbinden, statt überkommene Ressorteinteilungen beizubehalten.

Eine Möglichkeit, sich dem Thema fachlich "guter" oder "schlechter" Arbeit von einer anderen Seite zu nähern, fand ich bei Weinert[38]: Wenn man spezifische menschliche Verhaltensmuster für einen bestimmten Arbeitsplatz sammelt und registriert, kann man "gutes" und "schlechtes", in jedem Falle beobachtbares Arbeitsverhalten beschreiben, statt nur auf die in der alten Methodenlehre beschworenen Charaktereigenschaften oder auf abstrakte Kompetenzmerkmale zurückgreifen zu müssen. Die Vorgehensweise zur Erstellung solcher Verhaltensmuster könnte etwa so verlaufen: Zunächst identifizieren die Fachkräfte (am besten im Team) die typischen Tätigkeitsbereiche und Arbeitsdomänen ihres Arbeitsfeldes und speziell ihrer Dienststelle[39]. Für jeden Tätigkeitsbereich wird dann eine Qualitätsdefinition für eine hohe, mittlere und niedrige Arbeitsleistung erarbeitet. Sodann beschreiben alle Kolleginnen möglichst viele konkrete Beispiele von zu erwartenden und zu beobachtenden Verhaltenscharakteristika. Diese Arbeitsbeispiele werden für jede der drei Dimensionen beschrieben, also für gutes, erwartbares und unbefriedigendes Arbeitsverhalten. In einer gemeinsamen Diskussion wird dann entschieden, welche der Beispiele für alle Teammitglieder plausibel sind und somit anerkannt werden können[40].

---

38. Die von ihm vorgeschlagene Technik der Konstruktion von Einstufungsskalen (BES), die durch Beispiele spezifischen Arbeitsverhaltens und durch Konsensus-Definitionen verankert sind, dient der Evaluation der Arbeitsleistung von Mitarbeiterinnen eines Krankenhauses (vgl. Weinert 1979, 1 ff.). M.E. kann man diese Technik aber für Zwecke der Sozialen Arbeit modifizieren.

39. Das Krankenhaus-Personal erarbeitete folgende Bereiche: (1) Allgemeine Qualifikation (mit der Definition: Befähigung für einen verantwortungsvollen Beruf mit pflegerisch-technischen Aufgaben und den Fähigkeiten: Sorgfalt, Geschicklichkeit, technisches Geschick und Können, Zuverlässigkeit, Umsicht); (2) Verhalten gegenüber dem Patienten (mit der Definition: Anpassungsfähigkeit an die krankheits-, persönlichkeits- und situationsbedingten Bedürfnisse des Patienten und den Fähigkeiten: Freundlichkeit, Kontaktfreudigkeit, Geduld, Flexibilität, Einfühlungsvermögen); (3) Psychologische Fähigkeiten (mit der Definition: Befähigung zur Wahrnehmung, Übernahme, Ausführung verantwortungsvoller Aufgaben und situationsgerechtem Verhalten in Konfliktsituationen mit den Fähigkeiten: Verantwortungsbewußtsein, Durchhaltevermögen, Anpassungsfähigkeit, Konfliktfähigkeit, ständige Aufmerksamkeit, Ausgeglichenheit). Weitere Arbeitsdomänen sind: physische Fähigkeiten, soziales Verhalten, ethisches Verhalten, Organisationsfähigkeit, spezielle fachliche Qualifikation, Kollegen u.a., die alle in ähnlicher Form spezifiziert wurden (vgl. Weinert 1979, 14 ff.).

40. Eine Liste mit 26 Arbeitsbeispielen für eine konkrete Dimensionsdefinition findet sich bei Weinert (1979, 44). Um das Verfahren abzusichern, wurde in Weinerts Evaluation mit mehreren Arbeitsgruppen gearbeitet. So konnten mehrere hundert Items des Arbeitsverhaltens geschrieben und von einer unabhängigen Gruppe "blind" zu den vorher festgelegten Dimensionen rücksortiert werden. Alle Beispiele, die nicht mit 75 %iger Sicherheit zugeordnet werden konnten, wurden aussortiert. Eine dritte Gruppe nahm dann die Skalierung

Die Vorteile dieses Vorgehens bestehen darin, daß die skalierten Erwartungen an ein gutes Arbeitsverhalten unabhängig voneinander und unabhängig von konkreten Personen gewonnen wurden. Die Skalen sind speziell auf die besondere Arbeitsstelle und dort zu erwartende "Verhaltensereignisse" bezogen, und sie sind in der geltenden fachlichen Terminologie formuliert. Die Teamkolleginnen haben ihre Instrumente selbst erarbeitet - oder verfügen zumindest über dieselbe berufliche Arbeitserfahrung wie die Kolleginnen, die sich an den Mustern orientieren sollen. Alle wissen auf diese Weise genau, was die anderen von ihnen erwarten. Das kann Probleme lösen, die aus unklaren Teamstrukturen und unausgesprochenen Erwartungen der Kolleginnen aneinander resultieren. Auf diese Weise können auch klarere Arbeitsziele und Arbeitsplatzbeschreibungen entstehen[41]. Darüber hinaus können die Fachkräfte gegenüber Vorgesetzten, Verwaltungsfachleuten oder auch Politikerinnen besser darstellen, welche Arbeitsleistungen ihre Einrichtung fordert, und sie können die Spezialität dieser Dienststelle besser hervorheben[42]. Wenn Teams dieses Instrument regelmäßig benutzen, kann es neben seiner Feedback-Funktion auch Konflikte aufzeigen, die durch unterschiedliche Erwartungen oder zumindest eine unterschiedliche Betonung der Facetten und Zielsetzungen entstehen. Wo eine gemeinsame Verständigung schwierig ist, können zumindest einzelne Fachkräfte für sich selbst einschätzen, wie gut und zufriedenstellend ihre Arbeitsleistung ist im Vergleich zu den Erwartungen, Standards und Normen, an denen sie bewertet und eingestuft wird (vgl. Weinert 1979, 20).

---

der unter die jeweiligen Arbeitsdimensionen zurücksortierten Items des Arbeitsverhaltens vor, um damit die Qualität der Arbeit und der Leistung innerhalb jedes Arbeitsbereiches auszudrücken (vgl. Weinert 1979, 11). Ein solches Vorgehen ist für überschaubare Teams aber nicht möglich und muß daher vereinfacht werden.

41. Vgl. die Klagen vieler Fachkräfte über die ungenügende Anforderungsstruktur an ihrem Arbeitsplatz (Klüsche 1990).

42. Für Evaluationszwecke ist eine solche Bewertungsskala sinnvoll, weil sie die subjektiven und durch Sympathien getragenen Einschätzungen über gute und schlechte Arbeitsleistungen weitgehend vermeidet, denn die Bewertung ist in den Skalen bereits enthalten. Man kann also auf globale gefühlsmäßige Einschätzungen verzichten und sich an beobachtbarem Arbeitsverhalten orientieren. Leider wird gerade die implizite Möglichkeit der Bewertung wahrscheinlich verhindern, daß diese Möglichkeit der Selbstevaluation wirklich ausprobiert wird.

7.4 Selbstevaluation als Innovation

Innovationen, also neue Bewältigungsmuster für aktuelle Probleme werden dort benötigt, wo eine Organisation (oder auch nur der eigene Arbeitsplatz) aufgrund überkommener Strukturen und untauglicher Konzeptionen neue methodische Vorgehensweisen braucht. Evident wird die Notwendigkeit von Innovationen dort, wo die Klientinnen ausbleiben, oder wo die gebräuchlichen Methoden nicht mehr wirken. Innovationen können sich auf überschaubare Arbeitsabläufe und Interventionsformen beziehen oder die gesamte professionelle Konzeption einer Einrichtung betreffen. Eine Innovation muß nicht "neu" an sich sein, sondern sie muß für die Institution neu sein (vgl. Engelhardt 1991, 9). Die Innovationsperspektive ist für viele Fachkräfte ungewohnt, ihr wird aber durch das Kinder- und Jugendhilfegesetz (KJHG) ein hoher Stellenwert eingeräumt. Dieses Gesetz schreibt für die öffentlichen Träger der Jugendhilfe eine Jugendhilfeplanung vor, die regelmäßig fortzuschreiben ist. Demnach müssen die Angebote der Jugendhilfe mit den Bedürfnissen der Betroffen abgestimmt werden. In regelmäßigen Abständen ist zu evaluieren, wieweit sich die sozialen Dienste ihren Planungszielen angenähert haben.

Eine Kategorie von Untersuchungsfragen im Zusammenhang der Innovationsoption ergibt sich aus dem Umstand, daß Bedürfnisse der Klientinnen genausowenig standardisierbar sind wie die darauf abzustimmenden Interventionen. Sie können daher auch nicht global gesetzt werden, sondern müssen in regelmäßigen Abständen und vor Ort erhoben werden, um die lokalen Besonderheiten zu angemessen erfassen. Weitere Untersuchungsfragen betreffen die Vermitteltheit des Angebotes der eigenen Einrichtung mit Bedürfnissen und Bedarf: Sind die Angebote in der Lage, dem Bedarf und den Problemen gerecht zu werden? Und wie nehmen die Klientinnen die Angebote wahr? Welche Alternativen bieten sich an? Die Fachkräfte können auch prüfen, ob bestimmte minimale Standards der Versorgung routinemäßig und systematisch für die Klientinnen vorgesehen sind und wie man sie optimieren kann. Wenn die Fachkräfte die Übereinstimmung zwischen Bedarf und Angebot prüfen, kann sich ergeben, daß sie ihr Arbeitsfeld konzeptionell umstrukturieren müßten, eine Maßnahme, die (als Organisationsentwicklung) nur durch die Leitung der Organisation oder zumindest mit ihrer Hilfe und Unterstützung in Gang gesetzt werden kann. Die Fachkräfte können aber auch "nur" einzelne neue Interventionsstrategien ausprobieren und deren Implementation evaluieren.

Als Erfolgskriterien für diese Evaluationsperspektive gelten zum einen sog. fachliche Standards, also solche, die Klientinnenbedürfnisse zum Ausgangspunkt nehmen, zum anderen Fragen nach der Angemessenheit einer Innovation, die ich im Abschnitt 7.4.1 beschreibe. Bevor ich Vorschläge für geeignete Untersuchungspläne zusammentrage (Abschnitt 7.4.3), stelle ich einige Überlegungen zur Jugendhilfeplanung zusammen, die zumindest die Arbeitsfelder betreffen, die vom KJHG erfaßt werden (Abschnitt 7.4.2).

7.4.1 Erfolgskriterien

Als übergeordneter Bewertungsmaßstab werden in der Fachliteratur sog. fachliche Erfolgskriterien diskutiert. Fachliche Erfolgskriterien nehmen (unterstellte oder erhobene) Bedürfnisse und Interessen der Adressatinnen Sozialer Arbeit zum Ausgangspunkt. "Hauptkriterium für die Effizienzmessung kann ... nur die konkrete Lebenslagenverbesserung für die betroffenen Zielgruppen sein", fordert z.B. Maelicke (1984, 130; vgl. auch Sengling 1987). Manche Verfasser streben "objektive" Meßpunkte, wie eine Liste von Mindeststandards sozialer Versorgung an (vgl. Maelicke 1984; Scriven 1984; van Sant 1989). Andere propagieren Maße sozialer Funktionsfähigkeit als Erfolgskriterien, z.B. für die Bewertung psychiatrischer

Behandlung (vgl. Beattie, Stevenson 1984) oder Maße der Ausstattung der Persönlichkeit in Bezug auf Handlungskompetenz und Teilhabe am sozialen Leben (vgl. Staub-Bernasconi 1986). Fachliche Standards sind aber leider selten konsensfähig. Sie beruhen auf (konkurrierenden) Interpretationen über mutmaßliche Bedürfnisse von Klientinnen. Das erschwert einen Konsens und reduziert auch deren Akzeptanz. Die Arbeit an der Entwicklung übergreifender Bewertungskriterien ist schwierig, und es ist zu fragen, ob solche Konstruktionen überhaupt sinnvoll sind. Unabhängige Standards und Richtwerte werden zwar von politischen Entscheidungsträgerinnen sehr gewünscht, sind jedoch kaum auf konkrete lokale Gegebenheiten übertragbar[43]. Ein weiteres Dilemma stellt sich mit der Geltung "objektiver" und "subjektiver" Bedürfnisse (vgl. Patton 1982, 48). Bedürfnisse können sich auch ändern und sind kontextabhängig, so daß zumindest eine funktionale Analyse von Bedürfnissen Voraussetzung jeder Zielbestimmung sein müßte (vgl. Jordan, Schone 1992, 156 ff.).

Von Bedürfnissen zu unterscheiden ist "Bedarf". Einen Bedarf kann man nicht wissenschaftlich bestimmen oder aus sog. objektiven Problemlagen ableiten. Er entsteht in sozial- und kommunalpolitischen Auseinandersetzungen und wird meist ohne Beteiligung von Klientinnen ausgehandelt[44]. Es hängt vom kommunalen Bedingungsgefüge, also von der finanziellen Leistungs*fähigkeit* und dem politischen Leistungs*willen* der Kommune und von den wirtschaftlichen und sozialen Lebenslagen ihrer Einwohnerinnen ab, welche der Bedürfnisse als "Bedarf" akzeptiert werden, wo die Schwerpunkte der Sozialpolitik gesetzt werden, und was entsprechend als Erfolg gewertet wird (vgl. Gernert 1988, 12). Dieses Bedingungsgefüge ist auch beeinflußt von überörtlichen Entwicklungen und Problemen, die sich stark auf die (finanziellen und organisatorischen) Möglichkeiten einer Kommune auswirken (vgl. Tillmann 1988, 60 ff.; vgl. auch die ähnliche Argumentation im Abschnitt 7.1.1). Für die Innovationsoption gilt darüber hinaus ein weiteres Erfolgskriterium, nämlich das der "Angemessenheit" von Innovationen. Angemessenheit ist teilweise mit den Kriterien der Effektivität und der Effizienz verwandt, bezieht sich jedoch auch auf die Akzeptanz der Klientinnen: sie müssen die Innovation annehmen können.

7.4.2 Jugendhilfeplanung

Jugendhilfeplanung wurde mit dem Inkrafttreten des Kinder- und Jugendhilfegesetzes (KJHG) für Kommunen und Landkreise zur *Pflichtaufgabe* gemacht. Die einzelnen Felder der Jugendhilfe sollen mithilfe von Planung systematisch, innovativ, vorausschauend und zukunftsgerichtet gestaltet und weiterentwickelt werden. Als *Ziele* sind angegeben, positive Lebensbedingungen für junge Menschen und ihre Familien zu erhalten oder zu schaffen (§ 1 KJHG) und ein qualitativ und quantitativ bedarfsgerechtes Jugendhilfeangebot rechtzeitig und ausreichend bereitzustellen (§ 79 KJHG). Als Planungsbeteiligte gelten die Fachämter der Landkreise und Kommunen, die freien Träger, die Jugendhilfeleistungen anbieten (Jugendverbände,

---

43. Weit verbreitet ist der Standard der "Durchschnittlichkeit", also die Zielvorstellung, daß alle Einwohnerinnen einer Stadt gleichmäßig mit sozialen Dienstleistungen versorgt werden sollen. Planerinnen orientieren sich dabei am Muster der "Inklusivität", d.h. daß Einrichtungen und Maßnahmen konzeptionsgemäß "für alle" geplant und offen sind. In der sozialen Wirklichkeit herrscht jedoch überall "Exklusivität", was mit territorialen Bedürfnissen der Menschen, mit Zugangsschwellen, Bildungs- und Sprachbarrieren, mangelnder Mobilität oder auch unterschiedlichen Motivationen zusammenhängt (vgl. Becher u.a. 1981, 35).

44. "Gegenüber dem Begriff des Bedürfnisses ist Bedarf zu verstehen als ein Ergebnis politischer Entscheidungen. Bedarf ist das, was an Bedürfnisartikulation der Betroffenen anerkannt und gemeinsam mit weiteren Vorstellungen zu gesellschaftlichen Erfordernissen als politisch gewollt und künftig finanzierbar definiert wurde. Bedarf ist demnach die politische Verarbeitung von Bedürfnissen; es ist die Eingrenzung von Bedürfnissen auf das aufgrund politischer Entscheidungen für erforderlich und gleichzeitig machbar Gehaltene. Durch das Sichtbarmachen der Differenz zwischen Bedarf und Bedürfnis wird der politische Aushandelnscharakter der Bedarfsdefinition nachvollziehbar und öffentlich" (Merchel 1992 a, 102).

Wohlfahrtsverbände, Selbsthilfegruppen etc.), die politischen Gremien (Jugendhilfeausschüsse, Stadträte, Kreistage) und die von Sozialer Arbeit Betroffenen. Alle sollen sich an der Formulierung von Planzielen, am Aushandeln der Angebotsstrukturen und an Beschlüssen über Prioritäten und Realisierungsformen beteiligen. In § 79 (1) KJHG wird nicht nur die Gesamtverantwortung, sondern ausdrücklich auch die *Planungsverantwortung* des jeweiligen Trägers der öffentlichen Jugendhilfe festgelegt. Kommunen und Kreisverwaltungen sollen gewährleisten, "daß die zur Erfüllung der Aufgaben ... erforderlichen und geeigneten Einrichtungen, Dienste und Veranstaltungen ... rechtzeitig und ausreichend zur Verfügung stehen" (§ 79 (2) KJHG). Die Planungsvorgaben "erforderlich", "geeignet", "rechtzeitig" und "ausreichend" werden mit dem § 80 KJHG aufgegriffen und konkretisiert. Als *Planungs-aufgaben* gelten demnach "Bestandserhebung", "Bedarfsermittlung" und "Maßnahmenplanung" (§ 80). Diese Aufgaben sollen nach den grundsätzlichen *Zielvorgaben* des KJHG (1. Kapitel, §§ 1 - 10) und den arbeitsfeldspezifischen Zielvorgaben ausgestaltet werden. Zusätzlich wird hervorgehoben, daß Jugendhilfe im *familiären und sozialen Umfeld* von Kindern und Jugendlichen ansetzen und ein regionbezogenes, vernetztes Angebot machen soll, daß junge Menschen und Familien in gefährdeten Lebens- und Wohnbereichen (sozialen Brennpunkten, ghettoisierten Wohngegenden etc.) besonders gefördert werden sollen, und daß Mütter und Väter ihre Aufgaben in der Familie und im Beruf besser miteinander vereinbaren können (vgl. Münder u.a. 1991). Diese Zielvorgaben fordern, daß die Jugendhilfe sich nicht weiter an *Symptomen* orientieren und/oder überwiegend *reagieren* soll (wobei sie allgemeine Sozialisationsbedingungen vernachlässigt), sondern ihre *sozialökologische Orientierung* verstärkt. Die so konzipierte Jugendhilfeplanung ist also ein anspruchsvoller und vielschichtiger Prozeß der Organisationsentwicklung und Politikberatung, an dem die einzelnen Planungsschritte, nämlich Konzepterörterung, Problemanalyse, Bedarfsermittlung, Angebotsplanung, Entschei-dung, Umsetzung und Evaluation auszurichten sind.

In der bisherigen Jugendhilfeplanung lassen sich vier Ansätze unterscheiden:

1. Eine *bereichsorientierte Planung* geht von vorfindbaren Arbeitsfeldern und Aufgaben aus und überprüft, ob die vorhandenen Angebote in bezug auf anzusprechende Personengruppen und erkennbare Probleme angemessen sind, oder ob sie verbessert und/oder verändert werden müssen.

2. Eine *zielorientierte Planung* setzt die Zielvorgaben des KJHG (nämlich Sozialraumorientierung, Lebensweltbezug, offene Prozeßplanung, Einmischung in andere Politikfelder, fachpolitischer Diskurs, Beteiligung) auf die einzelnen Arbeitsfelder um. D.h., man konkretisiert diese allgemeinen Ziele arbeitsfeldspezifisch (Was bedeutet Lebensweltbezug für den Allgemeinen Sozialdienst?) und entwickelt Indikatoren zur Zielerreichung (Woran könnte man merken, daß der Lebensweltbezug in einzelnen beruflichen Handlungen der Fachkräfte realisiert wird?). Im weiteren überprüfen die Fachkräfte die Jugendhilfe-Angebote und Dienste, die sie realisieren, an den Zielvorgaben und arbeiten ggf. an zielbezogenen Veränderungen.

3. Bei der *zielgruppenorientierten Planung* stehen spezifische Zielgruppen im Vordergrund: Es wird festgelegt, welche Zielgruppen in welchen Regionen des Landkreises besonders gefördert (z.B. Mädchen, alleinerziehende Mütter, Aussiedlerfamilien) oder beeinflußt (z.B. gewalttätige Jugendliche, drogengefährdete Menschen) werden sollen. Daraufhin wird "quer" durch die Arbeitsfelder geprüft, wie eine solche Förderung in den einzelnen Bereichen (z.B. Mädchenförderung im Kindergarten, Drogenprophylaxe in der Jugendarbeit) z.Zt. geschieht und wie sie verbessert werden könnte.

4. Eine *sozialraumorientierte Planung* konzentriert sich auf das Ziel, mithilfe "sozialräumlicher Analysen" für die einzelnen Regionen des Landkreises differenzierte Informationen über Lebenslagen, Sozialisationsbedürfnisse, Handlungspotentiale und Defizite der Kinder, Jugendlichen und ihrer Familien zu gewinnen. Diese Planungsperspektive soll sozialräumliche Prioritäten ermöglichen, die Ressourcen problemangemessen konzentrieren und die Adressatinnen der Jugendhilfe stärker beteiligen (vgl. Jordan, Schone 1992, 40 ff.).

Eine sinnvolle Planung beginnt mit der Ausarbeitung einer (politisch ausgehandelten) *Konzeption* auf der Grundlage einer politischen und fachlichen Zieldiskussion. Es muß festgelegt werden, welche Elemente der Planungsansätze in die Planungskonzeption aufgenommen werden, welche Zielvorgaben einbezogen, welche Zielgruppen besonders gefördert und in welchem Umfang sozialräumliche Analysen erhoben werden. Im Anschluß sollte eine konkretisierte Bestandsaufnahme der derzeitigen Jugendhilfe-Leistungen (incl. der Leistungen der freien Träger und Initiativgruppen) stattfinden. Auf die Bestandsaufnahme baut ein Soll-Ist-Vergleich auf (Problemanalyse). Es folgen evtl. spezifische Bedarfsermittlungen sowie Vorschläge und Planungen für neue bzw. dem Bedarf angepaßte Jugendhilfe-Angebote. Auf dieser Grundlage müssen Entscheidungen über Erweiterungen oder Umstrukturierungen der vorhandenen Angebote getroffen werden. Der Prozeß der Umsetzung der Angebote sollte im weiteren evaluiert werden (vgl. Merchel 1992 b, 26 ff.).

7.4.3 Geeignete Untersuchungspläne

Nur wenige Fachkräfte der Sozialen Arbeit sind direkt mit der Koordination der Jugendhilfeplanung beauftragt; viele sind jedoch in ihrer Praxis damit befaßt, weil sie mit der für die Planung notwendigen Datenerhebung betraut werden. Für den Zusammenhang dieser Arbeit trage ich hier einige Vorschläge für Untersuchungspläne zusammen, die die Fachkräfte an ihren Arbeitsplätzen selbst realisieren und in den Planungszusammenhang einbringen können. An erster Stelle steht die Forderung nach der Erhebung der Bedürfnisse von Adressatinnen der jeweiligen Arbeit. Die Fachkräfte sollten zunächst ihr "Einzugsgebiet", "ihren" Stadtteil genauer untersuchen. Auch zu diesem Zweck sollten sie ihre tägliche Arbeit dokumentieren und die eigenen methodischen Vorgehensweisen gleichzeitig zur Informationsgewinnung nutzen. Sie können ihre Einsatzorte auf einer Straßenkarte des Stadtteils markieren (und evtl. nach Betreuungsgrund oder methodischer Vorgehensweise farbig absetzen). Sie sehen so, an welchen Straßenzügen sich die "Betreuungsfälle" häufen. Wenn sie die "gewachsenen" Abgrenzungen und Quartiere und die Lebensgewohnheiten der Menschen im Stadtteil fokussieren, gewinnen sie Verständnis für die Bedeutung der Strukturen eines Stadtteils. Wo sind besondere Problemzonen? Gibt es belastende Umweltbedingungen? Wie setzt sich die Wohnbevölkerung zusammen (Zusammenleben von Einheimischen, Aussiedlerinnen und Asylsuchenden)? Wie wirkt sich die Verkehrssituation aus? Welche sozialen Unterschiede haben welche Folgen? Welche materielle Situation herrscht vor (wieviele Arbeitslose gibt es)? Welche infrastrukturellen Angebote sind vorhanden und wer nutzt sie? Wie sind die sozialen Einrichtungen ausgestattet? Wie sind die Angebote der Träger untereinander vernetzt? Dieses sind nur einige von vielen Fragen, die sich bei der Untersuchung des Stadtteiles anbieten und die Hinweise für eine Bestandsaufnahme von Ressourcen, die Formulierung von Problemen, Defiziten und Benefiten und auch für Standorte von Einrichtungen liefern[45]. Aus den Daten können die Fachkräfte eine detaillierte soziale Charakteristik

---

45. Zu Methoden der Erfassung der Infrastruktur und der Lebensverhältnissen vgl. C.W. Müller (1988 d). Methodische Hinweise zur Erstellung eines Sozialatlas und einer Sozialraumanalyse findet man in Jordan, Schone (1992) und in der Broschüre des DPWV (1992).

ihres Einzugsgebietes zusammenstellen, wobei sie darauf achten müssen, ihren Stadtteil nicht durch Zuschreibung negativer Daten als "sozialen Brennpunkt" zu stigmatisieren (vgl. Spiegelberg 1982, 76).

Häufig erleben die Fachkräfte ihre Klientinnen lediglich in den institutionellen Zusammenhängen der Sozialen Arbeit. Daher sollten sie versuchen, viele Informationen über die Lebenswelt einzelner Klientinnen außerhalb dieser Zusammenhänge zu sammeln. Auch hier ist also wieder ausführliche (persönliche) Datensammlung und Dokumentation gefragt. Geeignet sind dazu Methoden und Techniken der Sozialen Arbeit und auch einige diagnostische Verfahren, die methodisches und Untersuchungsinstrument gleichzeitig sein können[46].

Zu Möglichkeiten, die Betroffenen eines Stadtteiles direkt an der Aushandlung von Bedürfnissen zu *beteiligen*, gibt es bisher recht wenig Erfahrungen. Jordan und Schone unterscheiden dabei (a) kooperative Verfahren (bei denen hauptsächlich Träger Sozialer Arbeit über die Bedürfnisse befinden); (b) stellvertretende Verfahren (in denen die Interessen der Betroffenen mittelbar, durch Expertinnen, Schlüsselpersonen oder ausgewählte andere Personen vertreten werden); (c) versammelnde Verfahren (mit direkter Kommunikation möglichst vieler Beteiligter aus allem Bereichen) und (d) initiierende Verfahren (mit denen die Einflußchancen nichtorganisierter Betroffener gesteigert werden sollen) (vgl. Jordan, Schone 1992, 172). Brauchbar sind auch viele methodische Vorgehensweisen aus der Organisationsberatung und der stadtteilbezogenen Sozialen Arbeit. Bei all diesen Verfahren kann sich herausstellen, daß so manche der subjektiven "Bedürfnisse" der Betroffenen die Fachkräfte in Schwierigkeiten bringen (wenn sich z.B. Anwohnerinnen gegen geplante Spielplätze oder Jugendzentren zur Wehr setzen). Manchmal setzen auch Bürgerinitiativen und Selbsthilfegruppen die Planungsverantwortlichen mit ihren Forderungen sehr unter Zugzwang. Sie müssen auch diese Art der Bürgerinnenbeteiligung mit Verhandlungsgeschick integrieren, weil die Bedürfnisse der Betroffenen im weiteren nicht direkt "bearbeitet", sondern in einen politischen Prozeß des Aushandelns eingebracht werden, in dem entschieden wird, welche der Bedürfnisse als "Bedarf" anerkannt werden. An diesem Prozeß des Aushandelns können und sollen sich die Fachkräfte mit ihrer intimen Kenntnis der Strukturen vor Ort beteiligen.

Umfassende Umstrukturierungen als Ergebnis von Planungsprozessen können zwar nicht von einzelnen Fachkräften allein realisiert werden. Wahrscheinlich ergibt sich aus dem Abgleich des Bedarfs mit dem Angebot und den Ressourcen der eigenen Dienststelle jedoch auch Änderungsbedarf an jedem Arbeitsplatz. Es ist also möglich, daß Fachkräfte für sich oder im Team konzeptionelle Überlegungen anstellen und Änderungen einführen möchten. Dazu müssen sie sich auch "theoretisch" betätigen und erklärende Theorien suchen, mit denen sie die Schwierigkeiten und Probleme des Arbeitsplatzes interpretieren und nach geeigneten Innovationen suchen können. Dabei ist es unerheblich, ob sie diese Innovationen "erfinden" müssen, oder ob sie auf anderswo praktizierte Modelle zurückgreifen und diese für die eigene Situation umändern. Für die Umsetzung müssen sie die Innovation in ihre Bestandteile zerlegen und in Arbeitsprinzipien und Handlungsanweisungen übersetzen, die dann in den beruflichen Alltag eingeführt werden. Dabei sollten sie die Innovation selbst daraufhin untersuchen, ob sie aus fachlichen Gesichtspunkten zu fördern ist (ob z.B. Gegenstand und Ziele eher den Trägern oder eher den Klientinnen dienen), und ob es Entscheidungsalternativen gibt, die bisher nicht in Betracht gezogen wurden.

---

46. Vgl. dazu die Methodensammlung zur Analyse der Lebenswelt von Kindern und Jugendlichen (v. Spiegel, Krümmel 1994) sowie die Methodensammlung zur Selbstevaluation (v. Spiegel 1992). Zur Erfassung von Daten bei Kindern vgl. bes. Lohaus (1989, 131 ff.).

Zur Evaluation der eigenen Innovationen ist zunächst von Belang, ob die zugrundeliegende Theorie, der Entwurf und die Umsetzung in sog. programmatische Inputs (Rein 1984) übereinstimmen. Viele Konzeptionen werden bekanntlich nicht oder nur unvollständig umgesetzt. Um also später nicht nach Wirkungen einer nicht existenten Innovation zu suchen, sollte man die "Perzeption des Inputs" (Rein 1984, 187) prüfen. Die Notwendigkeit einer solchen Prüfung ergibt sich aus dem Umstand, daß finanzielle, politische, administrative und konzeptionelle Einschränkungen in der Praxis die Konzeption und Planung von neuen Arbeitsprinzipien so beeinflussen können, daß sie völlig andere Wirkungen zeitigen, als sie nach der Theorie und der Konzeption sollten. "Der Intervention liegt ... eine Theorie über diejenigen Aktivitäten zugrunde, die am ehesten das Problem reduzieren oder lösen können. Ein Programm ist eine Theorie, und eine Evaluation ist ein Test dieser Theorie" (Rein 1984, 188). Mit einer Inputstudie kann man den Übergang vom Plan zur Praxis nachvollziehen, um zu sehen, in welchem Ausmaß der Plan realisiert wurde bzw. an welchen Schwierigkeiten die Implementation scheiterte[47]. Die Frage, welche Teile der Innovation überhaupt umgesetzt wurden, läßt sich anhand einer Prozeßrekonstruktion und über Interviews mit den Adressatinnen beantworten. Ebenfalls mit Interviews kann man untersuchen, ob die Innovationen oder Inputs von den Klientinnen akzeptiert werden, und ob sie sie so auffassen, wie die Fachkräfte das beabsichtigt haben (eine klassische Kontrollfrage wäre die, ob sich eine Fürsorgeempfängerin mit dem ausgezahlten Geld teure modische Stiefel kauft, statt ihre Kinder mit gesunden Lebensmitteln zu versorgen).

---

47. Wie falsch Ergebnisse sein können, die nicht existente Maßnahmen miteinander vergleichen, zeigt Rein (1984, 192 f.) mit seinem Bericht über Fachkräfte, die in der Praxis die Vorgehensweisen eines traditionellen und eines innovativen Sozialhilfe-Systems aus arbeitsökonomischen Gründen so aneinander anglichen, daß keine Unterschiede in den Auswirkungen festzustellen waren.

8. Förderliche Bedingungen für Selbstevaluation

Bei allen aufgezählten Möglichkeiten für Selbstevaluation bleibt die Frage, wer diese Arbeit in der Praxis leisten soll, und welche Bedingungen eine diesbezügliche Motivation und auch entsprechende Fähigkeiten fördern. Fachkräfte, die ihre Arbeit selbst evaluieren, müssen sich gleichzeitig als Didaktikerinnen *und* Forscherinnen verstehen und zwischen beiden Rollen oszillieren können (vgl. C.W. Müller 1988 d, 31). Nach Heiner "fehlt es (...) der Praxis (...) an Forschungskompetenz. Die meisten Sozialarbeiter verfügen weder über Zeit noch über Fach-kenntnisse, um ihrerseits präzise Anforderungen an die Wissenschaftler zu stellen, mögliche alternative Untersuchungsansätze zu skizzieren oder selbst (kleinere) Forschungsvorhaben zum eigenen Bereich durchzuführen, z.B. Fallstudien, statistische Erhebungen zum Betreu-ungsaufwand, Gruppenbefragungen (ehemaliger) Klientinnen usw. Damit bleibt ein großer Fundus an Sachkenntnis und Erfahrung für die Praxisforschung und für die Optimierung der Arbeit ungenutzt" (Heiner 1988 b, 11). Bisher kann man die Fachkräfte, die sich (meist mithilfe wissenschaftlicher Begleitung) selbstevaluativ betätigt haben, wahrscheinlich noch zählen. Es gibt noch nicht einmal eine empirische Bestandsaufnahme darüber, wieviele Fachkräfte in ihrer praktischen Arbeit Grundsätze der didaktischen Planung und Reflexion anwenden, oder wie sie überhaupt über didaktische Probleme kommunizieren (gedanklich, mündlich oder schriftlich), wie Martin (1989 b, 44) resümiert[1]. Mit Blick auf die Forschungskompetenz der Fachkräfte ist zu beklagen, daß vielen Studentinnen in der Ausbildung noch nicht einmal vermittelt wird, daß Evaluation ebenso zur Sozialen Arbeit gehört wie Supervision. Darüber hinaus müßten sie zunächst einmal wesentliche Elemente des methodischen Arbeitens beherrschen. Sie müßten wissen, wie sie die relativ unstrukturierten Situationen in der Sozialen Arbeit analysieren, Ziele formulieren und operationalisieren und zwischen geeigneten Interventionen wählen können. Sie sollten zumindest ansatzweise über Wissenschaftstheorie und Forschungsmethoden Bescheid wissen[2], so daß sie später mit Hilfe einer wissenschaftlichen Begleitung ihr Wissen interessengeleitet und problemorientiert vertiefen können. Ich glaube, daß die Studen-tinnen des grundständigen Studiums mit einer umfassenden Ausbildung in Verfahren der Selbstevaluation überfordert wären und plädiere dafür, ein Curriculum für eine Weiterbildung[3] oder ein Aufbaustudium zu erarbeiten. Die Ausbildung zur Selbstevaluation sollte genauso certifiziert werden wie die zur Supervision. Das fördert die Motivation zur Weiterbildung und gleichzeitig wahrscheinlich auch die Anerkennung einer eigenständigen evaluatorischen Kompetenz bei Vorgesetzten und Trägern.

Förderliche und hinderliche Faktoren für die Selbstevaluation kann man im wesentlichen in vier Bedingungskomplexen suchen, nämlich in motivationalen Faktoren der Fachkräfte (Abschnitt

---

1. Die an anderer Stelle erwähnte Untersuchung von Heiner (1989) zu "Selbststeuerungsprozessen" in der Sozialen Arbeit erfaßte eine Gruppe von Fachkräften, die selbst Methoden der Selbstevaluation anwendete. Hierbei ging es eher um die Einschätzung der Brauchbarkeit verschiedener Evaluationsmethoden.

2. Diese Forderung gilt im übrigen ebenso für eine Ausbildung der "hauptamtlichen" Evaluatorinnen. Auch diese haben ihr Handwerk nicht immer gut gelernt. Vgl. die Kompetenz-Forderungen für Evaluationsforscherinnen und die Sammlung von Strukturmerkmalen für Ausbildungskurse von Nacken (1984, 648).

3. Vgl. dazu den Bericht von Richey u.a. (1987) über das Curriculum zur Ausbildung in Selbstevaluation (Educational Unit) an der University of Washington, die für die Fachkräfte innerhalb ihres ersten Praxisjahres obligatorisch gemacht wurde. Inhaltlich geht es (a) um die Notwendigkeit, Probleme, Ziele und Interventionen zu spezifizieren und zu operationalisieren (abhängige und unabhängige Variablen); (b) um Methoden zur Messung von Klientinnengefühlen, Verhaltensweisen, Gedanken und Haltungen, incl. der Möglichkeit, fallrelevante Daten zusammenzufassen und zu interpretieren; (c) um das Kennenlernen von Einzelsystemplänen zur Feststellung von Veränderungen der Klientinnen und der Effektivität der Interventionen; (d) um Gruppenpläne und Methoden der Prozeßevaluation; (e) um sinnvolle Untersuchungsfragen für die Selbstevaluation; (f) um Evaluationsmethoden für die Arbeit mit einzelnen Klientinnen oder mit Klientinnensystemen im Feld (vgl. Richey u.a. 1987, 15).

8.1), in der Beschaffenheit der zum Einsatz kommenden Evaluationsmethoden (Abschnitt 8.2), in der wissenschaftlichen Begleitung (Abschnitt 8.3) sowie den institutionellen Rahmenbedingungen (Abschnitt 8.4).

8.1 Zur Motivation der Fachkräfte

Selbstevaluation setzt eine hohe Motivation voraus, sich die Bedingungen und Auswirkungen der eigenen Praxis schonungslos vor Augen zu führen und sich ggf. selbst zu verändern (vgl. Martin 1989 a, 189 f.). Die amerikanischen Forscherinnen Richey, Blythe und Berlin arbeiteten als Ergebnis ihrer Untersuchung über förderliche und hinderliche Bedingungen für eine "Praxisevaluation"[4] heraus, daß die social workers, die Methoden der Selbstevaluation in der Praxis einsetzten, eine positive Einstellung zur Forschung im allgemeinen und besonders auch zur Forschung in der Dienststelle hatten. Eine zweite positive Motivation entstand, wenn sich die Praktikerinnen nicht persönlich für die Erfolge bei den Klientinnen verantwortlich fühlten und somit ihre methodischen Mißerfolge extern attribuierten (vgl. Richey u.a. 1987, 17). Im übrigen zeigte sich, daß die Einstellung zur Evaluation auch mit der bevorzugten methodischen Ausrichtung der praktischen Arbeit korrespondierte. So evaluierten verhaltensorientierte workers ihre Arbeit ungleich häufiger als psychodynamisch orientierte (vgl. Richey u.a. 1987, 18).

Eine eher distanzierte, wissenschaftliche Herangehensweise an die Praxis fördert anscheinend die Praxis der Selbstevaluation. Ich vermute, daß die Fachkräfte das Risiko, Mißerfolge aufzudecken, besser tragen können, wenn sie sich nicht für alle Entwicklungen persönlich verantwortlich fühlen müssen[5]. Möglicherweise können sie mit einer solchen Haltung auch bescheidener in ihrer Zielsetzung bleiben und konzedieren, daß ihre Interventionen *eine* Variable unter vielen Wirkfaktoren sind. Ohne den Problemen der Klientinnen gegenüber gleichgültiger zu werden, können sie Gründe und Auslöser für problematische Situationen und Verhaltensweisen in verschiedenen Richtungen suchen, statt immer gleich den Bezug zu sich selbst herzustellen.

Ich glaube, daß die amerikanischen workers tendenziell "professioneller" an ihre Arbeit herangehen. Das zeigt sich auch daran, daß sie im Gegensatz zu deutschen Fachkräften weniger Schwierigkeiten mit der Evaluation generell und speziell auch mit experimentellen Forschungsplänen haben (vgl. Heiner 1989, 179). Deutsche Fachkräfte bevorzugen statt dessen die Supervision als Korrektiv ihrer Arbeit. Hier können sie die emotionalen Anteile zur Sprache bringen, und sie fühlen sich somit auch persönlich besser versorgt (vgl. Bader 1987; Heiner 1989, 181). Es wäre daher zu überlegen, ob man die organisationsberaterische Variante der

---

4. Ich ziehe die Untersuchung von Richey u.a. heran, weil ich der Auffassung bin, daß sie einige Hinweise für deutsche Verhältnisse zuläßt. Das Forschungsprojekt bezog sich auf 209 Fachkräfte, die zwischen 1979 und 1980 ausgebildet worden waren. 51,7 % der Fragebögen konnten ausgewertet werden. Im wesentlichen wurde gefragt, ob die workers die Methoden der Sozialen Arbeit und die Methoden der Selbstevaluation, die sie in der Ausbildung gelernt hatten, zum Einsatz brächten. Ein erstes Ergebnis war, daß die Ausbildung sehr positiv verzeichnet wurde, daß die workers das Gelernte aber relativ selten umsetzten. Sie wendeten zwar die neu gelernten Methoden für ihre praktische Arbeit an, benutzten aber weniger oft die Forschungsmethoden. Als häufigstes methodisches Vorgehen gaben sie an, nun die Ziele und Probleme ihrer Klientinnen zu spezifizieren, seltener wurden schon Interventionen operationalisiert, und nur gelegentlich berichteten sie über Ergebnismessungen (vgl. Richey u.a. 1987, 16 f.).

5. Aus Klüsches Untersuchung geht hervor, daß sich nur die Hälfte der von ihm befragten Fachkräfte persönlich für ihre Klientinnen verantwortlich fühlt. Diese Distanz hatte er negativ eingeschätzt (vgl. Klüsche 1990, 85). Ich vermute jedoch, daß diese Fachkräfte sich nicht von ihren Klientinnen abgrenzen, sondern eine berufliche Distanzierung anstreben, indem sie ihr eigenes Erleben und ihre eigenen Wünsche von denen der Klientinnen trennen, um sich nicht zu verstricken (vgl. Heiner 1992, 30).

Supervision als Vehikel benutzen könnte, welches beide Anteile, den eher rationalen der Selbstevaluation mit dem eher emotionalen der Supervision miteinander verknüpft.

Problematisch bleibt, daß sich die Fachkräfte selbst zu Veränderungen motivieren müssen. Der Gedanke der "Selbsthilfe" als Emanzipation von wissenschaftlicher Bevormundung trägt wahrscheinlich (ähnlich wie bei vielen Selbsthilfeaktivitäten) nicht dauerhaft. Auch der Idealismus, "gute" Arbeit im Sinne einer wirksamen Hilfe für Klientinnen leisten zu wollen, mag zwar das Selbstbild verbessern; im praktischen Handeln wirkt er sich (wie alle Einstellungen) zumindest nicht entscheidend und dauerhaft aus. Daher muß auch für die Selbstevaluation nach einem Anreizsystem gesucht werden, das die Fachkräfte zu dieser Anstrengung motiviert. Belohnungen in Form von Aufstiegsmöglichkeiten oder einer besseren Bezahlung sind in der Sozialen Arbeit sehr begrenzt. Die Untersuchung von Richey u.a. (1987) zeigt, daß der Wille und die Motivation zur Veränderung der eigenen Arbeitsweisen und Strategien auch aus der Befriedigung durch diese Art systematischen Arbeitens entstehen (vgl. Richey u.a. 1987). Das bedeutet, daß man einen Weg finden muß, den Fachkräften die potentiellen Vorteile der Selbstevaluation einsichtig zu machen. Bei Gebert und v. Rosenstiel (1981, 210) fand ich eine Auflistung von Grundannahmen zur Verstärkung des Leistungsmotivs, von denen ich einige für meine Überlegungen zur Stärkung der Motivation zur Selbstevaluation umgearbeitet habe: Die Fachkräfte sollten (a) in der Ausbildung ein klares Bild von den Möglichkeiten, den Methoden und den Auswirkungen der Selbstevaluation für ihre Praxis erwerben, und sie sollten (b) durch eine kompetente Praxisbegleitung konkrete Vorstellungen darüber entwickeln können, wie die Selbstevaluation mit ihrer praktischen Arbeit zu verbinden wäre. Sie müßten (c) die Selbstevaluation in Übereinstimmung mit den Anforderungen der beruflichen Realität bringen können, und ihr Einsatz müßte (d) insofern zur Verbesserung ihres Selbstbildes beitragen, als sie sich dadurch als fachlich kompetenter erleben. Sie müßten zu der Überzeugung gelangen, daß es (e) sinnvoll ist, die neuen Methoden zu beherrschen, weil sie nützlich sind, und die wissenschaftliche Begleitung müßte dazu beitragen, daß ihnen (f) dieses auch gelingt. Dazu bräuchten sie (g) eine häufige Rückmeldung über Fortschritte auf dem Weg zu ihren (h) selbst gesteckten Zielen. Wenn sie (i) das Gefühl hätten, daß ihre Arbeit von relevanten Anderen, den Kolleginnen und Vorgesetzten, unterstützt und respektiert würde, wenn sie (j) Selbstevaluation als etwas Besonderes erleben könnten, das ihnen aus der Alltagsroutine hilft, und wenn sie sich (k) mit ihren neuen Fähigkeiten zu einer neuen Bezugsgruppe zugehörig fühlen könnten (indem sich die Auffassung verbreitet, daß Selbstevaluation eine Tätigkeit der professionellen Avantgarde ist), würde die Motivation zur Anwendung von Selbstevaluation wachsen. Motivierend im letztgenannten Sinne wäre auch ein Forum (eine Fachzeitschrift), das den Fachkräften zum Austausch über gelungene Projekte, über sinnvolle Methoden und deren Anwendung, über Ergebnisse und Prozeßverläufe dienen könnte. Eine Fachzeitschrift zur Diskussion der Ergebnisse von Selbstevaluation[6] eröffnete ihnen auch die Möglichkeit der Selbstdarstellung und damit zur Stärkung ihres Selbstbildes.

8.2 Anforderungen an Methoden der Selbstevaluation

Ein Teil der in der amerikanischen Studie festgestellten förderlichen Wirkungen lag in den eingesetzten Forschungsmethoden selbst: Wenn die social workers die Forschungsmethode gleichzeitig als "klinisches Werkzeug" benutzen konnten, wenn also fachliche Methoden und Forschungsmethoden übereinstimmten, wurden sie häufiger eingesetzt. An zweiter Stelle

---

6. Veröffentlichungen von Ergebnissen der Selbstevaluation könnten auch Arbeitsprinzipien und Arbeitsvollzüge der Sozialen Arbeit aus dem Flair der Kunst und der Einmaligkeit befreien. Das würde die Etablierung von Selbstevaluation sicher befördern. Wahrscheinlich kämen auf diese Weise sogar mehr Berichte über sog. negative Praxis ans Tageslicht als durch Forschung "über" soziale Praxis.

wurde die Möglichkeit genannt, mithilfe der Forschungsmethoden den Prozeßverlauf verfolgen zu können, Fortschritte und Veränderungen schnell zu registrieren und somit auch die Interventionen besser anpassen zu können. Als dritten Vorteil gaben die workers an, daß ihnen das gesamte Vorgehen behilflich sei, das Problem genauer und vollständiger zu verstehen, die Zielbelange auszuwählen und die Situation der Klientinnen objektiver zu erfassen. Wenn die angewendeten Evaluations-Methoden zudem eine positive Wirkung auf die Behandlung und Zielerreichung hatten, wurden sie ebenfalls eher akzeptiert (vgl. Richey u.a. 1987, 17). Heiner berichtet, daß auch die deutschen Fachkräfte Selbstevaluation als komplexen Reflexionsprozeß verstehen möchten, der ihre methodische Arbeit qualifiziert (vgl. Heiner 1989, 182). Auch sie bevorzugen Methoden, die sie direkt in ihrer Arbeit mit Klientinnen einsetzen können[7], die den Interventionsprozeß strukturieren und somit auch schon vor Abschluß einer Untersuchung für das Handeln nützlich sind (vgl. Heiner 1992; Filsinger, Hinte 1988; Hoschka u.a. 1978). Die Fachkräfte sollten darum auch selbst Zugang zu geeigneten Methoden finden können. Der Hinweis, daß sich "im Prinzip" die meisten der Methoden der empirischen Sozialforschung eignen (wenn man sie entsprechend umarbeitet), hilft da wahrscheinlich wenig. Die unüberschaubare Fülle dieser Methodenliteratur wirkt allein schon abschreckend und zum Umarbeiten der Methoden braucht man mehr Wissen als nur Grundkenntnisse, so daß die Fachkräfte zur Zeit ausschließlich auf eine wissenschaftliche Begleitung angewiesen sind. Es sollten Methodenbücher geschrieben werden, die den Raum zwischen den üblichen Anleitungen zum wissenschaftlichen Arbeiten und den Berichten aus den vorliegenden Sammelbänden über Projekte der Selbstevaluation füllen. Die darin vorgestellten Methoden der Selbstevaluation sollten in beispielhafte "Geschichten" (Stenhouse 1982) eingearbeitet werden und mit Hinweisen (und anderen "Geschichten") zum Einsatz und zur Auswertung ergänzt werden[8]. Die Verfügung über solche Literatur, würde die Fachkräfte zwar nicht unabhängig von einer wissenschaftlichen Begleitung machen, sie könnten aber doch schon Vorstellungen zur Umsetzung dessen entwickeln, was sie brauchen und was sie erwartet, wenn sie sich auf Prozeduren der Selbstevaluation einlassen.

8.3 Aufgaben der wissenschaftlichen Begleitung

Aus all dem ergibt sich, daß die wissenschaftlichen Begleiterinnen der Fachkräfte ebenfalls eine Doppelqualifikation brauchen. Wie schon erwähnt, müssen sie die Forschungsmethoden für den Gebrauch in der Praxis umarbeiten und häufig auch selbst einfache Instrumente entwickeln. Das setzt voraus, daß sie ein "entspanntes" Verhältnis zu wissenschaftlichen Standards haben, denn sie müssen bei der Umarbeitung der Methoden Konzessionen machen, die auf Kosten der methodischen Strenge gehen[9]. Zum anderen brauchen sie gute Kenntnisse des zu evaluierenden Arbeitsfeldes. Denn bei der Explikation der Ziele und Erfolgsindikatoren, bei den Messungen und der Auswertung steht die inhaltlich-fachliche Dimension im Mittelpunkt. Bei Vorhaben, die der Innovationsoption zuzuordnen sind, kommen weitere Aufgaben hinzu. Da Fachkräfte oft keinen Zugang zu aktuellen (und teilweise auch älteren) Forschungsergebnissen haben,

---

7. Obwohl sie generell dem methodischen Einsatz von Schätzskalen skeptisch gegenüberstanden, berichtet Heiner, daß einige Fachkräfte das "practice outcome inventory" (Ho 1976), als ausgezeichnetes Instrument zur Strukturierung von Aufnahmegesprächen und der Erstellung von Zwischenbilanzen mit einzelnen Jugendlichen in der Heimerziehung einschätzten (vgl. Heiner 1989, 187).

8. Einen Anfang in dieser Richtung machen die Autorinnen des Sammelbandes über methodisches Arbeiten (Heiner u.a. 1994).

9. V. Kardorff rechtfertigt dieses Vorgehen mit einer möglichst hohen Gegenstandsnähe (Inhaltsvalidität) (vgl. v. Kardorff 1988, 83). Die (Zeit-)Ökonomie spielt dabei ebenfalls eine Rolle, denn eine prozeßbegleitende Forschung muß relativ schnell zu verwendbaren Daten kommen. V. Kardorff ist davon überzeugt, daß man Einschränkungen im möglichen Umfang der Untersuchungen, im Forschungsdesign und der Strenge der Methoden angesichts des Zwangs zur pragmatischen Begrenzung hinnehmen kann, weil die Einschränkungen im wesentlichen die Verallgemeinerbarkeit relativieren (vgl. v. Kardorff 1988, 81).

sollten ihnen die wissenschaftlichen Begleiterinnen diesen Zugang erschließen. Sie können den Fachkräften "harte Daten" und auch zusätzliche Interpretations- und Deutungsmustern vermitteln, mit denen sie ihre Sichtweise erweitern können (vgl. Heiner 1988 b, 16). Da die Fachkräfte in den meisten Selbstevaluationen ihre eigene Wahrnehmung als wesentliches Forschungsinstrument einsetzen (sie nehmen soziale Prozesse subjektiv wahr und filtern sie durch ihre Deutungen), müssen die wissenschaftlichen Begleiterinnen auch Supervisions-aufgaben übernehmen und mit ihnen über diese subjektiven Aspekte der Forschungsarbeit *und* der fachlichen Arbeit reflektieren (vgl. v. Kardorff 1988, 82). Diese kleine Aufzählung verweist schon auf das weite Aufgabenspektrum einer wissenschaftlichen Begleitung der Selbstevaluation. Die im Abschnitt 5.3.4 herausgearbeiteten Rollenanteile der Beraterinnen aller Qualifizierungstraditionen werden hier mit unterschiedlicher Betonung auch gebraucht. Wissenschaftliche Begleiterinnen von Selbstevaluation sollten

1. als *Diagnostikerinnen* den Fachkräften helfen können, ihre Ausgangssituation zu analysieren, damit sie ihre Arbeitsvorhaben konkretisieren und festlegen können, auf welche Ziele sie hinarbeiten wollen. Dabei müssen sie die persönliche Situation der Fachkräfte ebenso im Auge haben wie die institutionellen Rahmenbedingungen.

2. Sie sollten als *Spezialistinnen für Organisationsfragen* abschätzen, welche Folgen eine angezielte Selbstevaluation für diese spezielle Einrichtung hat, und ob eine Selbst-evaluation die richtige Bearbeitungsform für die identifizierten Themen und Fragen ist. Ferner müssen sie im weiteren Verlauf der Evaluation mit den Fachkräften auftauchende Einzelfragen auch inhaltlich erörtern können.

3. Sie sollten als *Trainerinnen* mit den Fachkräften den Einsatz von selbstevaluativen Metho-den, von Formen der Dokumentation und Auswertung einüben sowie auch innovative Umstrukturierungen so begleiten, daß sie erfolgreich und von Dauer sind.

4. Sie sollten als *Lehrerinnen* den Fachkräften wissenschaftliches Erklärungswissen vermit-teln, das sie zum Verständnis von Organisationsstrukturen, zur Entwicklung von Innova-tionen, zur Interpretation ihrer Ergebnisse, zum Verständnis ihrer eigenen Deutungsmuster und der Deutungsmuster von Menschen aus anderen subkulturellen Kontexten (Klientinnen, Verwaltung, Politik) benötigen.

5. Sie sollten als *change agent*s die Fachkräfte ermutigen, Veränderungen in Gang zu brin-gen, wenn die Ergebnisse ihrer Selbstevaluation dieses nahelegen.

6. Sie sollten sich als *Initiatorinnen eigener Suchbewegungen* aber möglichst zurückhalten und mit ihren methodischen Hilfen den Fachkräften zwar "Werkzeug" vermitteln, jedoch nicht die Richtung der Suche und der Veränderungen vorgeben.

7. Sie sollten als *Prozeßbegleiterinnen* den Such- und Forschungsprozeß unterstützen, auf Schwierigkeiten und Fehler aufmerksam machen und Korrekturnotwendigkeiten anzeigen.

8. Sie sollten als *Reflexionshelferinnen* supervisorische Aufgaben übernehmen, also die Selbstwahrnehmung der Fachkräfte fördern, Konflikte mit den Kolleginnen und der Einrichtung reflektieren und ihnen bei der individuellen Be- und Verarbeitung der wahrgenommenen Realität helfen. Der Schwerpunkt liegt jedoch auch bei diesen Tätigkeiten mehr auf der kognitiven als der emotionalen Ebene.

9. Sie sollten als *Konfronteurinnen* aufzeigen, wo die Selbstwahrnehmung der Fachkräfte nicht mit der Fremdwahrnehmung harmoniert oder Unvereinbarkeiten zwischen den Bedürfnissen der Fachkräfte und den Forderungen der Organisation aufdecken.

10. Sie sollten als *Therapeutinnen* nur insofern fungieren, als sie erkennen, wann der Einsatz von Selbstevaluation nicht opportun ist.

11. Sie sollten als *Praxisforscherinnen* den Fachkräften vermitteln, daß die Vermehrung von Kenntnissen über Prozesse in der Praxis einen (aufklärerischen) Stellenwert hat. Sie sollten ihr Wissen und ihre Kenntnisse in den Prozeß einbringen, sich mit eigenen Ambitionen aber zurückhalten.

12. Sie sollten als *Evaluatorinnen* nicht die Fachkräfte als Personen bewerten, sondern ihnen helfen, ihre Arbeit zu bewerten. Diesbezüglich sollten sie besonders bei der schwierigen Klärung von Zielsetzungen und der Suche nach Indikatoren unterstützend tätig werden.

Aus diesem Durchcheck der Rollenanteile geht m.E. hervor, daß eine wissenschaftliche Begleiterin für Selbstevaluation in ihrer Funktion und ihren Aufgaben zwischen Evaluatorin und Organisationsberaterin angesiedelt ist. In der Praxis begeben sich Fachkräfte wohl kaum mit einer fertigen Diagnose auf die Suche nach einer Spezialistin für die Bearbeitung ihrer Anliegen. Meist kann erst in einem längeren Kommunikationsprozeß geklärt werden, welche Beratungsform gebraucht wird. Daher wäre eine "Clearingstelle" sinnvoll, in der zunächst einmal die "Nachfrage" analysiert werden müßte. Diese Funktion der "Hausärztinnen" müßten m.E. die Supervisorinnen als die etablierteste und akzeptierteste Qualifizierungsprofession übernehmen. Sie müßten diagnostizieren können, ob die Anliegen der Fachkräfte besser mit klassischer Supervision oder mit selbstevaluativen Methoden bearbeitet werden sollten. So wie viele Supervisorinnen eingesehen haben, daß sie ihr Repertoire um das Instrumentarium der Organisationsberatung erweitern mußten, wäre es jetzt nötig, daß sie ihre Vorbehalte gegenüber der Evaluation überprüfen. Die wissenschaftliche Begleitung von Selbstevaluation kann von Supervisorinnen übernommen werden, die sich in Wissenschaftstheorie und Forschungsmethoden auskennen, und die bereit sind, die emotionale und persönliche Dimension der Reflexion zugunsten der kognitiven Anteile und der institutionellen Bedingungen zurückzustellen bzw. die eine mit der anderen anzureichern. Sie kann auch von Wissenschaftlerinnen geleistet werden, die sich ohnehin auf Praxisforschung (nach dem Verständnis von Heiner 1988 b; Filsinger, Hinte 1988; v. Kardorff 1988) konzentrieren und supervisorische Qualitäten aufweisen. Eine solide Feldkenntnis ist für alle Professionen unabdingbar.

8.4 Förderliche und hemmende institutionelle Rahmenbedingungen

In ihrer Einrichtung brauchen Fachkräfte, die selbstevaluativ arbeiten wollen, eine kollegiale Arbeitsatmosphäre und vor allem Zeit. Sie brauchen also eine Situation, in der sie ohne Handlungs- und Rechtfertigungsdruck nachdenken können[10] (vgl. C.W. Müller 1988 c).

---

10. Dewe will gerade mit konfrontativen Fragestellungen die Fachkräfte zur *Rechtfertigung* und *Entschuldigung* ihrer Handlungen auffordern, weil sie dabei die Wissensbestände mobilisieren, von denen sie glauben, daß die wissenschaftlichen Beraterinnen sie in der aktuellen Situation akzeptieren. Damit, so meint er, könne man genau die Regeln herausarbeiten, die im Normalitätsentwurf der Fachkräfte enthalten und durchsichtig zu machen seien (vgl. Dewe 1992, 72). Obwohl einschränkt, dieses könne nur "im geschützten Raum des Konklaves" geschehen, kann ich nach den hier zusammengetragenen Erkenntnissen zur Förderung der Motivation selbstbestimmten und selbstevaluativen Arbeitens diese Strategie nicht befürworten. Vgl. dazu auch C.W. Müllers (1988) ausführliche Gedanken zum Rechtfertigungsdruck, der eher mit der Konsequenz der Bestrafung bzw. der Reue in Beziehung steht als mit einer nachdenklichen Einschätzung und Bewertung der eigenen Handlungen. C.W. Müller ist davon überzeugt, daß die "Täter" selbst meist

Vorgesetzte und Kolleginnen honorieren selbstevaluative Ansätze bisher kaum und gestehen daher den Fachkräften wahrscheinlich selten eine angemessene Arbeitszeit[11] für diese Forschungsarbeit zu. Auch in der amerikanischen Studie von Richey u.a. (1987) nannten die workers als den häufigsten Hinderungsgrund die fehlende Zeit; einige nannten auch den Mangel an geeigneten Klientinnen[12] sowie Zielprobleme. Nur gelegentlich beklagten sie ungenügende Forschungskenntnisse, wobei die Meldungen auch von ihrer methodischen Ausrichtung abhängig waren (psychodynamisch orientierte workers hatten größere Probleme als verhaltens- oder interaktionsorientierte). Richey u.a. berichten, daß sie ihrem Material nicht entnehmen konnten, ob die ungenügende Zeit ein Problem der hohen Fallzahlen, der Art der Dienstleistungen oder der Arbeitsplatzbeschreibungen war (wenn die workers z.B. mit vielen indirekten Arbeiten beschäftigt waren und somit zu wenig Klientinnen-Kontakt hatten, um überhaupt evaluieren zu können) (vgl. Richey u.a. 1987, 17). Eine weitere Barriere bildete eine mangelnde Unterstützung durch die Institution. Als entscheidende Variablen wurden die Arbeitsphilosophie der Institution, die finanzielle Basis, die Größe der Institution, der Grad der Autonomie der workers, die methodische Ausrichtung und die Form der Aktenführung gesehen. Richey u.a. kommen zu dem Schluß, daß die Praxisevaluation derzeit von Vorgesetzten, Supervisorinnen und Organisationsleitungen als überflüssige Aktivität eingestuft wird. Sie empfehlen, die Akzeptanz der Selbstevaluation durch kontinuierliche Ausbildung und durch Überzeugungsarbeit bei Supervisorinnen und Leitungen zu steigern. Ferner plädieren sie für Computerhilfe bei der Auswertung, der graphischen Darstellung und der Zusammenfassung von Einzeldaten, womit auch die zeitlichen Anforderungen zurückgingen (vgl. Richey u.a. 1987, 18). Alle Forderungen kann ich für die deutsche Praxislandschaft nur unterstützen.

---

anspruchsvoller und kritischer mit ihren "Taten" ins Gericht gehen als Außenstehende, wenn sie nur sicher sein können, daß sie am Ende nicht zensiert werden (vgl. C.W. Müller 1988 c).

11. Vielleicht besteht eine Zwischenlösung darin, daß die Fachkräfte lernen, sich im Verlauf ihres Arbeitsalltages immer wieder (kleinste) "Zeitinseln" zu sichern, die ihnen erlauben, in ihren Aktivitäten "innezuhalten, in einen Dialog mit der Situation einzutreten, festzustellen, was geschehen ist und wie sich diese Entwicklung mit den erwarteten und erhofften Ergebnisses ihres Tuns verträgt. Viele Beratungstechniken, wie die Paraphrase, die Rekapitulation, die Bitte um Wiederholung und Bestätigung von Aussagen dienen ... der Schaffung solcher Zeitinseln für die Reflexion" (Heiner 1992, 32 f.)

12. Dieses lag wahrscheinlich daran, daß die workers überwiegend mit Einzelfallplänen arbeiteten (vgl. Abschnitt 7.1.5). Diese kann man nur mit besonders motivierten Klientinnen anwenden.

9. Ausblick

Es ging mir bei dieser Arbeit im wesentlichen darum, die bislang überwiegend in Aufsätzen versammelten Erkenntnisse und Empfehlungen zur Selbstevaluation auf ihre Leistungsfähigkeit für die selbstreflexiven Bedürfnisse der Sozialen Arbeit zu befragen. Ich wollte der Selbstevaluation einen Platz zwischen den etablierten Qualifizierungstraditionen zuweisen und das Konzept in einigen Dimensionen weiter ausarbeiten.

Da die Selbstevaluation aus der amerikanischen Evaluationsforschung hervorging und dort als eine Variante bzw. eine besondere Methode der Evaluation gilt, lag es nahe, zunächst einmal den Entstehungszusammenhang der Evaluation und die amerikanischen Spezifika herauszuarbeiten und das Konzept für eine weitere Verwendung in Deutschland zu modifizieren. Deutsche Fachkräfte haben jedoch starke Vorbehalte gegenüber jeglicher Form der Kontrolle und Bewertung ihrer Arbeit. Evaluation ist für sie - wenn sie sich überhaupt eine Vorstellung davon machen - der Inbegriff der Kontrolle und Bewertung. Sie identifizieren sich eher mit ihren Klientinnen als mit ihrer Institution, und für sie ist eine Veränderungsperpektive nicht von vorneherein selbstverständlich. Zudem sind sie zutiefst davon überzeugt, sich ihre Arbeit weder standardisieren noch messen läßt.

Wenn die Selbstevaluation in Deutschland einen größeren Stellenwert erhalten soll, kann also die Evaluationsforschung nicht die "Leitwissenschaft" bleiben. Ich wählte daher eine andere Zugangsweise. Man kann die Selbstevaluation nämlich auch aus Erfahrungen *aller* bis dato in der Sozialen Arbeit eingesetzten Qualifizierungsmethoden begründen. Zu diesem Zweck habe ich zusätzlich zur Evaluation die Konzepte der Supervision und der Organisationsberatung aufgearbeitet und die dort verwendeten Methoden und Techniken auf ihre Brauchbarkeit für die Selbstevaluation untersucht. Dabei wollte ich von den gewonnen Einsichten lernen, um begangene Fehler nicht zu vervielfältigen. Im Nachvollzug der Entwicklungslinien wurden gemeinsame Wurzeln und Verschränkungen sichtbar. Mit unterschiedlichen Schwerpunkten arbeiteten Supervisorinnen, Organisationsberaterinnen und Evaluatorinnen immer daran, das Reflexionsvermögen der Fachkräfte zu qualifizieren und notwendige Veränderungen einzuleiten. In jeder Qualifizierungstradition mischen sich die Anteile von Qualifizierung, Aufklärung, Innovation *und* Kontrolle. Kein Konzept bringt nur Vorteile für eine der beteiligten Parteien. Alle dienen mit unterschiedlicher Intensität sozialpolitischen Funktionen, den Interessen von Politik und Verwaltung, den Interessen der jeweiligen Sozialorganisation, der Vorgesetzten und der Fachkräfte.

Alle Beraterinnen bzw. Forscherinnen machten die Erfahrung, daß hohe Erwartungen, z.B. an eine direkte Wirksamkeit oder bzgl. schneller Veränderungen enttäuscht werden mußten. So zeigten z.B. politisch ambitionierte, groß angelegte Versuche, Veränderungen einzuleiten (Modellversuche) nicht die erwünschte Wirkung. Es gab Reibungsverluste auf den verschiedenen Ebenen, die Konzepte sind meist nicht auf Routineabläufe zu übertragen, die Handlungsbedingungen auf der lokalen Ebene sind schwer vergleichbar, man muß mit Verharrungstendenzen und Widerständen von Menschen und Systemen auf den verschiedenen Handlungsebenen kämpfen usw. Daher prosperierte auch die Organisationsberatung, mithilfe derer Veränderungen jeweils dort in Gang gesetzt werden, wo sie wirksam werden sollen. Es hat sich ebenfalls gezeigt, daß die etablierten Instrumente der *Evaluation* ihre Funktion nicht angemessen erfüllen. Das liegt u.a. daran, daß man mit den klassischen Meßmethoden des experimentellen Evaluationsdesigns den Gegenstand der Sozialen Arbeit und seine Veränderungen nur sehr schwer erfassen kann. Jedoch konnten auch alternative Meßmethoden nicht alle Probleme lösen. Auch die Hoffnung, daß man "Wirkfaktoren" oder "Effektkriterien" isolieren könnte, ist angesichts der Forschung zu unspezifischen Wirkfaktoren müßig. Somit relativiert sich auch die Entwicklung von "Instrumenten", also mehr oder weniger standardisierbaren Interventionsformen, deren Wirksamkeit man erforschen könnte. In der Sozialen Arbeit fehlen oft sogar noch *Theorien* dazu, was eigentlich "wirkt" und wie es wirkt.

In der Beherzigung ihrer Erfahrungen glichen sich die Qualifizierungstraditionen in ihren Vorgehensweisen immer stärker aneinander an. Man konzentriert sich inzwischen vielfach auf die lokale Ebene und eine Prozeßbegleitung der Fachkräfte bei ihren alltäglichen beruflichen Verrichtungen. Je nach Ausgangsdiagnose wird man eher Evaluatorinnen oder Organisationsberaterinnen als begleitende Beraterinnen wählen. Das bedeutet auch, daß die Anforderungen an die Qualifikation dieser Beraterinnen steigen. Ein großer Teil der Supervisorinnen, die Organisationsberatung betreiben, verfügt über Mehrfachqualifikationen, wie z.B. gruppendynamische und psychoanalytische Ausbildungen sowie Managementkenntnisse. Feldkompetenz ist für sie eine unabdingbare Voraussetzung ihrer Arbeit. Auch (handlungsorientierte) Evaluatorinnen eignen sich ein umfassendes Prozeßwissen an. Lediglich die Verbindung zwischen Supervision und Evaluation funktioniert kaum; vor allem Supervisorinnen schotten sich gegenüber den Methoden und Einsichten aus der Evaluationsforschung ab.

Für meine Zwecke der Verortung des Konzeptes Selbstevaluation arbeitete ich grundlegende Optionen heraus, auf die sich M.M. die Qualifizierungstraditionen mit unterschiedlichsten Foki immer wieder konzentrieren. Ich stellte dar, daß Selbstevaluation zu all diesen Optionen einen besonderen Beitrag leisten kann:

1. Man kann mit geeigneten Methoden die geleistete Arbeit bilanzieren und bewerten (Option der Kontrolle).

2. Man kann das Wissen über Prozesse innerhalb der Sozialen Arbeit vertiefen (Option der Aufklärung).

3. Man kann die berufliche Tätigkeit unter fachlichen Gesichtspunkten überprüfen (Option der Qualifizierung).

4. Und man kann sie als Hilfsmittel bei Planungen und Umstrukturierungen einsetzen (Option der Innovation).

Es sollte deutlich werden, daß Selbstevaluation keine neue Supermethode ist und auch nicht mit den etablierten Qualifizierungstraditionen konkurriert. Sie ist aber nach meiner Einschätzung *die* geeignete Zugangsform zur beruflichen Arbeit von Fachkräften vor Ort. Um das Konzept der Selbstevaluation mit den Bedürfnissen der Fachkräfte besser vermitteln zu können, suchte ich Studien zu den Berufsvollzügen von Fachkräften und Selbstdeutungen ihrer beruflichen Rolle. Nach der einzigen neueren Untersuchung von Klüsche (1992) sind die Fachkräfte überwiegend mit der Rangstellung, dem Freiheitsgrad und ihrer kommunikativen Einbindung mindestens zufrieden. Sie können ihr Grundbedürfnis nach abwechselungsreicher Interaktion und persönlicher Bereicherung gut befriedigen. Sie fühlen sich anerkannt: am häufigsten von ihren Klientinnen, am wenigsten von ihren direkten Vorgesetzten. Ihren Schwerpunkt sehen die meisten in der direkten Arbeit mit Klientinnen; sie arbeiten auch intensiv mit anderen Institutionen zusammen, beteiligen sich aber nur wenig an der Gestaltung der internen Strukturen ihrer Organisation. In ihrem Selbstbild spielen individuelle Haltungen und auch Persönlichkeitsmerkmale nach wie vor eine große Rolle. Als ihre größten Probleme empfinden sie, sich selbst überlassen zu sein, mit unklaren Anweisungen arbeiten zu müssen, das Fehlen von

Konzeptionen und unvorhersehbare Änderungen in den Arbeitsanforderungen. Sie beklagen auch die Unlösbarkeit vieler Klientinnenkonflikte und die geringen Möglichkeiten, etwas zu verändern. Ihre Forderungen sind vorrangig auf mehr Personal, auf strukturelle, organisatorische und räumliche Veränderungen, auf Fallzahlensenkung, Arbeitsentlastung und die Verbesserung der internen Zusammenarbeit gerichtet. Erfolgskriterien beziehen sich ganz überwiegend auf den Entwicklungsstand und die Situation der Klientinnen und vor allem auf Herstellung befriedigender Beziehungen und einer guten Arbeitsatmosphäre. Kritiker wie Bader (1987) ergänzen, daß die Fachkräfte kaum darüber nachdenken, wozu diese Beziehungen dienen sollen. Daher ist auch zu fragen, ob die klassische Supervision, die den Fokus auf die Beziehungen legt, nicht vielfach zu kurz greift. Nach meiner Einschätzung kann man mit Methoden der Selbstevaluation einen großen Teil der Mängelliste bearbeiten.

Fachleute der etablierten Qualifizierungstraditionen hatten überwiegend *strategische* Gründe, aus denen heraus sie sich den lokalen Bedingungen Sozialer Arbeit und den Fachkräften selbst zuwendeten. In der Selbstevaluation kommt jedoch zu der strategischen Absicht auch eine emanzipatorische: den Fachkräften soll die Verfügung über ihre Methoden und auch über ihre Ergebnisse ein Stückweit zurückgegeben werden. Durch die schriftliche Arbeit und den Forschungscharakter macht sie die punktuellen und teilweise flüchtigen Reflexionen der Supervision verbindlicher und folgenreicher. Die Fachkräfte können aktuelle Daten und fachliche Sachverhalte jeweils mit ihrer persönlichen Einschätzung und Wahrnehmung verbinden. Wie deutlich geworden ist, verquicken die Fachkräfte Fragen nach ihrer Kompetenz im allgemeinen so eng mit ihrer Persönlichkeit, daß sie jede Kritik gleich auf sich in Gänze beziehen. Dieses ist m.E. ein wesentlicher Grund für die starke Angst der Fachkräfte vor Bewertung. Da sich die Selbstevaluation stärker auf fachliche Argumentationen konzentriert, können die Fachkräfte ihre Person stärker als "Werkzeug" betrachten und sich somit punktuell von sich selbst distanzieren. Die Aufmerksamkeit wird darüber hinaus auf die Wirkung der institutionellen und gesellschaftlichen Rahmenbedingungen gelenkt. Die Fachkräfte tragen daher nicht mehr allein die Verantwortung für Mißerfolge.

In dieser Arbeit war auch zu fragen, ob Selbstevaluation zu den Forschungs- oder zu den Qualifizierungsmethoden gehört. Denn je nach Referenzsystem (Wissenschaft oder Praxis) wechseln die Standards der Beurteilung. Es ist ein Unterschied, ob eine Selbstevaluation methodisch "sauber" sein muß oder hauptsächlich Gewinn für die alltäglichen Berufsvollzüge bringen soll. Man könnte die Selbstevaluation als besondere Methode der sog. Sozialarbeitsforschung betrachten. Das würde aber bedeuten, daß sie sich in Design und Methoden den (angestrebten) Standards der wissenschaftlichen Sozialen Arbeit unterwerfen müßte. Die Fachkräfte müßten sich gegen Vorwürfe rechtfertigen, mit "schmuddeligen" Forschungsplänen und ungenauen Methoden zu ungenauen Forschungsergebnissen zu kommen. Sie müßten sich möglicherweise sogar dafür rechtfertigen, daß sie "forschen", ohne über die hierzu notwendige Qualifikation zu verfügen. Würde sich Selbstevaluation diese Standards zu eigen machen, käme dabei bestenfalls eine weitere Variante der Handlungsforschung heraus. Vielleicht könnte man auch das experimentelle Paradigma methodisch verfeinern; vielleicht würden auf diese Weise sogar gültigere Ergebnisse hervorgebracht. Da die deutschen Fachkräfte jedoch von der Wissenschaft wenig erwarten, würden die Ergebnisse dieser Praxisforschung von ihnen wohl ebensowenig zur Kenntnis genommen wie bisher. Ich finde es daher auch mit Blick auf die erwähnten Eigenarten deutscher Fachkräfte sinnvoller, daß Selbstevaluation der praktischen Arbeit der Fachkräfte unmittelbar dienen soll.

Da die Fachkräfte zur Zeit der Supervision die größte Wertschätzung schenken, sollte die Selbstevaluation u.a. ein Werkzeug der Supervisorinnen und Organisationsberaterinnen werden. Auf diese Weise könnten die Supervisorinnen ihre manchmal etwas einseitige Sicht auf Beziehungen um die fachliche Dimension erweitern. Mit dem methodischen Instrumentarium der Evaluation können sie der Veränderungsperspektive der Organisationsberatung die lange Zeit vernachlässigte Bewertungsperspektive hinzufügen. Die Besonderheit der Selbstevaluation liegt darin, daß nun nicht allein die Beraterinnen und die wissenschaftlichen Begleiterinnen ihr methodisches Repertoire bereichern; auch das Repertoire der Fachkräfte wird qualifiziert. Nach einer Einübungszeit können sie die Methoden selbst einsetzen und gleichberechtigter am Dialog über die Qualität der Sozialen Arbeit teilnehmen.

Eine andere Erkenntnis meinerseits war, daß Selbstevaluation einen genauer definierten Bezugsrahmen braucht. In der Supervision kann die genaue Rekonstruktion eines Prozeßverlaufs unterbleiben, weil man sich auf Beziehungskonstellationen konzentrieren kann. In der Organisationsberatung geht es um institutionelle Strukturen und konflikthafte Kommunikationsprozesse. In beiden Fällen ist methodisches Arbeiten keine Voraussetzung, um Reflexionsprozesse in Gang zu bringen. Selbstevaluation nimmt dagegen das methodische Arbeiten zum Ausgangspunkt. Wer *nicht* absichtsvoll und methodisch arbeitet, kann schwerlich evaluieren. Aus diesem Grund mußte ich das methodische Arbeiten als Bezugsrahmen der Selbstevaluation noch einmal neu vermessen. Mir kam entgegen, daß die Diskussion um methodisches Arbeiten gegenwärtig wieder in Gang kommt. *Ein* Ergebnis einer kleinen Arbeitsgruppe von Frauen, die intensiv mit der Methodendiskussion befaßt sind, ist ein Referenzrahmen mit "Basisregeln" und "zentralen Begriffen" methodischen Arbeitens sowie Einzelvorschlägen zum Strukturieren (und Bewerten) überschaubarer Abläufe (vgl. Heiner u.a. 1994). Für diese Arbeit habe ich vorliegende alte und neue Methoden und Modelle methodischen Arbeitens ausgewertet und m.E. sinnvolle und weiterführende Vorschläge in fünf "zentralen Tätigkeiten" (Analyse der Rahmenbedingungen, Situations- und Problemanalyse, Zielbestimmung, Handlungsplanung, methodisches Handeln in Situationen) zusammengeführt. Für alle Tätigkeiten gilt, daß unterschiedliche Theorien, Konzepte und Methoden jeweils problembezogen integriert werden sollen. In den bisherigen Modellen methodischen Arbeitens kommt der Hinweis auf "Auswertung" oder gar "Evaluation" mehrfach vor (vgl. z.B. van Beugen 1972; Heimann, Otto, Schulz 1979; Schilling 1982; Martin 1989). Die Evaluationsperspektive ist jedoch in keinem Falle ausgearbeitet. Daher halte ich eine sechste Kategorie der Selbstevaluation, die sich auf die genannten fünf zentralen Tätigkeiten bezieht und diese verdichtet, für unabdingbar. Selbstevaluation ist eine Konsequenz und somit ein zentrales Element methodischen Arbeitens.

Auch für die Selbstevaluation gilt, daß es kein geschlossenes Konzept und keine Ablaufpläne geben wird. Es gibt wie im methodischen Arbeiten zentrale Tätigkeiten der Selbstevaluation oder methodische Vorschläge, die je nach Option und Brauchbarkeit eingesetzt und modifiziert werden. Die praktische Arbeit der Fachkräfte unmittelbar qualifizieren heißt, daß die wissenschaftliche und methodische Kreativität sich den situativen Erfordernissen der Praxis anpassen muß. Wissenschaftliche Regeln und Vorgehensweisen, werden nicht angewendet, sondern ausgenutzt.

Spätestens an dieser Stelle muß ich die eingangs formulierte Absicht relativieren, die Fachkräfte zu *Subjekten* ihrer Reflexion zu machen. Einer der Ausgangspunkte meiner Argumentation war, daß die Fachkräfte bisher überwiegend als *Objekte* von Veränderung betrachtet werden. In der Einleitung schrieb ich, daß ihre subjektiven Bedürfnisse meist nur unter strategischen Gesichtspunkten berücksichtigt werden, und daß das Prinzip der "Hilfe zur Selbsthilfe" offensichtlich nur für die Klientinnen Sozialer Arbeit gilt. Methodisches Arbeiten, wie es in dieser Arbeit konzipiert wird, fordert von den Fachkräften wesentlich mehr Kenntnisse und Erfahrungen, als z.B. "nur" die Umsetzung eines bestimmten Konzeptes. Besonders für die Selbstevaluation brauchen sie zumindest Grundkenntnisse im wissenschaftlichen Arbeiten und/oder eine wissenschaftliche Begleitung, die ihnen dieses Wissen und eine Orientierung vermittelt. Die wissenschaftlichen Begleiterinnen sollten ihrerseits gründliche Feldkenntnisse besitzen und sich sowohl mit wissenschaftlichen Forschungsmethoden als auch mit der Prozeßberatung auskennen. Daß hierfür sowohl Fachkräfte als auch ihre Begleiterinnen dazu zusätzliche Qualifikationen brauchen, finde ich nicht so problematisch: Ein großer Teil der Supervisorinnen und Evaluatorinnen verfügt ohnehin über Mehrfachqualifikationen und muß sich zwangsläufig immer weiterbilden. Und auch für Fachkräfte gilt, daß sie im grundständigen Studium überwiegend Grundkenntnisse und eine professionelle Haltung erwerben. Wie der florierende Weiterbildungsmarkt zeigt, arbeiten auch Fachkräfte ständig an ihrer Qualifikation. Hier wäre lediglich eine Diskussion darüber anzuzetteln, ob es statt der xten Therapieausbildung nicht sinnvoller wäre, Methoden der Selbstevaluation kennenzulernen.

Dennoch führen die formulierten Ansprüche dazu, daß man geneigt ist, Selbstevaluation für den entgegengesetzten Pol von "Hilfe zur Selbsthilfe" zu halten. Denn auch mit Rekurs auf die Erfahrungen mit der Intervision ist nicht anzunehmen, daß ein großer Teil von Fachkräften Anstrengungen unternehmen wird, sich selbst und ohne Not oder zumindest ohne unmittelbare Nutzenerwartung auf diesem beschwerlichen Wege weiterzuqualifizieren. Da die Fachkräfte für eine Selbstevaluation nicht unbedingt ihr Team brauchen, treten zwar (im Gegensatz zur Intervision) die gruppendynamischen Probleme eher in den Hintergrund. Es wäre jedoch idealistisch, anzunehmen, daß diese "Autonomie" in jedem Falle die Selbstreflexion fördert. Ein fehlender Verantwortungsdruck gegenüber Dritten kann auch in Untätigkeit münden.

Wenn es gelingt, in den nächsten Jahren die Selbstevaluation als Qualifizierungstradition zu etablieren, kommt hinzu, daß es wahrscheinlich *nicht* die Fachkräfte sind, die (wie bei der Supervision) ihren Arbeitgeberinnen diese Möglichkeit abtrotzen. Es ist eher anzunehmen, daß die Selbstevaluation schon aus Finanzierungsgründen im Zusammenhang mit der Jugendhilfeplanung eingeführt wird (vgl. w.u.). Das bedeutet auch, daß sie wiederum "von oben" verordnet wird, was der Selbstverfügung über dieses Instrument nicht besonders förderlich ist. So ist festzuhalten, daß die Selbstevaluation nicht per se, sondern eher ihren impliziten Möglichkeiten nach "demokratischer" ist. Es wird sich in den Diskussionsprozessen zeigen müssen, daß die Fachkräfte fachlich und politisch qualifizierter und selbstbewußter auftreten, weil sie ihre eigenen Interessen mithilfe der Selbstevaluation besser erkennen und klarer benennen können.

In Anbetracht aller Möglichkeiten und Bedenken ist hier noch einmal zu fragen, welche Bedeutung das Konzept der Selbstevaluation in naher Zukunft gewinnen kann: In der Sozialen Arbeit müssen in den letzten Jahren knapper werdende staatliche Mittel auf eine wachsende Zahl von Bedürftigen verteilt werden. Zudem wurden der Sozialen Arbeit schon immer auch Aufgaben und Probleme zur Bearbeitung übergeben, die sie mit ihren Mitteln nicht bearbeiten kann (z.B. Sozialisation in einer pluralisierten und individualisierten Gesellschaft; Rechtsradikalismus). Wahrscheinlich kommt es in naher Zukunft zu einschneidenden Eingriffen in das Netz der sozialen Sicherung. Dieses ist zu beklagen. Andererseits expandierten die Arbeitsfelder der Sozialen Arbeit seit den 70er Jahren und auch noch zu Zeiten, in denen im ökonomischen Sektor die Arbeitslosenzahlen kontinuierlich anstiegen. Die Fachkräfte brauchten sich viele Jahre kaum inhaltlich zu rechtfertigen; allein die Tatsache, *daß* für ein identifiziertes Problem etwas getan wurde, legitimierte die Ausweitung und weitere Spezialisierung der sozialen Dienste.

Bekanntlich hilft jedoch die Strategie des "Mehr-desselben" nicht immer bei der Lösung sozialer Probleme. M. M. sollten die Fachkräfte der Sozialen Arbeit bescheidener werden und die mit ihren Mitteln nicht bearbeitbaren Probleme an die Politik zurückgeben. Es ist aber auch in genuinen Bereichen der Sozialen Arbeit zu "Wildwuchs" und "blauen Blümchen" gekommen, deren Förderung aus fachlicher Sicht überprüft werden muß. Es muß erlaubt sein, nach der Effektivität (Zielerreichung) und der Effizienz (Mitteleinsatz, Kosten-Nutzen) von Konzeptionen und Einrichtungen zu fragen. Die empörte Zurückweisung solcher Fragen durch viele Fachkräfte zeigt in erster Linie, in welcher gesellschaftlichen Nische sie bisher arbeiten konnten. Offensichtlich konnte sich der Staat Strategien zur Befriedung seiner Mitglieder leisten, ohne auf Effektivität (in seinem Sinne) bedacht sein zu müssen.

Das KJHG (und damit die Auflage der Jugendhilfeplanung für die öffentlichen Träger) wurde in einer Zeit verabschiedet, in der die angedeuteten finanziellen Einschnitte im Vordergrund stehen. Obwohl ich glaube, daß die ökonomische Entwicklung und die Etablierung des neuen Gesetzes eher zufällig zusammentreffen, befördert das an vielen Orten den Beginn einer ernsthaften und umfassenden Jugendhilfeplanung. Gleichzeitig wird von vielen Fachkräften die Frage gestellt, was es wohl zu planen gebe, wenn kein Geld für die Einrichtung neuer Planstellen zur Verfügung stehe. Diese Bedenken sind durchaus berechtigt. Solange aber Bestrebungen einer Umverteilung, Straffung und auch der Liquidierung überkommener Strukturen grundsätzlich mit unberechtigten Rationalisierungsinteressen gleichgesetzt werden, ist die Chance einer *fachlichen* Qualifizierung durch das Instrument der Jugendhilfeplanung noch nicht erkannt.

Nach meiner Einschätzung ist die gesetzlich vorgeschriebene Jugendhilfeplanung *das* Praxisfeld der 90er Jahre für Selbstevaluation. Denn hier sind die öffentliche Verwaltung, die freien Träger und die Fachkräfte gleichermaßen gefragt. Jugendhilfeplanung ist als "rollende Reform" ohne Ende angelegt, als Organisationsentwicklung, die sich verändernde Bedürfnisse der Klientinnen und (begrenzte) materielle, institutionelle, methodische und personelle Ressourcen besser als bisher aufeinander abstimmen soll.

Bei der Durchsicht des neuen Literaturbergs zum Thema Jugendhilfeplanung fiel mir auf, daß (grob geschätzt) zwei Drittel der Beiträge darauf abzielen, den öffentlichen Trägern eindringlich vor Augen zu führen, daß die Planung *wirklich* eine Pflichtaufgabe und verbindlich zu realisieren ist. Das letzte Drittel beinhaltet überwiegend Überlegungen und methodische Hilfen zur qualitativen Bestandserhebung und zur Betroffenenbeteiligung bei dieser Bestandserhebung. Darüber hinaus zeichnen sich erste Konturen des "neuen" Berufes der Jugendhilfeplanerin ab. Man reklamiert Domänen, und es werden die ersten berufsbegleitenden Ausbildungen konzipiert.

Es ist nachzulesen, daß eine sorgfältige Jugendhilfeplanung aus Bestandsaufnahme, Bedarfsplanung, Realisierung und Evaluation besteht. Zu Modalitäten der *Umsetzung* der geplanten Maßnahmen wird jedoch nichts weiter ausgeführt, man setzt wahrscheinlich *voraus*, das dieses keine Probleme bringt (wobei man Erfahrungen der Organisationsentwicklung mit dem Ingangsetzen von Veränderungen weitgehend ignoriert). Evaluation wird meist lediglich als Element des Planungs- und Entscheidungsprozesses *benannt*. Jordan und Schone (1992) widmen bspw. der Evaluation in der bislang einzigen umfassenden Arbeitshilfe zur Jugendhilfeplanung eineinhalb Seiten. Man ist noch nicht so weit.

Wenn Jugendhilfeplanung die qualifizierende Rolle übernehmen soll, die ihr nach dem Willen der Gesetzgeberinnen zugedacht ist, müssen Erfahrungen aus der Organisationsentwicklung und der Evaluationsforschung unabdingbar in dieses neue Arbeitsfeld hineingenommen werden. Die neue Zunft der Jugendhilfeplanerinnen rekrutiert sich zunächst aus dem Feld der Sozialwissenschaften bzw. der Sozialplanung. Ich fürchte, daß sie sich die Erfahrungen der etablierten Qualifizierungstraditionen ebenso wenig zu eigen macht, wie sich auch Evaluatorinnen und Organisationsberaterinnen bisher ausgetauscht haben. In zwei Aufsätzen zu vermeidbaren Fehlern der Jugendhilfeplanung (Floerecke 1990; Kolb 1992) fand ich ähnliche Ergebnisse wie die, die ich schon aus der Literatur zur Evaluation und Organisationsberatung extrahierte, ohne daß die Autoren in ihren Literaturverweisen Querverbindungen zu diesen Bereichen zogen. Da ich nicht glaube, daß *alle* Erfahrungen immer wieder neu gemacht werden müssen, meine ich, daß auch durch mangelnden Austausch Forschungs- und Beratungsressourcen verschwendet werden.

Weil sich in bisherigen Ansätzen der Jugendhilfeplanung gezeigt hat, daß die seit den 70er Jahren favorisierte externe Planung (ähnlich wie die externe Evaluation oder die Unternehmensberatung) ihren angezielten Zweck verfehlt hat, geht nach meiner Auffassung kein Weg an der Selbstevaluation vorbei. Nicht in erster Linie, weil die Finanzen knapper werden, sondern weil die zentralen Perspektiven des KJHG auf Lebensweltorientierung, auf Regionalisierung, auf Alltagsorientierung, Integration und Partizipation zielen, ist Selbstevaluation ein geeignetes Instrument. Dabei muß bedacht werden, daß Selbstevaluation - ähnlich wie die Evaluation eine Informationsquelle unter mehreren ist. Auch sie dient eher der Aufklärung der Fachkräfte (und der Politikerinnen) sowie dem fachlichen Input und weniger als direkte und kurzfristige politische Entscheidungshilfe.

Ich plädiere also dafür, die Selbstevaluation über die inzwischen an vielen Orten angelaufene wissenschaftliche Begleitung von Jugendhilfeplanungsprozessen einzuführen. Damit wäre zunächst auch die Finanzierung der notwendigen wissenschaftlichen Begleitung gesichert. Solche externen Begleitungen sind in der Regel auf ca. 2 Jahre begrenzt. Bis dahin sollen die hauptamtlichen Planerinnen das Metier der Innovation und der Koordination selbst beherrschen. Inwieweit sich über die Optionen der Innovation und der Qualifizierung hinaus auch Forschungspläne aus den Optionen der Aufklärung und Kontrolle realisieren lassen, ist nicht zuletzt eine Frage der Ausbildung der Jugendhilfeplanerinnen und der Nutzenerwartungen ihrer Auftraggeberinnen.

Folgende Schritte sind m.E. für die Einführung der Selbstevaluation sinnvoll:

1. Angesprochen werden müssen zuerst die wissenschaftlichen Begleiterinnen, Fachhochschullehrerinnen, Organisationsberaterinnen und Supervisorinnen, die Aufträge der Prozeßberatung in Kommunen und Landkreisen übernehmen.

2. sollten die Institute und Weiterbildungsinstitutionen, die begonnen haben, Jugendhilfeplanerinnen auszubilden, die Selbstevaluation als Baustein in ihr Curriculum übernehmen.

3. wäre eine eigenständige Ausbildung in Selbstevaluation für Fachkräfte der Sozialen Arbeit im Weiterbildungsbereich zu etablieren.

4. ist zu überlegen, ob Selbstevaluation einen Schwerpunkt der universitären Ausbildung der Diplompädagoginnen bilden kann (wozu dann auch das methodische Arbeiten als Bezugsrahmen gehört).

5. müssen Sozialarbeiterinnen und Sozialpädagoginnen in ihrer grundständigen Ausbildung das methodische Arbeiten wieder systematischer als bisher lernen; Selbstevaluation bildet

in diesem Zusammenhang *ein* Element des methodischen Arbeitens. Mit Erkundungsaufgaben während der obligatorischen Praktika können die Studentinnen zumindest einen Eindruck von Fragen und Möglichkeiten der Selbstevaluation erhalten, auf den später aufgebaut werden kann.

6. sind die Träger der Jugendhilfe und die jeweiligen Anwenderinnen vom Nutzen dieser Arbeit zu überzeugen. Das kann u.a. über den empirischen Nachweis einer gelungenen Jugendhilfeplanung durch Selbstevaluation gelingen. Diejenigen, die selbstevaluative Elemente verwenden, sind also aufgefordert, ihre Arbeit zu dokumentieren. Auch die Fachkräfte können so erfahren, daß diese Arbeit eine sinnvolle ist. Denn zur Zeit fungiert Selbstevaluation noch als Kollegiale Beratung für Fortgeschrittene mit einem hohen Reflexionsniveau (vgl. die Sammelbände von Heiner 1988).

7. Für alle Beteiligten braucht es ein "Lehrbuch Selbstevaluation", in dem auf einer konkreteren Ebene als in dieser Arbeit und angereichert mit Methoden, Anwendungs- und Auswertungsbeispielen anschauliche Hilfen zur Übertragung auf die jeweiligen Praxisfelder gegeben werden. Als Vorbild können hier die amerikanischen "How to do"-Werke dienen.

8. Selbstevaluation muß zum normalen Repertoire der Supervisorinnen und Organisationsberaterinnen gehören, so daß sie je nach Indikation auch in anderen Prozessen der Team- und Organisationsberatung eingesetzt werden kann. Daraus folgt, daß man ebenfalls den Ausbildungsstätten für Supervision antragen muß, sich mit Selbstevaluation zu befassen.

Auch wenn nicht damit zu rechnen ist, daß das Konzept der Selbstevaluation im Bereich der sog. wissenschaftlichen Sozialarbeit auf Interesse stoßen wird, wird durch die Veröffentlichung von Erfahrungsberichten mit Selbstevaluationen doch das Wissen über gute und schlechte Praxis wachsen. Zwar wird dieses Wissen in Qualität und Informationswert zunächst auf dem Level der Aufsätze in der Zeitschrift Supervision liegen, doch ist schließlich nachgewiesen, daß die *Fachkräfte* solche Berichte, also Mischungen von Erfahrungswissen und systematisiertem Wissen rezipieren.

Ich halte zusammenfassend fest, daß das Konzept der Selbstevaluation viele Chancen für die Qualifizierung der Sozialen Arbeit birgt. Eine Etablierung im Zusammenhang der Jugendhilfeplanung ist nur ein möglicher Anwendungszusammenhang. Ob das Konzept zum umfassenden Einsatz kommt, hängt davon ab, wie es von den etablierten Qualifizierungstraditionen und der neuen Berufsgruppe der Jugendhilfeplanerinnen angenommen und verbreitet wird. Nicht zuletzt muß sich sein Nutzen auch in der praktischen Arbeit der Fachkräfte erweisen.

Literaturverzeichnis

Abele, Petra: Organisations- und Teamentwicklung in der Sozialverwaltung. Theoretische Konzepte und Anwendungsmöglichkeiten. München 1989

Achten, Engelbert; Strube, Claudius: Erfolgsbeurteilung in der offenen Jugendarbeit. In: Gernert (Hg.) 1988, S. 132 - 140

Akademie für Jugendfragen Münster (Hg.): Supervision im Spannungsfeld zwischen Person und Institution. Freiburg i.Brsg. 1979

Albers, Karl-Heinz; Schuch, Ursula: Rote Wäschestücke im Methodenkoffer? In: Widersprüche. Heft 3, 1982, S. 7 - 18

Alinsky, Saul: Die Rolle informeller Führer beim Aufbau von Volksorganisationen (engl. 1946). In: Müller, Nimmermann (Hg.) 1971, S. 194 - 207

Alkin, Marvin C.: Die Aufwands-Effektivitäts-Evaluation von Unterrichtsprogrammen (engl. 1969). In: Wulf (Hg.) 1972, S. 146 - 165

Appleby, John J.; Berkman, Virginia C.; Blazejack, Robert T.; Gorter, Vicki S.: Praxisberatung durch die Kollegengruppe (Peer Group Supervision) (engl. 1958). In: v. Caemmerer (Hg.) 1970, S. 265 - 273

Austin, Lucille N.: Grundprinzipien der Praxisberatung (engl. 1952). In: v. Caemmerer (Hg.) 1970 a, S. 99 - 116

Austin, Lucille N.: Eine kritische Auswertung des Systems der Supervision (in USA) (engl. 1956). In: v. Caemmerer (Hg.) 1970 b, S. 178 - 194

Baacke, Dieter: "Handlungskompetenz", handlungstheoretisch betrachtet. In: S. Müller u.a. (Hg.) 1984, S. 147 - 162

Baal, Josef: Lernprozeß zwischen Anpassung und Widerstand - Theorie und Praxis im Vergleich. Münster 1986[2]

Bader, Kurt: Viel Frust und wenig Hilfe. Die Entmystifizierung sozialer Arbeit. Band 1, Weinheim (1985) 1987[2]

Bader, Kurt: Subjektwissenschaftlich begründete Arbeitsanalysen - Prinzipien und Probleme. In: Beerlage, Fehre (Hg.) 1989, S. 99 - 109

Bader, Kurt: Viel Frust und wenig Hilfe. Methoden der Analyse Sozialer Arbeit. Band 2, Weinheim 1990

Bachmann, Claus Henning (Hg.): Kritik der Gruppendynamik. Grenzen und Möglichkeiten des sozialen Lernens. Frankfurt/M. 1981

Bäuerle, Wolfgang: Institutionsberatung. In: Kreft, Mielenz (Hg.) 1980, S. 227

Barabas, Friedrich; Blanke, Thomas; Sachße, Christoph; Stascheit, Ulrich (Hg): Jahrbuch der Sozialarbeit 1976, Reinbeck 1975

Barabas, Friedrich; Blanke, Thomas; Sachße, Christoph; Stascheit, Ulrich: Zur Theorie der Sozialarbeit: Sozialisation als öffentliche Aufgabe. In: Barabas u.a. (Hg) 1975, S. 374 - 434

Barabas, Friedrich; Blanke, Thomas; Sachße, Christoph; Stascheit, Ulrich (Hg.): Jahrbuch der Sozialarbeit 1978, Reinbeck 1977

Barabas, Friedrich; Blanke, Thomas; Sachße, Christoph; Stascheit, Ulrich: Zur Theorie der Sozialarbeit: Sozialisation als gesellschaftliche Praxis. In: Barabas u.a. (Hg) 1977, S. 490 - 535

Bardé, Benjamin: Supervision - Theorie, Methode und empirische Forschung. Versuch eines systematischen Überblicks. In: Supervision. Heft 19, 1991, S. 3 - 37

Barnes, Louis B.: Ansätze zum Organisationswandel (engl. 1967). In: Bennis u.a. (Hg.) 1975, S. 104 - 110

Baum, Marie: Familienfürsorge. Berlin 1927

Baumann, Heinz: Wissenschaftliche Begleitung als Ansatzpunkt einer Effizienzsteigerung in der Sozialarbeit. In: Zeitschrift für Sozialhilfe. Heft 6, 1981, S. 167 - 169

Beattie, Martha; Stevenson, John: Measures of Social Functioning in Psychiatric Outcome Research. In: Evaluation Review, Vol. 8, No. 5, 1984, S. 631 - 644

Becher, Berthold; Nokielski, Hans; Pankoke, Eckart: Sozialarbeit und kommunale Sozialpolitik. In: Projektgruppe Soziale Berufe (Hg.): Expertisen II. 1981, S. 15-42

Beck, Johannes: Heimlicher Lehrplan I. In: Petzold, Speichert (Hg.) 1981, S. 201 - 203

Beckhard, Richard: Strategien zur Veränderung großer Systeme (engl. 1975). In: Sievers (Hg.) 1977, S. 134 - 151

Beerlage, Irmtraud; Fehre, Eva-Maria (Hg.): Praxisforschung zwischen Intuition und Institution. Tübingen 1989

Beitzel, Thomas; Killer, Brigitte: Sozialarbeit und ihre Klienten. Eine Aktenanalyse. München 1977

Belardi, Nando (Hg.): Didaktik und Methodik Sozialer Arbeit. Bd. 4 der Reihe Soziale Arbeit. Frankfurt/M., Berlin, München 1980

Belardi, Nando: Supervision. Von der Praxisberatung zur Organisationsentwicklung. Paderborn 1992

Bennis, Warren G.: Organisationsentwicklung. Ihr Wesen, ihr Ursprung, ihre Aussichten (engl. 1969). Baden-Baden und Homburg 1972

Bennis, Warren G.; Benne, Kenneth D.; Chin, Robert (Hg.): Änderung des Sozialverhaltens (engl. 1961). Stuttgart 1975

Bennis, Warren G.: Die Anwendung der Verhaltenswissenschaft auf den planmäßigen Organisationswandel: Theorie und Methode (engl. 1961). In: Bennis u.a. (Hg.): 1975, S. 82 - 103

Benne, Kenneth D.: Einige moralische Probleme bei der Beratung von Gruppen und Organisationen(engl. 1959). In: Bennis u.a. (Hg.) 1972, S. 501 - 514

Berg, Regina; Wortmann, Raoul: Was ist und zu welchem Ende betreiben wir wissenschaftliche Begleitung? In: Sozialpädagogik. Heft 6, 1987, S. 264 - 268

Berker, Peter: Lernen, was Supervision ist. In: Supervision. Heft 13, 1988, S. 51 - 61

Berker, Peter: Das Unfertige und das Unverstandene - Versuch über den Erfolg der Supervision. In: Supervision. Heft 16, 1989, S. 69 - 71

Berl, Fred: Inhalt und Methode der Praxisberatung (engl. 1963). In: v. Caemmerer (Hg.) 1970, S. 117 - 128

Berufsverband der Sozialarbeiter, Sozialpädagogen, Heilpädagogen - Vereinigte Vertretung sozialpädagogischer Berufe - e.V. (BSH) (Hg.): Grundsatzprogramm, Satzung, Berufsbild, Geschichte des BSH und seiner Vorgänger. In: Sozial. Heft 1, 1991. Sonderausgabe.

Beugen, Marinus van: Agogische Intervention. Planung und Strategie (niederl. 1971). Freiburg i.Brsg. 1972[2]

Bitzan, Maria; Klöck, Tilo: Wider das Defizit praxeologischer Selbstreflexion. In: Sozialpädagogik. Heft 6, 1987, S. 254 - 255

Blake, R.R.; Mouton, J.S.: Corporate excellence through Grid organisation development. Massachusetts 1969

Blankertz, Herwig: Theorien und Modelle der Didaktik. München (1969) 1974[8]

Blinkert, Baldo: Berufskrisen in der Sozialarbeit. Weinheim (1976) 1979[2]

Blinkert, Baldo; Huppertz, Norbert: Der Mythos der Supervision - Kritische Anmerkungen zu Anspruch und Wirklichkeit. In: Neue Praxis. Heft 2, 1974, S. 117 - 127

Bloom, Martin; Fischer, Joel: Evaluating Practice: Guidelines for the Accountable Professional. Prentice Hall, Inc. Englewood Cliffs, New Jersey 1982

Bode, Odilia: Der Supervisor als Berater für die Praxis der Sozialarbeit. In: Supervision. Heft 3, 1983, S. 27 - 34

Böhnisch, Lothar: "Normalität" - Ein Schlüssel zum Verständnis der gegenwärtigen gesellschaftlichen Situation der Sozialarbeit. In: Neue Praxis. Heft 2, 1984, S. 108 - 113

Böhnisch, Lothar; Schefold, Werner: Sozialisation durch sozialpädagogische Institutionen. In: Hurrelmann, Ulich (Hg.) 1982, S. 551 - 574

Boettcher, W.: Überlegungen zum Gesprachstyp Supervision. In: Kersting u.a. (Hg.) 1988, S. 58 ff.

Bommert, Hanko; Hockel, Michael (Hg.): Therapie-orientierte Diagnostik. Stuttgart 1981

Bopp, Jörg: Der Sadismus von hohen Idealen. In: Sozialmagazin. Heft 9, 1986, S. 32 - 35

Boulet, J. Jaak; Kraus, Jürgen; Oelschlägel, Dieter: Gemeinwesenarbeit als Arbeitsprinzip - Eine Grundlegung. Bielefeld 1980

229

Bowers, David G.; Franklin, Jerome L.: Survey guided development. Using human resources measurement in organizational change. Journal of Contemporary Business, 1, 1972, S. 43 - 55

Brack, Ruth: Professionalisierung als Beitrag zu emanzipatorischem und solidarischem Handeln. In: Staub-Bernasconi u.a. (Hg.) 1983, S. 98 - 108

Brügelmann Hans: Pädagogische Fallstudien: Methoden-Schisma oder -Schizophrenie? In: Fischer (Hg.) 1982, S. 62 - 82

Buer, Ferdinand: Praxisberatung psychosozialer Arbeit im Wandel - Von der psychoanalytischen Supervision zur psychodramatischen Intervision. In: Gruppen-dynamik. Heft 3, 1988, S. 311 - 327

Bühringer, Georg: Multiple Bewertungskriterien innerhalb des Modells "Psychosoziales Anschlußprogramm". In: Koch, Wittmann (Hg.) 1990, S. 141 - 158

Burger, Angelika; Lenz, Wolfgang; Roth, Roland; Seidenspinner, Gerlinde; Waldmann, Klaus: Wem soll es nutzen? Wissenschaftliche Begleitung, Wirkungsanalyse und Erfolgskontrolle im Bundesjugendplan. In: deutsche jugend. Heft 11, 1978, S. 510 - 518

Busch, Hans-Joachim; Deserno, Heinrich: Zur Dynamik einer Institutionalisierung. Überlegungen im Rahmen einer Supervision eines Projekts alternativer Gesundheitsarbeit. In: Supervision. Heft 15, 1989, S. 55 - 64

Caemmerer, Dora von: Praxisberatung (Supervision). Ein Quellenband. Freiburg i.Brsg. 1970.

Campbell; Stanley: Experimental and quasi-experimental designs for research. Chicago 1963

Chelimsky, Eleanor: Evaluation und Politik. Die Umsetzung von Evaluationsergebnissen in exekutiven und legislativen Bundesorganen der USA. In: Koch, Wittmann (Hg.) 1990, S. 249 - 280

Chin, Robert; Benne, Kenneth D.: Strategien zur Veränderung sozialer Systeme (engl. 1967). In: Bennis u.a. (Hg.): 1975, S. 43 - 78

Coché, Erich: Supervision in den USA. In: Supervision. Heft 10, 1986, S. 5 - 16

Cohn, Ruth C.: Von der Psychoanalyse zur themenzentrierten Interaktion. Stuttgart 1975

Conen, Marie-Luise: Teamsupervision in alternativen Projekten. In: Supervision. Heft 15, 1989, S. 4 - 14

Conner, Ross F.; Altman, David G.; Jackson, Christine (Eds.): Evaluation Studies, Review Annual, Vol. 9, 1984

Cook, Thomas D.; Shadish, Jr., William R.: Program Evaluation. The Worldly Science. In: Shadish, Jr., Reichardt (eds.) 1987, S. 31 - 70

Cook, Thomas D.; Matt, Georg E.: Theorien der Programmevaluation. In: Koch, Wittmann (Hg.) 1990, S. 15 - 38

Cronbach, Lee J.: Evaluation zur Verbesserung von Curricula (engl. 1964). In: Wulf (Hg.) 1972, S. 41 - 59

Cronbach, Lee J.: Designing educational evaluations. Stanford 1978

Cronbach, Lee J.: Designing evaluations of educational and social programs. San Francisco 1982

Davis, H.R.: Change and Innovation. In: Feldman S. (Hg.): Administration and Mental Health. Springfield 1973

Deutscher Berufsverband der Sozialarbeiter und Sozialpädagogen e.V. (DBS) (Hg.): Festschrift anläßlich des 75jährigen Bestehens des Deutschen Berufsverbandes der Sozialarbeiter und Sozialpädagogen e.V. und des 40jährigen Bestehens des Berliner Berufsverbandes der Sozialarbeiter und Sozialpädagogen e.V.. Essen 1991

Deutscher Berufsverband der Sozialarbeiter und Sozialpädagogen e.V. (DBS) (Hg.): Berufsordnung (Essen 1974); Berufsbild (Essen 1988); Information: Was ist, will, bietet der DBS? (Essen o.J.)

Deutscher PARITÄTISCHER Wohlfahrtsverband (DPWV). Landesverband Nordrhein-Westfalen e.V. (Hg.): Jugendhilfeplanung. Ein kommunikativer Prozeß. Wuppertal 1992

Dewe, Bernd: Fortbildung als Perspektivenabgleich. Fallbezogene Wissenschaft und berufliche Praxisberatung in der Sozialarbeit/Sozialpädagogik. In: Neue Praxis. Heft 1, 1992, S. 67 - 72

Dewe, Bernd; Otto, Hans-Uwe: Über den Zusammenhang von Handlungspraxis und Wissensstrukturen in der öffentlichen Sozialarbeit. Einleitende Bemerkungen zum regulativen Handlungsbezug sozialer Deutungsmuster in der Experten-Laien-Interaktion sozialer Dienstleistungen. In: Neue Praxis. Heft 2, 1980, S. 127 - 149

Dewe, Bernd; Wohlfahrt, Norbert: Professionalismus und Handlungswirksamkeit sozialer Dienstleistungen: Praxisevaluation anglo-amerikanischer Sozialarbeit. In: Sozialwissenschaftliche Literaturrundschau. Heft 11, 1985, S. 121 - 136

Dewe, Bernd; Ferchhoff, Wilfried: Altruismus, Expertentum oder Neue Fachlichkeit? - Strukturprobleme sozialarbeiterischen Handelns. In: Theorie und Praxis der sozialen Arbeit. Heft 4, 1986, S. 148 - 156

Dewe, Bernd; Ferchhoff, Wilfried; Peters, Friedhelm; Stüwe, Gerd: Professionelle Arbeit kann warten, bis man sie braucht. In: Sozialmagazin. Heft 2, 1987, S. 30 - 36

Dewe, Bernd; Wohlfahrt, Norbert: Zu einigen methodologischen Problemen empirischer Sozialarbeitsforschung. In: Neue Praxis. Heft 1, 1989, S. 73 - 88

Dießenbacher, Hartmut: Zur Berufsmotivation des Sozialpädagogen - Thesen zum Anzetteln einer Diskussion. In: Neue Praxis. Sonderheft 1977, S. 52 - 63

Dörner, Dietrich: Über die Schwierigkeiten menschlichen Umgangs mit Komplexität In: Psychologische Rundschau. Heft 3, 1981, S. 163 ff.

Dörner, Dietrich; Reither, Franz; Stäudel, Thea: Emotion und problemlösendes Denken. In: Mandl, Huber (Hg.) 1983, S. 61 - 84

Ebert, Elisabeth: Orientierungsformen von Sozialarbeitern - Inhaltsanalytische Auswertung von Berichten der Jugendgerichtshilfe. In: Neue Praxis. Heft 4, 1975, S. 300 - 311

Eck, Claus D.: Elemente einer Rahmentheorie der Beratung und Supervision - anthropologischer und lebensweltlicher Referenzrahmen. In: Fatzer, Eck (Hg.) 1990 a, S. 17 - 52

Eck, Claus D.: Rollencoaching als Supervision - Arbeit an und mit Rollen in Organisationen. In: Fatzer, Eck (Hg.) 1990 b, S. 209 - 247

Edding, Cornelia: Supervision - Teamberatung - Organisationsentwicklung, ist denn wirklich alles dasselbe? In: Supervision. Heft 7, 1985, S. 9 - 24

Edding, Cornelia: Führungskräfteberatung im Betrieb und in sozialen Einrichtungen. Besonderheiten und Konsequenzen für die Berater. In: Supervision. Heft 17, 1990, S. 30 - 41

Eicke, Dieter: Zum Standort von Balintgruppen. In: Supervision. Heft 4, 1983, S. 6 - 14

Engelhardt Hans Dietrich: Innovation durch Organisation. Unterwegs zu problemangemessenen Organisationsformen. München 1991

Enzmann, Dirk: Probleme beruflicher Identitäten von HelferInnen und psychosoziale Praxis: Burnout. In: Beerlage, Fehre (Hg.) 1989, S. 35 - 44

Eyfferth, Hanns; Otto, Hans-Uwe; Thiersch, Hans (Hg.): Handbuch zur Sozialarbeit/Sozialpädagogik. Neuwied und Darmstadt 1984

Fahlbusch, Martin; Filsinger, Dieter; Röttgers, Dieter: Wissenschaftliche Begleitung - Ein Instrument zur Verbesserung von Jugendverbandspraxis? - Einige Überlegungen zu einem Modell praxisbegleitender Forschung. In: ISA (Hg.) 1983, S. 99 - 115

Fallner, Heinrich; Gräßlin, Hans-Martin: Kollegiale Beratung. Eine Systematik zur Reflexion des beruflichen Alltags. Hille 1990

Fatzer, Gerhard: Teamsupervision als Organisationsentwicklung. In: Gruppendynamik. Heft 1, 1986, S. 49 - 57

Fatzer, Gerhard: Rollencoaching als Supervision von Führungskräften. In: Supervision. Heft 17, 1990 a, S. 42 - 49

Fatzer, Gerhard: Phasendynamik und Zielsetzung der Supervision und Organisationsberatung. In: Fatzer, Eck (Hg.) 1990 b, S. 53 - 84

Fatzer, Gerhard: Instituts- und Systemdynamik der Supervision. In: Fatzer, Eck (Hg.) 1990 c, S. 85 - 108

Fatzer, Gerhard: Teamsupervision als Organisationsentwicklung. In: Fatzer, Eck (Hg.) 1990 d, S. 257 - 276

Fatzer, Gerhard; Eck, Klaus D. (Hg.): Supervision und Beratung. Ein Handbuch. Köln 1990

Federn, Ernst, im Gespräch mit Weigand, Wolfgang: Sozialarbeit - Supervision - Psychoanalyse. In: Supervision. Heft 18, 1990, S. 25 - 36 (zit. als Federn 1990)

Feltes, Thomas (Hg.): Kriminologie und Praxisforschung. Probleme, Erfahrungen und Ergebnisse. Bonn 1988

Fengler, Jörg: Supervision, Intervision und Selbsthilfe. In: Gruppendynamik. Heft 1, 1986, S. 59 - 64

Fieseler, Gerhard; Lippenmeier, Norbert: Supervision und Recht. In: Supervision. Heft 8, 1985, S. 79 - 86

Fieseler, Gerhard; Lippenmeier, Norbert: Supervision und Recht (Fortsetzung und Schluß). In: Supervision. Heft 9, 1986, S. 67 - 73

Filsinger, Dieter; Hamburger, Franz; Neubert, Dieter: Evaluation eines kommunalen Ausländerprojekts - Bedingungen, Erfahrungen und Probleme handlungsorientierter Begleitforschung. In: ISA (Hg.) 1983, S. 87 - 98

Filsinger, Dieter; Hinte, Wolfgang: Praxisforschung: Grundlagen, Rahmenbedingungen und Anwendungsbereiche eines Forschungsansatzes. In: Heiner (Hg.) 1988, S. 34 - 72

Fischer, Dietlind (Hg.): Fallstudien in der Pädagogik. Aufgaben, Methoden, Wirkungen. Konstanz-Litzelstetten 1982.

Fischer, Helga: Identität in der Erzieherausbildung. Ansätze einer handlungsorientierten Ausbildungsdidaktik. Düsseldorf 1980

Fitz-Gibbon, Carol T.; Morris, Lynn L.: How to Design a Program Evaluation. Sage Publications, Beverly Hills, London 1978

Fitzsimmons, Stephen J.: Erfahrungen aus dem Transfer von Evaluierungsforschung. Einige Hypothesen über unterschiedliche Weltanschauungen in den USA und der Bundesrepublik Deutschland. In: Hellstern, Wollmann (Hg.) 1984, S. 596 - 615

Flanagan, J.C.: The critical incident technique. Psychology Bulletin 1954. 51, S. 327 - 358

Flosdorf, Peter; Schuler, Arnulf; Weinschenk, Reinhold: Anleiten, Befähigen, Beraten im Praxisfeld Heimerziehung. Freiburg i.Brsg. 1987

Föllmer, Marlena: Supervision in der amerikanischen Sozialarbeit. In: Neue Praxis, Heft 1, 1977, S. 4 - 17

Frank, Jerome D.: Die Heiler (engl. 1961). Stuttgart 1981

Freeman, Howard E.; Solomon, Marian A.: Das nächste Jahrzehnt in der Evaluierungsforschung. In: Hellstern, Wollmann (Hg.) 1984, S. 134 - 150

French, Wendell L.; Bell jr., Cecil H.: Zur Geschichte der Organisationsentwicklung (engl. 1977). In: Sievers (Hg.) 1977, S. 33 - 42

Fürstenau, Peter: Institutionsberatung. Ein neuer Zweig angewandter Sozialwissenschaft. In: Gruppendynamik. Heft 3, 1970, S. 219 - 233

Gaertner, Adrian: Supervision. Systematische Reflexion der Berufspraxis oder Psychohygiene für Sozialarbeiter? In: Barabas u.a. (Hg.) 1977, S. 218-246

Gaertner, Adrian: Interpretative Sozialforschung: Bemerkungen zur theoretischen und methodologischen Begründung eines Supervisionsforschungsprojektes. In: C.W. Müller (Hg.) 1978, S. 254 - 285

Gaertner, Adrian; Wittenberger, Gerhard: Supervision und der institutionelle Diskurs. In: Akademie für Jugendfragen (Hg.) 1979, S. 22 - 49

Gaertner, Adrian: Supervision. In: Kreft, Mielenz (Hg.) 1980, S. 457 - 459

Gaertner, Adrian: Teamsupervision. In: Supervision. Heft 2, 1982, S. 56 - 69

Gaertner, Adrian: Gruppensupervision - Aspekte der Technik. In: Lippenmeier (Hg.) 1984, S. 262 - 274

Ganz, Carol: Plädoyer für eine Evaluierung des Evaluierungsforschungsprozesses. In: Hellstern, Wollmann (Hg.) 1984, S. 623 - 636

Garfield, Sol Louis: Psychotherapie. Ein eklektischer Ansatz (engl. 1980). Weinheim und Basel 1982

Garms-Homolovà, Vjenka: Methodisches Handeln in der Sozialarbeit: Notwendig und dennoch schlecht beleumdet? Arbeitspapier zur Tagung "Methodenentwicklung als Forschungsaufgabe", Berlin 1988, S. 1 - 2

Gebert, Diether: Organisationsentwicklung - Probleme des geplanten organisatorischen Wandels. Stuttgart 1974

Gebert, Diether; Rosenstiel von, Lutz: Organisationspsychologie. Person und Organisation. Stuttgart, Berlin, Köln, Mainz 1981

Geertz, Clifford: Dichte Beschreibung: Beitrag zum Verstehen kultureller Systeme. Frankfurt/M. 1983

Geißler, Karlheinz A., im Gespräch mit Hege, Marianne: Verlorene Hoffnungen - Gewonnene Einsichten. Zum Verhältnis von Politik und Beratung. In: Supervision. Heft 8, 1985, S. 25 - 36 (zit. als Geißler 1985)

Geißler, Karlheinz A.: Supervision in der Moderne - moderne Supervision. In: Supervision. Heft 14, 1988, S. 4 - 22

Geißler, Karlheinz, A.; Hege, Marianne: Konzepte sozialpädagogischen Handelns. Ein Leitfaden für soziale Berufe. Weinheim und Basel (1988) 1991[5]

Gernert, Wolfgang (Hg.): Sozialarbeit auf dem Prüfstand. Fachlicher Anspruch - Verwaltungskontrolle. Freiburg i.Brsg. 1988

Gernert, Wolfgang: Sozialarbeit zwischen fachlichem Anspruch und Verwaltungshandeln: Zur Einführung. In: Gernert (Hg.) 1988, S. 7 - 15

Giesecke, Wiltrud; Tietgens, Hans; Schäffter, Ortfried; Venth, Angela; Müller, C. Wolfgang: Professionalität und Professionalisierung. Bad Heilbrunn 1988

Gildemeister, Regine: Als Helfer überleben. Beruf und Identität in der Sozialarbeit/Sozialpädagogik. Neuwied und Darmstadt 1983

Ginsburg, Alan L.: Revitalizing Program Evaluation. In: Evaluation Review. Vol. 13, 1989, S. 579 - 597

Glaser, Barney G.; Strauss, Anselm A.: The Discovery of Grounded Theory. Chicago 1967

Glaser, E.M.: Knowledge Transfer and Institutional Change. In: Professional Psychology. 4, 1973, S. 434 - 444

Glass, Gene V.: Die Entwicklung einer Methodologie der Evaluation (engl. 1972). In: Wulf (Hg.) 1972, S. 166 - 206

Gnädinger, Hermann: Der Supervisor als Therapeut. In: Supervision. Heft 3, 1983, S. 35 - 42

Gniss, Hans-Peter; Heusel, Steffen; Ibert, Giesela; Wieler, Joachim: Der Übergang vom Studium zur Praxis. In: Nachrichtendienst des Deutschen Vereins für öffentliche und private Fürsorge 1980, S. 114 - 120

Goldstein, Howard: Theoriebildung und der einheitliche Ansatz in der Praxis der Sozialarbeit (engl. 1977). In: Specht, Vickery (Hg.) 1980, S. 75 - 95

Gotthardt-Lorenz, Angela: Supervisionen für Sozialarbeiterinnen und Sozialarbeiter im Jugendamt. In: Supervision. Heft 9, 1986, S. 59 - 66

Gotthardt-Lorenz, Angela: Organisationsberatung. Hilfe und Last für die Sozialarbeit. Freiburg i.Brsg. 1989

Gotthard-Lorenz, Angela: Einbeziehung von Leitern in den organisationsbezogenen Beratungsprozeß - eine conditio sine qua non? In: Supervision. Heft 17, 1990, S. 10 - 19

Gottschalk-Scheibenpflug, Johanna; Staufer, Jochen; Stickelmann, Bernd: Zwischen Parteinahme und Auftragsforschung - Zum Dilemma engagierter Wissenschaft. In: ISA (Hg.) 1983, S. 67 - 72

Gouldner, Alvin W.: Theoretische Bedingungen der angewandten Sozialwissenschaften. In: Bennis u.a. (Hg.) 1975, S. 110 - 128

Grinell, Sherman W.: Rollenverhalten in der Supervisions-/Beratungsbeziehung. In: Fatzer, Eck (Hg.) 1990 a, S. 109 - 113

Grinell, Sherman W.: Der persönliche Supervisionsprozeß. In: Fatzer, Eck (Hg.) 1990 b, S. 115 - 120

Gründger, Fritz: Das Ökonomische als Tabuzone für die Sozialarbeit? In: Gernert (Hg.) 1988, S. 34 - 49

Guba, E. G.; Lincoln Y. S.: Effective evaluation: improving the usefulness of evaluation results through responsive and naturalistic approaches. San Francisco 1981

Hackewitz, Waltraud von: Evaluation als Theoriearbeit. In: Lippenmeier (Hg.) 1984, S. 513 - 523

Hafeneger, Benno: Ein paar provozierende Anmerkungen. In: Der Nagel. Fachzeitschrift des ABA-Fachverbandes für die offene Kinderarbeit. Sommer/Herbst 1988, S. 54 - 57

Hamburger, Franz: Innovation und Evaluation. In: Sozialwissenschaftliche Literaturrundschau. Heft 18, 1989, S. 47 - 53

Hartmann, Helmut: Organisationsentwicklung im Amt. Ein Fallbeispiel aus der Sozialverwaltung. In: Blätter der Wohlfahrtspflege - Deutsche Zeitschrift für Sozialarbeit. Heft 5, 1991, S. 118 - 120

Hege, Marianne: Abstinenz oder Authentizität als Beratungsnorm in der Supervision. In: Supervision. Heft 3, 1983, S. 4 - 12

Heigl-Evers, Annelise: Die Stufentechnik der Supervision - eine Methode zum Erlernen der psychoanalytischen Beobachtungs- und Schlußbildungsmethode im Rahmen der angewandten Psychoanalyse. In: Gruppenpsychotherapie und Gruppendynamik. Band 9, Heft 1, 1975, S. 43 - 54

Heimann, Paul; Otto, Gunter; Schulz, Wolfgang (Hg.): Unterricht. Analyse und Planung. Hannover (1965) 1979[10]

Heimann, Paul: Didaktik 1965. In: Heimann u.a. (Hg.) 1979, S. 7 - 12

Heiner, Maja: Sozialarbeiter in der Sozialplanung. In: Neue Praxis. Heft 7, 1977, S. 346-357

Heiner, Maja: Demontage oder Neuorientierung der Methoden? In: Projektgruppe Soziale Berufe (Hg.) Expertisen I, 1981, S. 218 - 226

Heiner, Maja: Methodisches Handeln als Auswahl und Verteilung von Sozialleistungen. In: Archiv für Wissenschaft und Praxis der sozialen Arbeit. 1982, S. 116 - 143

Heiner, Maja: Überraschungen bei der Begleitforschung, oder: Was man nicht alles falsch machen kann! - Erfahrungen aus einem arbeitsplatznahen Kleinprojekt. In: ISA (Hg.) 1983, S. 153 - 170

Heiner, Maja: Evaluation und Effektivität in der sozialen Arbeit. Modelle, Methoden, Erfahrungen. In: Oppl, Tomaschek (Hg.) 1986 a, S. 71 - 105

Heiner, Maja: Das Problem das nicht bearbeitet werden darf. In: B. Müller u.a. (Hg.) 1986 b, S. 157 - 180

Heiner, Maja: Evaluation sozialer Arbeit. Auf der Suche nach neuen Konzepten. In: Theorie und Praxis der sozialen Arbeit. Heft 3, 1987, S. 82 - 91

Heiner, Maja (Hg.): Selbstevaluation in der sozialen Arbeit. Fallbeispiele zur Dokumentation und Reflexion beruflichen Handelns. Freiburg i.Brsg. 1988 a

Heiner, Maja: Von der forschungsorientierten zur praxisorientierten Selbstevaluation. Entwurf eines Konzeptes. In: Heiner (Hg.) 1988 a, S. 7 - 40

Heiner, Maja (Hg.): Praxisforschung in der sozialen Arbeit. Freiburg i.Brsg. 1988 b

Heiner, Maja: Perspektiven der Praxisforschung. In: Heiner (Hg.) 1988 b, S. 7 - 16

Heiner, Maja: Selbstevaluation - Orientierung und Bilanz in der sozialen Arbeit. In: Olk, Otto (Hg.) 1989, S. 169 - 198

Heiner, Maja; Meinhold, Marianne; v. Spiegel, Hiltrud; Staub-Bernasconi, Silvia: Methodisches Handeln in der Sozialen Arbeit. Freiburg i.Brsg. (erscheint 1994)

Heiner, Maja: Reflexion und Evaluation methodischen Handelns in der Sozialen Arbeit. Script 1992 (erscheint in: Heiner u.a. 1994), S. 1 - 60

Heinevetter, Andrea: Vom Wunsch zur Wirklichkeit. Arbeitsleben und Supervision. In: Supervision. Heft 15, 1989, S. 28 - 45

Hellstern, Gerd-Michael; Wollmann, Hellmut (Hg.): Handbuch zur Evaluierungsforschung. Band 1, Opladen 1984.

Hellstern, Gerd-Michael; Wollmann, Hellmut: Evaluierung und Evaluierungsforschung - ein Entwicklungsbericht. In: Hellstern, Wollmann (Hg.) 1984, S. 17 - 93

Henerson, Marlene E.; Morris, Lynn Lyons; Fitz-Gibbon, Carol Taylor: How to Measure Attitudes. Sage Publications. Beverly Hills, London (1978), 1983[11]

Hesse, Hans Albrecht: Berufe im Wandel. Ein Beitrag zum Problem der Professionalisierung. Stuttgart 1968

Hester, Mary C.: Der Lern- und Ausbildungsprozeß in der Praxisberatung (engl. 1951). In: v. Caemmerer (Hg.) 1970, S. 80 - 98

Heyers, Wilhelm-Josef: Möglichkeiten und Grenzen ergebnisorientierter Rechnungsprüfung sozialer Leistungen. In: Gernert (Hg.) 1988, S. 100 - 119

Hinte, Wolfgang: Das Ende des schlechten Gewissens. In: extra sozialarbeit. Heft 11, 1984, S. 40 - 45

Ho, Man Keung: Evaluation: A means of treatment. In: Social Work. 1, 1976, S. 24 - 27

Hoefert, Hans-Wolfgang: Sozialmanagement - Orientierung an industriellen Vorbildern? In: Soziale Arbeit. Heft 1, 1990, S. 2 - 7

Höffe, O.: Ethik und Politik. Grundmodelle und -probleme der Praktischen Philosophie. Frankfurt/M. 1979

Hörmann, Georg: Aktionsforschung als Forschungsstrategie und Sozialforschungspraxis. In: Feltes (Hg.) 1988, S. 31 - 44

Hofmann, Gerhard; Fargel, Matthias: Evaluationsforschung. In: Eyfferth u.a. (Hg.) 1984, S. 313 - 321

Hollis, Florence: Soziale Einzelhilfe als psychosoziale Behandlung (engl. 1964). Freiburg i.Brsg. 1971

Hollis, Florence: Die psychosoziale Arbeitsweise als Grundlage Sozialer Einzelhilfe-Praxis (engl. 1970). In: Roberts, Nee (Hg.) 1974, S. 47 - 90

Hollstein, Walter; Meinhold, Marianne (Hg.): Sozialarbeit unter kapitalistischen Produktionsbedingungen. Frankfurt/M. 1973

Hornstein, Walter: Die Bedeutung erziehungswissenschaftlicher Forschung für die Praxis sozialer Arbeit. Anmerkungen zu einer notwendigen Bestandsaufnahme. In: Neue Praxis. Heft 6, 1985

Hoschka, Alexander; Hössl, Alfred; Raab, Erich: Curriculumevaluation: Die wissenschaftliche Begleitung eines überregionalen Modellversuchs. In: C.W. Müller (Hg.) 1978, S. 85 - 114

Howe, Michael W.: Casework Self Evaluation: A Single-Subject Approach. In: Social Service Review, 1974, S. 10 - 15

Hubschmidt, Marlise; Schönholzer, Jürg; Senn-Lüthi, Mathilde; Vontobel, Willi: Entwicklung der Supervision in der Schweiz. In: Supervision. Heft 10, 1986, S. 33 - 41

Hüppauf, Hubertus: Supervision als Einflußsicherung in Organisationen oder: Was macht der Wirt mit dem Bier im Gesicht? In: Supervision. Heft 7, 1985, S. 63 - 73

Huppertz, Norbert: Supervision. Analyse eines problematischen Kapitels der Sozialarbeit. Neuwied und Darmstadt 1975

Hurrelmann, Klaus; Ulich, Dieter (Hg.): Handbuch der Sozialisationsforschung. Weinheim, Basel (1980) 1982²

Institut für soziale Arbeit (ISA) (Hg.): Sozialpädagogische Begleitforschung: Analysen und Berichte. Münster 1983

Institut für Stadtteilbezogene Arbeit und Beratung (ISSAB) (Hg.): Zwischen Sozialstaat und Selbsthilfe. Stadtteilbezogene soziale Arbeit als Handlungsansatz in beruflicher Praxis und studentischer Ausbildung. Essen 1989

Irle, Günter; Wischka, Bernd: Die Anwendung sozialwissenschaftlicher Untersuchungsergebnisse in der Praxis durch Datenfeedback. In: Neue Praxis. Heft 2, 1981, S. 147 - 159

Irle, Günter; Windisch, Matthias: Der Gebrauch von Evaluationswissen als Handlungsalternative. In: Zeitschrift für Pädagogik. Heft 6, 1983, S. 913 - 927

Irle, Günter: Strategisches Handeln als Bindeglied zwischen Institution und Person. In: Lippenmeier, Norbert (Hg.) 1984, S. 184 - 192

Irle, Günther: Supervision und sozialer Dienstleistungswandel. In: Supervision. Heft 8, 1985, S. 17 - 23

Jansen, Bernd: Felddynamik: Beziehungsdynamik in der Supervision. In: Supervision. Heft 9, 1986, S. 3 - 9

Jordan, Erwin: Modellförderung auf Bundesebene im Bereich der Jugendhilfe. In: ISA (Hg.) 1983, S. 5 - 18

Jordan, Erwin; Schone, Reinhold: Jugendhilfeplanung. Aber wie? Eine Arbeitshilfe für die Praxis. Münster 1992

Jungblut, Hans-Joachim: Sozialpädagogische Kompetenz in alltäglichen Berufsvollzügen des Jugendamtes. In: S. Müller u.a. (Hg.) 1982, S. 219 - 242

Kadushin, Alfred: Supervision in der Sozialarbeit. In: Supervision. Heft 18, 1990, S. 4 - 24

Kähler, Harro Dietrich: Der professionelle Helfer als Netzwerker - oder Beschreib' mir dein Netzwerk, vielleicht erfahren wir, wie dir zu helfen ist. In: Archiv für Wissenschaft und Praxis der sozialen Arbeit. 1983, S. 225 - 244

Kagle, Jill Doner: A Survey Experimental Study of Social Work. Practioners' Evaluation of Social Worker Performance. Urbana 1978

Kahn, Robert L.: Organisationsentwicklung: Einige Probleme und Vorschläge (engl. 1974). In: Sievers (Hg.) 1977, S. 281 - 301

Karberg, Walter: Soziale Einzelfallhilfe - Methode als Beeinflussungsinstrument. In: Otto, Schneider (Hg.) 1973, S. 147 - 167

Kardorff, Ernst von: Die Strategie der Therapeutisierung - Zum veränderten Handlungstyp in der Sozialarbeit. In: Neue Praxis. Heft 1, 1982, S.

Kardorff, Ernst von: Praxisforschung als Forschung der Praxis. In: Heiner (Hg.) 1988, S. 73 - 100

Karnath, Joachim: Supervision und Beratungskultur in der alternativen Szene. In: Supervision. Heft 15, 1989, S. 65 - 72

Karsten, Maria-Eleonora; Rabe-Kleberg, Ursula: Modellversuche - nur Moratorien für die Sozialverwaltung? oder: Zur Ungleichzeitigkeit von Bewegungsprozessen staatlicher Innovationspolitik im Sozialisationssektor. In: ISA (Hg.) 1983, S. 19 - 36

Kasakos, Gerda: Familienfürsorge zwischen Gleichgültigkeit und Zwang. München 1980

Katholische Akademie für Jugendfragen Münster (Hg.): Kongreß Supervision 1989. Münster 1990

Keil, Siegfried; Bollermann, Gerd; Nieke, Wolfgang (Hg.): Studienreform und Handlungskompetenz im außerschulischen Erziehungs- und Sozialwesen. Neuwied und Darmstadt 1981

Kelber, Magda: Was verstehen wir unter Gruppenpädagogik? In: C.W. Müller (Hg.) 1972, S. 127 - 140

Kelch, Johannes: Neue Verbandsprofile mit "Corporate Identity"? Der kommerziellen Konkurrenz mit ihren eigenen Mitteln antworten. In: deutsche jugend. Heft 7/8, 1989, S. 346 - 353

Kelman, Herbert C.: Die Einflußnahme auf menschliches Verhalten: ein moralisches Problem für den Sozialwissenschaftler (engl. 1965). In: Bennis u.a. (Hg.) 1972, S. 482 - 501

Kersting, Heinz Jürgen; Krapohl, Lothar; Leuschner, Gerhard (Hg.): Diagnose und Intervention in Supervisionsprozessen. Aachen 1988

Kersting, Heinz Jürgen; Lehmenkühler-Leuschner, Angelika: Konfrontation in der Supervision. In: Kersting u.a. (Hg.) 1988, S. 114 - 123

Kersting, Heinz Jürgen: Mitteilung über Gründung der DGSv, in: Supervision. Heft 17, 1990, S. 84 - 85

Kiresuk, Thomas J.; Larsen, Nancy E.; Sander, H. Lund: Wissenstransfer als Strategie in Programm-Management und Evaluierung. In: Hellstern, Wollmann (Hg.) 1984, S. 196 - 220

Klappenecker, Kurt; Schramm, Dieter: Organisationsberatung in sozialpädagogischen Institutionen. Darstellung eines sozialpädagogischen Entwicklungskonzepts. Diss. Tübingen 1982

Klapprott, Jürgen: Zum Berufsbild der Sozialarbeit/Sozialpädagogik: Berufliche Anforderungen seitens der Anstellungsträger. In: Neue Praxis. Heft 1, 1984, S. 43 - 58

Klüsche, Wilhelm: Professionelle Helfer. Anforderungen und Selbstdeutungen. Aachen 1990

Knüppel, Helmut; Wilhelm, Johann: die Entwicklung selbstreflexiver Kompetenz in sozialwissenschaftlichen Studiengängen. Weinheim 1987

Koch, Uwe; Wittmann, W. Werner (Hg.): Evaluationsforschung. Bewertungsgrundlage von Sozial- und Gesundheitsprogrammen. Berlin, Heidelberg, New York, London, Paris, Tokyo, Hong Kong 1990

Koch, Uwe; Barth, Michael: Erfahrungen bei der Anregung und Übernahme von Evaluationsvorhaben. Die Sicht des Evaluationsforschers. In: Koch, Wittmann (Hg.) 1990, S. 63 - 77

Kommunale Spitzenverbände (Hg.): Stellungnahme der kommunalen Spitzenverbände zur Ausbildung der Sozialarbeiter/Sozialpädagogen an Fachhochschulen. In: Der Sozialarbeiter. Heft 5, 1976, S. 5 -18

Konopka, Giesela: Die Geschichte der Gruppenpädagogik (engl. 1963). In: C.W. Müller (Hg.) 1972, S. 73 - 85

Konopka, Giesela: Soziale Gruppenarbeit, ein helfender Prozeß (engl. 1963). Weinheim und Basel (1968) 1978[6]

Kraak, Bernhard: Wissenschaftliche Begleitung von Modellprojekten. In: Sozialpädagogik. Heft 2, 1979, S. 69 - 76

Krämer, Klaus: Kritische Aspekte der Organisationsentwicklung. In: Bachmann (Hg.) 1981, S. 312 - 339

Krämer, Klaus: Von der Ungeduld, warten zu können - Supervision im Rahmen der Organisationsentwicklung. In: Supervision. Heft 3, 1983, S. 43 - 60

Krämer, Klaus: Professionalisierung von Supervision. In: Katholische Akademie für Jugendfragen Münster (Hg.) 1990, S. 23 - 32

Krause Jacob, Mariane: Erfahrungen mit Beratung und Therapie. Veränderungsprozesse aus der Sicht von Klienten. Freiburg i.Brsg. 1992

Krauskopf, Wolfgang: Werkstatt für Berufspraktikanten - ein Beratungsangebot für Dipl.-Sozialpädagogen/Sozialarbeiter im Anerkennungsjahr. In: Supervision. Heft 13, 1988, S. 33 - 50

Krauß, E. Jürgen: Methoden der Sozialarbeit/Sozialpädagogik. In: Kreft, Mielenz (Hg.) 1980, S. 308 - 313

Kreft, Dieter; Mielenz, Ingrid (Hg.): Wörterbuch Soziale Arbeit. Weinheim, Basel 1980

Kroner, Wolfgang; Wolff, Stephan: Professionelle Dominanz - eine These und ihr empirischer Gehalt. In: Neue Praxis. Heft 1, 1989, S. 64 - 73

Krug, Marianne; Pelzer, Susanne: Curriculumentwicklung: Prozeßevaluation in der praxisnahen Curriculumentwicklung für den Kindergarten. In: C.W. Müller (Hg.) 1978, S. 65 - 84

Kunstreich, Timm: Der institutionalisierte Konflikt. Eine exemplarische Untersuchung zur Rolle des Sozialarbeiters in der Klassengesellschaft am Beispiel der Jugend- und Familienfürsorge. Offenbach 1975

Kupffer, Hartmut: Zum Rollenverständnis von Mitarbeiterinnen und Mitarbeitern in der Offenen Kinderarbeit. In: Der Nagel. Fachzeitschrift des ABA-Fachverbandes für die offene Kinderarbeit. Sommer/Herbst 1988, S. 58 - 61

Kutter, Peter: Psychoanalytische, methodische und systemtheoretische Anmerkungen zur Supervision. In: Supervision. Heft 6, 1984, S. 37 - 46

Kutter, Peter: Ethik und Supervision. In: Katholische Akademie für Jugendfragen Münster (Hg.) 1990, S. 45 - 57

Lange, Elmar: Zur Entwicklung und Methodik der Evaluationsforschung in der Bundesrepublik. In: Zeitschrift für Soziologie. Heft 3, 1983, S. 253 - 270

Lasogga, Frank; Metz-Göckel, Hellmut: Die Problematik von Effektivitätsunter-suchungen bei Veranstaltungen der angewandten Gruppendynamik. In: Gruppen-dynamik. 1984, S. 89 - 102

Lau, Thomas; Wolff, Stephan: Bündnis wider Willen - Sozialarbeiter und ihre Akten. In: Neue Praxis. Heft 3, 1981, S. 199 - 214

Lau, Thomas; Wolff, Stephan: Wer bestimmt hier eigentlich, wer kompetent ist? Eine Kritik an Modellen kompetenter Sozialarbeit. In: S. Müller u.a. (Hg.) 1982 a, S. 261 - 302

Lau, Thomas; Wolff, Stephan: Grenzen von Modellen sozialpädagogischer Kompetenz. In: Neue Praxis. Heft 4, 1982 b, S. 299 - 306

Lawrence, Paul R.; Lorsch, Jay W.: Organisation and environment. Managing differentiation and integration. Boston 1967

Layer, Hans: Sozialarbeit und Sozialforschung. Wie sich Praktiker und Theoretiker gegenseitig helfen könnten. In: Soziale Arbeit. Heft 11, 1987, S. 406 - 413

Leffers, Carl-Josef: Teamsupervision mit professionellen Helfern in sozialen und therapeutischen Institutionen. In: GwG Zeitschrift. Heft 69, 1987, S. 30 - 41

Leffers, Carl-Josef: Kritische Anmerkungen zu organisationsinterner Supervision. In: Supervision. Heft 12, 1988, S. 83 - 96

Leffers, Carl-Josef; Wieringa, Cornelis F.: Das Team im Umfeld der Institution - Von der Teamsupervision zur Institutionsberatung. In: Katholische Akademie für Jugendfragen Münster (Hg.) 1990, S. 85 - 88

Lerchenmüller-Hilse, Hedwig: Evaluation eines sozialen Lernprogramms in der Schule mit delinquenzpräventiver Zielsetzung. Köln 1986

Leube, Konrad: Professionalisierung und Ausbildung in der amerikanischen Sozialarbeit. München 1981

Leuschner, Gerhard: Übersetzungen - aus der Balintgruppenarbeit eines Supervisors. In: Supervision. Heft 4, 1983, 52 - 70

Leuschner, Gerhard: Fragen zum gesellschaftlichen Standort von Supervision. In: Kersting u.a. (Hg.) 1988, S. 8 - 22

Lewin, Kurt: Frontiers in group dynamics: II. Channels of group life: social planning and action research. Human Relations 1947, 1. S. 143 - 153

Lindner, Traugott; Vater, Gudrun: Organisationsentwicklung durch integrative Entscheidungen (Modell einer dreitägigen Kurzberatung). In: Gruppendynamik. Heft 2, 1986, S. 147 - 157

Lindner, Werner: Methoden des Social Marketing - Was können sie für die soziale Arbeit im Kinder- und Jugendhaus leisten? In: deutsche jugend, Heft 9, 1989, S. 390 - 397

Lingesleben, Otto: Die Berufssituation der Sozialarbeiter aus ihrer eigenen Sicht. In: DPWV-Nachrichten. Nr. 7, 1967, S. 91 - 97

Lippenmeier, Norbert (Hg.): Beiträge zur Supervision. Bd. 3, Gesamthochschule Kassel, 1984²

Lippitt, Ronald; Lippitt Gordon: Der Beratungsprozeß in der Praxis. Untersuchung zur Dynamik der Arbeitsbeziehung zwischen Klient und Berater (engl. o.J.). In: Sievers (Hg.) 1977, S. 93 - 115

Lohaus, Arnold: Datenerhebung in der Entwicklungspsychologie: Problemstellungen und Forschungsperspektiven. Bern, Stuttgart, Toronto 1989

Lowy, Louis: Der Beitrag des amerikanischen Sozialarbeiters zur Erfolgskontrolle unter Aspekten der Sozialarbeit. In: Gernert (Hg.) 1988, S. 141 - 154

Lüssi, Peter: Systemische Sozialarbeit. Praktisches Lehrbuch der Sozialberatung. Bern und Stuttgart 1991

Maelicke, Bernd: Zur Effizienz der sozialen Arbeit. In: Theorie und Praxis der sozialen Arbeit. Heft 4, 1984, S. 130 - 131

Maelicke, Bernd (Hg.): Soziale Arbeit als soziale Innovation. Veränderungsbedarf und Innovationsstrategien. Weinheim und München 1987

Mandl, Heinz; Huber, Guenther Ludwig (Hg.): Emotion und Kognition. München 1983

Marburger, Helga: Entwicklung und Konzepte der Sozialpädagogik. München 1979

Martin, Ernst: Didaktik der sozialpädagogischen Arbeit. Eine Einführung in Probleme und Möglichkeiten. Weinheim und München 1989 a

Martin, Ernst: Sozialpädagogische Didaktik. Der Versuch eines Überblicks. In: Sozialmagazin. Heft 3, 1989 b, S. 38 - 45

Maschewsky, Werner; Schneider, Ulrike: Anwendungsorientierte psychologische Forschung: Zum gegenwärtigen Stand der Methodendiskussion. In: C.W. Müller (Hg.) 1978, S. 38 - 62

McGregor, Douglas: The human side of enterprise. New York 1960

Meinhold, Marianne: Suchstrategien. In: B. Müller u.a. (Hg.) 1986, S. 51 - 70

Meinhold, Marianne: Methoden: Über die E-Musik und die U-Musik der Sozialpädagogik. In: Neue Praxis. Heft 1, 1988 a, S. 83 - 84

Meinhold, Marianne: Generative Regeln in einem Modell zum methodischen Handeln in der Sozialarbeit. Arbeitspapier zur Tagung "Methodenentwicklung als Forschungsaufgabe". Berlin 1988 b, S. 1 - 12

Meinhold, Marianne: Wissenstransfer durch Organisationsberatung. Unveröff. Arbeitspapier 11./12.5.1990

Meinhold, Marianne: Ein Rahmenmodell zum methodischen Arbeiten. Script 1992 (erscheint in: Heiner u.a. 1994), S. 1 - 39

Merchel, Joachim: Jugendhilfeplanung als kommunikativer Prozeß. Zur Notwendigkeit einer konzeptionellen Neuorientierung in der Jugendhilfeplanung. In: Neue Praxis. Heft 2, 1992 a, 93 - 106

Merchel, Joachim: Ablauf und Elemente von Planungsprozessen in der Jugendhilfe. In: DPWV (Hg.) 1992 b, S. 26 - 58

Miles, Matthew B.; Hornstein, Harvey A.; Callahan, Daniel M.; Calder, Paul H.; Schiavo R. Steven: Feedback von Befragungsergebnissen: Theorie und Bewertung (engl. 1966). In: Bennis u.a. (Hg.) 1975, S. 374 - 389

Mollenhauer, Klaus: Die Ursprünge der Sozialpädagogik in der industriellen Gesellschaft: Eine Untersuchung zur Struktur sozialpädagogischen Denkens und Handelns. Weinheim 1959

Morris, Lynn Lyons; Fitz-Gibbon, Carol Taylor: How to Measure Achievement. Sage Publications. Beverly Hills, London 1978[3]

Morris, Lynn Lyons; Fitz-Gibbon, Carol Taylor: How to Measure Program Implementation. Sage Publications. Beverly Hills, London 1978[3]

Morris, Lynn Lyons; Fitz-Gibbon, Carol Taylor: How to Present an Evaluation Report. Sage Publications. Beverly Hills, London (1978) 1982[9]

Müller, Burkhard: Berufsalltag des Sozialarbeiters - Thesen über "Leidensdruck" und "Krankheitsgewinn". In: Neue Praxis. Heft 1, 1978, S. 26 - 29

Müller, Burkhard: Fachlichkeit und Menschlichkeit in den helfenden Berufen. Überlegungen zur Berufsethik im Anschluß an Goffman, Weber und Erikson. In: Sozialpädagogik. Heft 3, 1986, S. 119 - 126

Müller, Burkhard: Die Last der großen Hoffnungen. Methodisches Handeln und Selbstkontrolle in sozialen Berufen. Weinheim und München (1985) 1991[2]

Müller, Burkhard; Niemeyer, Christian; Peter, Hilmar (Hg.): Sozialpädagogische Kasuistik. Bielefeld 1986

Müller, C. Wolfgang; Nimmermann, Peter (Hg.): Stadtplanung und Gemeinwesenarbeit. Texte und Dokumente. München 1971

Müller, C. Wolfgang: Die Rezeption von Gemeinwesenarbeit in der Bundesrepublik Deutschland. In: Müller, Nimmermann (Hg.) 1971, S. 228 - 240

Müller, C. Wolfgang (Hg.): Gruppenpädagogik: Auswahl aus Schriften und Dokumenten. Weinheim (1970) 1972[2]

Müller, C. Wolfgang (Hg.): Begleitforschung in der Sozialpädagogik. Analysen und Berichte zur Evaluationsforschung in der Bundesrepublik, Weinheim und Basel 1978

Müller, C. Wolfgang: Sozialpädagogische Evaluationsforschung: Ansätze, Erfahrungen und Kritik. In: C.W. Müller (Hg.) 1978, S. 15 - 37

Müller, C. Wolfgang: Evaluierung. In: Kreft, Mielenz (Hg.) 1980, S. 144 - 145

Müller, C. Wolfgang: Zum gegenwärtigen Stand nordamerikanischer Evaluationsforschung. In: ISA (Hg.) 1983, S. 37 - 56

Müller, C. Wolfgang (Hg.): Einführung in die Soziale Arbeit. Weinheim und Basel 1985

Müller, C. Wolfgang: Soziale Arbeit und ihre Berufe. In: C.W. Müller (Hg.) 1985, S. 9 - 45

Müller, C. Wolfgang: Wie Helfen zum Beruf wurde. Band 1. Eine Methodengeschichte der Sozialarbeit. 1883 - 1945. Weinheim und Basel (1982) 1988[2] a

Müller, C. Wolfgang: Wie Helfen zum Beruf wurde. Band 2. Eine Methodengeschichte der Sozialarbeit. 1945 - 1985. Weinheim und Basel 1988 b

Müller, C. Wolfgang: Kann ein Täter auch sein Richter sein? Praktische Überlegungen zur Selbst-Evaluation innovatorischer Projekte in der Sozialen Arbeit. Unveröff. Manuscript 1988 c, S. 1 - 26

Müller, C. Wolfgang: Wie Helfen ein Beruf wurde ... Zur Professionalisierung von Berufen der Sozialen Arbeit. In: Giesecke u.a. (Hg.) 1988 d, S. 133 - 155

Müller, C. Wolfgang: Achtbare Versuche. Zur Geschichte der Praxisforschung in der Sozialen Arbeit. In: Heiner (Hg.) 1988 e, S. 17 - 33

Müller, Siegfried; Otto, Hans-Uwe; Peter, Hilmar; Sünker, Heinz (Hg.): Handlungskompetenz in der Sozialarbeit/Sozialpädagogik. Interventionsmuster und Praxisanalysen. Band I, Bielefeld 1982

Müller, Siegfried; Otto, Hans-Uwe; Peter, Hilmar; Sünker, Heinz (Hg.): Handlungskompetenz in der Sozialarbeit/Sozialpädagogik. Theoretische Konzepte und gesellschaftliche Strukturen. Band II, Bielefeld 1984

Münch, Winfried: Leiden und Lust an der Schule. Psychoanalytische Selbsterfahrung und Supervision in Lehrergruppen. Materialien zur Sozialarbeit und Sozialpolitik. Bd. 13, Fachhochschule Frankfurt/M. 1984

Münch, Winfried: Über Helfereinstellungen und Handlungskonzepte von Sozial-arbeiterinnen und Sozialarbeitern im "Sozialen Dienst". In: Supervision. Heft 14, 1988, S. 23 - 37

Münder, Johannes; Greese, Dieter; Jordan, Erwin; Kreft Dieter; Lakies, Thomas; Lauer, Hubertus; Proksch, Roland; Schäfer, Klaus: Frankfurter Lehr- und Praxiskommentar zum KJHG. Münster 1991

Mutschler, Elisabeth: Die Evaluation sozialpädagogisch/sozialer Praxis: Zur Effektivität helfender Beziehungen. In: Archiv für Wissenschaft und Praxis der sozialen Arbeit. Heft 2, 1981, S. 81 - 95

Nacken, Winfried: Wiedereingliederung von Gastarbeitern: Prozeßberatung und Prozeßevaluation eines Bildungsprogramms. In: C.W. Müller (Hg.) 1978, S. 171 - 198

Nacken, Wilfried: Evaluierung als sozialer Interaktionsprozeß. Methodologische Streit-fragen und Probleme einer Evaluatorenausbildung. In: Hellstern, Wollmann (Hg.) 1984, S. 639 - 651

Nagel, Klaus; Preuss-Lausitz, Ulf: Thesen zur wissenschaftlichen Begleitung von Versuchen und Modellen im Bildungssystem. In: Wulf (Hg.) 1972, S. 344 - 353

Nellessen, Lothar: (Qualitäts-)Kontrolle durch Supervision. (Nein danke, wir kaufen deutsch). In: Lippenmeier (Hg.) 1984, S. 455 - 471

Nellessen, Lothar: Akquisition in der Supervision oder: Von der Nachfrage- zur Angebots-supervision. In: Supervision. Heft 7, 1985, S. 25 - 40

Nellessen, Lothar: Professionalität von Supervisoren/Supervisorinnen. In: Supervision. Heft 11, 1987, S. 2 - 18

Nellessen, Lothar: Interne, externe und nebenberufliche Supervision. In: Supervision. Heft 12, 1988, S. 5 - 18

Nellessen, Lothar: Die Gruppendynamik in der Supervision. In: Fatzer, Eck (Hg.) 1990, S. 159 - 170

Nestmann, Frank: Beratung und Beraterqualifikation. In: S. Müller u.a. (Hg.) 1982, S. 33 - 64

Nestmann, Frank: Beratung von sozialpädagogischen Institutionen - Plädoyer für einen eklektischen Ansatz. In: Neue Praxis. Heft 1, 1985, S. 12 - 25

Neul, Wolfgang: Strategien der Evaluation von Curricula und der Curriculumentwicklung. Stuttgart 1977

Nieke, Wolfgang: Das Konzept der professionellen Handlungskompetenz als Versuch der Bestimmung von Studienzielen. In: Keil u.a. (Hg.) 1981, S. 15 - 45

Oberhoff, Bernd: Über Supervision, Identität und Sich-Erinnern. In: Supervision. Heft 10, 1986, S. 57 - 63

Oelschlägel, Dieter: Gemeinwesenarbeit. In: Petzold, Speichert (Hg.) 1981, S. 175 - 177

Oliva, H.; Oppl, Hubert; Schmit R.: Rolle und Stellenwert der freien Wohlfahrtspflege. Forschungsbericht im Auftrag des Bayerischen Staatsministeriums für Arbeit und Sozialordnung. München 1989

Olk, Thomas; Otto, Hans-Uwe: Perspektiven professioneller Kompetenz. Zum Problem der Vermittlung wissenschaftlichen und alltagsweltlichen Wissens in Modellen sozialpädagogischer Handlungskompetenz. In: Olk, Otto (Hg.) 1989, S. IX - XXXIII

Olk, Thomas; Otto, Hans-Uwe (Hg.): Soziale Dienste im Wandel. Bd. 2. Entwürfe sozialpädagogischen Handelns. Neuwied Frankfurt/M. 1989

Oppl, Hubert: Grenzen beruflicher Sozialarbeit - Berufsmüdigkeit in der Praxis. In: Der Sozialarbeiter. Heft 3, 1982, S. 53 - 57

Oppl, Hubert; Tomaschek, Arnold (Hg.): Soziale Arbeit 2000. Bd. 2, Freiburg i.Brsg. 1986

Oppl, Hubert: Künftige Entwicklung von Sozialarbeit/Sozialpädagogik und Konsequenzen für Lehre und Forschung. In: Soziale Arbeit. Heft 3, 1992, S. 92 - 98

Otto, Hans-Uwe; Utermann, Kurt (Hg.): Sozialarbeit als Beruf. Auf dem Weg zur Professionalisierung? München 1971

Otto, Hans-Uwe; Schneider, Siegfried (Hg.): Gesellschaftliche Perspektiven der Sozialarbeit. Band 2, Neuwied 1973

Pallasch, Waldemar: Supervision. Neue Formen beruflicher Praxisbegleitung in pädagogischen Arbeitsfeldern. Weinheim und München 1991

Pancer, S. Mark; Westhues, Anne: A Developmental Stage Approach to Program Planning and Evaluation. In: Evaluation Review. Vol. 13, 1989, S. 56 - 77

Paschen, Theodor: Rechnungsprüfung in der kommunalen Sozialverwaltung. In: Gernert (Hg.) 1988, S. 85 - 99

Patton, Michael Quinn: creative evaluation. Beverly Hills, London 1981

Patton, Michael Quinn: practical evaluation. Beverly Hills, London, New Delhi 1982

Patton, Michael Quinn: Qualitative Evaluation Methods. Beverly Hills, London (1980) 1983[4]

Pazzini, Karl Josef: Collage. Eine Art - wenn nicht die Art - zu leben, z.B. zu fühlen, zu denken, wahrzunehmen, zu handeln. In: Kunst und Unterricht. Heft 100, 1986, S. 21 - 26

Perlman, Helen Harris: Das Modell des problemlösenden Vorgehens in der Sozialen Einzelhilfe (engl. 1970). In: Roberts, Nee (Hg.) 1974, S. 145 - 198

Peter, Hilmar: Handlungskompetenz in der "klassischen" Methodenliteratur der Sozialarbeit und Perspektiven für eine Neuorientierung. In: S. Müller u.a. (Hg.) 1982, S. 5 - 32

Peters, Helge: Die mißlungene Professionalisierung der Sozialarbeit. In: Otto, Utermann (Hg.) 1971, S. 99 - 123

Peters, Helge; Cremer-Schäfer, Helga: Die sanften Kontrolleure. Wie Sozialarbeiter mit Devianten umgehen. Stuttgart 1975

Pettes, Dorothy E.: Supervision in der Sozialarbeit (engl. 1967). Freiburg i.Brsg. 1971

Petzold, Hans-Joachim; Speichert, Horst (Hg.): Handbuch pädagogischer und sozial-pädagogischer Praxisbegriffe. Reinbek 1981

Peukert, Detlef J. K.: Grenzen der Sozialdisziplinierung. Aufstieg und Krise der deutschen Jugendfürsorge von 1878 bis 1932. Köln 1986

Pincus, Allen; Minahan, Anne: Ein Praxismodell der Sozialarbeit. In: Specht, Vickery (Hg.) 1980, S. 96 - 148

Pfaff, Martin; Kistler, Ernst; Schulze, Helmut; Theis, Anna: Methoden und Kriterien zur Überprüfung des Erfolgs von Aufklärungskampagnen. Handbuch zur Durchführung von Wirksamkeitsanalysen. Köln 1982

Plaum, Ernst: "Praktischer" Eklektizismus und seine Bedeutung für Diagnostik und Therapie. In: Bommert, Hockel (Hg.) 1981 a, S. 48 - 67

Plaum, Ernst: Aspekte eines "praktischen" Eklektizismus bei psychologischen Interventionsmaßnahmen. In: Psychologie, Erziehung, Unterricht. 1981 b, S. 222 - 234

Plewig, Hans-Joachim; Ewe, Hans-Dieter: Konzeptentwurf einer Begleitforschung im Rahmen des Modellprojekts "Jugendarrest/Nachbetreuung". In: ISA (Hg.) 1983, S. 115 - 138

Pühl, Harald: Methodische Überlegungen zur Bearbeitung unbewußter Gruppenprozesse - am Beispiel einer Team-Supervision. In: Supervision. Heft 6, 1984, S. 91 - 99

Pühl, Harald (Hg.): Handbuch der Supervision. Beratung und Reflexion in Ausbildung, Beruf und Organisation. Berlin 1990

Prell, Siegfried: Evaluation und Selbstevaluation. Institut für Pädagogische Grundlagen- und Unterrichtsforschung der Justus-Liebig-Universität Gießen 1987, S. 1 - 20. Erscheint in: Roth. L. (Hg.): Pädagogisches Handbuch für Studium und Praxis. München 1991, S. 865 - 879

Projektgruppe Soziale Berufe (Hg.): Sozialarbeit: Ausbildung und Qualifikation (Expertisen I). Problemwandel und Institutionen (Expertisen II). Professionalisierung und Arbeitsmarkt (Expertisen III). München 1981

Rappe-Giesecke, Kornelia: Theorie und Praxis der Gruppen- und Teamsupervision. Berlin u.a. 1990

Raguse, Hartmut: Psychoanalytische Teamsupervision, oder: Der Psychoanalytiker als Teamsupervisor. In: Supervision. Heft 14, 1988, S. 38 - 49

Raguse-Stauffer, Betty; Raguse, Hartmut: Ein TZI-Modell der Supervision. In: Gruppenpsychotherapie und Gruppendynamik. 1980, S. 78 - 90

Rauschenbach, Thomas; Treptow, Rainer: Sozialpädagogische Reflexivität und gesellschaftliche Rationalität. Überlegungen zur Konstitution sozialpädagogischen Handelns. In: Müller u.a (Hg.) 1984, S. 21 - 71

Reichert, Kurt: Professionalisierung der Sozialarbeit in den Vereinigten Staaten - Entwicklung und Gegenwartsprobleme. In: Otto, Utermann (Hg.) 1971, S. 141 - 166

Rein, Martin: Umfassende Programmevaluierungen. In: Hellstern, Wollmann (Hg.) 1984, S. 177 - 195

Reinbold, Brigitte: Organisationsentwicklung und Sozialmanagement als Innovationsschub. In: sozial extra. Heft 3, 1990, S. 28 - 30

Reinecker, Hans: Selbstkontrolle. Verhaltensheoretische und kognitive Grundlagen. Techniken und Therapiemethoden. Salzburg 1978

Rice, A. K.: Enterprice and his Environment. London 1963

Richey, Cheryl A.; Blythe, Betty J.; Berlin, Sharon B.: Do social workers evaluate their practice? In: Socialwork Research and Abstracts. Heft 1, 1987, S. 14 - 20

Richmond, Mary: Social Diagnosis. New York 1917

Richter, Kurt F.: Methodenintegration in der Supervision. In: Katholische Akademie für Jugendfragen Münster (Hg.) 1990, S. 64 - 66

Richter, Kurt F.; Fallner, Heinrich: Kreative Medien in der Supervision und psychosozialen Beratung. Hille 1989

Ringshausen-Krüger, Margarete: Die Supervision in der deutschen Sozialarbeit. Entwicklung von Konzeptionen, Methoden und Strukturen 1954 - 1974. Eine textanalytische Untersuchung. Diss. Frankfurt/M. 1977

Roberts, W. Robert; Nee, H. Robert: Konzepte der Sozialen Einzelhilfe. Stand der Entwicklung - Neue Anwendungsformen (engl. 1970). Freiburg i.Brsg. 1974

Ross, Murray G.: Gemeinwesenarbeit. Theorie, Prinzipien, Praxis (engl. 1955). Freiburg i.Brsg. (1968) 1971[2]

Rossi, Peter Henry; Professionalisierung der Evaluierungsforschung? Beobachtungen zu Entwicklungstrends in den USA. In: Hellstern, Wollmann (Hg.) 1984, S. 655 - 673

Rossi, Peter Henry; Freeman, Howard Edgar: Evaluation: A Systematic Approach. Beverly Hills 1979

Rossi, Peter H.: Professionalisierung der Evaluierungsforschung? Beobachtungen zu Entwicklungstrends in den USA. In: Hellstern, Wollmann (Hg.) 1984, S. 654 - 673

Rotering-Steinberg, Sigrid: Kollegiale Praxisberatung. In: Supervision. Heft 13, 1988, S. 75 - 85

Roth, Jörg Kaspar: Wer hat Angst vor der Balint-Gruppe? In: Supervision. Heft 4, 1983, S. 26 - 30 b

Rothman, Jack; Erlich, John L.; Joseph G. Teresa: Innovation und Veränderung in Organisationen und Gemeinwesen. Ein Handbuch für Planungsprozesse (engl. 1976). Freiburg i.Brsg. 1979

Ruoff, Bernd A.: Was bewirken sozialpädagogische Ausbildungen? Eine berechtigte Frage fordert Antwort. In: Sozialpädagogik. Heft 6, 1982, S. 309 - 315

Sagebiel, Felizitas: Fragen und Thesen zur Evaluation von Supervision. In: Lippenmeier (Hg.) 1984, S. 495 - 512

Salomon, Alice: Soziale Diagnose. Berlin 1926

Salomon, Alice; Wronsky, Siddy; Giese Eberhard: Soziale Therapie. Ausgewählte Akten aus der Fürsorge-Arbeit. Berlin 1926

Sant, Jerry van: Qualitative Analysis in Development Evaluation. In: Evaluation Review. Vol. 13, 1989, S. 257 - 272

Sarnat, Rhoda G.: Praxisberatung bei erfahrenen Sozialarbeitern (engl. 1952). In: v.Caemmerer (Hg.) 1970, S. 129 - 140

Schein, Ed H.: Process consultation. Vol. 1, Addison Wesley 1969

Schein, Ed H.: Organisationsberatung: Wissenschaft, Technologie oder Philosophie? (engl. 1989) In: Fatzer, Eck (Hg.) 1990, 409 - 419

Scherpner, Hans: Theorie der Fürsorge. Göttingen 1962

Scherz, Frances: Vorschläge zur Praxisberatung - auf der Grundlage neu definierter Verantwortungsbereiche (engl. 1958). In: v. Caemmerer (Hg.) 1970, S. 195 - 212

Scherzinger, Alban: "Fallzahlen" in den Berufsfeldern der sozialen Arbeit. Arbeitspapier des BSH-ad-hoc-Ausschusses "Fallzahlen". In: Sozial. Heft 3, 1981, S. 15 - 20

Scherzinger, Albrecht: Die Bedeutung der Methoden in der Sozialarbeit/Sozialpädagogik. Ein weiterer Bericht von der Teilnahme am Symposium in Berlin. In: Sozial. Heft 1, 1981, S. 21 - 23

Schild, Walter: Praxisberatung als Lernstruktur in der praxisorientierten Ausbildung von Sozialarbeitern/Sozialpädagogen. In: Supervision. Heft 13, 1988, S. 11 - 23

Schiller, Heinrich: Dr. Dora von Caemmerer und ihr Beitrag zur Geschichte der deutschen Sozialausbildung und zur Einführung von Supervision. In: Supervision. Heft 14, S. 65 - 71

Schilling, Johannes: Didaktik der Sozialpädagogik/Jugendarbeit - Entwurf eines didaktischen Lehr-Lern-Kreis-Modells 1. In: Jugendwohl. Heft 4, 1982, S. 137 - 144

Schilling, Johannes: Didaktik der Sozialpädagogik/Jugendarbeit - Entwurf eines didaktischen Lehr-Lern-Kreis-Modells 2. In: Jugendwohl. Heft 5, 1982, S. 200 - 208

Schlieffen, Henning Graf von, im Gespräch mit Hege, Marianne. In: Supervision. Heft 4, 1983, S. 15 - 25 (zit. als v. Schlieffen 1983)

Schmidbauer, Wolfgang: Alles oder nichts. Über die Destruktivität von Idealen. Reinbek 1980

Schmidbauer, Wolfgang: Die hilflosen Helfer. Über die seelische Problematik der helfenden Berufe. Reinbek 1977

Schoch, Dietrich: Kosten und Nutzen sozialer Dienstleistungen. In: Theorie und Praxis der sozialen Arbeit. 1984, S. 122 - 129

Schramm, Dieter: Organisationsberatung. In: Eyfferth u.a. (Hg.) 1984, S. 718 - 733

Schreiber, Wilfried K.; Layer, Hans: Berufsausbildung erwachsener Behinderter: Problemlösetraining in der Erwachsenenbildung. In: C.W. Müller (Hg.) 1978, S. 199 - 228

Schreyögg, Astrid: Die ethische Dimension in der Supervision. In: Pühl (Hg.) 1990, S. 9 - 21

Schultes, Jutta: Entwicklungslinien - Veränderungen eines Alternativprojektes durch Organisationsberatung. In: Supervision. Heft 15, 1989, S. 46 - 54

Schulz, Wolfgang: Unterricht - Analyse und Planung. In: Heimann u.a. (Hg.) 1979, S. 13 - 47

Schwarz, Gotthart - im Gespräch mit Hege, Marianne: Politik und Supervision. In: Supervision. Heft 8, 1985, S. 3 - 15 (zit. als Schwarz 1985)

Schwarzwälder, Hedwig: Sozialarbeit und Supervision - Versuch der Darstellung einer Entwicklung. In: Supervision. Heft 18, 1990, S. 58 - 65 (Nachdruck aus: Sozialpädagogik, 1976)

Scriven, Michael: Die Methodologie der Evaluation (engl. 1966). In: Wulf (Hg.) 1972, S. 60 - 91

Scriven, Michael: Evaluation Ideologies. In: Conner u.a. (Eds.) 1984, S. 49 - 80

Sengling, Dieter: Was ist "Erfolg" in der Sozialarbeit? In: Sozialpädagogik. Heft 4, 1987, S. 165 - 172

Shapiro, Jonathan Z.: The Social Costs of Methodological Rigor. A Note of Massive Attribution. In: Evaluation Review. Vol. 8, No. 5, 1984, S. 705 - 712

Shadish, Jr., William R.; Reichardt, Charles S. (Eds.): Evaluation Studies. Review Annual. Vol. 12, 1987

Shadish Jr., William R.; Reichardt, Charles S.: The Intellectual Foundations of Social Program Evaluation. The Development of Evaluation Theory. In: Shadish, Reichardt (Eds.) 1987, S. 13 - 30

Shadish, William R.: Amerikanische Erfahrungen mit der Evaluation von Sozial- und Gesundheitsprogrammen (engl. 1990). In: Koch, Wittmann (Hg.) 1990, S. 159 - 182

Sherrill, Sam: Toward a Coherent View of Evaluation. In: Evaluation Review. Vol. 8, No. 4, 1984, S. 443 - 466

Siegers, Frans M.J. (Hg.): Praxisberatung in der Diskussion. Formen, Ziele, Praxisfelder (niederl. 1972). Freiburg i.Brsg. 1974

Siegers, Frans M.J.: Praxisberatung (niederl. 1972). In: Siegers (Hg.) 1974, S. 40 - 76

Siegers, Frans: Was macht der Supervisor mit dem Beruf und dem Arbeitsfeld des Supervisanden? Über den professionellen Bezugsrahmen des Supervisors. In: Supervision. Heft 9, 1986 a, S. 11 - 24

Siegers, Frans: Supervision in den Niederlanden. Charakteristik und Perspektiven. In: Supervision. Heft 10, 1986 b, S. 17 - 32

Sievers, Burkhard (Hg.): Organisationsentwicklung als Problem. Stuttgart 1977

Sievers, Burkhard: Organisationsentwicklung als Problem. In: Sievers (Hg.) 1977, S. 10 - 31

Sievers, Burkhard, im Gespräch mit Weigand, Wolfgang: Rolle und Beratung in Organisationen. In: Supervision. Heft 7, 1985, S. 41 - 61 (zit. als Sievers 1985)

Sievers, Burkhard: Nicht jede Organisation ist eine Kirche! Oder: Die Managementhierarchie beginnt ganz unten. In: Supervision. Heft 17, 1990, S. 58 - 64

Silverman, Myrna; Ricci, Edmund M.; Cjunter, Margaret J.: Strategies for Increasing the Rigor of Qualitative Methods in Evaluation of Health Care Programs. In: Evaluation Review. Vol. 14, 1990, S. 57 - 74

Simon, Bernece K.: Theorien der Sozialen Einzelfallhilfe: ein Überblick. In: Roberts, Nee (Hg.) 1974, S. 377 - 419

Sonnenfeld, Christa: Wo bleibt das Positive, meine Herren! Methodendiskussion in der Sozialarbeit. Zur Entwicklung eines einheitlichen Praxismodells. In: Widersprüche. Heft 3, 1982, S. 19 - 26

Sonntag, Karlheinz: Evaluation in der Berufsbildungsforschung im Beziehungsgefüge unterschiedlicher Interessen. In: Will u.a. (Hg.) 1987, S. 61 - 74

Späth, Karl H.: Wissenschaftliche Begleitung von Modellprojekten und ein praxisveränderndes Konzept von Feldentwicklungsarbeit. Probleme bei der wissenschaftlichen Begleitung. In: Sozialpädagogik. Heft 4, 1980, S. 177 - 182

Späth, Karl H.: Feldentwicklung - Fachkräfte als Veränderer. In: Maelicke (Hg.) 1987, S. 231 - 240

Späth, Karl, H.: Vom Begleiten und Begleitet-Werden. In: Sozialpädagogik. Heft 4, 1987, S. 257 - 261

Specht, Harry: Disruptive Taktiken in der Gemeinwesenarbeit (engl. 1969). In: Müller, Nimmermann (Hg.) 1971, 208 - 227

Specht, Harry; Vickery, Anne (Hg.): Methodenintegration in der Sozialarbeit. Zur Entwicklung eines einheitlichen Praxismodells (engl. 1977). Freiburg. i.Brsg. 1980

Specht, Harry: Fragen und Probleme im Zusammenhang mit der Anwendung einer einheitlichen Methode (engl. 1977). In: Specht, Vickery (Hg.) 1980, S. 333 - 344

Spiegelberg, Rüdiger: Problemorientierte Planung offener Jugendarbeit im Stadtteil. In: Neue Praxis. Heft 1, 1982, S. 68 - 90

Spiegel von, Hiltrud: Selbstevaluation als Medium der Qualifizierung sozialer Arbeit. In: Neue Praxis, Heft 5/6 1991, S. 525 - 532

Spiegel von, Hiltrud: Analyseinstrumente für das methodische Handeln. Script 1993 (erscheint in: Heiner u.a. 1994) S. 1 - 59

Spiegel von, Hiltrud; Krümmel, Elke: Handbuch für die offene Kinderarbeit. Script 1992. Münster (erscheint 1994)

Stackebrand, Jutta; Schefold, Werner; John, Peter; Grieser, Martin: Wirkungsanalysen in der Jugendarbeit. Jugendpolitische Hintergründe. In: deutsche jugend. Heft 10, 1976 a, S. 443 - 452

Stackebrand, Jutta; Schefold, Werner; John, Peter; Grieser, Martin: Wirkungsanalysen in der Jugendarbeit. Ein Instrument aktiver Jugendpolitik. In: deutsche jugend. Heft 11, 1976 b, S. 511 - 518

Staub-Bernasconi, Silvia; Passavant von, Christina; Wagner, Antonin (Hg.): Theorie und Praxis der sozialen Arbeit. Entwicklung und Zukunftsperspektiven. Bern und Stuttgart 1983

Staub-Bernasconi, Silvia: Ein ganzheitliches Methodenkonzept - Wunschtraum? Chance? Not-wendigkeit? Problembezogene Arbeitsweisen in der sozialen Arbeit. In: Staub-Bernasconi u.a. (Hg.) 1983, S. 277 - 316

Staub-Bernasconi, Silvia: Soziale Arbeit als eine besondere Art des Umgangs mit Menschen, Dingen und Ideen. In: Sozialarbeit. Heft 10, 1986. Schweizerischer Berufsverband dipl. Sozial-arbeiter und Erzieher, S. 1 - 70

Staub-Bernasconi, Silvia: Soziale Probleme - Soziale Berufe - Soziale Praxis. Script 1992 (erscheint in: Heiner u.a. 1994) S. 1 - 32

Stenhouse, Lawrence: Case study and case records: towards a contempory history of education. British Educational Research Journal 1978, S. 21 - 39

Stenhouse, Lawrence: Pädagogische Fallstudien: Methodische Traditionen und Unter-suchungsalltag. In: Fischer (Hg.) 1982, S. 24 - 61

Stickelmann, Bernd: Begleitforschung zwischen wissenschaftlichem Erwartungshorizont und Unterstützung der Projektarbeit. In: ISA (Hg.) 1983, S. 139 - 152

Strang, Heinz: Grundwerte in der Sozialarbeit. In: Archiv für Wissenschaft und Praxis der sozialen Arbeit. 1980, S. 185 - 199

Stufflebeam, Daniel L.: Evaluation als Entscheidungshilfe (engl. 1969). In: Wulf (Hg.) 1972, S. 113 - 145

Suchman, E.A.: Evaluative Research: Principle and practice in public service and social action Programs. New York 1967

Tausch, Reinhard; Tausch Annemarie: Erziehungspsychologie. Psychologische Prozesse in Erziehung und Unterrichtung. Göttingen (1963) 1971[6]

Thiel, Heinz-Ulrich: Arbeits- und interaktionsbezogene Beratung pädagogischer Institutionen. In: Neue Praxis. Heft 2, 1983, S. 106 - 124

Thiersch, Hans: Theorie der Sozialarbeit/Sozialpädagogik. In: Kreft, Mielenz (Hg.) 1980, S. 463 - 468

Tillmann, Berthold: Politische und administrative Erwartungen der Kommunen an die Erfolge der Sozialarbeit. In: Gernert (Hg.) 1988, S. 50 - 67

Timms, Noel: Der Bericht in der Sozialarbeit (engl. 1972). Freiburg i.Brsg. 1977

Trescher, Hans-Georg; Leber, Aloys; Büttner, Christian (Hg.): Die Bedeutung der Gruppe für die Sozialisation. Teil 2. Beruf und Gesellschaft. Göttingen 1985

Tuggener, Heinrich: Social Work. Versuch einer Darstellung und Deutung im Hinblick auf das Verhältnis von Sozialarbeit und Sozialpädagogik. Weinheim, Berlin, Basel 1971

Vickery, Anne: Die Anwendung einheitlicher Modelle in der Ausbildung (engl. 1977). In: Specht, Vickery (Hg.) 1980, S. 311 - 332

Wabnitz, Reinhard: Das "change-agent"-Konzept der amerikanischen Organisationsentwick-lung. Hochschule für Verwaltungswissenschaften Speyer, Speyerer Arbeitshefte 29, 1978

Watson, Goodwin: Widerstand gegen Veränderungen (engl. 1966). In: Bennis u.a. (Hg.) 1975, S. 415 - 429

Watzlawik, Paul; Beavin, Janet H.; Jackson, Don D.: Menschliche Kommunikation. Formen; Störungen; Paradoxien. Bern 1969

Weigand, Wolfgang: Supervision: Durch Selbstreflexion zur Emanzipation? In: Akademie für Jugendfragen Münster (Hg.) 1979, S. 88 - 104

Weigand, Wolfgang: Supervision für eine institutionelle Alternative. In: Supervision. Heft 2, 1982, S. 38 - 55

Weigand, Wolfgang: Die Praxis der Supervision. In: Lippenmeier (Hg.) 1984, S. 48 - 56

Weigand, Wolfgang: Zur beruflichen Identität des Supervisors. In: Supervision. Heft 11, 1987 a, S. 19 - 35

Weigand, Wolfgang: Supervision als Innovationsinstrument sozialer Arbeit. In: Maelicke (Hg.) 1987 b, S. 151 - 164

Weigand, Wolfgang: Sozialarbeit als Ursprungsland der Supervision. In: Integrative Therapie. Heft 3 - 4, 1989, S. 248 - 259

Weigand, Wolfgang: Zur Rezeptionsgeschichte der Supervision in Deutschland. In: Supervision. Heft 18, 1990 a, S. 43 - 57

Weigand, Wolfgang: Die Analyse des Auftrags in der Teamsupervision und Organisationsberatung. In: Fatzer, Eck (Hg.) 1990 b, 311 - 326

Weinert, Ansfried B.: Die empirische Entwicklung von "Behavior Expectation Scales" zur Bewertung der Arbeitsqualität in Organisationen: Erster Schritt im Rahmen einer Organisationsentwicklung, aufgezeigt am Beispiel von Angestellten in einer Krankenhausorganisation. Abschlußbericht einer Feldstudie. Bielefeld 1979

Weinschenk, Reinhold: Didaktik und Methodik für Sozialpädagogen. Bad Heilbrunn 1976

Weiß, Kersti: Psychodrama - Soziometrie. Ein Supervisionskonzept. In: Supervision. Heft 19, 1991, S. 38 - 52

Weiss, Carol H.: Evaluierungsforschung. Methoden zur Einschätzung von sozialen Reformprogrammen (engl. 1972). Opladen 1974

Wellendorf, Franz: Schulische Sozialorganisationen und Identität. Zur Sozialpsychologie der Schule als Institution. Weinheim, Basel 1973

Wellendorf, Franz: Zur Bedeutung der Gruppe im Konfliktfeld sozialer Institutionen. Erfahrungen aus der Institutionsberatung. In: Trescher u.a. (Hg.) 1985, S. 78 - 93

Wohley, Joseph S.: Evaluation: Promise and Performance. Washington 1979

Wiendieck, Gerd: Handlungsspielraum und Führungsphilosophie. Zur Organisationspsychologie der Entscheidungsdezentralisierung. In: Gruppendynamik Heft 2, 1986, S. 135 - 146

Wieringa, Cornelius F.: Mein Selbstverständnis als Supervisor. In: Supervision. Heft 3, 1983, S. 13 - 19

Wieringa, Cornelius F.: Notizen zu: Leiter und Leiterrollen im Sozialmanagement. In: Supervision. Heft 17, 1990, S. 50 - 57

Wilhelm, Johann: Einige Gedanken zum Verständnis von Supervision in Theorie und Praxis der Sozialarbeit. In: Neue Praxis. Heft 2, 1975, S. 133 - 142

Wilhelm, Johann; Schulz, Anne-Lore; Ammoneit, Hartmut; Funke, Gero: Versuch einer emanzipatorischen Gruppensupervision. In: Neue Praxis. 1977, S. 358 - 373

Will, Hermann; Winteler, Adolf; Krapp, Andreas (Hg.): Evaluation in der beruflichen Aus- und Weiterbildung. Konzepte und Strategien. Heidelberg 1987

Will, Hermann; Blickhan, Claus: Evaluation als Intervention. In: Will u.a. (Hg.) 1987, S. 43 - 60

Will, Hermann; Winteler, Adolf; Krapp, Andreas: Von der Erfolgskontrolle zur Evaluation. In: Will u.a. (Hg.) 1987, S. 11 - 42

Williams, J. E.: Anumerically Developed Taxonomy of Evaluation Theory and Practice. In: Evaluation Review. Vol. 13, 1989, S. 18 - 31

Wittenberger, Gerhard: Supervision. In: Eyfferth u.a. (Hg.) 1984 a, S. 1179 - 1193

Wittenberger, Gerhard: Supervision zwischen Psychoanalyse und Sozialarbeit. In: Supervision. Heft 6, 1984 b, S. 3 - 36

Wittenberger, Gerhard: Supervision eine Sozialtechnologie? Über den Unsinn der "Tendenzwende" in der Supervisionsdiskussion. In: Supervision. Heft 8, 1985, S. 37 - 54

Wittenberger, Gerhard: Professionalisierung und Organisierung - ein Zusammenhang, der eine Krise beleuchtet. In: Supervision. Heft 11, 1987, S. 61 - 64

Wittmann, W. Werner: Aufgaben und Möglichkeiten der Evaluationsforschung in der Bundesrepublik Deutschland - Technologietransfer aus den Sozialwissenschaften. In: Koch, Wittmann (Hg.) 1990, S. 7 - 13

Wolff, Jörg: Routine und Gefühle im Entscheidungshandeln von Sozialarbeitern: Vernachlässigte Themen der Professionalisierung. In: Neue Praxis. Heft 1, 1984, S. 26 - 42

Wolff, Stephan: Die Produktion von Fürsorglichkeit. Bielefeld 1983

Wottawa, Heinrich; Thierau, Heike: Lehrbuch Evaluation. Bern, Stuttgart, Toronto 1990

Wronsky, Siddy: Methoden der Fürsorge. In: Deutsche Zeitschrift für Wohlfahrtspflege 1992

Wulf, Christoph (Hg.): Evaluation. Beschreibung und Bewertung von Unterricht, Curricula und Schulversuchen. München 1972

Zeller, Doris: Funktion und Rolle von Praktikumsanleitung und Supervision. Hg: Schweizerische Arbeitsgemeinschaft der Schulen für Soziale Arbeit (SASSA). Bern und Stuttgart 1981

Zier, Henri J.: Diskussion der Praxisberatung (niederl. 1972). In: Siegers (Hg.) 1974, S. 16 - 39

Zimmer, Jürgen (Hg.): Curriculumentwicklung im Vorschulbereich. München 1973

Zinnecker, Jürgen: Heimlicher Lehrplan II. In: Petzold, Speichert (Hg.) 1981, S. 203 - 205

Zuschlag, Berndt: Widerstände gegen Evaluationsmaßnahmen. In: Will u.a. (Hg.) 1987, S. 75 - 88